BIBLIOGRAPHIE

DOUAISIENNE.

344

A PARIS,

CHEZ TECHNER, LIBRAIRE,

PLACE DU LOUVRE, 12.

BIBLIOGRAPHIE

DOUAISIENNE,

OU

CATALOGUE HISTORIQUE ET RAISONNÉ

DES LIVRES IMPRIMÉS A DOUAI,

DEPUIS L'ANNÉE 1563 JUSQU'A NOS JOURS,

AVEC DES NOTES BIBLIOGRAPHIQUES ET LITTÉRAIRES ;

PAR H.-R. DUTHILLOEUL,

BIBLIOTHÉCAIRE DE LA VILLE DE DOUAI, MEMBRE DE LA SOCIÉTÉ ROYALE
DES ANTIQUAIRES DE FRANCE , etc.

NOUVELLE ÉDITION CONSIDÉRABLEMENT AUGMENTÉE.

DOUAI,

ADAM D'AUBERS, IMPRIMEUR,

RUE DES PROCUREURS , 12.

—

1842.

A MONSIEUR

AUGUSTE MALOTAU,

BARON DE GUERNE,

CHEVALIER DE L'ORDRE ROYAL DE LA LÉGION D'HONNEUR,

ANCIEN MAIRE DE LA VILLE DE DOUAI.

TRIBUT DE RECONNAISSANCE

POUR LA PROTECTION ACTIVE ET ÉCLAIRÉE

QU'IL ACCORDE

AUX SCIENCES, AUX LETTRES, AUX ARTS;

TÉMOIGNAGE PUBLIC

D'UNE AMITIÉ DE QUARANTE ANS

QU'AUCUN NUAGE

N'A JAMAIS ALTÉRÉE.

L'Auteur de la Bibliographie Douaisienne,

H.-R. DUTHILLOEUL.

MAI,

M. D. CCC. XLII.

AVERTISSEMENT.

La première édition de ce livre étant entièrement épuisée, nous croyons le moment venu d'accomplir la promesse que nous avions faite d'en donner une seconde, lorsque nous serions à même de la publier aussi complète que possible. Depuis 1835, époque à laquelle parut la première, nous avons pu recueillir de nouveaux matériaux et réparer un grand nombre d'erreurs et d'omissions.

Nous offrons donc aujourd'hui la Bibliographie Douaisienne, accrue de plus de six cents articles et de plusieurs documents importants relatifs à l'histoire littéraire de Douai et de la Flandre.

Nôs recherches s'étendent jusques et compris l'année 1841.

A la suite de l'introduction, nous donnons un essai historique sur les établissements littéraires de la ville de Douai, qui comprend une notice succincte sur la bibliothèque communale et sur les principales collections publiques ou particulières de cette ville.

Nous avons placé à la fin du volume une table alphabétique des noms des écrivains dont les livres sont cités dans l'ouvrage, avec l'indication des titres de leurs écrits. A la suite de cette table se trouve la nomenclature des publications anonymes qui ont dû être comprises dans notre travail.

Ainsi qu'à l'époque de la publication de notre première édition, nous nous plaisons à exprimer ici notre gratitude aux hommes éclairés et aux bibliophiles distingués qui ont bien voulu nous ouvrir leurs trésors et nous aider de leurs conseils. Ainsi qu'alors nous éprouvons l'intime besoin de témoigner une reconnaissance toute particulière au savant et honorable Recteur de l'Académie de Douai, M. Gratet-Duplessis, pour son inépuisable bienveillance à notre égard. Non seulement cet érudit bibliographe nous a servi de guide et de conseil, mais il a bien voulu contribuer à rendre notre ouvrage plus complet et plus utile, en rédigeant l'essai historique sur l'histoire littéraire de la ville, quelques-unes des plus importantes notices sur divers ouvrages, et notamment la notice très développée sur la Bible dite de Douai.

Quelque laborieuses et attentives qu'aient été nos recherches, sans doute nous ne pouvons encore nous flatter d'avoir indiqué exactement tous les livres sortis des presses douaisiennes depuis près de trois siècles ; cependant nous croyons être certain que nous en avons mentionné le plus grand nombre. Pour l'avenir un supplément du même format que le volume, et que l'on pourra placer à la suite, suffira pour compléter l'œuvre et pour faire connaître les livres qui, jusqu'ici, nous seraient restés inconnus.

DE L'ORIGINE

ET

DE LA PROPAGATION DE L'ART TYPOGRAPHIQUE,

ET DE L'ÉTABLISSEMENT DE L'IMPRIMERIE A DOUAI.

———◦———

Il serait difficile, impossible même, d'assigner une date bien précise aux premiers essais de l'art typographique, et notre intention n'est pas d'entrer de nouveau dans l'examen d'une question si souvent et si savamment débattue. Il nous suffira de rappeler en peu de mots les faits principaux qui se rattachent à l'origine de cet art et qui sont aujourd'hui admis à peu près sans contestation.

On convient généralement que les premiers essais de la gravure sur bois et que les procédés particuliers à ce genre de gravure ont été le premier pas fait vers la découverte de l'imprimerie. Les grossiers et incorrects dessins reproduits par cet art étaient souvent accompagnés de textes gravés en relief comme le reste de la planche, et les caractères d'écriture purent dès-lors se multiplier à l'infini comme les dessins eux-mêmes. On arriva ainsi naturellement à l'imprimerie qu'on nomme *tabellaire*, c'est-à-dire à ce procédé encore insuffisant et incomplet qui consistait

à graver en relief sur une ou plusieurs planches de bois
les ouvrages entiers dont on désirait multiplier les copies.
C'était déjà un immense avantage ; mais on sent toutefois
ce qu'un procédé pareil devait avoir de lent et d'imparfait
à cause de sa lenteur même ; ce n'était donc pas là encore
le véritable art typographique , tel que le conçurent quelques années plus tard les habiles artistes qui succédèrent
aux anciens graveurs sur bois , tel enfin que nous le con-
cevons aujourd'hui.

Ce qui caractérise spécialement à nos yeux la véritable
découverte de l'art typographique , c'est l'invention des
caractères mobiles en bois ou en métal , et surtout la
confection des matrices ou poinçons destinés à assurer la
correction et l'invariabilité des types. C'est là ce qui
constitue pour nous la découverte réelle de l'imprimerie ,
parce que c'est là seulement ce qui pouvait donner au
nouvel art toutes ses chances de perfection et de durée.

Plusieurs villes ont revendiqué l'honneur de cette grande
découverte qui a , on a peine à s'expliquer comment ,
échappé à l'intelligente activité des peuples anciens ;
mais on n'hésite plus aujourd'hui qu'entre Strasbourg et
Mayence , quoique Harlem ait élevé à cet égard des prétentions qui ne sont pas encore abandonnées et qui ont été
soutenues par le savant Meerman avec une érudition digne
d'une meilleure cause. A moins que de mettre un esprit
de patriotisme peu éclairé à la place des faits et de la raison,
on ne croit plus guère aujourd'hui à la fable de Laurent
Coster , dont l'existence était restée à peu près ignorée
jusqu'au moment où Junius imagina de le ressusciter et

d'en faire l'inventeur des caractères mobiles, sans qu'il lui ait été possible toutefois de produire aucun monument authentique à l'appui de ses assertions.

Mayence et Strasbourg sont donc les seules villes qui puissent réellement et avec fondement se disputer l'honneur d'avoir été le berceau du nouvel art, dont l'inventeur véritable fut *Jean Geinsfleisch*, dit *Gutenberg*, et plus connu sous ce dernier nom.

Cet artiste était né à Mayence dans les premières années du quinzième siècle, et c'est dans cette ville sans doute qu'il eut la première idée de sa découverte. Mais, par des motifs qu'il serait assez difficile de déterminer aujourd'hui autrement que par des conjectures plus ou moins plausibles, Gutenberg quitta sa résidence natale vers 1434 pour aller s'établir à Strasbourg, où il paraît avoir demeuré sans interruption au moins jusqu'en 1445. Il existe des preuves certaines que, pendant ce séjour de onze ans à Strasbourg, Gutenberg s'occupa de travaux relatifs à l'art typographique, sans qu'il reste pourtant aucun monument bien constaté de ces travaux ; des faits du même genre attestent également qu'avant de quitter Mayence il s'était livré dans cette ville à des essais de même nature. On croit aussi être certain qu'il existait bien avant 1459 des livres imprimés par Gutenberg, mais sans qu'on sache bien exactement quels sont ces livres et s'ils ont été imprimés à Strasbourg ou à Mayence.

Au milieu de ces incertitudes et de ces faits différents qui se croisent sans pourtant se contredire d'une manière absolue, il nous semblerait téméraire d'adopter une opi-

nion exclusive et de se prononcer d'une manière tranchante
en faveur de l'une ou de l'autre des deux villes rivales.
Mayence et Strasbourg nous semblent donc avoir des droits
égaux en cette circonstance, et nous leur laisserons partager un honneur qui ne pourrait être enlevé complètement à l'une de ces villes sans une sorte d'injustice. Mais
ce qui résulte d'une manière incontestable de l'exposé qui
précède, c'est qu'à Gutenberg appartient véritablement la
gloire de l'invention et qu'à son nom doit s'attacher la
reconnaissance de la postérité *.

* Nos lecteurs nous sauront gré, nous l'espérons, de leur donner ici
une ballade peu connue de Jean d'Ennetières, qui nous a paru digne à
tous égards d'être tirée de l'oubli :

BALLADE.

Si tost qu'Adam auecque sa consorte
Se vit surpris en son premier repas,
Et que l'offence ingrattement accorte
Eut fait entrer dans Eden le trespas,
Ce tout se vit, o souuenance amere !
Demantelé de sa grace premiere :
L'esprit humain en deuint vicieux,
Nostre intellect se vit défectueux,
Et prindrent fin toutes choses formées :
Mais or'on voit, o siecle bien heureux,
Par l'art des arts les Muses ranimées.

Le seul oubly (qui sourdement emporte
Tout quand et soy) dominoit icy bas,
Et nous rendoit toute science morte
Au grand regret de la sage Pallas,
Qui tout soudain, comme une bonne mere,
Nous inuenta le gentil caractere

Mais comme il n'arrive que trop souvent, Gutenberg, le véritable créateur du nouvel art, ne profita que médiocrement des résultats de sa découverte. Obligé de recourir à des emprunts fort onéreux pour faire ses premiers essais, il se vit contraint d'admettre un associé à ses travaux et de révéler, du moins en grande partie, à son coopérateur et sans doute aussi à quelques ouvriers, les procédés et les secrets du nouvel art. Quelques discussions d'intérêt s'étant élevées entre les deux associés, Gutenberg se vit condamné à abandonner momentanément son entreprise et à laisser à *Fust*, d'abord son confident, puis bientôt son rival et son ennemi, le soin d'exploiter l'industrie dont il était le

> Qui sans trauail remet deuant les yeux
> Des plus grossiers et des plus oublieux
> Tant de moissons par les ans opprimées,
> Et nous fait voir, o coup venant des cieux,
> Par l'art des arts les Muses ranimées.
>
> De ce bel art *Gutenberg* en remporte
> Le seul honneur en ces gelants climats,
> Art qui aux arts montre de quelle sorte
> Contre le temps on gagne les débats;
> Art qui nous sert de fidelle greffière;
> Art qui nous ouvre une belle carrière
> Pour nous guinder entre les demy-dieux,
> Et de nous rendre à jamais glorieux.
> De *Gutenberg* que les cendres semées
> Parmy les fleurs sçachent estre en ces lieux
> Par l'art des arts les Muses ranimées.

(Les Amours de Theagines et de Philoxenes. Auec plusieurs chansons sur divers sujets. Par Jean d'Ennetières, Seigneur du Meisnil. Lille, 1620. P. in-12. Page 235.)

fondateur réel et dont la propriété semblait ne pouvoir lui
être légitimement contestée.

Fust, mis par un jugement en possession de l'atelier
typographique formé par Gutenberg, s'associa lui-même
un jeune homme du nom de *Schœffer* *, dont la coopéra-
tion lui fut fort utile et auquel on attribue avec fondement
la première invention des poinçons ou matrices, et le per-
fectionnement de l'art de fondre les caractères.

De cette association sortit le premier livre imprimé qui
porte une date précise, *le Psautier de* 1457**. Il existe sans
doute d'autres ouvrages imprimés avant cette époque, à
Mayence, ou peut-être même à Strasbourg, soit par
Gutenberg lui-même, soit par Fust et Schœffer ; mais aucune de ces premières productions de l'art typographique
ne portant ni date ni désignation de ville ou nom d'imprimeur, on ne saurait émettre que des doutes plus ou moins
fondés à cet égard, et il en faudrait toujours revenir au
Psautier de 1457 comme constatant un fait irrécusable.
C'est donc cette date que, pour plus de clarté et pour
plus de précision, nous indiquons comme l'époque réelle
de la découverte de l'imprimerie, ou du moins de l'application complète de cette découverte.

Le nouvel art, au moment de son apparition, fut accueilli
comme un bienfait par la société au milieu de laquelle il
venait se produire, parce qu'il répondait à l'un des besoins

---

* *Schœffer*, *Scheffer* ou *Schoiffer*, en latin *Opilio*.

** La souscription porte que cet ouvrage fut achevé d'imprimer la veille
de l'Assomption, c'est-à-dire, le 14 août 1457.

les plus énergiques et les plus vivement sentis de l'époque. Le moyen-âge touchait à son déclin, et le règne du droit allait remplacer partout l'empire de la force. On comprit sur le champ quelle puissance nouvelle et imposante venait de créer une découverte qui offrait à la pensée humaine le moyen assuré de se produire et de se multiplier à l'infini. La religion elle-même, dominée depuis long-temps par le génie de la controverse, sentit quels avantages elle pouvait retirer d'un art qui venait lui faciliter le moyen de combattre toutes les erreurs et de proclamer, à la face du monde, les lois de l'éternelle vérité. Le clergé, que sa situation particulière, ses loisirs et ses lumières avaient placé depuis long-temps à la tête de la civilisation, se montra donc favorable à la nouvelle invention, et fut le premier à en faire usage et à la propager. La foi était d'ailleurs, à cette époque de naïveté et d'énergie, l'élément le plus actif de la vie sociale et le besoin de tous les esprits; les peuples ne pouvaient manquer de voir comme le clergé, dans l'imprimerie, un moyen précieux d'entretenir et de fortifier des sentiments qui leur étaient chers et auxquels ils tenaient, pour ainsi dire, comme à l'existence.

Les premiers travaux de l'art typographique furent donc, de même que l'avaient été les essais informes de l'*imprimerie tabellaire*, consacrés à des ouvrages de piété, et l'on ne pourrait indiquer, même approximativement, le nombre des livres de cette classe qui furent publiés dans les trente premières années qui suivirent la découverte de l'imprimerie. Pourtant le cercle s'étendit assez promptement à des ouvrages d'un autre genre, et avant la fin du quinzième siècle, la plupart des chefs-d'œuvre des littératures grecque et latine avaient été livrés à une grande publicité, ainsi qu'une foule de livres de grammaire, de droit, de philosophie et d'histoire ; et la presse pouvait à peine suffire à tous les besoins, tant l'intelligence humaine semblait pressée de jouir de ces trésors dérobés depuis si long-temps à ses études et à son admiration.

L'art typographique se propagea donc avec rapidité dans les principales contrées de l'Europe centrale. Partout où il existait des centres d'instruction, tels que les Universités, les Cathédrales, les Couvents, on s'empressa d'appeler des imprimeurs et d'occuper activement leurs presses. En 1461, la ville de Bamberg avait une imprimerie. Dans le monastère de Subbiaco, à quelque distance de Rome, on fit venir trois Allemands qui, en 1465, en établirent une, laquelle, deux ans après, fut transférée à Rome. Il existe des livres imprimés à Cologne en 1467, et le premier volume publié à Paris, avec date, porte celle de 1470. Il nous suffira d'ajouter, pour éviter une trop longue nomenclature, qu'avant 1486 quatre-vingt-quatorze villes avaient déjà une imprimerie. Nous ferons observer aussi que les ouvriers chargés de la direction de ces imprimeries portent tous des noms qui attestent incontestablement l'origine allemande du nouvel art.

La partie méridionale de l'empire d'Allemagne, la contrée qui a long-temps porté le nom de *Pays-Bas*, s'empressa, comme tous les autres pays de l'Europe, d'accueillir la puissante industrie. Il existait, au quinzième siècle, dans la Flandre, un grand nombre d'établissemens

religieux et quelques Universités déjà célèbres qui s'associèrent avec enthousiasme au mouvement qui allait être
imprimé à la civilisation. Thierry Martens fonda à Alost,
en 1473, une imprimerie qu'il transporta à Anvers en
1476; Nicolas Ketelaer et Gérard de Leempt en établirent
une à Utrecht en 1473; Jean de Westphalie, à Louvain,
en 1474; Colard Mansion à Bruges, en 1476; les Frères
de la vie commune, à Bruxelles, dans la même année.
Bientôt, et vers les premières années du seizième siècle,
les établissements de ce genre se multiplièrent d'une
manière prodigieuse, et il n'y eut guère de ville un peu
importante qui ne pût imprimer dans son sein les productions des savants qui l'habitaient. M. Brunet pense que
Valenciennes possédait déjà une imprimerie en 1500*;
Bonaventure Brassart imprimait certainement à Cambrai
vers 1520**; la ville de Douai enfin eut un établissement
de ce genre dans l'année 1563, époque à laquelle eut
lieu la fondation de son Université.

Il n'est point hors de notre sujet de faire observer que
si Douai fut choisie comme siége de la nouvelle Université,

---

* Sensuivent les chansons Georgines. *Imprimez en Vallenchienes par
Jehan de Liege devant le couvent de St.-Pol* (sans date), in-4º goth.
« Jehan de Liége imprimait au commencement du 16e siècle, et peut-
être même dès la fin du 15e. » Brunet. *Nouv. Recherch. Bibliogr.* tom.
1, p. 307.
M. Brunet cite également, tom. 2, p. 447, un autre ouvrage imprimé
à Valenciennes et qu'il croit de l'an 1500. *Naissance très désirée*, etc.
** La seconde édition du curieux Voyage de *Jacques Lesaige* a dû être
imprimée à la fin de 1523 ou au commencement de 1524; la première
édition, publiée par le même imprimeur, a dû être imprimée vers 1520.

entre les villes qui l'avoisinent et qui, pour la plupart, étaient plus importantes qu'elle par leur commerce et leur population, elle ne le dut qu'à la renommée que lui avait acquise son amour des sciences et des lettres. Déjà, à cette époque, elle possédait des colléges, des séminaires en grand nombre et plusieurs monastéres considérables; elle était entourée d'abbayes riches et célèbres qui renfermaient un grand nombre d'hommes savants et éclairés, telles qu'Anchin, Marchiennes, Hénin-Liétard, Vicogne, Hasnon, St.-Amand et Phalempin; elle avait vu se former dans ses murs, dès le treizième siècle, la première association littéraire de nos provinces du Nord, *la Confrérie des Clercs Parisiens** , qui tous les

---

* Le P. Martin l'Hermite, en 1638, parlait ainsi de cette confrérie :

« Ces confrères font profession de belles-lettres et poësie en langue
» vulgaire. A ce dessein ils choisissent un prince d'entre les personnages
» les plus qualifiés: Quelques évesques, abbez, seigneurs de grande
» maison, barons et la première noblesse du pays a porté autresfois ce
» titre d'honneur. Cette assemblée des dévots de la Vierge se plaît à
» composer des vers à la louange de sa sainte patronne, et de faire à
» qui mieux mieux, surtout le jour de l'Assomption de N.-D., qui est
» solennel pour l'élection du prince, et la distribution des prix. Voicy
» la façon: Quelques jours avant la feste, le prince escrit deux vers
» intercalaires, et les fait attacher au portail de chasque église. C'est le
» thesme et le refrain, sur lequel les beaux-esprits prennent leurs airs,
» à la plus grande gloire de la reine des cieux, tous liez à une espèce de
» vers, qu'ils nomment *royale* pour la majesté des rimes et du sujet :
» et nulle plume estrangère est exclue de ce concours de lettres et de
» piété. Au midi de la feste, le monde faict foule dans l'église de N.-D.,
» où les Poëtes à l'envy estalent leurs vers, et les belles saillies de leurs

ans* ouvrait des concours littéraires en l'honneur de la Ste.-Vierge.

L'amour des lettres était si généralement répandu dans les hautes classes de la société douaisienne qu'Antoine de Blondel, seigneur de Cuincy, village distant d'une demi-lieue de Douai, fonda dans son château, le 20 septembre 1593, une sorte d'académie qu'on nomma *le Banc Poétique du baron de Cuinchy* **.

» esprits aux oreilles des juges, qui enfin distribuent meurement les prix
» à trois vaincqueurs. Ce sont des couronnes, toutes trois d'argent : la
» première riche et bien travaillée : la seconde moindre de valeur, em-
» bellie de fleurs, et la troisiesme ornée de lauriers. Là-dessus les
» applaudissemens du peuple élèvent ces plumes victorieuses, avec la
» Reine de gloire, aux cieux. »

Hist. des Saints de la province de Lille, Douay et Orchies, etc.
page 556.

Il est souvent question des *Clercs Parisiens* dans les Titres de la ville de Douai. La plus ancienne mention qui soit faite d'eux date de 1249.

* La fête qui avait lieu à l'occasion de ce concours annuel se nommait *Palinod*, des deux mots grecs *Palin*, de nouveau, et *odé*, chant, c'est-à-dire *chant répété*, parce que dans la ballade et le chant royal le vers qui termine la première stance doit revenir à la fin de chacune des autres. Il existait plusieurs institutions du même genre en France : les *Palinods* ou *Académies des Palinods* les plus célèbres étaient celles de Rouen et de Caen, dans l'ancienne province de Normandie.

** Sanderus, *de Claris Antoniis*, 149. — Paquot ne met pas en doute que les poésies de Blondel n'aient été plus tard imprimées. T. III, p. 483. — Dieudonné, dans sa *Statistique du département du Nord*, dit que les poésies de Blondel ont été imprimées avec celles de Claude de Rosinbos, autre poète du département. (Rosinbos était une seigneurie près de Fournes, canton de La Bassée.)

Aussitôt que l'Université fut installée, les magistrats consulaires et les professeurs sentirent tous les avantages qui pouvaient résulter pour cette importante fondation de l'établissement à Douai d'une imprimerie. Des négociations s'entamèrent donc, afin d'obtenir qu'un des imprimeurs de Louvain vînt se fixer au siége de la nouvelle Université. Jacques Boscard accepta les offres qui lui furent faites à cet effet. La ville lui avança à titre de prêt 300 carolus d'or, lui accorda diverses exemptions et lui abandonna sans redevance la jouissance d'une maison située rue des Ecoles. Loys de Winde, qui appartenait à la nouvelle Université avec le titre de promoteur, se détermina, dans l'année 1564, à monter une autre imprimerie, au moyen de quelques priviléges et exemptions ; il obtint le titre d'imprimeur du Roi et de l'Université, et ses presses furent établies dans le local même de cette institution. Bientôt après arrivèrent Jean Bogard, de Louvain, et Balthazar Bellère, d'Anvers, pour établir de nouvelles imprimeries à Douai. L'essor que prit dès ce moment (de 1574 à 1590) la typographie dans cette ville fut des plus rapides et des plus remarquables. La multiplicité des ouvrages sortis des presses douaisiennes, l'élégance des caractères, la correction des textes mirent promptement notre typographie en honneur, et pendant le cours du 17e siècle elle n'eut point de rivale dans la Flandre Française, l'Artois, le Cambrésis et le Haynaut*. Tout fait présumer que les

---

* La supériorité que nos imprimeries avaient dès-lors acquise est encore attestée par les soins que mettaient les gouvernants à protéger

premiers imprimeurs de Douai, c'est-à-dire, ceux qui s'y établirent vers la fin du 16e et le commencement du 17e siècles, étaient des hommes instruits et versés dans l'étude des langues anciennes. La correction des textes, les notes, les préfaces, les dédicaces écrites par eux, qui se trouvent en tête d'un bon nombre de ces livres, ne peuvent laisser de doute sur ce point.

La typographie douaisienne de cette époque peut encore avec quelque fondement revendiquer le nom de Jérôme Commelin ; quoique ce célèbre imprimeur n'ait point exercé sa profession au milieu de nous, il était né à Douai, il y avait appris les langues anciennes, et c'est là aussi qu'il avait étudié sans doute les principes de l'art qui a jeté un si beau lustre sur sa vie.

Ayant embrassé la religion réformée, Commelin dut

cette industrie dans les villes où elle s'était fait remarquer. On en pourra juger par l'extrait suivant d'un placard des Archiducs, daté du 11 mars 1616.

« Défendons à tous imprimeurs et libraires demeurans ès pays de notre » obéissance de faire imprimer leurs livres en autres pays, ne soit qu'au » préalable ils en aient adverty les imprimeurs d'Anvers, de Louvain et » de *Douay*, pour savoir si quelqu'un d'entre eux voudroit entreprendre » tel ouvrage sur le même pied, condition, beauté et perfection des » lettres et bonté de papier, comme le serait esdits autres pays, et » qu'étant ainsi accepté, seront lesdits imprimeurs et libraires tenus » de faire imprimer lesdits livres en nos pays, encore que cela leur » viendroit à couter dix, quinze ou vingt pour cent davantage que dans » nos dits pays. »

(*Recueil de Placards fort utiles au pays de Hainaut*, p. 202. Edit. in-4o.)

quitter la Flandre, et alla s'établir à Genève , où il exerça
sa profession pendant plusieurs années. L'Électeur Palatin,
informé de son mérite, l'appela à Heidelberg et lui confia
le soin de sa bibliothèque. C'est dans cette ville que notre
célèbre compatriote publia ces éditions grecques et latines
qui l'ont fait placer par Scaliger , Casaubon , de Thou et
Baillet sur la même ligne que les Alde et les Estienne. Il
mourut à la fleur de son âge , vers la fin de l'année 1597 ,
et recommanda en mourant à ses enfants de suivre la profession qu'il avait exercée. « Commelin , dit de Thou ,
» rendit de grands services à la république des lettres , en
» mettant au jour plusieurs ouvrages des anciens auteurs
» grecs qui n'avaient point été imprimés jusqu'alors. Il
» donna toutes les OEuvres de St.-Athanase, et une grande
» partie de St.-Chrysostôme, et suppléa lui-même à ce qui
» manquait dans ces ouvrages *. » Le savant M. Weiss
nous apprend en outre qu'il donna d'excellentes éditions
d'Eunape, d'Héliodore et d'Apollodore , dont il avait cor-
rigé le texte sur les manuscrits de la riche bibliothèque
palatine et qu'il avait enrichies de notes critiques **.

La réunion à la France des châtellenies de Lille, Douai
et Orchies , porta un coup funeste à la typographie douaisienne ; elle perdit alors les priviléges spéciaux dont elle

---

* Histoire universelle de de Thou, t. ix, p. 140.

** Biographie universelle de Michaud , t. ix, p. 386.

La marque de Commelin était une vérité assise ; et son enseigne était
probablement à *St.-André*, car plusieurs ouvrages sortis de ses presses
portent ces mots sur le frontispice : *Ex officina Sant-Andreana.*

avait joui jusque-là; les libraires des Pays-Bas purent faire
imprimer chez eux , et bientôt le nombre des imprimeurs
fut limité à Douai , ce qui n'avait jamais eu lieu avant la
réunion *. Ces diverses circonstances eurent une telle
influence sur nos établissements typographiques , que le
nombre des livres imprimés en cette ville dans le 18e siècle
ne s'éleva pas au quart de celui qu'avait produit le 17e.
Les Derbaix et les Willerval s'efforcèrent en vain de relever
cette précieuse industrie dans le courant du 18e siècle.
Au moment de la révolution de 1789 , on ne comptait que
deux imprimeurs à Douai ; encore étaient-ils médiocrement occupés. Lorsque la profession fut rendue libre , leur
nombre se tripla , mais les travaux n'augmentèrent point.
Cet état pénible se continua sous la République et sous
l'Empire , et ce ne fut qu'après 1815 que l'imprimerie
douaisienne sembla vouloir sortir de son long et pénible
sommeil. Depuis cette époque , plusieurs imprimeurs de
Douai ont entrepris et exécuté quelques publications importantes qui peuvent soutenir, sans trop de désavantage,
la comparaison avec les productions des presses de la
capitale. Nous ne pouvons qu'engager ceux qui exercent
aujourd'hui à persister dans cette voie et à redoubler
d'ardeur et d'activité pour perpétuer la renommée d'une
ville dès long-temps célèbre par ses établissements littéraires et les nombreux ouvrages sortis de ses ateliers typographiques. C'est là une honorable ambition digne de nos

---

* Par arrêt du Conseil du 13 mars 1759 , le nombre des imprimeurs
fut fixé à 6 pour Lille et à 4 pour Douai.

imprimeurs actuels , et la lecture de cette Bibliographie prouvera facilement que plusieurs d'entre eux se montrent tout-à-fait dignes de recueillir sous ce rapport la succession de leurs habiles devanciers.

30 Avril 1842.

ESSAI HISTORIQUE

SUR LES ÉTABLISSEMENTS LITTÉRAIRES

DE LA VILLE DE DOUAI,

DEPUIS LE XIVe SIÈCLE JUSQU'A NOS JOURS ,

COMPRENANT

UNE NOTICE SUR LA BIBLIOTHÈQUE PUBLIQUE

ET SUR LES

PRINCIPALES BIBLIOTHÈQUES PARTICULIÈRES DE CETTE VILLE.

———— ◆ ————

En fixant au quatorzième siècle seulement le commencement de l'histoire littéraire de la ville de Douai , nous
n'entendons pas dire par là qu'avant cette époque cette
ville fût restée complètement étrangère aux bonnes études et aux travaux qui peuvent en être la conséquence. Il
existait sans doute à Douai , ville fondée au septième siècle
et notablement agrandie au treizième , quelques établissements religieux où la culture des lettres profanes marchait
de front avec l'étude plus approfondie des livres saints, et
nous trouvons, dans les historiens de la littérature, les

noms d'un certain nombre de Trouvères (a) appartenant à cette ville ; mais ces deux faits, que nous ne voulons pas manquer de reconnaître et de constater, ne prouvent pas suffisamment qu'antérieurement au quatorzième siècle la ville de Douai fût, ce qu'elle devint deux siècles plus tard, un centre véritable d'instruction pour la Flandre-Wallonne et pour les provinces voisines. Ce n'est qu'au quatorzième siècle, en effet, et vers l'an 1550, qu'on voit s'établir dans cette ville la *Confrérie des Clercs Parisiens* qui s'associèrent, à cette époque de foi et de piété, sous le patronage et la protection spéciale de la Vierge, pour s'exercer en commun au développement de leur intelligence et à la culture des lettres et particulièrement de la poésie. Cette confrérie, fondée par un jeune clerc du pays, Robert de Douai, qui avait étudié à Paris, fut régulièrement autorisée, acquit le droit de posséder, et forma ainsi

(a) M. Arthur Dinaux, dans son curieux et savant ouvrage intitulé : *Les Trouvères de la Flandre et du Tournaisis*, Valenciennes, 1839, in-8°, cite comme appartenant à la ville de Douai les Trouvères suivants qui existaient au treizième siècle :

Andrieu, de Douai, auteur d'une *Pastourelle*, citée par M. de Roquefort et par M. Dinaux.

Durand, de Douai, auteur du fabliau des *Trois Boçus*, inséré dans le recueil de Méon, Paris, 1808, tome 3, pages 245-254.

Gandor, de Douai, auteur du *Chevalier au Cygne*, roman qui contient près de 30,000 vers et dont il existe plusieurs manuscrits.

Jehan, de Douai, auteur du *Dit de la Vigne*, dont M. Dinaux cite quelques fragments.

Pierre, de Douai, chansonnier, dont le nom et un court fragment se trouvent dans l'*Essai sur la musique*, de M. de la Borde.

une véritable *société littéraire* qui distribuait des prix annuels et se maintint jusqu'en 1778.

La *Confrérie des Clercs Parisiens* est donc véritablement, dans l'ordre historique, le plus ancien et le premier des établissements littéraires de la ville de Douai, et quoique cette confrérie n'ait laissé d'autres monuments de sa longue et paisible existence qu'un certain nombre de pièces de poésie et de *Chants royaux* qui ne se trouvent plus aujourd'hui que dans le cabinet de quelques curieux, quoique ses travaux n'aient pas eu par conséquent une bien grande importance, elle mérite cependant de n'être pas oubliée, puisqu'elle eut au moins pour effet d'entretenir dans cette ville pendant plus de quatre cents ans le goût des lettres et de la poésie. Toute institution qui a pour but de développer et de perfectionner les nobles facultés de notre nature a droit aux éloges et à la reconnaissance de tous les esprits un peu élevés, et ce serait être ingrat que de ne pas reconnaître toutes les tentatives dirigées vers ce but (a).

Les grands établissements religieux qui existaient dès lors, en assez grand nombre, à Douai et dans les environs de cette ville, ne durent pas non plus être sans influence

---

(a) Outre la Confrérie des Clercs Parisiens, il exista aussi à Douai deux associations littéraires, qui probablement ne furent pas non plus sans quelque influence; nous voulons parler du *Banc poétique de Cuincy*, fondé à la fin du quinzième siècle par Antoine Blondel, baron de Cuincy, et d'une confrérie du même genre formée dans le couvent des Trinitaires de la ville de Douai. Mais ces deux établissements n'ont jamais eu qu'une influence secondaire, et il nous a paru suffisant pour l'exactitude de les mentionner simplement dans une note.

littéraire sur l'esprit général des populations. Les abbayes de Marchiennes, d'Hasnon, de Saint-Amand, d'Anchin, comptaient déjà quelques siècles d'existence, et dans ces pieuses retraites, où la foi allait chercher, à l'ombre du sanctuaire, la paix qui ne se trouvait guère dans la société belliqueuse et turbulente du moyen-âge, les loisirs des religieux avaient plus d'une fois été occupés à transcrire et à sauver ainsi de la destruction plusieurs chefs-d'œuvre de l'antiquité. Le nombre assez considérable de manuscrits qui nous viennent de ces célèbres asiles de la piété et de la science, démontre jusqu'à l'évidence que le temps de leurs hôtes respectables était en général bien employé, et qu'après les heures données à la prière, au travail manuel et à la culture des champs, ils trouvaient encore le loisir nécessaire pour consacrer tous les jours quelques instants à l'étude des lettres.

La ville de Douai fut donc, à une époque très reculée, une ville consacrée à la religion et à l'étude, et si nous trouvons peu de détails sur son histoire littéraire pendant les quatorzième et quinzième siècles, c'est qu'alors les hommes studieux aimaient le silence et la retraite, et n'avaient ni ce pressant besoin de se produire au grand jour qui forme la maladie distinctive des siècles modernes, ni ces puissants moyens de publicité qui existent de nos jours et qui n'ont été révélés au monde que vers le milieu du quinzième siècle.

Ce fut donc au seizième siècle seulement que la ville de Douai se fit connaître comme une ville éminemment religieuse et littéraire ; ce fut alors seulement qu'elle attira l'attention sous ce double rapport ; mais pour que cette réputation fût fondée, pour qu'elle parût à tous ce qu'elle était réellement, il fallait bien que depuis long-temps cette ville fût connue comme conservant avec un soin religieux le double dépôt de la science et de la foi. Les villes, comme les hommes, n'arrivent que successivement et avec le temps à une haute renommée.

L'Université de Douai fut fondée en 1562. Depuis long-temps et dès 1530, les magistrats de cette ville avaient préparé et sollicité de l'empereur Charles-Quint cette fondation, mais ce fut seulement le 5 octobre 1562 que l'Université pût être installée. Nous ne rappellerons ici ni le Bref du pape Paul IV, ni la Bulle du pape Pie IV, ni enfin les Lettres-patentes de Philippe II, roi d'Espagne, en date du 29 janvier 1561, dont nous avons parlé avec détail dans cette Bibliographie ; nous nous contenterons de renvoyer à ces divers articles, et notamment à l'opuscule indiqué sous le n° 1er du Catalogue, qui contient l'historique et le détail de la fondation de l'Université. Nous aurons donc seulement à faire remarquer ici que la fondation de cette Université eut un caractère éminemment religieux, et qu'elle a, jusqu'au moment même de sa destruction définitive, en 1790, conservé fidèlement son caractère primitif.

L'Université de Douai était fondée par un monarque espagnol, le Roi catholique par excellence, à une époque où l'Europe était profondément agitée par les troubles religieux qu'avait occasionnés la Réforme. En 1562, les catholiques de France et les sectateurs de Calvin n'attendaient que le moment favorable, qu'un prétexte quelconque, pour résoudre par la violence, par le fer, par le feu, les questions qui jusqu'alors n'avaient encore été discutées que par la plume. Une guerre civile était imminente, ou plutôt elle existait déjà, et Philippe II prévoyait dès lors tout le parti qu'il pourrait tirer de ces douloureuses circonstances pour attaquer, pour affaiblir, pour envahir peut-être la France qu'il convoitait, et que seul, croyait-il, il pouvait rendre à l'unité catholique. — Fonder dans le voisinage de la France un grand centre d'instruction qui maintînt avec vigueur les doctrines de l'église lui sembla sans doute un moyen efficace, d'abord de préserver ses peuples des Pays-Bas de la contagion des doctrines calvinistes de la France, puis un auxiliaire puissant pour préparer la conquête religieuse et politique qu'il méditait. Peut-être ici nous accusera-t-on de prêter au monarque espagnol des vues plus profondes et plus étendues qu'il n'en eut réellement; mais pour peu que l'on étudie avec quelque attention l'histoire des troubles religieux qui agitèrent si violemment la France au seizième siècle, pour peu que l'on essaye de se rendre compte avec quelque soin de tous les actes de Philippe II, on reconnaîtra sans peine, nous le croyons, que nous ne sommes pas aussi loin de la vérité qu'on le croirait au premier coup-d'œil, et que dès 1561, ce prince, dont on connaît les rapports ultérieurs avec la Ligue, pouvait bien avoir conçu les projets qui reçurent plus tard, et autant qu'il dépendit de lui, un commencement d'exécution.

La nouvelle Université fut, comme on devait s'y atten-

dre, exclusivement confiée au clergé et placée tout entière
sous sa direction. Quelques chaires de philologie, de droit,
de médecine, y furent fondées; mais la théologie, qui
était alors la science principale, la science par excellence,
et qui, pour les esprits sérieux et éclairés, est loin de mériter le discrédit où elle semble tombée, la théologie do-
minait, et les principaux dignitaires de l'Université ne
pouvaient être choisis que parmi les ecclésiastiques. Le
clergé, comme on voit, avait la haute main dans ce nouveau corps et il sut la conserver.

A côté et à cause même de l'Université, on vit s'élever
naturellement et successivement un grand nombre de séminaires et de colléges qui complétèrent et entretinrent
une institution que leur concours devait rendre et rendit
très florissante. Les séminaires, en 1703, étaient arrivés
au nombre de dix-neuf et les colléges au nombre de six. Les
élèves de ces établissements fréquentaient tous les cours de
l'Université, et ils étaient souvent fort nombreux. Nous
croyons devoir faire observer, en passant, que plusieurs
des établissements qui portaient le nom de séminaires n'é-
taient autre chose que de véritables colléges, quoique leur
nom dût faire supposer des maisons destinées seulement à
préparer des jeunes gens au sanctuaire. On nous saura
peut-être gré de donner ici la liste exacte des séminaires et
colléges qui existaient encore à Douai en 1789, avec la date
de la fondation de chacun d'eux.

SÉMINAIRES.

1. Séminaire du Roi, fondé en 1582, par Philippe II,
Roi d'Espagne.

2. Séminaire des Evêques, fondé en 1586, par l'archevêque de Cambrai.

3.   —   Moulart, fondé en 1598, par Mathieu Moulart, évêque d'Arras.

4.   —   de Notre-Dame de la foi, fondé en 1599, par Mathias Bossemius, professeur de théologie.

4 bis.   —   de la Foi, fondé par Georges Colvenère et Van Couverden, professeurs de théologie, fondé et réuni au précédent vers 1662.

5.   —   de Saint-Sauveur ou de Henin, fondé en 1606, par Ant. de Henin.

6.   —   de la Motte, fondé en 1603, par Val. de Pardieu.

7.   —   de la Torre, fondé en 1617, par Gasp. de la Torre, Doyen de la cathédrale de Bruges.

8.   —   de Tournay, fondé en 1630, par Maximilien de Gand, évêque de Tournay.

9.   —   des Nobles, fondé par Ant. de Mondé et établi vers 1606.

10.   —   du Soleil, fondé par Jean Aparisis, en 1600.

11.   —   des Irlandais ou de Saint-Patrice. On ignore la date précise de la fondation de ce séminaire.

12.   —   de Saint-Amand, fondé par Nicolas Du Bois, en 1634.

13. Séminaire de Saint-Amé, fondé en 1582, par Ant. Surius.

14. — des Sept Douleurs, fondé en 1620, par Arnould Vandenhem.

15. — Hattu, fondé en 1631, par Claude Hattu, bourgeois de Douai.

16. — de Lannoy, fondé en 1662, par M. de Lannoy, chanoine et trésorier de St.-Amé.

17. — de l'Enfant-Jésus, fondé en 1703, par Adrien-François Geet, greffier civil de la ville de Douai.

18. — d'Aubencheul ou du Barlet, fondé en 1543, par Augustin de Benast.

19. — des Huit Prêtres, fondé en 1530, par Marguerite Mullet.

COLLÉGES.

1. Collége du Roi, fondé par Marguerite, comtesse de Flandre.

2. — d'Anchin, fondé le 17 juin 1570, par Jean Lentailleur, abbé d'Anchin, dirigé par les Jésuites jusqu'à leur suppression.

3. — Saint-Waast, fondé par Dom Philippe de Caverel, en 1619.

4. — des Anglais, fondé en 1568, par Guillaume Alan ou Allen.

5. — des Ecossais, transféré de Paris à Douai, en 1612.

6. Collége de Marchiennes, construit en 1566, par Del-
cambe, abbé de Marchiennes.

Ces divers colléges et séminaires ne furent pas sans doute
tous créés à la même époque et au moment même de la
fondation de l'Université ; mais en se reportant à la date
de la création de chacun d'eux, on remarquera que la plupart commencèrent à exister peu d'années même après
l'Université et étaient en quelque sorte comme autant de
satellites obligés du nouvel astre littéraire. Vers la fin du
seizième siècle ou au commencement du dix-septième,
on comptait déjà à Douai dix ou douze de ces établissements, et un pareil fait atteste d'une manière évidente
l'influence de la création de Philippe II.

Nous ne dirons ici rien de particulier ni sur quelques-
uns de ces colléges ou séminaires qui avaient plus d'importance que les autres, ni sur les professeurs de la nouvelle Université. Si l'on en excepte d'ailleurs le Collége anglais, fondé en 1568 par Guillaume Allen, dont nous
avons parlé avec détail au nº 562 de cette Bibliographie,
aucun de ces établissements, considéré isolément, ne présente de souvenirs bien imposants ; mais pour des institutions de ce genre, c'est leur ensemble qui leur donne une
véritable importance, et c'est là surtout ce qu'il importe de
remarquer et de ne pas perdre de vue. Ainsi, au moyen
de ces nombreux établissements, qui se multipliaient encore, la ville de Douai se trouvait être un centre véritable
d'instruction théologique et littéraire, autour duquel ve-
naient se grouper un nombre considérable d'étudiants de
tous les pays, qui allaient ensuite répandre en divers lieux et

sous l'influence d'une foi commune, les doctes et salutaires
leçons qu'ils étaient venus puiser à cette source. Nous dirons de même qu'à l'exception de quelques hommes connus,
dont les noms et les ouvrages se trouvent cités avec honneur
dans cette Bibliographie, aucun des professeurs de l'Université de Douai n'a jeté dans le monde théologique ou
littéraire un bien grand éclat. Mais là encore, l'ensemble
était tout; la communauté de foi, de vues, de doctrines,
faisait la force du corps, et le professeur le plus obscur et
le plus inconnu avait ainsi son influence comme le plus
capable et le plus célèbre. Pour apprécier convenablement
un établissement de ce genre, il convient donc de ne point
s'écarter de ce point de vue, que nous croyons éminemment vrai, et par suite duquel nous devons nous attacher
à l'ensemble bien plus qu'aux détails.

A la suite de l'Université et quelques mois seulement
après sa fondation, on vit se former à Douai plusieurs établissements d'imprimerie, accessoire obligé de la nouvelle
institution. Le premier livre imprimé dans cette ville est
un récit de la cérémonie de l'installation de son Université, dont il nous fait connaître les premiers dignitaires.
Les deux premiers imprimeurs de Douai, Jacques Boscard
qui commença en 1563, et Loys de Winde, qui s'établit en
1564, ne nous ont laissé qu'un assez petit nombre de
volumes, parmi lesquels ne se trouve aucun ouvrage bien
important; mais bientôt après, Jean Bogard, qui se fixa
à Douai en 1574 où il imprima jusqu'en 1634, donna une
grande extension à la propagation et au commerce des
livres dans cette ville et publia plusieurs travaux remar-

quables par leur mérite aussi bien que par leur étendue ; et enfin, vers la fin du siècle, Balthazar Bellère, issu d'une famille déjà connue et fort nombreuse, avait à Douai un établissement considérable dont un monument irrécusable nous permet d'apprécier toute l'importance. Il existe à la bibliothèque publique de la ville un catalogue de la librairie de Bellère, publié en 1603, avec des suppléments pour 1604 et pour 1605. Ce catalogue, dont nous disons quelques mots au n° 240 de la Bibliographie, contient un assortiment très considérable des livres les plus connus et les plus remarquables dans tous les genres à l'époque à laquelle il a été publié, et le fait de la publication d'un pareil catalogue prouverait parfaitement, à défaut même d'autres renseignements qui ne nous manquent pas, toute l'importance scientifique et littéraire d'une ville où se trouvait une pareille réunion de livres destinés à être vendus.

On conclura sans peine de ce que nous avons dit précédemment de la tendance éminemment religieuse de la nouvelle Université, que la librairie et la typographie douaisiennes devaient naturellement avoir le même caractère. Ainsi dans le catalogue si curieux et si complet de Balthazar Bellère que nous venons de citer, ainsi que dans les deux suppléments, la théologie occupe constamment les trois quarts, peut-être même les sept huitièmes du volume, quoiqu'on y trouve aussi un assez grand nombre d'ouvrages d'histoire, de littérature, de poésie, de mathématiques et même de musique. On remarquera de même que, dans cette nomenclature assez étendue qui forme la *Bibliographie Douaisienne*, les ouvrages théologiques occupent la place principale et absorbent presque à eux seuls les deux tiers du volume. Nous nous contenterons de rappeler simplement ce fait, sur lequel nous croyons nous être déjà suffisamment expliqué.

Nous n'avons cité dans cet essai que quelques noms d'imprimeurs, parce que, d'une part, nous ne voulions pas recommencer ici la table qui suit la Bibliographie, et, d'autre part, parce qu'il semblait suffisant de nous borner à quelques exemples. Ceux qui prendront la peine de parcourir la Bibliographie reconnaîtront facilement qu'il nous eût été facile de nous étendre et que nous n'aurions eu que l'embarras du choix.

Les cinquante premières années du 17ᵉ siècle nous paraissent avoir été l'époque la plus brillante et la plus productive de la typographie douaisienne. C'est dans cet intervalle en effet que parurent les ouvrages les plus importants et les plus considérables sortis de ses presses, et, pour ne citer qu'un seul exemple, nous dirons que c'est en 1624 que parut la réimpression, qui est aussi la meilleure édition, du grand ouvrage de Vincent de Beauvais, qui forme quatre volumes in-folio, publiés par Balthazar Bellère.

A Douai, comme dans beaucoup d'autres villes, les imprimeurs et les libraires étaient en général placés sous la surveillance spéciale de l'Université ; mais là, dans cette ville soumise au Roi d'Espagne et à son terrible lieutenant le duc d'Albe, la presse et tout ce qui s'y rapportait était assujettie à des règlements sévères et minutieux dont on ne saurait aujourd'hui concevoir les prévisions, si l'on n'avait sous les yeux ces actes eux-mêmes. Ceux de nos lecteurs

qui seraient curieux de vérifier par eux-mêmes ce fait carac_
téristique, qui appartient à l'histoire, trouveront à cet égard
tous les renseignements qu'ils pourraient désirer dans une
Ordonnance de Philippe II, en date du 19 mai 1570. Un
autre monument non moins important de l'histoire de la
presse dans la ville de Douai est un Procès-verbal de
l'exécution d'un jugement rendu *contre un nommé Philippe
Hanaches, relieur à Douai, atteint et convaincu......
d'avoir eu en main et lu des livres hérétiques, l'un nommé l'Antithese contenant blasphèmes et calomnies contre
l'honneur et en mespris de Sa Sainteté,* lequel Hanaches fut
pour ce fait condamné *à faire amende honorable devant la
maison eschevinalle, à avoir la langue percée d'un fer
chaud et à être ensuite banni à toujours ;* ce qui fut fait,
ainsi que l'atteste le procès-verbal que nous avons sous les
yeux et qui porte la date du 25 août 1635 et la signature
Derasière.

Cette sévérité d'une loi rigoureuse et inflexible, que l'on
savait faire exécuter au besoin, eut pour effet, comme on le
pense bien, nous ne dirons pas de restreindre, mais d'empêcher d'une manière absolue la publication de tous les
ouvrages qui pouvaient porter quelque atteinte à l'unité de
la foi ou à la moralité publique ; mais elle n'empêcha pas
que les produits de la presse ne se multipliassent d'une
manière prodigieuse, et ne préparassent, par leur nombre même, la voie à un régime devenu forcément plus doux,
sinon dans l'intention, du moins par l'impossibilité de
tout connaître et de tout atteindre. Dans cette lutte inces-
sante entre le pouvoir constitué et cette puissance indes-

tructible de la pensée qui avait dès-lors à sa disposition la
faculté de se produire et de se multiplier à l'infini sous
toutes les formes , la victoire ne pouvait être douteuse et
l'on sait aujourd'hui à quoi s'en tenir définitivement à cet
égard.

A côté de ces établissements si nombreux et si peuplés ,
de ces imprimeries si actives et si fécondes , de ces librai-
ries si considérables et si complètes, on s'étonnera peut-être
de ne pas voir figurer les bibliothèques ou du moins une
bibliothèque publique destinée à l'usage et aux études de
la foule d'étudiants qui fréquentaient les cours de l'Université. Une explication bien simple suffira pour faire cesser
cet étonnement : c'est que tous ces établissements particuliers , c'est que les diverses facultés de l'Université,
avaient chacun leurs bibliothèques privées qui , sans pouvoir s'élever au rang et à l'importance d'une bibliothèque
publique, avaient du moins l'avantage d'offrir le nécessaire
à ceux auxquels elles étaient spécialement destinées. Il
existait aussi dans plusieurs des communautés religieuses
de la ville des collections de livres assez considérables et
assez bien faites, que leurs possesseurs mettaient volontiers
à la disposition des jeunes étudiants. Avec ces divers secours que l'on trouvait sans peine de tous côtés, on sentait
beaucoup moins que de nos jours le besoin de ces grandes
collections qui réunissent ce qu'on chercherait vainement
ailleurs. Ce ne fut donc que fort tard et dans la seconde
moitié du dix-huitième siècle que l'on songea à former à
Douai une bibliothèque générale et publique qui réunît en
un seul corps les richesses littéraires et scientifiques répar-

ties plus anciennement entre un grand nombre d'établissements divers.

Les bibliothèques de chacune des facultés de l'Université furent transférées, en 1767, *dans celle du Collége d'Anchin , pour n'en former qu'une seule avec celle-ci et la
rendre publique* , conformément aux Lettres-patentes du
Roi , datées du 1er mai de cette année ; mais l'exécution de
la décision royale ayant rencontré quelque opposition ,
principalement de la part des étudiants qui refusaient de
se soumettre au paiement d'une légère rétribution exigée
de chacun d'eux pour être appliquée à l'entretien de la
bibliothèque , ce fut en 1770 seulement que s'ouvrit définitivement cette bibliothèque , dont le premier bibliothécaire fut un M. Denis. Elle était ouverte au public les
dimanches, mardis et jeudis de chaque semaine, hors le
temps des vacances. Le bibliothécaire était à la nomina-
tion du chancelier de l'Université , sur la présentation de
trois candidats faite par l'Avocat-général et le Procureur-
général du Parlement.

Comme il n'existe, ou comme du moins nous n'avons pu
nous procurer aucun ancien catalogue qui puisse nous
faire connaître exactement la situation et les richesses littéraires et scientifiques de la bibliothèque de l'Université qui
paraît toutefois avoir été assez considérable , nous sommes forcés de nous en tenir aux indications assez peu déve-
loppées qui précèdent, et nous ne considérerons plus cette
Bibliothèque que dans la situation qu'elle a prise à partir
du moment où, par suite des événements de 1789, elle devint la propriété de la Commune.

Ce fut en 1791, au moment de la suppression de l'Université, que cette Bibliothèque passa entre les mains et sous la direction de l'autorité municipale. A la même époque, on vit se réunir ou plutôt s'entasser à Douai les livres et les manuscrits de toutes les communautés religieuses de la ville et des environs. La masse de volumes ainsi accumulés dépassait le nombre de cent mille, et si ce précieux dépôt eût été exploré avec le soin et l'intelligence que réclamait un pareil travail, il eut fourni sans doute les moyens de former une des plus belles et des plus utiles bibliothèques du pays. Malheureusement, dans ces temps d'agitation et de trouble, de passions et de désordres, le pouvoir n'allait pas toujours au plus digne et au plus capable, et l'ignorance la plus absolue eut plus d'une fois à prononcer sur le sort de ces richesses littéraires. Il fut cependant pris quelques mesures de conservation, et nous avons eu sous les yeux les inventaires assez détaillés des Bibliothèques saisies chez les Récollets Anglais et Wallons, chez les Bénédictins Anglais, dans le séminaire des Écossais, ainsi que chez les Dominicains français ; mais c'est à la rédaction de ces divers inventaires, qui présentent un total d'environ vingt-cinq mille volumes, que se borna tout le travail. Les livres furent entassés dans les vastes salles occupées aujourd'hui par le Musée, et toutes les fois qu'on avait besoin de papier ou de parchemin pour un usage quelconque, les livres ou les manuscrits du dépôt étaient en quelque sorte à la disposition du premier occupant. C'est ainsi qu'au moment où la République avait à soutenir la guerre contre l'Europe conjurée, on envoya du dépôt à

l'Arsenal une grande quantité de volumes destinés à faire
des gargousses pour l'artillerie. Nous n'entendons sûre-
ment ni déprécier, ni même atténuer le mérite des efforts
que fait un peuple pour maintenir et pour défendre ses biens
les plus précieux et les plus chers, sa liberté et son indépendance ; mais nous croyons qu'en tout temps le patriotisme
bien entendu n'exclut ni une certaine mesure dans l'emploi
des moyens de défense, ni un certain respect pour les
productions de l'intelligence humaine. Comme un fait de la
nature de celui que nous rappelons pourrait bien trouver
quelques incrédules, nous citerons, pour plus de sûreté,
les paroles même du bibliothécaire de cette époque, qui,
dans un rapport spécial daté du 19 floréal an VII (8 mai
1799) et adressé à l'administration centrale du département du Nord, s'exprime de la manière suivante :

« La Bibliothèque est fort bien tenue, les dépôts le
» sont aussi et l'auraient été mieux sans les circonstances
» qui sont que la commune de Douai ayant été mise en état
» de siége, on fit du Musée une grange au blé, et *il fut*
» *ordonné d'envoyer à l'Arsenal une immensité de livres.*
» Le citoyen Demonteville (bibliothécaire) s'associa pour
» adjoints les citoyens Saladin et Michel, tous deux pro-
» fesseurs, et on fit un triage des livres ; on envoya *ceux*
» *inutiles, tels que les Sommes de Saint-Thomas, et au-*
» *tres de ce genre, à l'Arsenal*, et on en disposa deux
» piles de cette espèce ; ces deux piles existent encore.
» Depuis, le citoyen Demonteville a revisé ces ouvrages
» qu'elle contient ; ce ne sont en général que de mauvais
» livres, duplicata propres à la beurrière. »

Nous nous permettrons de croire, malgré l'assertion contraire du *citoyen bibliothécaire*, qu'il pouvait bien se trouver parmi les volumes envoyés à l'Arsenal un certain nombre d'ouvrages plus importants et plus dignes d'attention qu'il ne le pensait et que ne le pensaient ses doctes collègues, et nous ne pouvons douter que cette expédition anti-scientifique n'ait privé la Bibliothèque d'un certain nombre de livres qu'elle serait heureuse de posséder aujourd'hui. Pour donner une idée exacte de l'esprit qui dut présider au triage qui eut lieu alors, nous citerons encore quelques lignes du rapport du citoyen Demonteville :

« Il reste à inventorier environ trente mille volumes,
» dont les deux tiers n'en valent pas la peine, n'étant que
» capucinades et rapsodies de théologie mille et une fois
» répétées. »

Nous croyons qu'avec une pareille manière de penser on ne dut pas se montrer bien difficile sur le choix des livres que l'on mettait à la disposition de l'autorité militaire.

Quoi qu'il en soit du soin plus ou moins attentif, plus ou moins éclairé, que l'on put mettre à choisir les livres qui devaient prendre place dans la Bibliothèque et à écarter ceux qui paraissaient indignes de cette distinction, il est certain que la Bibliothèque s'enrichit alors, non pas autant qu'elle aurait pu le faire, mais du moins autant que le permettaient les préjugés religieux et la capacité scientifique de ses pourvoyeurs officiels, d'un assez grand nombre d'ouvrages utiles qu'elle ne possédait pas. Dans le rapport du 8 mai 1799, dont nous venons de citer quelques fragments, le bibliothécaire estime à 25,000 volumes

environ le nombre des livres qui composent la Bibliothèque
proprement dite, et à en juger par le nombre de volumes
que possède aujourd'hui cette Bibliothèque , on ne peut
guère estimer à moins de cinq mille le nombre de ceux
qu'elle emprunta aux divers dépôts recueillis au Musée.
Au reste, la distinction entre les ouvrages anciens et les
ouvrages plus récemment entrés serait aujourd'hui impossible à faire et n'aurait pas d'ailleurs une très-grande importance. Il nous paraît donc suffisant de constater d'une
manière précise et de faire connaître la situation de la
Bibliothèque communale de la ville de Douai au moment
où nous écrivons.

Le moyen le plus sûr de connaître les richesses d'une
bibliothèque quelconque et de faire jouir les hommes studieux des trésors historiques , scientifiques et littéraires
qu'elle renferme, est l'existence d'un catalogue rédigé avec
exactitude, avec soin, avec méthode , qui rende les recherches de tout genre à la fois promptes et faciles. Cette
précieuse ressource n'existe pas encore pour la Bibliothèque
de Douai , et l'on ne comprend guère comment , depuis
plus de cinquante ans , il ne s'était trouvé aucun administrateur , aucun bibliothécaire qui eût senti l'importance et
la nécessité d'un pareil travail. Il a été rédigé, il est vrai ,
de 1805 à 1820, un inventaire volumineux qui forme un
volume in-4º , d'environ 660 pages ; mais ce répertoire
indigeste , rempli d'erreurs grossières et de fautes de toute
nature , ne peut être d'aucun usage , faute d'avoir été
rédigé dans un ordre qui rendît les recherches possibles.
Aussi prépare-t-on en ce moment la rédaction d'un nou-

veau catalogue qui satisfera à des vœux légitimes et depuis si long-temps exprimés. Ce catalogue, rédigé d'après un système bibliographique éprouvé par une longue expérience, présentera l'inventaire exact et méthodique de la Bibliothèque et rendra l'accès de ce riche dépôt facile à tous les lecteurs.

La Bibliothèque de la ville de Douai, en effet, faute d'un catalogue, n'a été ni suffisamment connue, ni convenablement appréciée jusqu'ici. Sans entrer dans un détail que ne comporteraient pas les limites étroites d'un essai, nous croyons toutefois devoir dire que rien de ce qui doit former la base d'une grande Bibliothèque ne manque à celle de la ville, et que les hommes studieux qui voudraient prendre la peine de s'en assurer par eux-mêmes ne manqueront pas de reconnaître l'exactitude de cette assertion. Ainsi, dans la partie de la théologie, on trouvera dans la Bibliothèque de Douai tous les grands commentaires sur l'Écriture-Sainte, les meilleures éditions des principaux Pères de l'Église grecque et latine, les livres de théologie les plus célèbres et les plus estimés ; dans la jurisprudence, les ouvrages les plus savants et tous ceux qui font autorité ; dans la littérature, outre un grand nombre d'éditions anciennes des principaux classiques anciens et modernes, les collections plus récentes de F. Didot pour les auteurs grecs, et de Lemaire pour les auteurs latins ; dans la classe des sciences et arts, un grand nombre de beaux ouvrages à figures ; dans l'histoire, enfin, la partie la plus riche et la mieux composée de la Bibliothèque, un ensemble aussi complet que possible. On y trouvera de même, dans toutes les facultés, les grandes collections qui ne se rencontrent que rarement dans les bibliothèques parti- culières, telles, pour n'en citer que quelques-unes , que *le Recueil des Ordonnances des Rois de France ; le grand ouvrage des Bollandistes; la Collection de Muratori pour l'histoire d'Italie ; le Recueil des Historiens de France ; les Collections anciennes des Mémoires de l'Académie des Sciences , et des Mémoires de l'Académie des Inscriptions; la Collection plus récente et complète des Mémoires de toutes les classes de l'Institut ; la Diplomatique des Béné- dictins ; la Collection des Documents historiques publiés par le Gouvernement ; le Journal des Savants*, etc., etc.

Nous ne citons et nous n'avons voulu citer que les gran- des collections et les ouvrages utiles ; mais nous ne devons pas négliger de faire connaître que la Bibliothèque ren- ferme aussi un assez grand nombre de volumes qui se dis- tinguent par leur rareté , la beauté de leur exécution typo- graphique et l'ancienneté de leur date. Ainsi l'on y compte, parmi ces derniers , un assez grand nombre d'ouvrages imprimés dans le quinzième siècle, et particulièrement , pour n'indiquer qu'un seul , mais aussi le plus précieux monument de ce genre , le célèbre recueil d'estampes gra- vées sur bois , connu sous le nom de *Bible des Pauvres*. L'exemplaire de ce livre que possède la Bibliothèque de Douai a été long-temps ignoré, et ce n'est qu'en 1834 qu'il a été découvert dans ce riche dépôt par un bibliophile qui était presque fier de cette heureuse découverte et qui ne la rappelle pas ici aujourd'hui sans un vif ressentiment du plaisir qu'elle lui fit éprouver alors.

Riche en livres imprimés dans tous les genres, la Bibliothèque de Douai n'est pas moins riche en manuscrits. La
plupart de ces manuscrits, sans doute, appartiennent à la
théologie, mais il s'en trouve aussi quelques-uns qui appartiennent à la littérature et un assez grand nombre qui se
rapportent à l'histoire. Ces manuscrits, dont quelques-uns
ont une véritable importance, et dont quelques autres se
font remarquer par la perfection de leur exécution calli-
graphique et la richesse élégante de leurs ornements, sont
en ce moment l'objet d'une étude spéciale qui en fera connaître avec détail la valeur littéraire et le contenu.

La Bibliothèque communale de la ville de Douai se compose de trente mille volumes environ et de mille manuscrits. Elle est administrée par une Commission spéciale
qui agit sous le patronage de l'autorité municipale et sous
la présidence du Maire (a). Cette Commission est chargée
spécialement de veiller à l'entretien et à la conservation
des collections de la Bibliothèque, au bon emploi des
fonds consacrés à cet entretien, à l'acquisition des ouvrages reconnus utiles et à la confection des catalogues. Le
bibliothécaire, qui fait partie de cette Commission, a la
surveillance spéciale de la Bibliothèque et la charge d'entrer en relation habituelle avec les lecteurs qui la
fréquentent.

(a) Cette Commission est composée aujourd'hui de MM. Tailliar,
conseiller à la Cour Royale ; Leroy de Béthune, membre du Conseil-
Général ; Minart, conseiller à la Cour Royale ; Pilate, secrétaire en chef
de la Mairie ; Duhem, docteur-médecin ; Rossignol, juge, membre du
Conseil municipal ; Duthilloeul, bibliothécaire ; Gratet-Duplessis, recteur
de l'Académie.

Un des premiers soins de la Commission constituée par l'arrêté de M. le Maire, en date du 8 janvier 1841, a été de reconnaître la situation de la Bibliothèque, de compléter les grandes collections scientifiques et de prendre les mesures propres à hâter la confection du catalogue. Ce dernier travail est aujourd'hui assez avancé, et il existe environ cinq mille cartes de faites. Tout fait donc espérer qu'avant peu la ville de Douai possédera un inventaire exact, complet et méthodique de sa Bibliothèque, et la justice veut que nous rappelions ici que c'est au zèle actif et persévérant d'un maire aussi bon citoyen qu'habile administrateur, que les hommes d'étude seront redevables de ce précieux avantage. Ajoutons encore que la ville regrettera sans doute comme nous que, par suite d'une détermination dont nous devons respecter les motifs, quoique nous en soyons sincèrement affligés, M. Honoré ne soit pas resté assez long-temps à la tête de l'administration pour jouir lui-même de son ouvrage.

La ville de Douai, outre sa Bibliothèque communale, renferme encore dans son sein plusieurs autres collections du même genre appartenant à quelques établissements publics et que nous indiquerons sommairement :

1° La Bibliothèque de la Société Royale et Centrale d'Agriculture, Sciences et Arts du département du Nord.

Cette Bibliothèque, dont il existe un catalogue méthodique, publié en 1841 par M. Brassart, archiviste de la Société, renferme une collection assez complète des meilleurs traités sur les sciences en général et sur l'agriculture en particulier, une collection très-remarquable des Mé-

moires des diverses Sociétés savantes du royaume. Elle
est assez riche en ouvrages historiques , a reçu du gouvernement le grand voyage d'Egypte, et augmente tous les ans
sa collection par de judicieuses acquisitions dans tous les
genres , mais principalement dans les classes des sciences
naturelles et de l'histoire.

2° La Bibliothèque de l'école d'Artillerie, riche en ouvrages relatifs à l'art militaire , assez riche en livres de
sciences et d'histoire. Il en existe un catalogue manuscrit,
rédigé il y a quelques années.

3° La Bibliothèque de la Cour royale.

Cette Bibliothèque n'est pas encore très-considérable ,
mais elle se compose de livres choisis avec soin et vient
tout récemment de s'enrichir d'un très bel exemplaire de
la *Collection des Ordonnances des Rois de France,* 20 vol.
in-folio.

4° La Bibliothèque de l'ordre des Avocats , spécialement consacrée à MM. les avocats et composée de manière
à leur offrir tous les documents qui peuvent leur être né-
cessaires pour faciliter l'exercice de leur profession.

5° La Bibliothèque du Collége Royal , peu considérable et qui demande à être complétée, dans l'intérêt des
professeurs et des élèves.

6° La Bibliothèque de l'École Normale primaire , qui
contient un choix de bons livres propres à accroître l'instruction des élèves et à les préparer aux utiles fonctions
qu'ils sont appelés à remplir.

Cet essai , qui a pour but de présenter une esquisse rapide, mais aussi exacte que possible, de la physionomie littéraire de la ville de Douai, paraîtrait sans doute incomplet, si nous omettions d'y mentionner quelques bibliothèques particulières qui se recommandent à l'attention des amis des lettres aussi bien par le mérite qui leur est propre que par le nom de leurs possesseurs. Une collection de livres faite avec soin et avec goût par un homme d'études ou par un amateur éclairé inspire toujours un intérêt réel, et c'est pour satisfaire cette curiosité d'un ordre supérieur que nous donnerons ici un court aperçu des Bibliothèques les plus importantes qui se trouvent, à Douai, en la possession de quelques particuliers.

Nous citerons d'abord comme une Bibliothèque très-remarquable et très-utile la Bibliothèque de M. Tailliar, conseiller à la Cour royale. M. Tailliar consacre les loisirs que lui laisse l'exercice de ses importantes fonctions à l'étude des constitutions politiques des nations anciennes et modernes et à des recherches approfondies sur l'origine des institutions judiciaires chez tous les peuples. C'est dans la vue constante de compléter ses études dans ce genre que M. Tailliar a composé sa Bibliothèque, et il est peu de livre important sur ces hautes matières qui n'y ait trouvé place. Cette collection, faite avec tant de persévérance et un goût aussi sûr qu'éclairé, a donc une valeur réelle, qu'apprécieront sans peine toutes les personnes qui savent, par leur propre expérience, combien il est difficile de connaître tout ce qu'il y a de bon et de ne choisir que ce qu'il y a de meilleur dans chaque faculté. Nous ajouterons que les divers ouvrages publiés par M. Tailliar, et appréciés comme ils méritent de l'être par les juges compétents, prouvent que la science de M. Tailliar ne se borne pas à recueillir les bons livres, mais encore qu'il sait lui-même en augmenter le nombre.

La Bibliothèque de M. Bigant, aussi conseiller à la Cour royale, est consacrée, nous ne dirons pas exclusivement, mais principalement, et avant tout, à l'histoire du pays. M. Bigant possède en ce genre une collection inappréciable par le nombre aussi bien que par la rareté, l'importance et le bel état de conservation des pièces de tout genre qui s'y trouvent réunies. Parmi ces pièces, nous citerons seulement un assez grand nombre de manuscrits relatifs à l'histoire de la ville et un nombre considérable de journaux, de pamphlets, de feuilles volantes de tout genre et de toute nature qui se rapportent aussi à l'histoire de la localité pendant la révolution. La plupart de ces pièces sont introuvables aujourd'hui, et nous doutons qu'il fût possible à l'amateur le plus riche, le plus ardent, le plus déterminé de refaire maintenant une pareille collection. Cette spécialité, qui nous paraît être l'expression d'un patriotisme honorable, n'exclut pourtant pas chez M. Bigant la recherche des meilleurs livres dans tous les genres et particulièrement dans la classe de droit. M. Bigant possède donc également une Bibliothèque de jurisprudence aussi complète et aussi soignée qu'on doit s'attendre à la trouver chez un magistrat qui a toute la dignité de ses fonctions, comme il en comprend et comme il en pratique tous les devoirs.

La Bibliothèque de M. de Coussemaker, avoué à la Cour

royale, est une collection essentiellement musicale, et, sous ce rapport, elle se distingue moins par le nombre des volumes que par le choix et le mérite des ouvrages qui en font partie. Ainsi aucun des ouvrages capitaux n'a été négligé, et, pour entrer à cet égard dans quelques détails que fera sans doute excuser la spécialité de cette Bibliothèque, nous dirons que M. de Coussemaker possède l'*Histoire générale de la musique, par Forkel; l'ouvrage de Burney,* sur le même sujet ; l'*Harmonie universelle* , *par le père Mersenne* , un des livres les plus curieux et les plus rares de cette classe ; les OEuvres de *Gaffori* , de *Zarlino* , de *Doni*, de *Gerbert,* de M. *Fétis*, de *Kiesevetter*, et un grand nombre d'ouvrages anciens et modernes publiés en France et à l'étranger sur la musique. Parmi les manuscrits que possède aussi M. de Coussemaker , nous citerons un petit volume in-8°, du douzième siècle , contenant des *Opuscules inédits de Guy d'Arezzo et d'Odon de Cluny* , enrichi de musique notée avec des neumes; un livre *de Chœur (liber choralis)*, in-f°, du douzième siècle ; un *Graduel des Chartreux*, portant la date de 1367; les OEuvres de *Tinctor*, en latin, et plusieurs autres pièces non moins curieuses pour l'histoire de l'art. Nous indiquerons aussi un grand nombre (200 environ) de *Partitions d'opéra* , de *Messes,* *d'Oratorios* etc., dont la variété et le mérite donnent beaucoup de prix à cette collection faite avec tant de goût (a).

(a) M. de Coussemaker est auteur d'un Mémoire très-intéressant et plein de recherches curieuses sur Hucbald et sur la musique ancienne. Cet ouvrage est indiqué sous le n° 1467 de la Bibliographie Douaisienne.

Outre ces richesses toutes spéciales, M. de Coussemaker possède aussi quelques manuscrits assez remarquables pour mériter les honneurs d'une description particulière. Ces manuscrits, que leur propriétaire a bien voulu mettre à notre disposition, sont :

1º Un manuscrit de format in-fº , sur vélin , contenant l'*Apocalyse de Saint-Jean* , en langue anglo-normande du treizième siècle , et un poème assez peu connu qui porte pour titre : *Le livre du Romanz de la lumière des lais.*

L'*Apocalypse* , qui se compose de 71 chapitres , est ornée de 73 miniatures d'un dessin peu correct sans doute, mais très-curieuses par la bizarrerie de leur composition et la vivacité de leurs couleurs. — Le *Roman de la lumière des lais* (laïcs) est un traité de théologie en vers, assez considérable , et qui occupe 96 feuillets à deux colonnes , de 37 vers chacune , ce qui donne pour le poème entier un total d'environ 14,000 vers. Ce manuscrit, très-lisible, est parfaitement conservé.

2º Un manuscrit in-4º , sur papier, du quinzième siècle, contenant : 1º *Le Pas de la mort* , petit poème anonyme , de 648 vers, dont les manuscrits sont assez peu communs, et qui paraît n'avoir jamais été imprimé ; 2º *Le Chevalier délibéré* , *d'Olivier de La Marche* , dont il existe plusieurs éditions ; 3º Enfin , *Bien advisé* , *mal advisé* , Moralité à 59 personnages, dont il n'existe qu'une seule édition , publiée à Paris , au commencement du seizième siècle, et qui est extraordinairement rare.

Ce manuscrit, parfaitement conservé, est orné d'un grand nombre de dessins coloriés , curieux par la singularité de leur exécution, mais n'offrant qu'un intérêt assez ordinaire sous le rapport de l'art.

3° Le troisième manuscrit de M. de Coussemaker, beaucoup moins ancien que les deux précédents , nous paraît toutefois bien autrement précieux , puisqu'on peut le considérer comme un monument unique dans son genre. Ce volume , in-folio, exécuté sur vélin , vers le milieu du dix-septième siècle , comprend les archives historiques et reli-gieuses du couvent de Ste-Catherine de Sienne, de l'ordre de St-Dominique , à Douai, et renferme une suite considé-rable de peintures exécutées par des artistes habiles , en-tr'autres par Waast Bellegambe, qui était de Douai et que l'on croit avoir étudié sous le célèbre Rubens. Ces pein-tures offrent la suite à peu près complète des ascendants et des descendants de St-Dominique , une série d'emblèmes applicables à l'histoire de ce Saint, et la représentation de tout ce que le couvent de Ste-Catherine de Sienne offrait de remarquable en tout genre. Un pareil volume mériterait une description détaillée qui ne saurait trouver place ici ; mais nous dirons que nous ne connaissons que bien peu de manuscrits aussi précieux et aussi remarquables que celui-ci et que nous le considérons comme un véritable trésor pour son heureux possesseur (a).

(a) Dans l'impossibilité où nous nous trouvons, faute d'espace, de don-ner une description suffisamment détaillée de ce précieux manuscrit, nous croyons au moins devoir insérer ici la note par laquelle il commence et qui en fera connaître toute l'importance :

« Ce libure contenant les figures de la genealogie spirituelle et tempo-» relle de N. P. S. Dominique. Item des vertus convenables à l'Institut de

À DOUAI. LV

La riche Bibliothèque possédée par M. le baron de Warenghien ne saurait sans injustice être oubliée dans cette notice. Cette collection considérable est le fruit d'un soin persévérant qui atteste dans son propriétaire un goût aussi vif qu'éclairé pour les livres. La Bibliothèque de M. de Warenghien n'a point précisément de caractère spécial, mais on peut dire qu'elle est à peu près complète, c'est-à-dire qu'elle contient, à peu de chose près, ce qu'il y a de mieux dans tous les genres, dans la littérature comme dans les sciences, en droit comme en histoire. Nous croyons toutefois avoir remarqué que M. de Warenghien a une prédilection marquée pour la littérature classique, et sa belle collection d'auteurs *cum notis variorum* et celle qu'il a formée des meilleurs poètes latins modernes attestent au

» notre sainte relligion, comme aussy celles d'aucuns ouvrages faicts du
» temps que le R. P. Philippes Petit Prédicateur general fust deux fois
» Prieur : après lesquelles figures se lisent aussi les fondations et remar-
» ques des convens des FF. Prescheurs et de Ste Catherine de Sienne,
» etc. Ce libure, dis-ie, ainsy depeint, escript et orné a cousté cent
» quarante florins et douze soubz. Les peintres soubsignez c'est à scauoir
» M. Waast Belgambe et M. Bon Lenglet son beau-frere ont receu pour
» leur part quatre vingt sept florins et six patars (du depuis ils ont eu
» encore quinze florins). Monsr Balthazar Bellere, Imprimeur et Libraire
» pour les parchemins et la ligature, dix sept florins et six patars. Ce
» luy qui l'at escript a sçauoir M. Balduin de Briancourt natif de Fron-
» tiere de Bourgoigne at receu dix florins. Ainsy ces trois sommes joinc-
» tes ensemble font cent quarante florins et douze patars qui est la som-
» me susdite.

Tesmoins

Bon Lenglet.   Waast Bellegambe, 1639.

R. de Briancourt, 1638.   Balthazar Bellere.

moins toute l'importance qu'il attache à cette partie intéressante de la Bibliographie. M. de Warenghien possède
aussi quelques-uns des grands ouvrages de luxe publiés il
y a quelques années, plusieurs manuscrits et quelques éditions très-remarquables du quinzième siècle. Sa Bibliothèque est une des plus riches et des mieux entendues que
nous connaissions.

La Bibliothèque de M. Minart, conseiller à la Cour
royale, sans être aussi considérable que celle de M. de Warenghien, mérite aussi d'être signalée comme une collection
très-curieuse faite avec soin par un homme plein de goût
et d'amour pour la science. M. Minart recueille, comme
M. Bigant, son ami, tout ce qui se rapporte à l'histoire du
pays et de la ville, et il possède une foule de documents curieux, imprimés ou manuscrits, que l'on chercherait vainement ailleurs que chez lui.

La Bibliothèque de M. le baron de Guerne, ancien maire
de la ville de Douai, riche en ouvrages précieux dans tous
les genres, se distingue en outre et plus particulièrement
par un genre de spécialité qui la rend très-remarquable.
M. de Guerne s'attache avec un soin particulier à recueillir
tous les livres imprimés à Douai, et il est parvenu, à force
de recherches et de persévérance, à réunir un très grand
nombre de volumes, parmi lesquels se trouvent plusieurs
ouvrages de la première rareté. La Bibliographie Douaisienne doit de nombreux et utiles renseignements à la
Bibliothèque de M. de Guerne, que l'on trouve toujours
aussi disposé à obliger qu'il met d'ardeur à protéger de
sa bienveillance et de ses encouragements toute entre-

prise consacrée à l'avancement des lettres et des arts.

Nous signalerons enfin une collection beaucoup moins nombreuse que celles dont nous avons parlé précédemment, mais à laquelle son caractère spécial donne un droit incontestable à figurer dans cette notice. Nous voulons parler de la Bibliothèque de M. Hibon, premier avocat-général, qui contient un choix très remarquable d'ouvrages sur l'art héraldique et sur la noblesse. Cette collection est très curieuse, et, comme M. Hibon ne néglige rien pour la compléter, nous ne doutons pas qu'elle n'acquière un jour une véritable importance (a).

L'auteur de cet Essai possède lui-même une collection de livres, faite avec tout le soin dont il était capable, et dont il eût parlé sans doute avec quelque complaisance; mais cette Bibliothèque n'étant pas destinée à rester à Douai, elle ne pouvait être considérée comme appartenant à l'histoire littéraire de cette ville et ne devait pas par conséquent figurer dans la rapide esquisse que nous venons de tracer.

(a) M. Le Glay, archiviste général du département du Nord, dans son curieux ouvrage, intitulé : *Mémoire sur les Bibliothèques publiques et les principales Bibliothèques particulières du département du Nord*, Lille, 1841, in-8o, a parlé avec détail de la Bibliothèque communale de la ville de Douai et des collections de MM. Tailliar, Bigant et de Coussemaker. Il ne pouvait entrer dans le cadre d'un simple essai de traiter le sujet avec de pareils développements. Il nous suffisait de caractériser avec exactitude, mais d'une manière succincte, les collections qui nous ont paru dignes de l'attention des gens de lettres, et nous renvoyons avec confiance ceux de nos lecteurs qui désireraient des détails plus circonstanciés au Mémoire de M. Le Glay, qu'ils nous sauront gré sans doute d'avoir rappelé à leur attention.

Cette esquisse nous paraît fidèle et nous n'avons rien négligé pour la rendre exacte ; mais elle serait incomplète, il y manquerait un de ses traits les plus caractéristiques, si nous n'ajoutions, en la terminant, que si la ville de Douai compte dans ses murs un assez bon nombre de collections littéraires dignes d'attention, elle renferme également dans son sein un grand nombre d'hommes capables de soutenir et de perpétuer la réputation qu'elle s'est acquise depuis long-temps de ville studieuse et lettrée, d'hommes qui ne se distinguent pas moins par la solidité de leurs études, la sûreté de leur jugement et l'étendue de leurs connaissances que par l'affabilité bienveillante avec laquelle ils accueillent les hommes qui, comme eux, s'occupent d'études sérieuses et utiles. Cet hommage rendu à des hommes honorables que tout le monde désignera sans qu'il soit besoin de les nommer, est tout simplement un acte de justice rigoureuse ; mais, sous la plume de celui qui le trace, il est aussi l'expression personnelle d'une reconnaissance profondément sentie, qui ne cherchait qu'une occasion de se produire et qui s'estime heureuse de l'avoir trouvée.

G. Duplessis.

Douai, le 30 avril 1842.

BIBLIOGRAPHIE.

CATALOGUE

DES

LIVRES IMPRIMÉS A DOUAI

DEPUIS

L'ÉTABLISSEMENT DE L'IMPRIMERIE DANS CETTE VILLE

JUSQU'A NOS JOURS.

1563 - 1841.

—————◦——————

BOSCARD (JACQUES). 1563-1578.

1. Bref Recueil et recit de la Solemnité faicte
à l'entree et Consecration de l'Vniuersité faicte
et erigee en la Ville de Douay, en Flandre, par
le tres catholicque et tres vertueux prince Philippe, Roi d'Espaigne, Conte de Flandre, etc.
le v d'octobre, l'an m. ccccc lxii. – Petit in-4°,
de 6 feuillets non chiffrés, imprimé en lettres
rondes.   ⸱   -   -   -   1563.

Cet opuscule, aussi rare qu'intéressant pour l'histoire
du pays, contient, dans un style naïf et sans apprêt, le

détail des cérémonies qui eurent lieu pour l'installation de l'Université établie à Douai.

Cet établissement remonte, comme on le voit, à l'année 1562. Une demande à ce sujet, adressée en 1530 à l'Empereur Charles-Quint, fut accueillie par Philippe II, Roi d'Espagne, son fils et son successeur, qui crut devoir solliciter l'assentiment du pape Paul IV * ; mais ce pape étant mort avant de publier le Bref qu'il avait préparé et qui porte la date du 1er août 1559, Pie IV son successeur donna, le 6 janvier 1560, une Bulle qui admettait la demande et portait approbation des Statuts ; en conséquence Philippe II, par un édit du 19 janvier 1561, autorisa à Douai l'établissement d'une Université qui comprenait les cinq facultés de Théologie, de Droit canonique, de Droit civil, de Médecine et des Arts **.

Les dispositions à faire pour organiser cette Université durent nécessairement entraîner quelques délais, et l'installation eut lieu seulement le 5 octobre 1562. Ce jour-là, Jean de Montmorency, gouverneur de la Flandre, accompagné du Corps de ville, d'un grand nombre de dignitaires ecclésiastiques étrangers, enfin du clergé des paroisses et des couvents, se rendit processionnellement au-devant des docteurs appelés pour la première fois à enseigner

---

* Le Bref de Paul IV porte textuellement : *Cum Nos nuper certis rationalibus causis quœ ad id animum nostrum impulerunt adducti, ad bonarum et prœsertim sacrarum litterarum incrementum facilioremque studiorum commoditatem* precibus quoque carissimi in Christo filii nostri Philippi Hispaniarum regis catholici, etc.

** Le Bref du pape Paul IV, la Bulle du pape Pie IV et les lettres d'érection de l'Université de Douai, données par Philippe II, ont été réimprimées à Douai, chez Willerval, dans le siècle dernier. On a imprimé aussi *les lettres de Vidimus*, données par les Eschevins de la ville de Douai à l'occasion des lettres-patentes du roi d'Espagne. Ces pièces seront mentionnées en leur lieu, dans la suite de ce catalogue : elles font partie de la bibliothèque de M. le conseiller Bigant.

dans la nouvelle Université, et qui s'étaient arrêtés, hors de l'enceinte de la ville, près de la porte de Valenciennes, *en vne Chappelle nommée vulgarement la Chappelle des malades es faulxbourgs.* Le Cortége rentra par la même porte, fit une station dans l'église paroissiale de Notre-Dame où le Clergé attendait, puis après que *le Chancelier, les docteurs et notables professeurs, s'étant retirés dans le conclave de l'église, eurent élu et créé vng Recteur qui fut vng nommé* M. *Walrand Hangouart, chancelier de la dicte Vniversité et prevost de l'église collégiale de Saint-Amé, l'assemblée partit pour aller célébrer la grand-messe dans l'église collégiale de Saint-Amé.*

Parmi les personnages notables qui faisaient partie du Cortége se trouvaient *Monseigneur de Courrieres, Cheuallier de l'ordre de la Thoison, gouverneur de Douay ; le reverendissime Evesque de Cambray* (Robert de Croy), *accosté de l'Abbé de Crespin son suffragant ; puis Monsieur le reuerendissime Evesque d'Arras ; les Abbés de Hennin, du Mont-Sainct-Eloy, de Sainct-Aubert en Cambrai, de Hasnon, de Looz, de Marchennes, d'Anchin, de Sainct André en Cambersis* (Cambrésis), etc.

Le Cortége fit une station sur la Grand'Place où avaient été dressés un reposoir et une chaire dans laquelle François Richardot, évêque d'Arras, professeur de théologie, prononça un discours en français, et de là se rendit à Saint-Amé où l'abbé d'Anchin chanta la messe du Saint-Esprit.

Après la cérémonie religieuse, un grand dîner fut donné à l'Hôtel de ville par MM. les Seigneurs de la ville aux fonctionnaires de la nouvelle Université et à plusieurs personnages notables du pays et du dehors. Le lendemain et les jours suivans, *pendant vij ou huict jours environ,* des harangues furent prononcées par les professeurs *dont la modestie ne permit pas qu'elles fussent imprimées.*

Deux de ces harangues seulement furent imprimées, celles que prononça l'évêque d'Arras, l'une en français, l'autre en latin ; ce qu'indique d'une manière précise le récit que nous analysons *.

* *Comme tu polras veoir chez les libraires si tu le desire.* Cette phrase indique également qu'il existait déjà dès-lors des libraires à Douai ; mais jusqu'à ce jour, ces libraires sont restés complètement inconnus.

Les deux harangues de Richardot furent imprimées à Cambrai, sous le titre suivant :

LES DEUX SERMONS FRANÇOIS ET LATIN *faicts par Monsieur le reverendissime evesque d'Arras Messire* FRANCHOIS RICHARDOT*, et par luy prononciés à Douay à la solennité celebrée au dict lieu pour le commencement de la nouuelle Uniuersité.*

A Cambray, par Nicolas Lombart, Imprimeur.

An M. D. LXII. in–4º. de 24 f., lettres italiques.

Ces discours furent probablement imprimés peu de jours après qu'ils avaient été prononcés, et comme l'imprimeur, dans un court avis placé au verso du frontispice, dit que l'impression eut lieu sur la minute, nous voyons dans ce fait une nouvelle preuve que l'imprimerie n'a été établie à Douai qu'avec l'Université et même quelque tems après sa fondation, puisqu'il a fallu recourir aux presses d'une ville voisine pour donner de la publicité à ces deux discours.

Les *Sermons* de F. Richardot sont dignes de la réputation de cet évêque, qui passait avec raison pour l'un des hommes les plus savants et les plus éclairés de son temps. Nous citerons seulement un passage de la harangue française :

« Et certes a peine pourrait l'on sentir plus griefve, ny plus dure malediction de Dieu au monde, que de veoir les lieux de tous ces ministeres occupez par personnages ignorantz ou méchantz, ou non chaillans, de laquelle malediction nostre Seigneur menassoit les Juifz par la voix de son prophete Esaie : Disant qu'en lieu des bons et sages expérimentez et vertueux gouuerneurs, il leur donneroit des enfans ignorantz, des chefz et recteurs effeminez lasches et floches et sans vertuz. Aussi doibt on compter en lieu de singulier benefice de Dieu, que toutes telles charges sont administrées par gens scauans pour non faillir : et consciencieux pour non fleichir..... »

Conscience et *savoir* : indiquerait-on d'une manière plus précise aujourd'hui les deux qualités indispensables à tous ceux qui veulent exercer le pouvoir dans l'intérêt de la société ?

L'Université était administrée par un recteur, un chancelier et un vice-chancelier. Le recteur était élu par les fonctionnaires de cette Université et choisi parmi eux ; le titre et les fonctions de chancelier étaient dévolus au prévôt de Saint-Amé ; le prévôt de Saint-Pierre était le vice-chancelier.

L'imprimerie ne s'étant établie à Douai qu'à la suite de la fondation de l'Université, ainsi que nous croyons l'avoir démontré dans l'introduction qui précède, il est au moins très-probable, pour ne pas dire certain, que l'opuscule que nous venons d'analyser doit être considéré comme le premier livre imprimé dans cette ville.

Ce précieux petit volume, et le suivant, ont été décrits sur les exemplaires appartenant à M. le conseiller Bigant, les seuls que nous ayons jamais vus.

2. Nascentis Academiæ Duacensis eiusdemque illustrium Professorum Encomium. Anno M. D. LXii. Tert. Non. Octob. Per Ioannem Syluium Insulensem Vallencenis Medicinam facientem. Pet. in-4°. de 4 f. lettres italiq. 1563.

Cet opuscule, non moins rare et non moins curieux que le précédent, a été probablement publié à la même époque ou du moins très peu de temps après. Il renferme une suite de cent soixante-douze vers hexamètres consacrés à célébrer la fondation de l'Université et les fonctionnaires appelés à faire partie de ce corps savant. Cette pièce se termine par l'éloge du fondateur, Philippe II.

Les personnages dont il est fait mention dans cette pièce sont ceux dont les noms suivent : François Richardot, évêque d'Arras ; —Walerand Hangouard, premier recteur ; de Smyt (*Smittæus*) ; Jean Vandeville ; Jean Ramus ; Boethius (*Boetius Epo*, sans doute) ; Jérôme le

Franc (*Francus*); Antoine Dablain (*Dablanus*) ; Paul du Mont (*Montius*) ; Claude Respin ; Petræius Tiara ; de Cospain (*Cospæanus*) ; du Buisson (*Rubus*) et Ferrarius. Tous ces doctes personnages étaient attachés à la nouvelle Université en qualité de professeurs , et plusieurs d'entre eux ont laissé des ouvrages qui trouveront leur place dans ce catalogue.

Jean Dubois ou Sylvius , l'auteur de cette pièce de vers, faisait partie lui-même du corps savant qu'il a célébré. Il a laissé aussi quelques autres ouvrages dont il sera parlé ultérieurement. Ses vers ne donnent pas une haute idée de son talent poétique , quoiqu'ils soient écrits avec une cer- taine facilité : les quatre suivants feront suffisamment connaître sa manière et surtout l'intérêt éclairé que la ma- gistrature consulaire du temps portait à l'établissement dont elle avait si long-temps sollicité la création :

His (*professoribus*) ubi publicitus feruens enucleet arteis
Quisque suas , magno posuit sublimia sumptu
Tecta Magistratus , variis distantia septis ,
Vt sibi non noceant unà diuersa docentes.

Cette brochure de quelques pages est , ainsi qu'on le voit, un monument assez curieux de l'histoire du pays.

3. Oratio habita in sessione octava sacro- sancti Concilii œcumenici Tridentini per re- verendissimum D. Franc. Richardotum, Epis- copum Atrebatensem. In-4° de 6 feuillets non chiffrés. - - - - 1563.

Richardot (François) , né en 1507 , à Morei, village de Franche-Comté , mourut à Arras le 26 août 1574. C'était un des hommes les plus éclairés et les plus savants de son siècle , et il obtint ce que n'obtiennent pas toujours les hommes supérieurs , l'avantage d'être apprécié par ses

contemporains. Ses talents , qui se manifestèrent dès sa
jeunesse , le conduisirent aux plus hautes dignités ecclésiastiques et il devint évêque d'Arras en 1561. Richardot
peut être considéré comme le véritable créateur de l'Université de Douai , puisque ses instances et son influence en
hâtèrent l'établissement, et que , malgré ses occupations
épiscopales, il se chargea lui-même d'y faire un cours
d'Ecriture sainte. Sa mémoire mérite donc d'être honorée,
de même que la plupart des ouvrages qu'il a laissés sont
encore dignes d'être lus. M. Weiss a consacré à Richardot,
dans la Biographie Universelle (*tom.* 57 , *page* 573) , un
article intéressant qui sera consulté avec fruit , et où l'on
retrouvera le talent et l'exactitude habituelle de ce savant
biographe. M. Weiss cite plusieurs ouvrages de Richardot
qu'il indique comme ayant été imprimés à Douai.

4. Memorabilis et perinde stupenda de cru-
deli Moscovitarum expeditione Narratio , è
germanico in latinum conversa. Petit in–4°,
lettres rondes, de 4 f. non chiffrés. – 1563.

Récit très-succinct et assez peu intéressant d'une expédition militaire des Russes en Lithuanie et en Pologne.

Ce volume très-rare se trouve dans la bibliothèque de
M. le conseiller Bigant.

5. Alcuini Rhetorica , ad Carolum magnum.
In–8°.   –   –   –   –   1563.

Publié par Matth. Galenus sur d'anciens Mss. , dit M.
A. Dinaux , archives du Nord , t. IV, pag. 356.

La *Rhétorique* d'Alcuin , rédigée sous la forme d'un
dialogue dont les interlocuteurs sont Charlemagne et Alcuin
lui-même , se trouve dans le *Recueil des Rhéteurs* de Fr.

Pithou , et elle a été également comprise dans la collection des œuvres de ce savant donnée par André Duchesne en 1617, et dans la collection plus complète encore publiée à Ratisbonne par Froben , en 1777 , 2 vol in-f°.

On sait qu'Alcuin , né dans le comté d'York, en Angleterre , vers 730 , fut appelé en France par Charlemagne avec qui il vécut dans une sorte d'intimité , et dans le palais duquel il fonda une espèce d'Académie dont l'Empereur lui-même se plut à faire partie. C'était un commencement de retour vers les bonnes études, et Alcuin était par son caractère autant que par son instruction très-propre à ranimer le feu sacré. Il mourut le 19 mai 804.

6. Francisci Lotharingi Ducis Guisiani , fidei patriæque propugnatoris invictissimi Tumulus , Huberto Moro Ambiano Autore. Pet. in-8°. de 4 feuillets , lettres italiq. 1563.

Recueil de quelques pièces en vers latins élégiaques sur la mort de François de Lorraine, duc de Guise, assassiné , devant Orléans qu'il assiégeait , le 9 février 1563, par Poltrot de Mérey, gentilhomme protestant. Ce petit volume très-rare se trouve , ainsi que le suivant , dans la collection de M. Bigant.

7. De Cæde Francisci Lotareni (*sic*) Guisii Ducis magni , lugubre Carmen. Petit in-8°, de 4 feuillets , lettres italiques.   -   1563.

Recueil du même genre et sur le même sujet que le précédent. Il se termine par cette souscription : *Joannes Vetus mœstissimus scribebat.*

8. Aphorismi Hippocratis e græco in latinum versi et luculentissimis enarrationibus

illustrati. Autore Nicolao Haupasio, Atrebatensi medico. In=8°, de 66 feuillets, plus 11 f.
d'index. - - - 1563.

9. Aristotelis Organum Universum una cum
Porphyrii Isagoge, Interprete Joanne Rubo
Hannonio. In-4°, de 8 f. prél. et 181 p. 1564.

Cet ouvrage, réimprimé plusieurs fois à Douai, l'a été
aussi à Coblentz en 1572.

Buisson (Jean du), en latin *Rubus*, né près d'Ath, en
Hainaut, fut professeur de théologie à l'Université de
Douai, et ensuite premier régent du Collége royal de
cette ville. Il mourut le 11 avril 1595, après avoir exercé,
pendant 21 ans, la charge de prévôt de l'église collégiale
de Saint-Pierre et de chancelier de l'Université.

10. Boetii Eponis J. C. De romanæ per-
fectæque Jurisprudentiæ fructibus geminis,
oratio habita Duaci Cattuacorum in honoribus
academicis cuidam de more conferendis. Ad
D. Balduinum Glendium, Antistitem Henni-
niensem. In-8°, de 11 f. non ch. 1564.

Epo (Boetius), né en Frise en 1529, enseigna le droit
à Douai pendant 37 ans, de 1562 à 1599, année de sa
mort. Il a publié un assez grand nombre d'ouvrages.

11. Boetii Eponis Rordahusani Frisii J. U.
Interpretis in Academia Duacena ordinarij,
de honorum academicorum Titulis et Insigni-
bus, eorumque origine, progressu, et legitimo
usu; Oratio habita dum fortè tituli huius modi

cuidam pro more conferrentur. In–12, de 21
f. non chiffrés.   -   -   -   1564.

Cet ouvrage est dédié à Wallerand Hangouart, premier
Recteur de l'Université de Douai , Prévôt de Saint-Amé.

12. * Salomon , Comœdia sacra , aliaque
carmina. In–8°.   -   -   1564.

Cette comédie sacrée est de Bernard Éverard , d'Armentières.

13. Paralipomena Dialectica ac Rhetorica ,
seu Via ac ratio inveniendi, ex locis rhetoricis
et dialecticis , argumenta ad disserendum in
utramque partem de qualibet re, auct. Galeno
West-Cappellio. In–8°.   -   -   1564.

14. * Psalmi Davidici Lyricis versibus acco-
modati. Auct. Phil. Belvaletio. In–8°.   1565.

Ph. Belval , de Saint-Pol , était chanoine à Béthune.

DE WINDE (Loys). 1564 – 1576.

15. Antiqui Scriptoris ecclesiastici, Juliani
Prognosticon , sive, de futuro sæculo tractatus. Ed. Boetio Epone. In–12, de 223 p. 1564.

Ce livre est dédié à Philippe II , Roi d'Espagne , à l'occasion de la fondation de l'Université de Douai.

16. * De Balneis et eorum usu , auct. Hug.
Fridevallio medico. In–8°.   -   -   1565.

Hugues de Froideval naquit à Saint-Pol en Artois. Il a
écrit un autre ouvrage , imprimé par Plantin , à Anvers ,
en 1568 , ayant pour titre de *Tuenda sanitate* , *libri sex*.

17. Théorien ende Gheestelycke contem-
platien Ofte bediedtselen ende den sin vande
Goddelycken dienst/ te weten : der missen/
Vesperen/ Completen/ Vigilien ofte Wtuaer-
den/ etc. Der Leecken Breuier ghenaemt Allen
Christen menschen Seer van noode/ ende Be-
hoeffelycken.

¶ Ghemaect door den vvelgheleerden ende ver-
maerden Il. ende M. Matthœus Galenus van
West-Cappel der Theologien Doctoor, ende
der Koninclijcker Vniversiteyt van Douay
professeur.

Met Conincklijcke Gracie ende priuilegie.
¶ Gheprent in der Koninclijcker Vniversiteyt
van Dovay, by my Loys van Vvinde, ghesvvo-
ren boeck prentere synre Maiesteyt. Anno 1567.
C'est-à-dire : Théories et contemplations spirituelles, ou Explications et sens du service
divin, savoir : des messes, des vêpres, com-
plies, vigiles ou funérailles, etc., nommé le
Bréviaire des laïques, très-nécessaire et indis-
pensable à tout chrétien.

Composé par le très-savant et renommé Sr.
et Me. Matthieu Galenus de West-Cappel (en
Zélande), docteur en théologie et professeur à
l'Université de Douai. Avec grâce et privilége
du Roi. Imprimé à l'Université royale de Douai,
chez moi Loys de Winde, imprimeur juré de
S. M. Petit in-8°.   −   −   1567.

Imprimé en anciens caractères flamands, que l'on appelle

S. Pieters Letteren (lettres de Saint-Pierre.) Il commence par une dédicace de 4 pages, ensuite il est paginé jusqu'à la fin, en tout 240 pages. La dédicace est adressée à Antoinette de Bourgogne, Dame de Habencourt et sœur du Marquis de Ver, en Zélande, qui demeurait alors à Douai. L'auteur l'a choisie, parce qu'elle était sa compatriote et qu'elle attachait une grande importance à la publication de cet ouvrage dont elle avait fait faire une traduction en Français.

Galenus (Mathieu) naquit à West-Cappel en Zélande, en 1528. Professeur de théologie à l'érection de l'Université de Douai, en 1562, il fut prévôt de la collégiale de Saint-Pierre en 1563, de celle de Saint-Amé en 1569, et mourut âgé de 45 ans, le 15 septembre 1573.

18. * Instruction par manière de formulaire pour les pasteurs et curés de la province de Cambray, sur les matières controverses (*sic*) entre les ecclésiastiques et les sectaires, par F. Richardot, évêque d'Arras. In-8°. 1567.

19. Matthæi Galeni Westcapellii, de nostri sæculi Choreis Sententia pro catechesi, clauso Paschate seu Dominica in albis (ut Veteres etiam loquebantur) 1567. Dicta ad generosum D. Maxæmilianum Vylain a Rasseinghien, Gubernatorem Duacensem, etc. In-4°. de 8 f. non chiffr. – – – 1569.

20. Matthæi Galeni West-Cappellii Panegericus beatissimo apostolo, evangelistæ ac martyri Matthæo Levi Alphæi filio dictus 1561. Ad filium et amicum suavissimum Dn. Geor-

gium Stainerum Stolzinganum suum. In-4°,
de 12 f. non chiffr.   —   —   1569.

21. Coustumes et usages generaulx et particuliers de la Salle, Bailliage et Chastellenie
de Lille, confirmez et decretez par Sa Maiesté.
in-4°.   —   —   —   1569.

Nous avons rencontré l'indication de trois autres éditions
de cet ouvrage, publiées à Douai. Les deux premières en
1584, chez Jacques Boscard, et la troisième, en 1609,
chez Charles Boscard.

Le titre de ce livre est encadré d'un ornement de fort
bon goût; il est décoré des armes du Roi d'Espagne. On
lit au bas de ce titre : *On les vend à Lille par Franchois
Boulet libraire, demourant sus le Marché au Bled, vers
Sainct Estienne.* Au verso de ce titre, sont les armes de
Mgr. Vylain Baron de Rassenghien, gouverneur des Chastellenies de Lille, Douai et Orchies, à qui le livre est dédié.

22. Epître chrétienne de Dutailly (Louis),
contenant la Doctrine Catholique et salutaire
pour apprendre à mépriser le monde. In-
12.   —   —   —   1569.

23. Statuta synodalia diœcesis Atrebatensis
annorum 1201, 1410, 1455 et 1570. Per Fr.
Richardotum, Episcopum, cum veteribus
prædecessorum suorum statutis adjectis.
In-4°.   ·   —   —   -   1570.

Réimp. à Anvers chez Trognon en 1588.

24. Historia ac harmonia evangelica, seu
quatuor Evangelistæ in unum historiæ corpus
congesti, adiecta suis locis ordinis et consen-

sus ratione, Joanne Rubo Hannonio auctore.
In-12, de 19 f.   -   -   1571.

25. *Antonii Meyeri Elegia de Navali Christianorum Victoria. In-8°.   -   -   1572.

26. Francisci Polleti Duacensis J. C. Historia Fori romani restituta, et aucta corollariis et prætermissis, quibus series affecta conficitur per Philippum Broidæum Ariensem, ejusdem generum, Duaci et Orchiarum proprefectum. Accesserunt ejusdem Broidæi Argumenta singulorum librorum et capitum, cum indice locupletissimo. In-8° de 16 f. prél. 814 pag. et 24 f. d'index.   -   -   1572.

Le nom de l'imprimeur se trouve, non sur le titre, mais à la fin du livre. Le frontispice présente une fort belle gravure en bois parfaitement exécutée. Réimprimé chez le même L. de Winde en 1573, et par J. Bogard en 1576. In-12.

Pollet (François), jurisconsulte du 16e siècle, naquit à Douai. Son histoire du barreau romain est estimée et bien écrite. Cet ouvrage serait complet dans son genre, si l'auteur avait parlé du sénat avec plus de développement. Quoi qu'il en soit, c'est un livre dont la lecture peut être utile.

27. Michaelis Verini, Hispani poetæ ac juvenis doctissimi, Disticha de moribus. Petit in-8°, de 18 f. non chiffr.   -   1572.

Cet ouvrage avait été imprimé à Lyon en 1552, avec un commentaire de Martin Ivarra. Il a été traduit plusieurs fois en vers français et en prose.

Michel Verino était fils d'Ugolin Verino, littérateur

distingué. Il mourut à l'âge de 19 ans et fut l'objet de regrets universels. Il était né à Minorque.

Ange Politien, intime ami de son père, a renfermé dans ces huit vers fort heureux l'histoire de sa vie et celle de ses ouvrages :

> VERINUS Michael florentibus occidit annis :
> Moribus ambiguum major an ingenio.
> Disticha composuit docto miranda parenti
> Quæ claudant gyro grandia sensa brevi.
> Sola Venus poterat lento succurrere morbo ;
> Ne se pollueret maluit ille mori.
> Hic jacet, heu ! Patri dolor et decus ; inde juventus
> Exemplum, vates materiam capiant.

28. **Coustumes générales de la cité et duché de Cambray, et du pays et comté de Cambrésis, homologuées par Messire Loys de Berlaymont. Petit in-4°.** – – **1574.**

Louis de Berlaymont, deuxième archevêque de Cambrai, né en 1542, rédigea et promulgua ces *Coustumes* en 1574. Elles ont eu onze éditions ; les cinq premières ont été imprimées à Douai, chez Loys de Winde ; Nicolas Lombart, libraire à Cambrai, y faisait mettre son nom parce qu'il en vendait beaucoup dans cette ville.

29. **Catecheses christianæ ex Matthæo Galeno. Edid. Andreas Crocquetius. In-4° de 642 pag. lettr. ital.** – – **1574.**

André Ducroquet (Croquetius), né à Douai, docteur en théologie, prieur de l'abbaye d'Hasnon, mourut de la peste à Valenciennes, en 1580.

30. Decreta et Statuta Synodi Diœcesis Tornacensis, anno 1574 ; simul et Oratio habita ad synodum, per Mich. Navæum, Canonic. Tornacens. In-12. – – **1574.**

31. Jacobi Cheyneii ab Arnage J. U. L. de Geographia libri duo. Accessit Gemmæ Phrysii medici ac mathematici , De orbis divisione et insulis , rebusque nuper inventis opusculum longe quam antehac castigatius. In-12. 1576.

Jacques Cheyney , Ecossais , jurisconsulté , chanoine de la cathédrale de Tournai , fut professeur de philosophie au Collége royal de Douai.

BOGARD (Jean). 1574–1634.

32. Ad regulas Juris Canonici Commentaria D. Petri Peckii J.C. et ordinarii juris professoris. Ejusdem , de sacrosanctis et catholicis Christi ecclesiis reparandis liber unus. In-4°.   –   –   –   1574.

La 1re partie comprend 259 pages , 4 feuillets préliminaires , 5 feuillets *d'index*. Elle est dédiée au fameux Duc d'Albe , D. Ferdinand Alvarez de Tolède. La 2e partie avait été imprimée à Louvain en 1573 , par le même Jean Bogard ; on lit au bas du titre : Lovanii , ex officina Joannis Bogard , etc.

Peck ou Peckius (Pierre) , jurisconsulte et membre du conseil souverain de Malines , était de Ziriczée en Zélande. Il enseigna pendant 40 ans le droit à Louvain , où il mourut le 16 juillet de l'an 1589.

Outre les ouvrages ci-dessus indiqués , il a laissé les suivans : *Paraphrasis in universam Legatorum materiam.* —*De Testamentis Conjugum.*—*De Amortizatione bonorum a principe impetranda.*

33. Thresor de deuotion contenant plusieurs oraisons deuotes et exercices spirituelles (*sic*),

pour dire en l'eglise pendant l'office diuin.
Petit in-8º , imprimé en rouge et en noir , caractères gothiques , sans pagination , —signatures A—Bb , plus 12 f. prélim. fig.   1574.

Ce rare volume, qui peut prendre place à côté des beaux
livres d'Heures publiés vers la fin du XVe siècle et au
commencement du XVIe , est décoré de trente petites
vignettes très-finement gravées sur bois. Chaque page du
livre, en outre, est entourée d'un encadrement dont un des
côtés offre la figure en pied d'un Evangéliste ou d'un Apôtre,
tandis que la partie inférieure présente une série de vignettes de la plus petite dimension qui retracent les scènes
principales de la vie du Sauveur. Plusieurs de ces figures ,
les grandes surtout , sont fort remarquables sous le rapport du dessin qui rappelle souvent le trait ferme , élégant
et pur de la grande école d'Italie. L'artiste a su de plus ,
comme la plupart des peintres et des graveurs, de cette
époque , conserver à la représentation des sujets religieux
le caractère qui la distingue essentiellement à notre avis ,
savoir une noble et décente simplicité. Ce genre de mérite nous a paru digne d'être signalé, au moins en passant,
à une époque où l'art semble n'avoir qu'une intelligence
médiocre des sujets religieux et paraît en quelque sorte
impuissant à les traiter.

Quelques-unes des planches de ce livre semblent porter
le monogramme du dessinateur ou du graveur , figuré par
un C capital au centre duquel se trouve quelquefois un *i*
d'une dimension plus petite. Nous ne savons quel nom
d'artiste est caché sous cette marque.

Quant à l'ouvrage en lui-même , c'est un recueil de
prières qui n'est pas sans intérêt et sans mérite. La fin de
la préface dont nous donnons ici un extrait fait connaître
la qualité de l'auteur et le nom du traducteur:

2

« Cedict livret premierement fut escript en flameng par
» vn frere mineur natif de Malines , puis apres par M. Jan
» Verbruggen , auec d'aucuns bourgeois de la mesme
» ville , produict en lumiere et maintenant mis et traduict
» en françois par M. Nicolas de Leuze dict de Fresne
» licencié en théologie.....»

Un bel exemplaire de ce livre, et le seul que nous ayons
jamais vu, se trouve dans la bibliothèque de M. le conseiller
Bigant.

34. De studiosorum et eorum qui corporis
exercitationibus minus addicti sunt tuenda
valetudine libri duo ; Joanne Sylvio, Insulensi,
auctore , et rei medicæ interprete Duaci. In-8°
de 47 pages.   —   —   —   1574.

Cet ouvrage a , comme on le voit , précédé de beaucoup
l'ouvrage de Tissot sur le même sujet et qui porte pour
titre : *Avis aux gens de lettres sur leur santé.*

35. De Sphæra seu globi cœlestis fabrica ,
brevis præceptio. Auct. Jac. Cheneyo, etc. Ad
Nobilissimos atque optimæ spei adolescentes,
DD. Nicolaum et Joannem a Montmorency.
In-12 , de 23 f.   —   —   1575.

36. De priore Astronomiæ parte , seu de
Sphæra , libri duo. Auctore Jacobo Cheyneio
ab Arnage , Scoto , J. U. L. et philosophiæ ac
matheseum apud Duacenos professore. Ad illustrissimum reverendissimumque principem
Ludovicum de Berlaymont, Cameraci Archiepiscopum , etc. In-12 de 7 f. et 146 p.   1575.

37. Aristotelis de moribus ad Nicomachum libri decem , olim e græco longe et latinius et fidelius quam unquam antea, a Dion. Lambino Monstroliensi expressi : nunc de integro ab eodem recogniti et multis locis correcti. In-4° de 4 f. et 143 pag. caract. ital. — 1575.

Lambin (Denys) , né à Montreuil , dans le 16e siècle , se distingua dans la culture des lettres. Après avoir été long-temps attaché en Italie au cardinal François de Tournon , il fut professeur royal de belles-lettres à Paris. Il a publié des commentaires sur Plaute , Lucrèce , Cicéron et Horace , ainsi que plusieurs autres ouvrages. Son commentaire sur Horace est dédié à Charles IX. Il mourut en 1572 , lorsqu'il apprit la triste fin de son ami Ramus , égorgé à Paris le jour de la Saint-Barthélémi.

Lambin s'était fait de son temps une certaine réputation par ses écrits , mais ses commentaires sont diffus et minutieux ; on estime pourtant et avec raison son travail sur Horace.

On assure que le mot *Lambiner* a son origine dans le nom de ce commentateur.

38. Aristotelis de Cœlo libri quatuor , Joachimo Perionio interprete , per Nicolaum Gronchium correcti et emendati. In-4°. 1575.

39. * Cinquante chansons convenantes tant aux instruments qu'à la voix , mises en musique , à quatre et cinq parties , par François Regnard. — — — 1575.

François Regnard , natif de Douai , habile musicien du 16e siècle , fut maître de chapelle de l'église cathédrale de Tournai.

. Les recueils de ce genre sont fort recherchés aujour-
d'hui des amateurs de musique , et celui-ci est un des plus
rares.

40. * L'Oratoire des religieux , et l'Exercice
des vertueux ; composé par Don Antoine de
Guevare , religieux de l'ordre de S. François,
évesque de Mondonedo , prédicateur , chro-
nicqueur et conseiller de l'Empereur Charles
cinquiesme : traduit d'Espaignol en François
par Paul du Mont, Douysien. In-8°. – 1576.

Réimprimé chez le même en 1583 et en 1599, p. in-8°.

Paul du Mont , connu en latin sous le nom de *Paulus
Montius* , naquit à Douai en 1532. Il fut secrétaire ou
greffier de la ville et mourut le 29 octobre 1602.

41. Boetii Eponis Rordahusani Frisii J. C.
Juris civilis olim professoris, nunc verò primam juris pontificii cathedram regio ac ordinario munere apud Duacenos obtinentis,
Antiquitatum ecclesiasticarum Syntagmata IV,
in-12 de 8 f. préliminaires , 173 pages et 4 f.
d'index.　　　–　　　–　　　–　　　1576.

Réimprimé en 1578 et dédié au Pape Grégoire XIII.
Cette réimpression , augmentée d'une cinquième partie ,
sous le titre de *Syntagma quintum* , occupe 8 feuill. prél. ,
131 pag. et un index de 24 pages.

42. Tractatus de orando Deum et de fructibus pacis. Petit in-4°　　　–　　　–　　　–　　　1576.

43. Annotationes in librum Sapientiæ Salomonis , in quibus breviter et genuinus literæ

sensus, et germana lectio. Conscriptæ a reverendo D. Cornelio Jansenio, episcopo Ganden-
si. In-4° de 77 pag. - - * 1577.

Corneille Jansen, en latin Jansenius, mourut évêque de
Gand, le 10 avril 1576. Il a publié plusieurs ouvrages en
latin, écrits avec beaucoup de solidité et d'érudition.

44. * La Grand Guide des Pécheurs pour les
acheminer à vertu, traduit de l'espagnol par
Paul Du Mont. In-8°. - - 1577.

L'ouvrage original est de Louis de Grenade. La traduction a été réimprimée sous le format in-12, à Douai,
en 1579 et 1594, corrigée et mise en lumière par Julien
de Ligne.

Ligne (Julien de), né à Cambrai, fut grand vicaire de
l'archevêché en 1575, et ensuite chanoine de la cathédrale.
Il mourut le 21 mars 1615.

45. * Commentarii in epistolam Pauli ad Ro-
manos, edente Andrea Crocquetio. In-4°. 1577.

46. * Orationes duo de perfecto Philosopho
et de Prædictionibus astrologorum. Aut. Jac.
Cheyneo. In-8°. - - 1577.

47. De Viris illustribus urbis Romæ, liber
falso hactenus Corn. Nepoti, vel C. Plinio
Cæcilio inscriptus : nunc recens ex vett. et
manuscr. Codicum comparatione factus auctior et emendatior ab Andrea Schotto Antver-
piano. In-4°, de 56 feuillets non ch. 1577.

L'exemplaire que nous avons vu appartient à M. le
baron de Guerne et provient de la bibliothèque de Jacques-
Auguste de Thou.

48. Divi Prosperi , Aquitanici , Episcopi Rhegiensis , Opera , collatione vetustorum exemplarium emendata , et edita studio et labore Joannis Olivarii. In-8°.   —   1577.

On lit 'après le titre une épître dédicatoire adressée à Jean Sarrazin , alors prieur de Saint-Vaast d'Arras et depuis archevêque de Cambrai.

Jean Olivarius était de Gand , où il paraît être né vers l'an 1545. Il fut professeur de grec et d'éloquence à Douai, et mourut à Cambrai vers 1624.

49. * And. Crocquetii Enarratio Epistolæ B. Pauli ad Hebræos. In-8°.   —   1578.

50. La Refutation des fausses suppositions et perverses applications d'aucunes sentences des Saintes Ecritures , desquelles les Ministres se sont servis en ce dernier temps , à diviser la Chrestienté: avec une exhortation aux dits Ministres d'eux réunir, et r'amener leurs auditeurs à l'Eglise Catholique , apostolique et Romaine, de laquelle ils ne se doivent pas separer,—Livre non seulement utile, mais aussi nécessaire pour le temps present à descouvrir à plein les ruses et cauteles des adversaires. —Au tres-chrestien et tres-victorieux Roi de France et de Pologne, Henry troisième de ce nom.—Par Mathieu de Launoy et Henry Pennetier n'agueres Ministres de la religion pretendue reformée : et à present retournez au gyron de l'Eglise chretienne et Catholique : le tout mis en ordre et disposé en trois livres ,

par le dict de Launoy. P. in–8°, de 12 feuillets
préliminaires, 214 feuillets chiffrés d'un seul
côté et 9 feuillets pour la table. – 1578.

Livre de polémique religieuse, très-rare, et qui tire un
intérêt tout spécial de la position particulière des deux
auteurs.

51. Aristotelis Organum universum, una
cum Porphirii Isagoge, interprete J. Rubo.
In–4°. – – – 1578.

52. Jac. Cheynii ab Arnage J. U. L. Analysis in XIIII libros Arist. de prima seu divina
philosophia. In–8°. – – 1578.

53. * Tabula sacrorum carminum et piarum
precum enchiridion, libris III, ex CXX poetis
collectum. A. Petro de Backère. In–8°. 1579.

Pierre de Backère, de Gand, dominicain, docteur en
théologie, passait dans son temps pour un poète élégant.
Il a laissé beaucoup de vers, de discours et d'autres écrits;
il est mort à Gand, le 12 février 1601.

54. * Orationes et meditationes Jacobi Bour-
gesii. – – – 1579.

Jacques Bourgeois, en latin Bourgesius, était provincial des Trinitaires à Douai. On a de lui plusieurs ouvrages.
Il mourut en 1600, au mois d'août.

55. * L'Amortissement de toutes perturba-
tions et reveil des mourans, excitant au mépris
du monde et préparation à la mort; avec méditations sur les sept Psalmes Pénitentiaux,

et une méditation du pénitent, sur les regrets
de l'Enfant prodigue, soulagé d'une consolation pareille à celle que fait le père, en l'Evangile St.-Luc, 18ᵉ chapitre. Plus aucunes
oraisons et recommandations faites à Dieu
pour la personne agonisante, tirées des Psaumes de David. Par Jacques Bourgeois, ministre
de l'ordre de la Ste.-Trinité et Rédemption
des captifs. In-16.   –   –   1579.

Jacques Bourgeois est l'auteur dont il est parlé dans
l'article précédent.

56. Discours sur les troubles et misères de
ce temps. In-8°.   –   –   1579.

57. * Omilies trente-nœf contenantes l'exposition des Set Psalmes, par André du Cro-
quet. In-8°.   –   –   –   1579.

58. Recueil des lettres, actes et pieces plus
signalees du progres et besongne faict en la
ville d'Arras et ailleurs, pour parvenir à une
bonne paix et reconciliation avec S. M. C. par
les Estats d'Arthois et autres provinces. In-12,
de 62 f. non chiffrés.   –   –   1579.

59. Traité de reconciliation faict en la ville
d'Arras le XVIIᵉ de mai XVᶜ LXXIX avec sa
Majesté par les provinces d'Arthois, Haynault,
Lille, Douay et Orchies. Juré et signé par
Monseigneur le Prince de Parme et Plaisance,
etc., au camp à Mastricht. Depuis esclaircy,

mis en forme d'Edict et placcart et publié en
la ville de Mons en Haynault le xiij de septembre 1579. Petit in-8°, de 16 f. non ch.   1579.

60. Institutio necessaria de Exitu Ægypti
et Fuga Babylonis : id est, de Egressu Catho-
licorum e civitatibus hæreticorum juramentis
et edictis, varioque inevitabili contagio pol-
lutis. Authore Joanne Costerio Alostano, S.
T. Lic. Persona ac Pastore Aldenardensi. Pet.
in-8°, de 40 feuillets.   –   –   1580.

Traité singulier écrit dans le but de déterminer les catholiques à s'éloigner des lieux où dominent les hérétiques,
qu'il faut fuir comme la peste. Ce manifeste était principalement dirigé contre le prince d'Orange et ses adhérents.
On n'attendit pas très-long-temps le résultat de ces fu-
rieuses invectives, et il se trouva bientôt un fanatique qui
se chargea, comme on l'a vu aussi de notre temps, de sanctionner par le meurtre les doctrines qu'il entendait prêcher
tous les jours et de tous côtés.

Jacques Coster ou Costier, d'Alost, et curé d'Audenarde, mourut en 1580. On l'a confondu mal à propos
avec Jean Coster, de Louvain.

61. Ban et Edict en forme de proscription
fait par la Maiesté du Roy nostre sire à l'en-
contre de Guillaume de Nassau, prince
d'Orange, comme chef et perturbateur de l'Estat de la chrestienté : et speciallement de ces
Pays-Bas : par lequel chacun est authorisé de
l'offenser et oster de ce monde, comme peste
publique, avec pris à qui le fera et y assistera.

Imprimé par ordonnance et commandement exprès de Sa Maiesté. Petit in-8°. – 1580.

Ainsi que nous l'avons fait remarquer à l'article précédent, un assassin fanatique se chargea d'exécuter l'Edit de proscription de S. M. C. Guillaume de Nassau fut assassiné à Delft le 10 juillet 1584 par Balthazar Gérard, dont on trouvera en quelque sorte l'apothéose dans un livre qui sera mentionné plus bas.

62. Brief traité de la souveraineté du grand Pontife de l'Eglise de Jésus-Christ. In-8°. 1580.

63. Boetii Eponis Commentarii novem testamentarii. In-8°, de 7 pages prél., 324 pages et 12 f. d'index. – – 1581.

64. L'anatomie du corps politique, comparé au corps humain, pour cognoistre la source et origine des maladies d'iceluy, qui nous causent pour ce jour-d'huy tant de troubles parmy la chrestienté. Avec le vray et unicque remède pour le remettre en santé. Livret vrayment politique, et servant d'instruction pour tous estatz. Le tout traduit du latin, par Paul du Mont. In-12, de 66 f. 1581.

L'Anatomie est traduite de Jean Michel, et le *Remède* de Réné Benoît, tous deux docteurs en théologie de Paris.

On trouve à la fin de ce livre quelques sonnets faits par Guislain Choquet, *Arthisien*, par Jean Loys, *Douysien*, et par Jean Lefebvre, aussi *Douysien*.

65. Opuscula quædam his temporibus pernecessaria de tribus primariis causis tumul-

tuum belgicorum, ad illustrissimum D. D. Ludovicum à Berlaymont, Archiepiscopum et Ducem Cameracensem, etc. libelli tres. Contra coalitionem multarum religionum, quam liberam religionem vocant, ad R. in Christo patrem, D. Arnoldum de le Cambe, dict: Ganthois, Abbatem Marcianensem, tractatus unus. Libellus exhortatorius ad pacem quibusvis conditionibus cum rege catholico faciendam, ad R. D. D. Jacobum Froye, Abbatem Hasnoniensem. Auctore Ricardo Hall, Doctore theologo. Petit in-8°. — 1581.

Richard de Hall, docteur en théologie, ayant quitté la Grande-Bretagne par suite de persécutions, fut d'abord professeur d'Ecriture sainte à l'Université de Douai, ensuite chanoine de Saint-Géri à Cambrai. Il mourut le 26 février 1604, à Saint-Omer, où il était chanoine et official de la cathédrale, et de plus censeur des livres.

66. La Décrotoire de vanité sur les propos solitaires de l'ame contemplative, de Henri de Langestein, dit de Hesse, avec deux exhortations pour la communion et pour la messe, de Mathieu Galenus. Le tout traduit du latin par Paul du Mont. In-16. — 1581.

67. Æsopi Phrygis Fabulæ, græce et latine. In-8°. — — — 1581.

68. De Jure, officiis bellicis, ac militari disciplina, libri tres. Aut. Balthazare d'Ayla. In-8°. —, — — 1582.

69. Kalendarium Gregorianum perpetuum,

cum permissione Summi Pontificis. In-12. 1583.

70. Statuta Synodi Audomarensis. In-4°. 1583.

71. Jo. Capetii, liber de vera Christi Ecclesia, deque Ecclesiæ et Scripturæ auctoritate. In-8°.   -   -   -   1584.

72. Le glorieux et triomphant Martyre de Balthazar Girard avenu en la ville de Delft en Hollande, le xiiij^e de juillet 1584. Ensemble le Tombeau de Guillaume de Nassau, jadis Prince d'Orenge (*sic*), terminé audict lieu, le x dudict mois de juillet audict an. In-12, de 56 p. 1584.

Balthazar Gérard ou Girard était né en Franche-Comté vers 1558. Lorsqu'il eut formé le projet d'assassiner le prince d'Orange, il trouva moyen d'entrer au service de ce prince et de se faire passer pour un zélé protestant, et dut sans doute à cet odieux artifice la facilité d'exécuter sa criminelle résolution.

Son supplice qui eut lieu le 14 juillet 1584 est ici considéré comme un martyre, et l'on rougit en quelque sorte d'ajouter que le Roi d'Espagne, Philippe II, accorda des lettres de noblesse à la famille de Gérard. Ainsi l'esprit de parti et les passions humaines trouveraient moyen de déshonorer la religion elle-même, s'il n'était reconnu par tous les esprits sages et vraiment chrétiens que de pareilles aberrations ne peuvent être imputées qu'à l'oubli des maximes de l'Evangile et à un fanatisme aussi aveugle que malfaisant.

Les nombreuses diatribes officieuses ou officielles dirigées contre le prince d'Orange avaient porté leurs fruits : Plusieurs assassins avaient attenté à la vie de ce prince ;

Gérard fut le seul qui réussit pleinement, en tuant le prince d'un coup de pistolet chargé de trois balles, le 10 juillet 1584.

L'ouvrage dont nous venons de donner le titre ne fut pas le seul publié alors en l'honneur de cet assassin ; nous pouvons encore citer les deux suivants :

Balthazari Gherardi Borgondi morte e costanza per haver ammazzato il Principe d'Orange. Roma, 1584. *In-8°.*

Muse Toscane di diversi nobilissimi ingegni per Gherardo Borgogno. Bergamo, 1594. In-8°.

Nous connaissons aussi quelques autres opuscules qui font connaître différentes tentatives d'assassinat dirigées contre le prince d'Orange :

Recueil au vray de l'assassinat commis en la personne de Mgr. le prince d'Orange, par J. Jauregui, espaignol ; ensemble la copie des papiers trouvés sur l'assassinateur. Anvers, Plantin, 1582. In-8°.

Discours sur la blessure du prince d'Orange. 1582. In-8°.

Responsé à la sentence donnée en Hollande contre Pierre Panne (assassin du prince d'Orange), traduit du flamand du P. Costere. Douay, 1598. In-8°.

Ces trois opuscules se trouvent indiqués dans le beau catalogue de la riche bibliothèque de M. Leber, n° 6181.

Le glorieux et triomphant Martyre est un livre d'une excessive rareté. M. le baron de Guerne, ancien maire de la ville de Douai, en possède un exemplaire dans sa bibliothèque.

On trouve à la page xlii de ce petit volume le dessin d'un monument funèbre sur lequel se lit l'inscription suivante, qui répond parfaitement à l'esprit qui a inspiré tout un ouvrage consacré à la glorification d'un assassin :

Cénotaphe ou Tombeau de Guillaume de Nassau ,
jadis prince d'Orange.

Cy gist qui se plaisoit au fer , au sac , au feu ,
Effronté contempteur des hommes et de Dieu :
Hérétique , tyran , sacrilége , parjure ,
Peste de l'univers , le monstre de nature ,
Ardant tison d'enfer , du grant Dieu le courroux ,
Digne d'estre jecté aux corbeaux et aux loups.

73. De malorum horum temporum Causis
et Remediis, deque divinis officiis debite pera-
gendis, Canonicorum et aliorum Ecclesiasticorum Speculum lib. VI. Auctore Jo. Langhe-
crucio, Becano, cum ejusdem ad Philippum
II Epistola. In-8°.   –   –   1584.

Jean de Longue-Croix était licencié ès-lois et prévôt de
l'église collégiale de St.-Pierre , à Cassel.

74. * Tabula monastica. Aut. Jul. de Ligne.
in-4°.   –   –   –   1584.

75. * Tractatus aliquot utilissimi pro defen-
sione regiæ et episcopalis auctoritatis contra
rebelles horum temporum. Auctore Ricardo
Hall. In-8°, de xvi et 121 f.   –   1584.

M. le docteur Le Glay, dans ses *Recherches*, mentionne
une édition de ce livre , 1598 , in-12.

76. De Proprietate et vestiario monachorum
aliisque ad hoc vitium extirpandum necessariis liber unus. Auctore Ricardo Hall.
Avec cette épigraphe :

Pestis omnium monachorum proprietas.
Radix omnium malorum cupiditas.

Petit in-8°.   –   –   –   1585.

77. * Articles du Traicté fait entre le prince de Parme et la ville d'Anvers, le 17 aoust 1585. In-4°. — — — 1585.

78. De Vita et Moribus Ignatii Loiolæ qui Societatem Jesu fundavit. Auctore Joanne Petro Maffeio. In-12. — 1585.

La meilleure édition de cet ouvrage, qui a obtenu beaucoup de succès, est celle de Padoue, Comino, 1727, petit in-8°. Il a été traduit en français par Michel d'Esne, 1594, in-8°.

Le célèbre fondateur de l'Ordre fameux des Jésuites, Ignace de Loyola, naquit au Château de Loyola en Biscaye, en 1491. Il mourut à Rome le 31 juillet 1556, fut béatifié par Paul V et canonisé par Grégoire XV. La bulle qui confirma l'Institut des Jésuites fut donnée par Paul III, sous la date du 27 septembre 1540.

L'historien de St.-Ignace, Jean-Pierre Mafféi, jésuite, naquit à Bergame en 1535. Il fut professeur de rhétorique à Gênes et jouit long-temps de la faveur de Philippe II en Espagne. Moreri dit, mais rien ne garantit l'authenticité de cette anecdote, « qu'il était extrêmement scrupuleux » sur ses ouvrages et accoutumé de limer avec le plus » grand soin toutes ses productions. Il ajoute qu'il était » tellement jaloux de sa belle latinité, que de peur de » l'altérer il demanda permission au pape de dire son » bréviaire en grec. » C'était pousser loin le purisme.

Mafféi mourut à Tivoli le 20 octobre 1603, à 69 ans. Il a laissé plusieurs ouvrages estimés, surtout pour le style.

79. * Forma reformationis ad præscriptum S. Concilii Trident. Aut. J. Bourgesio. 1586.

80. De clericorum cum fœminis cohabita-
tione, licitane ea sit an non, tractatus ethicus,
in quinque distinctus sermones, auctore Ma-
thia Bossemio. In-12.   –   –   1586.

Mathias Bossemius a été professeur de théologie à l'Université de Douai, de 1564 à 1599, et prévôt de St-Amé.
Il mourut à Douai le 4 février 1599. Bossemius avait fait
don de tous ses biens pour la fondation d'un collége. Cet
établissement fut fondé rue des Chapelets, aussitôt après
sa mort, et en 1775 on le transféra à l'ancien collége de
St.-Thomas, rue Morel.

81. * De la simplicité de la vie chrestienne.
Composé en latin par le R. P. F. Hierome
Savonarole, de l'Ordre des FF. Prescheurs,
et traduict en François par Paul du Mont.
In-12.   –   –   –   1586.

82. Discours admirable et véritable des
choses advenues en la ville de Mons en Hainaut, à l'endroit d'une religieuse possessée
(sic) et depuis délivrée : mis en lumière par
ordonnance de Mgr. l'illustrissime et reverendissime archevêque de Cambray, etc., par
François Buisseret, Docteur ès-droits, etc.
In-12.   –   –   –   1586.

83. L'A B C d'amour divin, contenant
plusieurs voyes et manieres par lesquelles
l'esprit humain assisté de la grace divine, se
peut promptement esleuer en Dieu son souue-
rain bien, premier et final. Recueillé (sic) par

Hugues Dyllyes, prestre, à l'honneur de Dieu
et à l'édification du prochain. In-16, de 128
feuillets chiffrés d'un seul côté. Lettres rondes;
jolie édition.   -   -   1587.

Petit livre de dévotion mystique, remarquable par la
singularité des idées non moins que par la naïve simplicité
du langage. Il se termine (du feuillet 119 au feuillet 128)
par quelques pièces de vers analogues au sujet de l'ouvrage.
Nous croyons devoir présenter à nos lecteurs quelques
échantillons de cette curieuse poésie :

« Vacquez à labeur et estude,
Ne suiuez pas la multitude
De ces plaideurs et vagabons ;
Mais adherez tousiours aux bons.
 Un petit enfant nous est né
 Lequel Jesus si est nommé ;
 Or voyons que nous lui ferons,
 Et comment nous le servirons.
Humilité le couchera,
Poureté l'enueloppera,
Obédience le berchera,
 Bonne pensée le nourrira,
 Charité l'accolera,
Deuotion le baignera,
 Oraison chanson luy dira,
 Paix en son giron le tiendra
 Et Pitié le frequentera,
Contrition l'appaisera,
Confession l'endormira,
Vive foy le resueillera,
 Esperance l'entretiendra,
Attemperance durer le fera,
 Sagesse et grace croistre le fera,
Tout bien auec luy demourera
 Et iamais ne le laissera ;
 Qui ainsi Jesus nourrira
 En enfer damné ne sera. Amen. »

Sept petites regles pour paruenir bientost à perfection ,
donnees par R. P. Ignace de Loyola premier fondateur
de la saincte societé du nom de Jesus , aux amys de la
dicte societé.

« Ces beaux enseignements Ignace aux siens donnoit ,
Et auec brefz moyens à grans fruictz les menoit.

1. Ne repugnes à nul , voire au moindre de tous
D'estre vaincu de tous plus tost que vaincre te soit doux.

2. En tout efforce toy d'obeir simplement
Et volontiers à tous submectz ton jugement.

3. Ne vois vice d'autruy , et veu ne le descouure ,
Mais accuse les tiens et à chascun les ouure.

4. Tout ce que penseras , ce que veux dire ou faire ,
Vois s'il sert au prochain et s'il peut à Dieu plaire.

5. Fais tousiours ton esprit iouir de liberté
Et que par nul moyen d'elle sois dejecté.

6. Ne sois trop familier avec toute personne ,
Que l'esprit et raison parauant en ordonne.

7. Tousiours ton ame et corps employes sainctement
Veuille estre estimé fol pour plaire au Dieu clement. »

Ce rare petit volume , dont il serait peut-être assez difficile de rencontrer un autre exemplaïre , se trouve dans la
bibliothèque de M. le conseiller Bigant.

84. Carmen heroïcum de prima hebdomade
seu mundi hominisque ortu et hujus lapsu.
Aut. Frederico Mollero. In-4°.　　–　　　1587.

85. Lunettes spirituelles , pour conduire les
femmes religieuses dans le chemin de la perfection. Par Paul du Mont. In–8°.　　–　　1587.

Il en a été publié une autre édition à Paris , en 1597 ,
veuve Cavellat , in-16 , et une à Lyon , in-24 , 1598.

86. Statutz et Ordonnances du Roi nostre
sire en forme de Placcart , auec interposition

de l'auctorité de Sa Majesté, sur aucuns poinctz et articles repris au synode prouincial de Cambray tenu en la ville de Mons en Haynaut, au mois d'octobre de l'an XV⁰ iiij²¹ et six, tendans à l'exécution d'iceux poincts comme grandement importans à l'aduancement de l'honneur de Dieu et du salut des ames. In-12, de 4 feuillets. – – 1587.

87. Florentii Vander Haer, De Initiis tumultuum Belgicorum, ad D. D. Alexandrum Farnesium Parmæ et Placentiæ Ducem. In-12, de 330 pag. – – 1587.

Floris ou Florent Vander-Haer, de Louvain, était chanoine à Lille; il a écrit une *Histoire des Chatelains de Lille*, qui a été imprimée en cette ville chez Christophe Beys, en 1611, in-4⁰.

88. Eidyllia sacra, a Roberto Obrizio, cum Auctoris elogio per Franc. Moschum. In-8⁰, de 16 f. prél. et 195 pag. – – 1587.

Robert Obrizius était d'Hermauville en Artois; il fut curé et chanoine de la Magdeleine à Arras, où il mourut en octobre 1584.

89. Matthæus et Macchabæus, sive Constantia : tragœdiæ sacræ. Auctore Andrea Hoio Brugensi. Accessere aliquot auctoris Elegiæ, et diversi generis poemata. In-8⁰, de 71 pag. – – 1587.

90. * Variorum Epigrammatum Farrago. Aut. Gasp. Lantho. In-8⁰. – – 1587.

Gaspard Lantho était moine au monastère de Vimy en Artois.

91. Moiens proposez de par Sa Majesté, suivant l'instruction de Son Alteze, pour a l'honneur de Dieu, le salut des ames, maintenement de nostre saincte vraie foy Catholique, Apostolique, Romaine, et l'obéissance deuë à Sa Majesté, au grand bien publicq, dresser la bonne police, reiglement, et doctrine de la jeunesse, ès Païs-Bas de ladite Majesté. In-4°, de 4 f. 1587.

Instructions très-curieuses pour la direction de l'éducation de la jeunesse des campagnes. Ce rare opuscule se trouve dans la collection de M. le conseiller Bigand.

92. Tres Thomæ, seu : De S. Thomæ Apostoli rebus gestis.—De S. Thoma Archiepiscopo Cantuarensi et Martyre. — D. Thomæ Mori Angliæ quondam Cancellarii Vita. — His adjecta est Oratio funebris in laudem R. P. Arnoldi de Ganthois Abbatis Marchennensis. Authore Thoma Stapletono, Anglo, S. T. D. Petit in-8°, de 8 f. prél. 375 pages; plus 10 f. non chiffr. pour l'Oraison funèbre. - 1588.

Ouvrage rare et fort estimé, dont le titre fait suffisamment connaître le contenu. La vie de Thomas More est précédée d'un portrait de cet homme célèbre, et renferme une foule de détails intéressans dont l'exactitude ne nous paraît pas pouvoir être contestée.

Thomas Stapleton, auteur de cet ouvrage, était né en 1535, à Henfield, dans le comté de Sussex. A l'avénement de la reine Elisabeth, il quitta l'Université d'Oxford et l'Angleterre et vint avec ses parents s'établir à Louvain. Il se rendit ensuite à Paris pour y suivre les leçons des habiles professeurs qui enseignaient dans cette ville , fit un voyage à Rome et revint ensuite à Louvain , où il acquit une grande célébrité par quelques ouvrages de controverse. Sa réputation lui valut ensuite l'honneur d'être appelé à la chaire d'Ecriture sainte de l'Université de Douai, et bientôt après il obtint le titre de chanoine de Saint-Amand. Le pape Clément VIII faisait beaucoup de cas de Stapleton et avait même , assure-t-on , l'intention de lui conférer le chapeau de cardinal , lorsque ce théologien mourut à Louvain , le 12 octobre 1598.

Les œuvres de Stapleton ont été recueillies et publiées à Paris en 4 gros volumes in-folio dans l'année 1620. Tous les ouvrages qui s'y trouvent réunis avaient eu de nombreuses éditions isolées, et Stapleton méritait à tous égards la réputation qu'il avait d'être l'un des plus savants et des plus habiles controversistes de son temps. C'est un hommage que lui ont rendu les protestants eux-mêmes, pour qui il était un redoutable adversaire.

93. Simonis Ogerii Irene et Ares (et Varia Carmina). Petit in–8° , de 447 pag. 1588.

Simon Ogier , né à St.-Omer , dans le 16e siècle , était un écrivain d'une grande fécondité. Il fit un long séjour en Italie , où sans doute il puisa le goût des lettres. Docteur en droit civil et en droit canon , il fut attaché comme professeur à l'Université de Douai.

Simon Ogier n'était pas un poète bien distingué , mais ses poésies annoncent de l'esprit et une rare facilité. Il avait , à ce qu'il paraît , un grand amour pour la langue grecque; car , dans ses vers , il se plaît à latiniser un grand nombre de mots purement grecs , et il donne également des titres grecs à quelques-unes de ses poésies , notamment au volume dont on vient de rapporter le titre. *Irene* et *Ares*

sont effectivement deux mots grecs ; le premier signifie :
la paix ; le second , *Mars* ou *la guerre.* Le premier de ces
poèmes a donc *la paix ,* le second *la guerre* pour sujet.

Ces deux pièces , les seules qu'indique le titre de l'ouvrage , ne forment pourtant que la moindre partie du
volume , puisqu'elles n'occupent que 28 pages d'un recueil
qui en a 447. Le surplus du volume est composé ainsi qu'il
suit : *Odarum libri tres ; — Ombrontherinon libri tres ; —
Euchon libri tres ; — Sylvarum libri duodecim.*

La partie intitulée *Ombrontherinon* est un recueil de
poésies diverses composées , ainsi que le dit l'auteur ,
pendant les *pluies d'été ;* et c'est pour cela qu'il les a réunies sous un titre grec qui a cette signification.

Le recueil qui a pour titre *Euchon libri 3,* du mot grec
euché qui signifie prière , est un recueil de vers sacrés
adressés à Dieu et aux saints.

Un fait digne de remarque, c'est que les pièces dont se
composent les livres d'*odes, de prières* et *des pluies d'été ,*
sont écrits en vers rhythmés et rimés comme en français ,
et non en vers mesurés à la manière des anciens.

Ce volume , outre l'intérêt littéraire qu'il peut offrir ,
pourrait également fournir quelques renseignemens utiles
pour l'histoire de l'époque où il a été publié, et notamment
pour l'histoire du pays.

Ogier a publié plusieurs autres écrits qui ont été imprimés à Douai ; ils seront mentionnés plus bas. André Valère , dans sa *Bibliotheca Belgica , page* 718 , dit qu'Ogier
méditait un grand poème épique (*opus ingens Iliadis instar*)
qu'il voulait intituler *Florias,* et dont les actions illustres
des comtes de Flandre devaient fournir le sujet. M. Piers ,
de St.-Omer, a consacré à Simon Ogier un article biogra-
phique plein d'intérêt.

94. De la vérité de la foy, soubz le triomphe de la croix de Jésus-Christ, par Savonarole, traduit par Du Mont. In-8°.   -   1588.

95. Le Collége de Sapience fondé en l'Université de vertu, contenant la manière de changer la vie mondaine en spirituelle, selon l'exemple de la pénitente Magdeleine, par le F. P. Doré, dominicain. In-12.   -   1588.

Cet ouvrage a été réimprimé en 1598 chez Baltazar Bellère, in-16.

C'est à tort que l'on a désigné ce dominicain comme né à St.-Pol en Artois, car il était d'Orléans. Il fut le favori des Guise pendant les premières guerres de religion, et mourut à Paris, le 19 mai 1569.

Il a publié un grand nombre d'ouvrages ascétiques moins remarquables par leur mérite que par la bizarrerie de leurs titres. C'est à lui que l'on doit l'ouvrage intitulé : *Les Allumettes de l'Amour divin.*

96. Heroïcarum et ecclesiasticarum quæstionum libri VI de Jure sacro, vel principiorum Juris Pontificii Lib. III, autore Boëtio Epone. In-8°.   -   -   1588.

97. * De vitâ et honestate canonicorum et aliorum Ecclesiasticorum speculum, ex optimis et probatissimis auctoribus depromptum. In-8°.   -   -   -   1588.

98. * Magdalis, Tragœdia sacra, Aut. Gazæo. In-8°.   -   -   1589.

99. Aristotelis De naturâ aut rerum prin-

cipiis libri octo, Joachimo Perionio interprete.
In-4º.   ‑   -   -   1590.

100. Simonis Ogerii Audomaropolitæ Lutetia, ad Clarissimum virum Antonium Blon-
dellum Cuinciorum baronem. In-12.   1590.

Le Baron Antoine Blondel de Cuincy, à qui ce livre est
dédié, est celui dont nous avons parlé dans notre introduction comme fondateur du Banc poétique de Cuincy. Selon
quelques écrivains, ce protecteur des lettres descendait du
célèbre troubadour Blondel de Nesles qui délivra Richard
Cœur-de-Lion de la forteresse de Loweinstein, où le Duc
Léopold d'Autriche le tenait enfermé.

101. Livre des quatre fins dernières de
l'homme à sçavoir: de la mort, des peines de
l'enfer, du jugement dernier, des joyes de
paradis. Traduit du latin, plus la querelle et
dispute de l'ame damnée avec son corps, mise
en forme de dialogue, par J. de Carthény.
In-16.   -   -   -   1590.

Réimprimé par le même en 1600, même format.

102. Panagii Salii Audomarensis, Vedastia-
dos seu Galliæ Christianæ libri quinque. In-4º,
avec portrait de l'auteur.   -   1591.

Ce poème est consacré à la gloire de St.-Waast, et peut
être consulté avec fruit par les personnes qui s'occupent
de l'histoire du pays.

L'auteur de cet ouvrage a laissé beaucoup d'autres poésies. Il mourut le 28 janvier 1595.

103. Octavæ duo Homiliarum de SS. Eucharistiæ sacramento, A. H. Willot. In-8°. 1592.

Henri Willot fut évêque de Fontaine-l'Évêque au pays de Liége, provincial et commissaire-général des Minimes.

104. Cantilenarum piarum ac pudicarum Ennades Duæ; Peristera; Aut. Simone Ogerio. In-12, de 96 pag. - - 1592.

105. Les trois livres de la vie du père Ignace de Loyola qui a fondé la compagnie de Jésus. Traduicts du latin du P. Jean Maffei, prestre de la même compagnie, par Michel d'Esne, prestre. In-12, avec un beau portrait au burin. - - - 1594.

106. Copie des lettres de Son Exc. envoiees a Monseigneur le baron de Billy, gouuerneur de Lille, Douay et Orchies, touchant la grande, heureuse et mémorable victoire de l'armée de Sa Majesté Imperialle contre les Turcs et Hongres. Avec autres lettres escriptes de Fileck en Hongrie à l'Exc. de Monseigneur le duc d'Arschot. Comme aussi deux autres lettres escriptes à Insprug, pays de Tyrol, déclarant particulièrement lesdites Victoires et Defaictes. In-12, de 8 f. non chiffr. - 1594.

107. Sancta Tetrarchia sanctorum quatuor cœnobiarcharum, SS. Landelini, Ursmari, Ermini, Dodonis, etc. Authore F. Augustino Bon-Temps Attrebatio Lobbiensis Monasterij Benedictino. In-12, de 147 pag. - 1594.

Vers d'une bonne latinité.

108. Synopsis rerum ecclesiasticarum, auctore Eduardo Rishtono S. T. D. Anglo. In-fol. placard.   -   -   -   1595.

Publié par George Colvenère.

Édouard Rishton, prêtre anglais, fuyant le calvinisme, se retira à Douai, où il fut reçu maître-ès-arts au collége des Anglais. Il mourut de la peste, à Ste.-Menehould, en 1585.

109. Jac. Cheyneii Scoti succincta in Physiologiam aristotelicam analysis. Ad illustrissimam et serenissam principem D. Mariam Scotiæ Reginam, Galliæque Dotariam. In-8°. 1595.

110. Discours de la bataille, siege et prise des ville et chasteau de Dourlens, emportez par assault le dernier jour de juillet 1595. Auec autres particularitez des choses aduenues auparauant sur la frontiere de Picardie. In-12, de 14 pag.   -   -   1595.

Cette pièce appartient à la bibliothèque de M. le conseiller Bigant.

Les brochures de ce genre et de cette époque sont fort rares aujourd'hui, et ne sont pas sans importance pour l'histoire, surtout pour faire connaître la véritable physionomie de ces temps de guerres civiles et religieuses, où chaque parti prétendait avoir de son côté le bon droit et la protection du ciel. Au commencement de ce discours et au verso du titre se trouve le sonnet suivant, qui fera connaître le genre de ces pamphlétaires du 16e. siècle :

SONET.

Tu fus mal auisé, empesté Nauarrois,
    Lorsque prestant l'oreille à l'heretique engeance,

Tu ramenas là la guerre au giron de la France ,
N'y estant Roy qu'en songe, et sans force et sans loix ;
Encor froid d'vne peur de la lance et pauois
Du bras victorieux, de l'accorte vaillance
Du grand Roy Catholique, à plat l'oultrecuidance
Et les desseings sapant des plus redoublez Roys.
Dourlens tu en respons, qui as senty ses armes,
Ses canons fouldroiants, qui as veu ses gensdarmes
Retronçonner les corps de tes nobles, espars
Sur tes sillons sanglants, dont sont teincts tant de Princes
Secondans la valeur du chef de noz prouinces,
Que l'aile de la fame euente en toutes parts.

A. D. B.

On trouve à la fin le chonogramme suivant :

CARMEN CHRONOGRAPHICUM *de urbis Dorlendiæ expugnatione.*

Arces IIs Infesta dIV DorLendIa CessIt
CathoLIco regno qVando LVX VLtiMa IVLI.

111. Epigrammata in Hæreticos. Authore Andrea Frusio, Societatis Jesu. Très-petit in-8°, de 4 f. prél. et 49 f. chiff. au recto. 1596.

Recueil de 251 épigrammes, en vers de différentes mesures, mais en vers élégiaques principalement, dirigées contre les hérétiques et contre leurs doctrines. On pense bien que Luther, Calvin et leurs principaux adhérents ne sont pas épargnés dans ce petit volume dont l'auteur n'a eu qu'un seul but, celui de rendre à la fois odieuses et ridicules la vie, la personne et les erreurs des apôtres de la réforme. On trouve donc dans ce livre un assez grand nombre de noms propres, et, sous ce rapport, il n'est pas sans intérêt pour l'histoire du seizième siècle, de même que, sous le rapport de la facilité poétique, il n'est pas indigne de fixer l'attention.

Parmi les épigrammes dont se compose ce recueil, nous

en choisirons deux ou trois qui suffiront pour donner une
idée de l'ouvrage et un échantillon du talent de l'auteur.

Ep. 87. In Doletum.

> Nil homini præter famam superesse putasti,
>   Et studium, ut fieres clarior, omne fuit.
> Quam bene successit : famosus namque Doletus,
>   Inter christicolas ethnica scita probans.
> Sique parum vixit clarus, clarissimus ille est
>   Mortuus, ut magnæ flamma corusca pyræ.

Cette allusion au bûcher sur lequel a péri le malheureux Dolet paraîtra peut-être assez peu charitable à quelques-uns ; mais on sait qu'en général les poètes ne se pi-
quent pas trop de charité.

Ep. 104. In Moriam Erasmi.

> Ne quisquam tibi plagiariorum
> Fœtus subripiat tuos, Erasme,
> Scriptorum facis indicem tuorum ;
> Et recte facis : attamen videris
> Frustra ponere Moriam inter illa,
> Qua miris salibus facetiisque
> Mortales, superos, prophana, sacra
> Irrides : sapit hæc Erasmianum
> Quam pulcre ingenium, stylum atque nasum,
> Perfecteque suum refert Erasmum.
> Non est quod timeas, Erasme, non est
> Ne quis vindicet hanc sibi impudenter ;
> Nam quisquis bene iudicare norit
> Dicet quod tua Moria est, Erasme.

Ep. 209. De Lutheri et Erasmi differentiâ.

> Parum Lutherus ac Erasmus differunt,
> Serpens uterque est, plenus atro toxico :
> Sed ille mordet ut cerastes in via ;
> Hic fraudulentus mordet in silentio.

On voit qu'aux yeux du poète-Jésuite, Erasme ne valait
guère mieux que Luther, et pourtant le fougueux chef de
la réforme ne traitait pas non plus Luther en ami. C'est là

au reste tout ce qu'on gagne en général à vouloir rester neutre entre des partis ou des passions qui se combattent. Ajoutons aussi que plus d'une fois Erasme, toujours frondeur, avait donné lieu de suspecter son orthodoxie et que d'ailleurs ses sarcasmes perpétuels et ses mordantes saillies contre les moines étaient peu propres à lui faire des amis chez les Jésuites.

Ce petit livre est assez rare, et l'un des anciens possesseurs de l'exemplaire que nous avons sous les yeux a consigné dans la note suivante le plaisir qu'il avait pris à lire ce recueil d'épigrammes dévotes :

Nollem carere hoc libello auro nequidem contra pensitato.

Nous doutons fort qu'il inspirât aujourd'hui un pareil enthousiasme ; mais nous pensons aussi qu'on ne le parcourra pas sans plaisir et sans quelque intérêt.

112. Fundamenta religionis, autore Joan. Cognato. In-8°.   -   -   1597.

Jean Cousin, en latin *Cognatus*, de Tournay, fut chanoine de l'église cathédrale de cette ville.

113. Francisci Bencii ab Aquapendente, e societate Jesu, Orationes, cum disputatione de stylo et scriptione. Accessit Oratio de morte et reb. gestis. illustriss. principis Alexandri Farnesii Ducis Parmensis. Editio recentior. In-8°, de 3 f. prél. et 196 feuillets.   1597.

Benci ou Bencio (François), né à Aquapendente, en 1542. se distingua comme poète et comme orateur. Il mourut à Rome le 6 mai 1594.

Les ouvrages qu'il a publiés sont en grand nombre.

114. Simonis Ogerii, Audomaropolitæ doctoris, Tibullus : ubi ostenditur quisnam principatum obtineat elegiæ tam apud Græcos quam Latinos. Accedunt Epitaphia, Cantilenæ, et Peristera, ad D. Edoardum. In–12.   −   1597.

La plupart de ces ouvrages avaient déjà été imprimés séparément.

115. * Nicoleocrene, poemation : Artesia, Encomia, etc. Simone Ogerio autore. 4 part. en 1 vol. in–8°.   −   −   1597.

Nicoleocrene (Fontaine de St.-Nicolas.)

116. Cameracum et Alpes, versibus descripta, Simone Ogerio auctore. In-8°.   1597.

117. La doctrine de St.-Dorothé, par Paul du Mont, Douysien. In–8°, de 8 feuillets prél. 202 pag. et 7 f. de table.   −   1597.

St.-Dorothé était abbé en Palestine ; il vivait dans le VIᵉ siècle.

118. D. Joannis Vendevillii Episcopi Tornacensis, juris utriusque Doctoris, et Consiliarii regis catholici in concilio privato Vita. Nicolao Zoes, Amorfortio, Canonico et Officiali Tornacensi auctore. In–12, de 3 feuillets prél. et 134 pages.   −   −   1598.

Jean Vandeville était professeur de droit à Douai à la fondation de l'Université. Ayant perdu sa femme, il se fit prêtre et devint par la suite Evêque de Tournay.

119. Oratio Funebris in exequiis venerabilis

viri domini Maxæmiliani Manare Præpositi ecclesiæ D. Petri oppidi Insulensis , dicente Guillielmo Giffordio. In-8°, de 18 feuillets non chiffrés. — — 1598.

Guillaume Gifford était docteur en théologie et doyen de l'église St.-Pierre à Lille.

120. *Panegyricus de rebus ab Alexandro Farnesio in Belgio gestis. Aut. Huberto Raoul, Audomar. In-8°. — — 1598.

121. Ezechiel propheta, paraphrasi poetica illustratus, et in VI lib. tributus, Auct. Andrea Hoio, Brug. Accesserunt Orationes III : 1°. De novæ apud Europæos monarchiæ pro tempore, et ad infringendam Turcicæ dominationis impotentiam et ad stabiliendum chr. rel. statum utilitate. 2°. De Gallicanis Capetiæ stirpis Regibus, satyra sive somnium. 3°. De Gentis Urbisque Atrebatium Laudibus panegyrica; item Duacum et Betunea. In-4°. de 12 f. prel., 214 pag. et 8 f. pour les notes. — 1598.

La paraphrase d'Ezéchiel est en vers latins ; c'est un diffus panégyrique du prophète. Il n'y a rien à recueillir dans les trois discours, mais on trouve dans les notices sur Douai et sur Béthune d'utiles renseignements.

Hoy (André), en latin Hoyius, était de Bruges. Il fut professeur royal de grec à l'Université de Douai, et mourut dans cette ville à la fin du 17e. siècle, âgé de plus de 80 ans. Il est auteur de plusieurs tragédies latines, dont tous les sujets sont empruntés de l'écriture sainte. Il a aussi écrit : *Historia sacra et profana*, imprimé à Douai en 1629,

in-fol. Le 2 octobre 1621, il avait prononcé l'éloge funèbre de l'Archiduc Albert.

Son style est facile, correct et souvent élégant

122. Vervinum. Aut. Simone Ogerio. In-
8º.   -   -   -   1598.

Poëme sur la paix conclue à Vervins le 2 Mai 1598.

123. Locutionum Græcarum in communes
locos per alphabeti ordinem digestarum vo-
lumen, per D. Jacobum Billium. In-12, de
12 f. et 679 pages.   -   -   1598.

124. Antipoliticus, seu adversus præcipua
doctrinæ politicorum capita, qua fallaci tran-
quillitatis prætextu religionis libertatem et im-
punitatem hæresum in rempublicam inducere,
et ecclesiasticum ordinem civili potestati sub-
jicere conantur, Liber unus. Aut. Petro Coreto,
Athensi. In-8º, de 11 feuillets prél., 565 pages
et 17 f. d'index.   -   -   1599.

Pierre Coret, d'Ath en Haynaut, curé et chanoine de
Tournay, mourut en cette ville en 1602.

Coret attaque dans ce livre les maximes républicaines
répandues par Bodin dans ses *Six livres de la république.*
Paris, in-fol., 1576.

125. Oratio funebris piissimis Philippi II,
Regis catholici universitatis Duacenæ funda-
toris manibus dicta. Aut. Boetio Epone. P.
in-8º.   -   -   1599.

126. De prosperitate, et exitio Salomonis,

Autore Joanne Cognato, Tornacensi. In-8°,
de 167 pages. - - - 1599.

On a encore du même auteur : *De rebus Tornacensium*,
Marc Wyon, 1619.

Historia sanctorum, 1621.

127. Vie admirable de Catherine d'Adorny,
native de Gennes. In-12. - - 1599.

Le nom des Adorni est célèbre dans les fastes de la république de Gênes. Cette famille lui a donné sept Doges.
Catherine de Fiesques, dont il est ici question, avait pris
ce nom à cause de son mariage avec Julien d'Adorno.

128. Simonis Ogerii Audomaropolitæ J. U.
Doctoris, Albertus et Isabella, panegericus.
In-12, de 45 pages. - - 1600.

On lit à la fin : *solor olor*, devise de l'auteur. Suivi
de : Encomiorum Liber secundus, 38 pages.

129. Simonis Ogerii Audomaropolitæ J. U.
Doctoris, Charisteria (les remercîments).
In-8°. - - - 1600.

130. Historiarum libri quinque, autore
Horatio Tursellino. In-16. - 1600.

Torsellino (Horace), en latin *Tursellinus*, Jésuite, né
à Rome en 1545, mourut dans la même ville en 1599. Il a
laissé de nombreux ouvrages peu recherchés aujourd'hui,
quoiqu'ils ne soient pas entièrement dépourvus de mérite.
Son *Abrégé d'histoire universelle*, écrit avec une rare élégance, a obtenu dans le temps beaucoup de succès et a été
fréquemment réimprimé. Il a été traduit en italien et en
français.

4

Un arrêt du parlement de Paris, du 3 septembre 1761, condamna au feu l'histoire universelle de Torsellino, comme renfermant des maximes pernicieuses. C'était s'apercevoir un peu tard du danger que pouvait offrir un livre qui circulait librement depuis près de deux siècles. Cet ouvrage *si dangereux* étant à peu près oublié aujourd'hui, on ne sera pas fâché de connaître de quelle manière ce bon père rend compte en peu de mots de *la Saint-Barthelemy.* Voici ses paroles:

« Gregorius XIII deinde Pontifex summis Patrum studiis lectus. Cujus Pontificatus initia *lœtiora lœtus de Parisiensi Hugonotorum cœde nuncius fecit.* »

131. L'histoire mémorable de Nostre-Dame de Lorette, traduite du latin du R. P. Turselin. In-8°.   - - - 1600.

132. Dorica Castra. aut. Simone Ogerio. In-8°.   - - - 1601.

133. Symbola. autore Simone Ogerio. In-8°.   - - - 1601.

134. De l'Imitation de Jésus-Christ. In-16.   - - - 1601.

Deux éditions dans le cours de cette année, et une troisième en 1607.

135. Jacobi Sannazari opera omnia. In-12.   - - - 1602.

Cet ouvrage a été réimprimé par le même en 1609, en 1619 et en 1621.

Jacques Sannazar naquit au territoire de Lamosso, en Italie, dans l'année 1458. Doué d'un esprit vif qu'il avait cultivé, il acquit les bonnes grâces du Roi de Naples Frédéric. Lorsque ce prince fut contraint de chercher un refuge en France, Sannazar l'y accompagna et lui resta fidèle jusqu'à sa mort. Il retourna ensuite en Italie, où il mourut en 1530. Il se faisait nommer, selon la coutume du temps, *Actius Sincerus Sannazarus.*

Les poésies de Sannazar se distinguent par leur pure et élégante latinité. Ses ouvrages en italien sont moins estimés que ses poésies latines.

136. Les Fleurs des exemples, ou Catechisme Historial, contenant des Miracles et beaux discours, tirez tant de l'Escriture Saincte, des SS. Pères et anciens Docteurs de l'Eglise, que d'autres Auteurs célèbres, dignes de foy et véritables, sacrez principalement et bien approuvez : Reduits en ordre et lieux communs suivant les chapitres et matières du Catechisme Catholique. Livre très-utile à tous prédicateurs et singulièrement aux catechistes et à tous vrais amateurs de la doctrine chrestienne, par M. Antoine d'Averoult, théologien. Divisé en deux tomes. In-8°. –   –   1603.

Répertoire immense et presque inépuisable de légendes, de miracles, d'anecdotes pieuses recueillies de tous côtés et dans un grand nombre de livres oubliés ou inconnus aujourd'hui. Dans l'épitre dédicatoire, datée du 7 septembre 1600 et adressée à Hierome de France, licentié èsloix, Protonotaire du S. Siege apostolique, et reverend Prevost de l'Eglise collégiale de St.-Pierre à Ayre, l'auteur fait connaître lui-même le but et le plan de son ouvrage :

« A ceste cause suyuant le conseil de Sainct Basile, qui

» dit qu'il fault tirer exemple des histoires, pour les propo-
» ser aux enfans, afin de les attirer et amorcer à la pureté,
» chasteté, force, prudence, modestie, obéissance et autres
» vertus, comme par manière de lampes allumer leurs cœurs,
» j'ay bien voulu dresser ce Catéchisme historial, contenant
» des exemples et miracles, comme fleurs d'eslite, reduitz
» en dix Chapitres, selon l'ordre du Catéchisme du R. P.
» Pierre Canisius de la compagnie de Jesus, diuisez en
» Tiltres et de rechef les Tiltres en parties, le tout en deux
» tomes, dont au premier sont quatre Chapitres, l'un est
» de la Foy, les autres de l'Esperance, et des Commande-
» mens de Dieu, et le quatrième est des Commandemens
» de l'Eglise. Au second six chapitres. Le premier est des
» Sacremens de l'Eglise; le deuziesme des pechez capitaux
» et vertus contraires : le troisiesme des œuvres de miséri-
» corde spirituelle et corporelle : le quatriesme des vertus
» cardinales: le cinquiesme des trois vœus de religion, et
» le sixiesme des quatre fins de l'homme..... »

Ce recueil est curieux et peut être feuilleté avec intérêt.
Il a été publié en latin, chez le même imprimeur, en 1616,
4 vol. p. in-8°.

Antoine d'Averoult était du comté de Namur et appartenait à l'ordre des Jésuites Il mourut à Tournay le 10 octobre 1614.

**137. Paraphrasis Psalmorum Davidis poe-
tica, cum Tragœdia quæ inscribitur Jephtes,
auctore Buchanano (Georgio), Scoto.**
In-12.   -   -   -   1603.

Georges Buchanan, né en Ecosse en 1506, et mort à
Edimbourg le 28 septembre 1582, passe avec raison pour
l'un des meilleurs poètes latins modernes. Sa *paraphrase
des Psaumes de David* renferme des beautés du premier
ordre.

Buchanan a composé plusieurs ouvrages en prose, dont le principal est une *Histoire d'Ecosse* dont on estime le style, mais qui laisse beaucoup à désirer sous le rapport de l'exactitude et de l'impartialité. Buchanan était un protestant presque fanatique, et à ce titre on peut en quelque sorte excuser son animosité contre les moines ; mais ce qu'on ne saurait lui pardonner aussi facilement, c'est l'acharnement qu'il manifesta en toute circonstance contre l'infortunée Marie-Stuart qui était sa souveraine et qui avait été sa bienfaitrice.

Les principaux ouvrages de Buchanan ont été recueillis par Rudiman, en 2 vol. in-f°. Edimbourg, 1714 ; l'édition donnée à Leyde par Burmann, 1725, 2 vol. in-4°, est la plus estimée. La meilleure et la plus jolie édition de ses poésies est celle de Leyde, Elzevier, 1628, in-16.

138. * Thesaurus phrasium poeticarum, ex Virgilio potissimum, Horatio et Ovidio desumptus. Opera Buchlerii a Gladbach. In-24.   – – – – 1604.

Réimprimé chez le même en 1624, in-24.

139. Le Cabinet de l'ame fidelle où sont contenus le Miroir spirituel : la Bague spirituelle : le Coffret spirituel. Ecrit par Loys de Bloys, abbé du monastère de Liessies. Traduit du latin en français par Jacques Froye, religieux de l'ordre de St.-Benoist à Liessies, depuis abbé d'Hasnon. In-12, de 220 pag., plus 18 pages de table.   – – 1607.

140. Quinctus Horatius Flaccus, Theodori Pulmanni Cranenburgensis summo studio

curaque emendatus, in margine annotationibus recens illustratus, quæ commentarii vice esse possunt. Aldi Manutii de metris horatianis. Petit in-12, de 287 pages.   –   1607.

Réimprimé chez le même in-32 en 1620, et in-18 en 1624.

141. Methodus confessionis compendiaria, complectens prima rudimenta institutionis puerorum ad pietatem cultumque Dei, auctore Viexmontro. In-8°.   –   –   1607.

142. Harangue prononcée en présence de la Reine Marguerite, par J. Lemiere, maçon. In-16.   –   –   –   1608.

On trouve dans le Catalogue de M. Denis, sous le n° 1133, le titre suivant : Harangues de Lemierre. 4 vol. 1608.

143. P. Joannis Perpiniani Valentini Orationes. In-16.   –   -   1608.

D'après le catalogue des Ecossais de Douai, ce livre aurait déjà été imprimé chez le même en 1598.

144. La vie du bienheureux Louys de Gonzaga, écrite en italien par Virgilio Cepari, traduite par Antoine de Balinghem. In-8°, de 14 f. prél., 538 pag. et 4 f. de tab.   1609.

Ce livre a eu plusieurs éditions.

Balinghem (Antoine de), né à St.-Omer en 1574, entra chez les Jésuites en 1588, et mourut le 24 Janvier 1630.

Il a écrit un grand nombre d'ouvrages, et en a traduit plusieurs en latin.

145. * Trois lettres annuelles du Japon.
In-8°.　　　-　　　-　　　-　　　1609.

146. Scutum duplex, alterum B. Virginis As-
pricollensis , alterum Justi Lipsii , adversus
Agricolam Thiacum Scotum, aut. Cl. Daus-
quierio. In-8°.　　　-　　　-　　　1610.

Réimprimé en 1616 par le même.

Claude Dausquier, de St.-Omer, passait de son temps
pour un habile helléniste.

147. Traité de la religion que doit suivre le
prince chrestien et des vertus qu'il doit avoir
pour bien gouverner et conserver son Estat:
contre la doctrine de Nicolas Machiavel et des
politiques de nostre temps. Composé en espagnol par le R. P. Pierre de Ribadeneyra de
la Compag°. de J. et traduit par le P. Ant. de
Balinghem , dédié à Messieurs de Tournay.
Petit in-12, de 19 f. prél. et 519 pag.　　1610.

Ribadeneira était de Tolède : il fut un des premiers
disciples de St.-Ignace de Loyola. Son traité de la religion
est une satire amère des rois et des princes; il ne vaut le livre qu'il réfute ni pour le fond ni pour le style.

On a plusieurs autres écrits de ce jésuite.

148. * De imitatione Christi. In-32.　1610.

149. * Hortulus Rosarum. In-32.　　1610.

150. Medicina Salernitana : id est, conser-
vandæ bonæ valetudinis præcepta, per Joannem Curionem, Nova editio melior. In-18. 1611.

151. Andreæ Dominici Flocci, Florentini, de potestatibus Romanorum lib. II. Hactenus L. Fenestellæ, et falso, et mutili adscripti, et nunc demum postliminio integritati, ac pristino nitori, etc. auctori restituti, studio, ac industria Egidii Witsii, J. C. Brugensis. Pomponii Læti, Raphaelis Volaterrani, et Henrici Bebelii ejusdem argumenti Libelli, ab eodem accurate castigati adpressi sunt. In-8°, de 8 f. prél. et 80 f.   -   -   1611.

Gilles Wits était Syndic ou pensionnaire de la ville de Bruges.

152. Julii Nigroni Genuensis, e societate Jesu, orationes XXV. In-12.   -   1614.

153. Chronicon Cameracense et Atrebatense, sive Historia utriusque ecclesiæ, tribus libris abhinc DC fere annis conscripta a Balderico Noviomensi et Tornacensi episcopo; nunc primum in lucem edita et notis illustrata per Georgium Colvenerium, sacræ theologiæ doctorem et in Academia Duacena regium et ordinarium professorem. Petit in-8°.   1615.

Baldéric ou Baudri, en latin *Baldericus*, vivait au XIe siècle, et l'on pense qu'il était de Cambrai. C'est par erreur, et en le confondant avec un autre Baldéric, que l'on a cru qu'il avait été évêque de Noyon et de Tournai. Le Baldéric auteur de la Chronique fut secrétaire des évêques de Cambrai Liébert et Gérard, deuxième du nom, et mourut chantre de la cathédrale de Térouane, vers l'an 1097.

La Chronique de Baldéric, outre son intérêt particulier
comme histoire locale, fournit encore de précieux renseignements sur plusieurs faits qui appartiennent à l'histoire
générale. Elle s'étend du règne de Clovis à l'an 1070. On
s'accorde unanimement à reconnaître dans ce pieux écrivain une exactitude et une véracité dignes de toute confiance. G. Colvenère rendit donc un véritable service à la
science de l'histoire en publiant cette *Chronique* inédite
jusqu'à lui; mais quelle que fût son érudition et quelques
soins qu'il eût mis à cette publication, le défaut de documents et l'imperfection de la critique historique encore
peu avancée à l'époque où il vivait, ne lui permirent pas
d'éclaircir son auteur aussi complètement qu'il l'eût sans
doute désiré. Heureusement pour Baldéric, sa Chronique
a trouvé de nos jours un nouvel éditeur non moins savant,
non moins consciencieux, non moins habile que le premier,
et l'édition récemment publiée par M. le docteur Le Glay
ne laisse aujourd'hui rien à désirer sous le double rapport
de la critique et de l'éclaircissement du texte original.
Cette édition a paru sous le titre suivant :

Chronique d'Arras et de Cambrai, par Baldéric, Chantre de Terouane au XIe siècle, revue sur divers manuscrits * et enrichie de deux suppléments avec commentaires, glossaire et plusieurs index, par le docteur Le Glay.
Cambrai, imprimerie de Lesne-Daloin, 1834 ; in-8°, de
XXX et 640 pages **.

Cette nouvelle édition, imprimée par ordre de la Société

---

* Un des manuscrits dont M. Le Glay s'est servi pour revoir le texte
de Baldéric appartient à la Bibliothèque publique de la ville de Douai.

** La chronique de Baldéric a été traduite en français, d'après l'édition et avec quelques notes nouvelles de M. Le Glay, par MM. Faverot et
Petit, professeurs du collége de Valenciennes. Valenciennes, imprimerie
de Prignet, 1835, in-8°.

d'Emulation de Cambrai, est dédiée à M. le baron de
Reiffenberg, alors Recteur de l'Université de Louvain,
aujourd'hui Conservateur en chef de la bibliothèque royale
de Bruxelles, et l'un des hommes les plus éminents du
royaume de Belgique.

En tête de son Commentaire, qui occupe près de 200
pages (393 à 574), M. Le Glay a consacré à Georges
Colvenère * une courte notice dont nous reproduisons
ici les principaux traits :

Georges Colvenère était né à Gempen, village du
Brabant peu éloigné de Louvain, le 21 mai 1564. Il reçut
son éducation et resta à Alost jusqu'à l'âge de dix-neuf
ans, époque à laquelle il prit du service dans l'armée ;
mais il se dégoûta bientôt de la vie militaire et vint l'année
d'après suivre à Douai le cours de philosophie au Collége
du Roi.

Il avait trouvé là sa véritable vocation ; car, en peu
de temps, il s'éleva successivement aux plus hautes dignités de l'église et de l'enseignement. Il fut quatre ans professeur de philosophie, obtint en 1593 le grade de licencié en théologie, et fut nommé ensuite censeur et visiteur
des livres pour l'Université. En 1595, on lui confia la
direction du Séminaire d'Hennin, et en 1599 il obtint à
la fois le grade de docteur et le titre de professeur royal
en théologie. Quatorze ans plus tard, à la mort d'Estius,
Colvenère devint Prévôt de la Collégiale de St.-Pierre
et Chancelier de l'Université de Douai. Il mourut le 29
mai 1649, léguant la meilleure partie de ses biens à l'Université, pour l'érection d'un Séminaire destiné à la pro-

---

* M. Le Glay écrit *Colvener*; plusieurs signatures françaises de cet
écrivain que nous avons sous les yeux nous ont convaincu que la véritable orthographe est *Colvenère*.

pagation de la foi. Son corps fut inhumé dans l'église de
St.-Pierre et recouvert d'une table de marbre portant
cette épitaphe :

*D. M. N. Sub hoc marmore quiescit Ex. Georgius Col-
venerius, Alostanus, S. T. D. et per annos* 50 *Professor; hujus
Eccl. Præpositus, simulque Universitatis Cancellarius annis*
36, *Seminarii Henniniani Primus, et usque ad mortem Præses ;
pietatis, doctrinæ , modestiæ ac beneficentiæ vere speculum et
exemplar. Decessit ex hac vita plenus dierum ac bonorum ope-
rum, cum in hac Ecclesia fundasset duplex patroni festum, et
reliqua fere bona testamento legasset erectioni seminarii ad
propagandam fidem. Obiit* 29 *Maii, ætatis* 88, *anno salutis*
M. D. C. XLIX.

Colvenère jouissait dans son temps d'une grande réputation de science et de vertu, et nous pensons qu'il la méritait. Il a laissé peu de chose de son propre fonds ; mais ses
travaux comme éditeur annoncent en général une érudition
solide, une connaissance exacte des antiquités ecclésiastiques et un jugement exercé. On trouvera dans cette Bibliographie, sous leur date, l'indication des divers ouvrages
publiées par G. Colvenère et qui sont au nombre de dix,
d'après la note de M. Le Glay.

154. Aristotelis Stagiritæ philosophorum
principis , Organum universum , complectens
opera ejus quæ seu ad inventionem seu ad judicium dialecticæ pertinent omnia. Una cum
Porphirii Isagoge, interpretibus, partim Argy-
ropulo (Joanne) , partim Boethio (Severino).
In–16.   –   -   -   1615.

155. Catulli , Tibulli , Propertii Poemata et
Elegiæ, sublata obscœnitate. In–16.   1615.

156. Flores exemplorum, sive Catechismus historialis, aut. Averoultio. 4 v. p. in-8°. 1616.

V. plus haut l'indication d'une édition française du même ouvrage.

157. De l'Imitation de J. C. composée en latin par Fr. Thom. a Kempis, par Paul du Mont. In-12.   -   -   -   1616.

158. Anthologia poetica græco-latina, synonimis poeticis eorumque auctoritatibus instructa.... opera et studio Petri Halloix, e soc. Jesu. Petit in-8°, de XII et 1186 pages, plus 6 f. pour la table.   -   -   1617.

Recueil volumineux de pensées, de maximes, de sentences, de descriptions extraites des poètes grecs anciens, ainsi que des poètes grecs ecclésiastiques. Dans cette Anthologie, S. Basile, S. Grégoire de Nazianze, Nonnus, Synesius, se trouvent cités presqu'aussi fréquemment qu'Homère, Sophocle, Pindare et Euripide.

Ces extraits sont distribués en forme de lieux communs, et classés par ordre alphabétique au moyen d'un mot de rappel. L'auteur cite avec exactitude les auteurs auxquels il emprunte ses exemples et donne de temps en temps quelques notes sur les passages qui paraissent exiger une explication.

Il existe un assez grand nombre de recueils du même genre publiés au 15e, au 16e et au 17e siècles : celui-ci m'a paru un des plus complets et des mieux entendus. Il atteste une véritable érudition dans le compilateur, et il peut être d'un usage fort commode. Le soin que l'auteur a pris de compulser les ouvrages de poètes grecs ecclésiastiques lui donne surtout des droits à la reconnaissance des hommes studieux , auxquels son travail épargnera de longues recherches.

159. M. Tullii Ciceronis Orationes. 3 vol. in-16.   –   –   –   1617.

160. Historia Remensis Ecclesiæ, libri quatuor. Auctore Flodoardo , presbytero et Canonico ejusdem Ecclesiæ. In-8°.   -   1617.

Publié, avec un commentaire développé, par Georges Colvenère, et dédié par lui à François Vanderburch, Archevêque de Cambrai.

Flodoard , né à Epernay en 894 , mourut chanoine de Reims en 966. Son *histoire de l'Eglise de Reims* est estimée, parce qu'on sait que l'auteur mit un soin véritable à recueillir les documents propres à l'éclairer sur les faits. Elle a été publiée plusieurs fois, et l'édition de Georges Colvenère passe pour la meilleure. Une traduction de l'ouvrage de Flodoard fait partie de la *Collection de mémoires relatifs à l'histoire de France* , publiée par M. Guizot.

Flodoard, écrivain assez élégant et supérieur pour le style à plusieurs historiens de son époque, a laissé quelques autres ouvrages, entre autres des histoires , en vers héroïques, de Saints et de Papes illustres.

Au verso du frontispice de l'édition donnée par Colvenère se lisent les vers suivants, que l'on donne comme extraits d'un ancien manuscrit :

Sy tu veu de rein sauoir ly eueque
Lye le temporair de flodoon le saige
Yl es mor du tam dodalry eueque
Et fu depernay ne par parentaige
Vequit caste clercq bon moyne meilleu abe
Et dagapit ly romain fu aube
Par sen histoire maintes nouelles saura
Et en ille toute antiquite beura.

Ces vers, cités par du Boulay(*Histor. Universitatis Paris.* *tom.* 1. *p.* 579), et par Mabillon (*Acta Sanctorum ordin.* *S. Benedicti, pag.* 59), sont reproduits par l'abbé De La Rue, dans ses Essais historiques sur les Bardes , les Jongleurs et les Trouvères Normands et Anglo-Normands , Caen, 1854, 3 vol. in-8°. (*Discours prélim. pag. lij*) , et présentés par lui comme un monument authentique de la langue française d'*oïl* au Xe siècle et comme la plus ancienne pièce en cette langue qui nous soit parvenue.

Il a pu sans doute exister une ancienne épitaphe de Flodoard en langue vulgaire dont celle-ci est une imitation ; mais il est facile de reconnaître que la langue de cette pièce est de beaucoup plus rapprochée de nous et que ce n'est qu'une traduction assez récente de celle du Xe siècle. L'autorité de ce prétendu monument nous semble donc plus qu'équivoque.

161. Phrases linguæ latinæ in operibus Ciceronis collectæ ab Antonio Schoro. In-12.   —   —   —   —   1618.

Antoine Schorus d'Hooghtraste, en Brabant, mourut en 1552.

162. * Paradisus puerorum, in quo primævæ honestatis totius que pueritiæ recte reformatæ reperiuntur exempla. Per Phil. de Berlaimont. In-8°.   —   —   —   1618.

163. Praxis bonarum intentionum. Aut. Engelberto Desbois. In-12.   —   1619.

Desbois, chanoine de la Métropole de Cambrai, fut ensuite évêque de Namur. Il est mort en 1651, le 15 juin.

164. * P. Ovidii Metamorphoseon libri XV. In-24. — — - 1619.

165. Q. Curtii Rufi historiarum magni Alexandri Macedonis libri qui exstant. Petit in-8°. — — - 1619.

166. Valerii Martialis Epigrammata. In-32. — — - 1619.

Réimprimé en 1623.

167. Orthoepeia, sive de germana ac recta linguæ græcæ et obiter latinæ pronuntiatione, etc. Autor. Andrea Hoio, Brug. In-8°. 1620.

168. Alvredus sive Alfredus, Tragi-Comœdia ter exibita in seminario Anglorum Duaceno ab ejusdem collegii Juventute, Anno Domini M. DC. XIX. Authore Guilielmo Drureo nobili Anglo. In-16, de 158 pag. 1620.

Ce petit volume rare et inconnu à la plupart des bibliographes contient deux pièces, quoique le titre n'en annonce qu'une seule. La seconde est intitulée : *Mors, comœdia*, et occupe depuis la page 96 jusqu'à la page 153. Au verso du frontispice se trouve l'approbation signée par Georges Colvenère, qui prend les titres de *docteur en théologie, de professeur royal ordinaire et de censeur des livres dans l'Université de Douai.*

Le sujet de la première pièce, à laquelle l'auteur a donné le titre de *Tragi-comedie*, est la fuite du Roi Alfred-le-Grand, qui, voyant son royaume envahi par les Danois, crut devoir se soustraire à tous les regards pour travailler, en silence

et dans une retraite ignorée, à la délivrance de son peuple,
et qui parvint effectivement, aidé de quelques amis fidèles
et de la puissante intervention de S. Cuthbert, à le déli-
vrer de ses oppresseurs. Cette pièce, un peu longue peut-
être, offre des détails intéressans, et annonce dans plusieurs
scènes un talent véritable qui méritait de rester moins ignoré.

La seconde pièce est moins une comédie qu'une véritable farce : dans cette pièce un fils, assez dissipé, désire ar-
demment être débarrassé de son vieux père avare et ma-
lade dont il convoite la fortune. C'est là le canevas sur
lequel l'auteur a brodé toutes les bouffonneries et toutes
les extravagances imaginables. Une pareille pièce échappe
à l'analyse : il suffira de dire que la *Mort* et le *Diable*, en
personne, jouent les deux principaux rôles dans ce curieux
drame. J'ajouterai qu'il règne dans cette composition bizarre une gaîté véritable et souvent, au milieu de quolibets
assez plats, un esprit de très-bon aloi. M. Douce, dans son
curieux ouvrage *sur les Danses des morts**, cite avec éloge
cette comédie, dont il indique une autre édition de Douai,
1628, in-12.

169. P. Statii Papinii opera quæ exstant. J.
Bernartius ad libros veteres recensuit. In-32,
de 381 pag.   -   -   1620.

170. Lettres missives familières entremes-
lées de certaines confabulations non moins
utiles que récréatives, ensemble deux livres
de l'utilité du train de marchandise : auxquels

---

* The Dance of Death exhibited in elegant engravings on wood with a
dissertation on the several representations of that subject but more par-
ticularly on those ascribed to Macaber and Hans Holbein : by Francis
Douce, Esq, London, W. Pickering. 1833. In-8°. pag. 175.

est contenu la manière de composer et escrire
lettres missives, le tout composé par Gerard
de Vivre, en ceste dernière édition sont adjou-
tés les commencemens et superscriptions des
lettres à gens de tous estats. In-12.   1621.

Partie de ce volume est en caractères semi-gothiques.

Ces lettres n'offrent aucun modèle qui puisse être de
quelque utilité.

171. Oratio in funere Sereniss. Principis
Alberti, Archiducis Austriæ, Burgundiæ, Bra-
bantiæque Ducis, Flandriæ Comitis, etc. Aut.
Andr. Hoio, Brug. In-8°, de 72 pag.   1621.

Longue amplification dans laquelle on ne rencontre pas
un passage à citer.

172. De vita Francisci Xaverii qui primus e S.
J. in Indiam et Japoniam evangelium invexit
libri sex. Aut. Hor. Tursellino. In-12, de 433
pag. et 8 f. d'index.   -   -   1621.

173. * Epitome Epithetorum Ravisii Textoris. in-16.   -   -   1623.

174. Les Evangiles et Epistres des Dimanches et Festes de l'an, avec celles du quaresme:
comme elles sont au missel romain. Petit in-8°,
de 10 f. pr. et 267 pag.   -   1628.

175. Catullus, Tibullus, Propertius. Petit
in-8°.   -   -   -   1623.

176. M. Val. Martialis Epigrammaton Lib.
XII, Xeniorum Lib. I, Apophoretorum Lib. I,

omnes casti, ex notis et observationibus Raderi
(Matth.) et Andræ Scoti J. In-32.   –   1623.

177. Nicetas seu Triumphata incontinentia.
Auct. Hier. Drexelio. Petit in-12, de 272 pag.
–   –   –   –   1624.

Réimprimé chez B. Bellère en 1629 , in-24 , de 344
pag. , et chez le même en 1630 , in-24 , de 388 pag.

178. Enchiridion sive Manuale confessariorum et pœnitentium ; auct. Martino Azpilcue-
ta. In-8°.   –   –   –   1625.

179. M. Tullii Ciceronis de Officiis libri III.
In-32, de 323 pag. et 28 f. d'index.   1626.

180. Græcæ Linguæ Breviarium, opera Antonii Laubegeois. In-8°.   –   1626.

Laubegeois(Antoine) , jésuite, né à Douai en 1571, était
très-versé dans les langues grecque et hébraïque qu'il avait
enseignées à l'Université de Coïmbre. Il mourut à Lille, le
21 août 1626.

181. Jardinet des délices célestes : ou pratique de quelques nobles exercices de vertus ,
la plus part révélés par Nostre Seigneur J. C. à
Saincte Gertrude , et extraits des insinuations
de la divine piété de la mesme Saincte. Petit
in-12, en deux parties.   –   –   1626.

182. Poincts et articles de la réduction de
la ville, chasteau et citadelle de Cambray en
l'obéissance de Sa Majesté Catholique. In-12,
de 8 feuil.   –   –   (sans date.)

Veuve Jacques BOSCARD, 1588-1605.

183. Simonis Ogerii Audomaropolitæ Melon libri III, ad Philippum regem Catholicum. P. In-4°, de 69 f.   –   –   1588.

Ce recueil se compose de poésies religieuses; il est divisé en trois livres : le 1er et le 3e comprennent 50 pièces chacun; il n'y en a que 49 dans le 2e.

L'imprimerie d'où ce livre est sorti est indiquée comme il suit: *Ex officina Boscardiana, sub Scuto Burgundiæ.* Il est à présumer que Jacques Boscard étant mort, sa veuve exerça la typographie avec Charles son fils, dont il sera parlé plus tard, sous la raison Boscard, jusqu'à l'année 1589, époque à laquelle ils formèrent deux établissements distincts.

184. La Généalogie et descente de la très-illustre maison de Croy, par M. Jean Scohier, Beaumontois. G. in-4°., de 4 feuil. prél. et 74 pages, plus 9 feuil. pour la généalogie de la maison de Croy.   –   –   1589.

Scohier (Jean) naquit en 1560 dans la petite ville de Beaumont en Haynaut, d'une famille noble et ancienne. Il fut chanoine à Bergopzom et à Tournai.

185. Templum Justitiæ, carmine elegiaco. Scripsit Franciscus Moncæius (Du Monceaux). In-8°.   –   –   –   1590.

Du Monceaux (François), Artésien, jurisconsulte et seigneur de Froidvale, avait un goût prononcé pour la poésie.

Il a fait une grande quantité de vers qui, sans rien offrir de remarquable, annoncent au moins de la facilité.

186. Adriani Roulerii Insulani, Stuarta, Tra-

gœdia, sive Cædes Mariæ serenissimæ Scoto-
rum Reginæ in Anglia perpetrata. Exhibita
ludis remigialibus a Juventute Gymnasii Mar-
cianensis. Ad Dominum D. Antonium Blondel-
lium generis, litterarum et virtutis splendore
nobilem Cuinciorum Dousinum et Baronem,
etc. In-4°. de 8 feuil. prél. et 31 feuil. non
chif,; impr. en caract. ital.   –   –   1593.

Les principaux personnages de cette pièce sont : *Elisa-*
beth, *Marie-Stuart*, *l'Ombre d'Henri VIII*, *le Comte de*
Leicester.

Roulier (Adrien), religieux de Marchiennes, était de
Lille. Il mourut curé de St.-Sauveur.

187. Recueil de tout ce qui s'est faict au
Consistoire assemblé à Rome par N. S. P. le
pape Grégoire xiij où furent receus les ambassadeurs des trois rois du Jappon, et presterent
publiquement obéissance à Sa Sainteté le xxiij
mars l'an 1585. Tourné du latin en nostre'vulgaire par le seigneur de Betencourt (Michel
d'Esne), in-8°, de 70 feuil. non chif.   1593.

D'Esne (Michel), né à Tournay, le 5 janvier 1540, fut
page du roi Philippe II. Il suivit d'abord la carrière militaire, puis se fit prêtre et devint évêque de Tournay. Il
mourut le 1ᵉʳ octobre 1614.

188. Rhetoricorum, ad Car. Alex. Croyum,
Libri V, auctore Sim. Caulier, in-4°.   1594.

Caulier (Simon), né à Flines près de Douai, professa
pendant plusieurs années la rhétorique au collége de Marchiennes. Il mourut à l'abbaye de Loos, près de Lille.

189. La vie de saincte et vertueuse Princesse Madame Philippine de Gueldres , de
glorieuse mémoire. In-12.   –   1594.

190. Relation of sixtene Martyrs glorified in
England in twelve Monethes. With a déclara-
tion , that English Catholiques suffer for the
Catholique religion and that the Seminarie
Priests agree with the Jesuites. In-8º. 1601.

Opuscule très-rare.

191. Questiones Theologicæ. In-4º. 1605.

192. Certaines dévotions et pieuses pétitions communément appelées le Psautier de
Jésus. In-12.   –   –   1605.

BALTHAZAR BELLÈRE. 1590-1684*.

193. Ratio orthographiæ ab Aldo P. F. Ma-
nutio olim collecta, edente Valerio Andrea
Brabantio. In-18.   –   –   1590.

C'est un abrégé du savant ouvrage qui porte le même
titre et dont la meilleure édition est celle de Venise ,
1566, in-8º.

Valère André , né dans le Brabant en 1588 , a laissé
de nombreux écrits parmi lesquels on distingue la *Bibliotheca Belgica*. Il fut professeur de droit et recteur de l'Université de Louvain , où il mourut en 1656.

* Il nous paraît hors de doute que deux imprimeurs au moins, portant
les noms et prénoms de Balthazar Bellère , se sont succédé de 1590 à
1684. Nous traiterons cette question d'une manière plus étendue dans la
notice sur les imprimeurs.

194. Collectanea Sacrorum Carminum, Gaspare Lantho auctore et collectore. In-12, de 64 pages.   —   —   —   1594.

Ce recueil ne se compose que de vers consacrés à la louange des morts.

195. Oratores Latino-Attici, sive Panegyrici diversorum, cum veterum, tum recentiorum scriptorum, quorum quidem qui hoc floridum et atticum orationum genus tractarunt catalogum sequens pagella indicabit. In-8°. de 311 pages.   —   —   —   —   1595.

196. Matthæus et Macchabæus, sive Constantia : Tragœdiæ sacræ. Auctore Andrea Hoio Brugensi. Accessere aliquot ejusdem auctoris Elegiæ, et diversi generis poemata, nunc nova appendice auctiora. In-12, de 103 f.   1595.

197. Consilium Henrici, vici Oosthovii Domini, quo ostenditur quam e re christianæ ecclesiæ foret in locum librorum Sententiarum Petri Lombardi. In-4°, de 8 f.   —   1595.

198. Virgilii Maronis Opera in locos communes digesta. In-8°.   —   —   1595.

199. Le thresor des faictz et dictz memorables des hommes saincts et illustres du viel et nouveau Testament, mis en françois, par Paul du Mont, Douysien, 2 vol. in-8°.   —   1595.

Traduction du livre de Marc Marulle : *De religiose vivendi institutione, per exempla.*

Réimprimé chez le même en 1604, et de nouveau en 1696.

200*. Internelle consolation (Imitation de Jesus-Christ).   –   –   1595.

M. A. Dinaux (Archives du Nord) affirme que cet ouvrage a été réimprimé à Douai en 1613 et en 1632, et que cette traduction est celle de Jean Bellère, imprimée précédemment à Anvers en 1565 et en 1572.

201. Elaboratissimi in sacro-sanctam Salvatoris nostris Jesu-Christi passionem Commentarii, auct. Fero (Joh.), dum viveret, Concionatore Moguntino celeberrimo. In-8°.   1595.

202. Petri Venerabilis, Abbatis Cluniacensis, illustrium miraculorum libri duo. Accesserunt selectiora quædam ex chronicis fratrum ordinis prædicatorum editis a R. P. M. Antonio Senensi. In-8°, de 162 pag. et 6 f. 1595.

203. Le mespris et le contemnement du monde, escript en latin par Lothaire Diacre, Cardinal de saincts Serge et Bache, puis après appelé Innocent, Pape troisième, divisé en trois liures, mis en françois par M. G. R. In-8°., de 11 feuil. prél. et 201 pag.   1595.

204. La vie du père François de Borja, qui fut duc de Gandia, par le R. P. Pierre de Ribadeneira, tourné en nostre langue vulgaire par le seigneur de Bétencourt (Michel d'Esne). In-8° de 11 feuill. prél. et 480 pages.   1596.

Réimprimé en 1603.

205. Le thrésor et abrégé de toutes les œuvres spirituelles, mis d'espagnol en françois, du R. P. F. Loys de Grenade, par G. Chappuys. Petit in-8º.   –   –   –   1596.

206. Gregorii Magni Dialogi de vitis et miraculis Patrum Italicorum. In-12.   1596.

207. La vie du P. Jacques Laynez, deuxième général de la compagnie de Jésus, par Michel d'Esne. In-8º.   –   –   1597.

208. Jacobi de Vitriaco libri duo, quorum prior Orientalis sive Hierosolymitanæ, alter Occidentalis historiæ nomine inscribitur, opera et studio D. Franc. Moschi Nivigellatis J. Cᵗⁱ. et Armentaniorum Curionis. In-12, de 23 feuil. prél. et 479 pages.   –   -   1597.

Vitry (Jacques de), historien, naquit à Argenteuil près Paris, dont il fut curé. Grégoire IX le nomma cardinal et évêque de Tusculum. Il mourut à Rome en 1244. Son histoire orientale fut composée à Ptolémaïs, où il avait été envoyé comme évêque : elle offre plutôt un tableau moral et statistique de la Terre-Sainte sous les princes chrétiens qu'une histoire proprement dite de la première Croisade. Au milieu d'une foule d'erreurs de physique, on remarque un passage très-curieux qui constate que l'aiguille aimantée, dont on ne fait remonter l'origine qu'au 14ᵉ siècle, passait déjà au commencement du 13ᵉ pour être *nécessaire aux navigateurs*. Plusieurs détails géographiques méritent aussi d'être remarqués. L'histoire occidentale n'est que l'histoire de l'église au 13ᵉ siècle. Une vie de Jacques de Vitry, par André Hoy, est imprimée en tête de cette édition. On trouve dans le premier volume de la Bibliographie des Croisades , de Michaud , une notice sur les histoires de Jacques de Vitry.

M. Guizot , dans sa collection des *Mémoires relatifs à l'Histoire de France ,* a publié une traduction des œuvres de Jacques de Vitry , avec une notice sur cet écrivain.

209. * Manuale principis , auct. Nic. a Montmorency. In-8°,   -   -   1598.

Montmorency (Nicolas de) , comte d'Estaires , gentilhomme de la cour de Philippe II , mort le 17 juin 1617 , a laissé plusieurs autres écrits.

210. Tabula Isagogica ossium corporis humani connexionem ac numerum complectens. Aut. Jo. Viringo. In-fol.   -   1597.

Wauters ou Viringus (Jean) naquit à Louvain en 1539 , et y professa la médecine comme docteur pendant 22 ans. Sa femme étant morte , il entra dans les ordres et fut pourvu d'un canonicat à la cathédrale d'Arras ; il devint ensuite l'un des chapelains des Archiducs Albert et Isabelle. Il avait été recteur de l'Université de Louvain en 1579 , 1582 et 1587. Nous ne connaissons pas l'époque de sa mort.

211. Thomæ Cantipratani , S. T. Doctoris , ordinis S. Dominici et Episcopi suffraganei Cameracensis , Miraculorum et Exemplorum memorabilium sui temporis , Bonum universale de Apibus , ad exemplaria complura tum manuscripta tum antique excusa collatum et notis amplioribus illustratum ; opera Georgii Colvenerii. Petit in-8°.   —   1597.

Réimprimé , chez le même , en 1605 et en 1627. L'édi-

tion de 1597 est dédiée à Jean Sarrazin , Archevêque Duc
e Cambrai ; celle de 1605 à Guillaume de Bergues, autre
archevêque de Cambrai.

Thomas de Cantimpré * vivait au XIIIe siècle ; il était né
dans le Brabant , aux environs de Bruxelles , et l'on croit
qu'il mourut vers 1280. Son éminente piété le fit arriver,
pendant sa vie , aux plus hautes dignités ecclésiastiques, et
lui mérita après sa mort une célébrité qui équivaut presque
à la béatification. On trouve en effet son nom fréquemment
précédé de l'épithète *Beatus* , quoique jamais il n'ait reçu
les honneurs de la canonisation , et plusieurs hagiographes
l'ont inscrit au nombre des saints de la Province de Belgique.

L'ouvrage de Th. de Cantimpré avait déjà été publié ,
mais sans nom d'auteur , dans le XVe siècle. On en connaît une édition de Cologne , Weldener , que l'on croit
imprimée en 1475 , in-f^o , ainsi qu'une autre édition du
même format , mais sans date , indiquée dans le Catalogue
Pinelli. Il en existait même , dès le 14e siècle , une traduction française citée , selon M. Brunet, dans les *Mélan-
ges tirés d'une grande Bibliothèque* (tom. IX , p. 55).
Une traduction plus récente est celle d'un frère prêcheur ,
Vincent Willart , qui a paru sous ce titre : *Le Bien universel ou les Abeilles mystiques du célèbre docteur Th. de
Cantimpré* , Bruxelles , 1650 , in-4°.—Quant à l'édition
du texte original donnée par Colvenère en 1597 et repro-
duite en 1605 et en 1627 , elle a été préparée avec beaucoup de soin , collationnée sur plusieurs manuscrits et
enrichie de notes propres à éclaircir tous les passages qui
pouvaient avoir besoin d'explication ou de commentaire.

---

* L'usage actuel est de donner à cet auteur le nom de *Cantimpré* ;
mais D'Avcroult, dans son *Catéchisme historial* , le nomme *Thomas de
Champré* , ce qui pourrait bien être son véritable nom.

Cet ouvrage mystique , tout-à-fait dans le goût de l'époque à laquelle il a été composé , est un traité de morale
religieuse conçu d'après la singulière idée de rapporter
tous ses enseignements aux *propriétés des abeilles*, que
l'auteur prend effectivement pour texte de chacune de ses
leçons. Pour donner en peu de mots une idée du livre
et de la manière de l'auteur , nous citerons le commencement d'une table qui se trouve en tête de l'ouvrage , sous
le titre suivant :

« *Proprietates apum quæ tanquam textus , duobus his libris*
per singula capitula moraliter explicantur , quorum index è
regione respondet : in quibus tota simul cernitur præclara apum
respublica.

1. *Rex apum mellei coloris*
est , ex electo flore et ex omni
copia factus.

2. *Reges plures in uno alve-*
ario sæpius inchoantur.

3. *Qui cum adulti esse cœpe-*
rint , concordi suffragio omnes
deteriores necant , ne distra-
hant agmina et excitent sedi-
tiones.

1. *Quod Prælatus debet esse*
bonæ vitæ et bonæ famæ.

2. *Quod ingenio pollentes*
præferendi sunt.

3. *Quod insolentes repri-*
mendi sunt.

Cette courte citation suffira pour donner un aperçu de
la singularité de l'ouvrage et des efforts d'imagination qu'a
dû faire le pieux écrivain pour développer son travail au
point d'en former un volume d'environ six cents pages.
Aussi l'a-t-il grossi de toutes les anecdotes , de toutes les
légendes , de toutes les traditions pieuses que la naïve cré-
dulité de son époque admettait comme véritables sans discussion comme sans difficulté. C'est dans ce livre de Thomas de Cantimpré que se trouve l'*Histoire du Crapaud* ,
qui a été mise en scène vers l'année 1520 , sous le titre de
Miroir moral des enfants ingrats. On y lit aussi le récit

d'un miracle qui eut lieu à Douai le mardi de Pâques de
l'année 1254 (14 avril), et comme ce récit tient à l'histoire de notre ville, comme la mémoire de l'événement mi-
raculeux qui s'y trouve raconté s'est perpétuée jusqu'à nos
jours, et qu'il se fait encore tous les ans une procession
solennelle de la paroisse Saint-Jacques * pour le rappeler aux fidèles, nous avons pensé qu'il pourrait n'être
pas sans intérêt pour nos lecteurs de connaître ce fragment
curieux de l'ouvrage que nous venons d'analyser. Nous
donnons donc le récit original de Thomas de Cantimpré,
avec les notes de G. Colvenère :

« DE CORPORE CHRISTI IN EFFIGIE PUERI ET ALIIS FORMIS
APPARENTE DUACI IN ECCLESIA SANCTI AMATI. »

« Oppidum Duacense ** amplum et magnum est inter
Cameracum, a dextris viæ, et Atrebatum, nobilissimas civi-
tates. Hic in Ecclesia Canonicorum Sancti Amati Episcopi,

---

* L'église Saint-Amé, où le miracle a eu lieu, ayant été détruite pendant la révolution, le clergé de l'église Saint-Jacques se rend processionnellement tous les ans, le dimanche le plus près du mardi de Pâques, sur la
place où se trouvait autrefois cette église et qui a conservé le nom de *Place
Saint-Amé.* Un reposoir est élevé sur cette place, où la procession fait
une station, chante quelques prières et où les assistants reçoivent la bénédiction du St.-Sacrement.

** *Oppidum Duacense.* Is est situs Oppidi et Universitatis Duacenæ
venientibus Cameraco ubi degebat auctor noster et ex quo loco venit ad
spectaculum hujus admirandi miraculi, cujus hodie apud nos Duaci habi-
tantes est celeberrima memoria, quæ et quotannis renovatur solemni ce-
lebritate feria tertia Paschæ : et in processione statis diebus defertur cap-
sula argentea in qua hostia illa fuit reposita. Contigit autem miraculum
hoc anno 1254, ut patet ex tabella dependente ad sacellum parochiale
Collegiatæ Ecclesiæ Sancti Amati, in quo eadem historia depicta est, et
exsculpta, et ex historia scripta in fenestra vitræa ad latus chori aquilonare.
(G. Colvenerii nota).—L'église de Saint-Amé ayant été détruite pendant
la révolution de 1789, il ne reste plus aucune trace des monuments indiqués par Colvenère.

cum sacerdos in Pascha communicato populo corpus Christi
super nudam terram stupidus invenisset et flexis genibus
elevare tentasset : mox per se in aera sublevatum, panni-
culo, quo consecratos digitos sacerdos detergere solet, in-
hæsit. Clamans ergo Presbyter canonicos vocat : accur-
runt illi, spectant in panno corpus vivificum in specie faciei
venustissimi pueri. Et mox convocato populo ad spectaculum præsentatur et indifferenter nulli tanta cælitus visio
denegatur. Hæc cum audissem fama vulgante, veni in oppidum quod prædixi. Accessi ad Decanum Ecclesiæ, cui
optime notus eram : Petii videre miraculum. Annuens ille
præcepit ut fieret : aperta est theca, concurrit populus,
moxque, ubi pixis revolvitur, clamant omnes : Ecce jam
video, ecce conspicio Salvatorem. Stabam ego attonitus
nihil videns, nisi tantum speciem panis albissimi, nihil
quidem conscius mihi, quare sacrosanctum corpus cum cæteris non viderem. Nec diu mecum ista volvebam, cum
ecce vidi faciem in mensuram ætatis plenitudinis Christi,
spineam habentem in capite coronam, et duas guttas san-
guinis de fronte ex utraque parte nasi per faciem descen-
dentes. Mox igitur genibus flexis cum lacrymis adoravi.
Surgens autem nec coronam in capite, nec sanguinem vidi :
sed faciem hominis super omnem effigiem honoratam, con-
versam ad dexteram, ita ut vix dexter oculus videri posset.
Nasus erat admodum longus, directus valde, supercilia ar-
cuata; oculos simplicissimos et demissos habebat, cæsariem
longam super humeros descendentem ; barbam intonsam
et sub mento curvatam, exterminatamque * sub rictu jo-

** *Exterminatamque....* Sic Mss. B. C., cum tertio impresso, cui con-
sentiunt duo reliqua impressa quæ legunt hoc ordine quem etiam servant
alia Mss. : *Sub rictu exterminatam jocundissimi oris*, sed Ms. P. vitiose
habet *exterminatum*, Ms. S. *extremitatum*, quæ forte vera lectio est ;
quo modo etiam legit Joannes Gillemans in Vita Auctoris. *(Ejusd. Colvenerii nota.)*

cundissimi oris : ex utraque parte menti nudas prope a
pilis habebat valliculas, ut in juvenibus apparere solet, qui
a puero barbam nutrierunt, frontem latam, macilentas ge-
nas, et collum longum cum capite parum inflexum. Hoc
schema, hic decor benignissimæ faciei. Eam autem diversi
diversimode sub unius horæ spatio videre solebant. Alii in
cruce extensum : alii quasi ad judicium venientem ; pleri-
que, et hoc ex magna parte, sub pueri forma viderunt. »

(Page 399 de l'édition de 1627.)

212. Institutiones christianæ pietatis , seu Parvus Catechismus Catholicorum , auct. Petro Canisio. In-24.   -   -   1597.

Pierre Canisius, jésuite , né à Nimègue le 8 mai 1521,
mourut le 21 décembre 1597 , à Fribourg en Suisse, dans
le collége qu'il y avait fondé. Il se distingua dans son ordre par son talent pour la prédication et figura avec honneur au Concile de Trente.

P. Canisius a laissé un assez grand nombre d'ouvrages
théologiques estimés dans leur temps ; mais de tous ses
écrits, celui qui obtint le plus de succès fut son *Petit Catéchisme* , qui fut traduit peu de temps après sa publication dans presque toutes les langues de l'Europe et même
en grec ancien. Cette dernière traduction était l'ouvrage
d'un autre jésuite, le P. Georges Mayr, et il en a été donné
à Augsbourg, en 1612 , une édition ornée de figures gravées sur bois aussi remarquables sous le rapport du dessin
que sous le rapport de l'exécution. Il existe également une
édition française d'Augsbourg , 1614, avec les mêmes fig.

La bibliothèque de la ville de Douai possède un bel
exemplaire de l'édition grecque de 1612.

213. Histoire de la vie , mort , passion et

miracles des Saints, desquels l'église catholique faict festes et mémoire chaque jour de l'an, par toute la chrestienté. (Extraicts des écrits grecs). Par M. P. Viel, docteur en théologie, Jacques Tigeou, Clément Marchant, Jean Lefrère de Laval, Paschal Robin, G. Gazet, Pasteur d'Arras, de Bassecourt, et d'Autres. In-fol. de 21 f. prél., 2207 p. et 11 f. de tables, orné de 3 grav. et d'un grand nombre de vignettes gravées sur bois. - 1597.

214. Officia sanctorum. In-12, de 35 feuil., imprimé en lettres rouges et noires. 1598,

215. * De Viris Virginibusque ordinis Cisterciensis sanctitate illustribus. Auctore Joan. d'Assignies. — — 1598.

D'Assignies était d'une famille noble du Hainaut, et sous-prieur au monastère de Cambron. Nous citerons plusieurs autres ouvrages de cet auteur.

216. Cabinet des choses les plus signalées advenues au sacré ordre de Cîteaux, par Jean d'Assignies R. de Cambron. In-8°, de 8 feuil. prél., 912 pag. et 7 feuil. de tab. - 1598.

217. Epistres spirituelles du R. P. J. de Avila, très-renommé prédicateur d'Espagne. Très-utiles à toutes personnes de toute qualité qui cherchent leur salut : Fidelement traduites, et mises en meilleur ordre qu'elles ne sont en l'exemplaire hespagnol (sic), selon les chefs et principaux arguments d'icelles, pour éviter

la confusion : et rédigées comme en lieux communs, pour soulager le lecteur à trouver plus aysément le subject qui lui plaira. Par Gabriel Chappuis, Tourangeau, Annaliste et Translateur du Roy. A venerables et reverends Pères en Jésus-Christ, Pères de la compagnie de Jésus. 2 vol. petit in-8°.   –   1598.

218. Recreations d'esprit aux amateurs de vertu et de chaste poesie, auec le sommaire de la Doctrine chrestienne. Petit in-12, de 354 et 71 pages, plus 6 f. non chiffrés pour des quatrains, l'approbation et la table.   1599.

Ce volume se compose de deux ouvrages tout-à-fait distincts, quoique réunis avec intention, ainsi que le dit l'imprimeur dans sa préface.

Le premier ouvrage est un *Recueil de vers* dans lesquels on remarque bien plus de piété que de poésie. Le second est une espèce de petit catéchisme qui n'a rien de remarquable.

Ce petit livre est fort rare, et c'est là son unique mérite. Je me contenterai d'en extraire un quatrain que l'imprimeur, à la fin de son avant-propos, donne comme une traduction du vers d'Horace :

Omne tulit punctum qui miscuit utile dulci.

Celui dessus tous nous fétoie
Et nous attire à son amour,
Qui file doux, et d'une voie
Fait un profitable discour (*sic*).

Cet ouvrage est d'Adrien Lebrun ; il a été imprimé de nouveau par B. Bellère en 1601, et une troisième fois chez le même en 1607, sous ce titre : *Les Chansons spirituelles* ou *Récréations*, etc.

219. Très-humble remonstrance et requeste des religieux de la compagnie de Jésus au roy Henri IV. In-12.   –   1599.

220. Palæstra hominis catholici , auctore Petro Canisio. In-16.   –   –   1599.

221. Statuta Synodi Diœcesanæ Tornacensis inchoatæ anno Domini millesimo sexcentesimo , feria tertia post dominicam secundam post Pascha, et finitæ die sequenti. In-12 de 111 pages.   –   –   –   1600.

On lit dans les *Archives du Nord* qu'à propos de l'impression de ce livre, Balthazar Bellère fut mandé à comparoir à Bruxelles , devant le Conseil privé des Archiducs, qui le gourmanda sévèrement , parce qu'il s'était contenté de la permission d'imprimer de l'évêque de Tournai, et qu'il s'était passé de l'autorisation civile.

222. La Vie admirable, très-saincte et miraculeuse de Madame saincte Ludyvine , escrite en langue latine par F. Jean Brugman, de l'ordre de St.-François , réduit par Laurent Surius : de nouveau, sans abréger, mise du latin en françois et distinguée en trois parties, par M. Walrand Caoult, prestre. In-8°, de 6 f. prél. et 274 pages.   –   –   1600.

Brugman (Jean) , de l'ordre des Minimes , était professeur de théologie à St.-Omer. Il se retira ensuite en Hollande , où il mourut en 1473.

Réimprimé chez le même en 1601.

223. Martyrologe Romain, par le R. P. Solier. In-8°.　　　–　　　–　　　–　　　1600.

Réimprimé chez le même en 1601.

224. Pratique spirituelle d'une servante de
Dieu : à l'exemple de laquelle se peut exercer
toute religieuse ou personne spirituelle. Fort
utile pour vivre spirituellement dedans les
monastères, et hors d'iceux. Traduit de l'italien en françois, par M. François Gilbert de
la Brosse, Angevin. Plus, un traité contenant
l'intelligence et bénédiction avec les vertus
des Agnus-Dei. In-18, de 12 feuillets préliminaires et 214 pages.　　　–　　　–　　　1601.

225. Le Lion de Judas ou le Restablisse-
ment de la nature humaine, par Jan du Cli-
quet, Seigneur de Flammermont. Petit in-8°
de 16 feuillets préliminaires et 140 pages. Imprimé en lettres italiques.　　　–　　　1601.

Recueil de poésies mystiques à peu près inintelligibles
et dont aucun agrément ne rachète l'obscurité. Ce livre
traite du mystère de l'incarnation et *contient*, dit le censeur qui l'a approuvé (G. Colvenère), *choses qui peuvent
inciter à piété* ; telle était sans doute l'intention de l'auteur ; mais nous doutons qu'il ait jamais été assez compris
pour convaincre beaucoup de monde. Au reste ce livre
est fort rare et nous ne serions nullement surpris qu'à cause
de cela même il fût assez recherché.

L'exemplaire que nous avons sous les yeux appartient
à la bibliothèque de M. le conseiller Bigant. Un exemplaire de ce livre se trouve aussi dans la bibliothèque
de M. le baron de Guerne.

226. Histoire des miracles faits à l'abbaye de Montserrat, par Olivier. In-8°.   1601.

227.* Méditation sur les mystères principaux de la vie de Jésus-Christ, par le R. P. Vincent Bruno. In-8°.   –   –   1602.

Réimprimé chez le même en 1604, avec cette indication : Traduit de l'italien, par Philippe du Sault, chanoine de Bordeaux. In-8º, de 497 pag. et 3 feuil. d'index.

228. Joannis Nyder Formicarium, seu Dialogus ad vitam christianam exemplo conditionum formicæ incitativus. Cum notis edidit G. Colvenerius. In-8°.   –   1602.

Jean Nyder a joui au XVe siècle d'une grande influence et d'une grande réputation comme théologien ; mais on connaît peu de détails sur sa vie, qui se termina, selon quelques auteurs, en 1440.

Les nombreux ouvrages de Nyder obtinrent un grand succès de leur temps ; le plus singulier de tous, le seul peut-être qui puisse encore inspirer aujourd'hui quelque intérêt, est celui dont nous venons de donner le titre et qui a été traduit en français par un frère prêcheur du nom de Vincent Willart. Cette traduction a paru sous le titre suivant : *Le bien universel ou les Formis mystiques de Jean Nyder*. Bruxelles, 1656, in-4º. C'est le même traducteur qui avait mis en français l'ouvrage de Thomas de Cantimpré *sur les Abeilles*, de même que Colvenère a été l'éditeur de ces deux ouvrages qui sont fondés sur une même donnée.

229. Lois, Chartes et Coutumes du Pays et Comté de Hainaut, qui se doivent observer et

garder en la souveraine court à Mons et jurisdictions dudict pays ressortissantes à la dicte
court. Promulguées au nom de Charles, empereur des Romains, etc. In–12 de 8 feuillets
préliminaires et 272 pages.   –   1603.

On trouve à la suite :

Poinctz et articles conceuz tant par renforcement de la
Court à Mons, que par les trois membres des Estatz de ce
Pays de Haynaut au mois de mars 1601. Chez B. Bellère,
1602, pour Pierre Moustarde, libraire à Vallenciennes.
12 feuil. non chiffrés.

230. Historiæ evangelicæ Unitas, seu sin-
gularia vitæ domini nostri Jesu–Christi, eo
ordine quo gesta fuerunt, recensita et ipsis
quatuor evangelistarum verbis contexta. Labore et industria D. Alani Copi. In-4°.   1603.

231. De Sacramentis in genere, de sacramento Eucharistiæ et Sacrificio ; auct. Guil.
Alano. In-4°.   –   –   1603.

Publié antérieurement à Anvers,1576. In-4°.

Guillaume Allen, dont le nom se trouve aussi fréquemment écrit Allan et Allyn, joua, au XVIe siècle, un rôle
important et actif dans la lutte qui eut lieu entre les Catholiques d'Angleterre et l'Eglise nouvellement établie alors
dans ce pays par suite du schisme d'Henri VIII.

Né dans le comté de Lancastre, en 1532, Guillaume
Allen fut élevé dans les principes du catholicisme qu'il
adopta avec une foi aussi vive que sincère et qu'il défendit
avec autant de chaleur que de persévérance. La sévérité
que le gouvernement anglais mit à interdire l'exercice de

la religion catholique et les persécutions, qui devinrent plus vives sous le règne d'Elisabeth, forcèrent Allen à quitter sa patrie, et il vint, vers 1568, se fixer en Flandre où sa croyance, sa réputation et son caractère lui valurent un honorable accueil. Il fut en peu de temps pourvu de bénéfices ecclésiastiques, et après avoir reçu le titre de docteur en théologie à l'Université de Douai, il songea à établir et fonda immédiatement dans cette ville un séminaire ou collège anglais, dans le but de former des sujets pour le sacerdoce. Cette fondation, favorisée à la fois par le Souverain-Pontife et par le roi d'Espagne Philippe II, qui lui accordèrent quelques secours pécuniaires et une allocation annuelle, date de l'an 1569, et obtint en peu de temps un grand succès. Quelques intrigues forcèrent les directeurs de ce collége à quitter Douai pour aller s'établir à Reims ; mais aussitôt que les circonstances le permirent, ils revinrent à Douai pour ne plus quitter cette ville. La fondation d'un pareil établissement ne pouvait manquer de donner de l'inquiétude au gouvernement anglais; aussi les rigueurs contre les catholiques et particulièrement contre les prêtres redoublèrent-elles en Angleterre. Toute correspondance avec Allen fut regardée comme un crime de haute trahison, et un jésuite nommé Thomas Alfield fut jugé et condamné à mort pour avoir apporté en Angleterre quelques ouvrages d'Allen. C'est qu'on n'ignorait pas sans doute qu'à part son influence sur les esprits en matière de croyance religieuse, Allen était parvenu à déterminer le pape à prononcer l'excommunication de la reine Elisabeth, et le roi d'Espagne Philippe II à armer contre elle une flotte, l'invincible *Armada*, dont le nom est resté dans l'histoire comme un monument de fanfaronnade ridicule et de honteuse défaite.

Au moment où cette flotte appareillait pour opérer un

débarquement en Angleterre, Allen avait rédigé en anglais une proclamation qui déclarait Elisabeth indigne de régner et qui déliait ses sujets du serment de fidélité. Il existe encore quelques exemplaires de cette virulente proclamation, quoiqu'après l'événement on eût cherché avec soin à les faire disparaître*.

Les intrigues d'Allen n'avaient pas obtenu plus de succès que les rodomontades du roi d'Espagne ; mais la cour de Rome tint compte au premier de son zèle et de ses efforts, et il fut pourvu du chapeau de cardinal et de l'archevêché de Malines. Allen n'alla point prendre possession de ce siège ; il demeura à Rome où il mourut en 1574.

Les ouvrages d'Allen sont peu nombreux et s'appliquent tous à des matières de controverse. Il prit part à la traduction anglaise de la Bible publiée à Douai en 1609 et dont nous parlerons avec détail en son lieu.

Allen n'était pas un homme ordinaire ; à une profonde conviction religieuse il joignait une instruction solide, un caractère énergique et une puissance infatigable de volonté.

---

* Un exemplaire de cette proclamation se trouve annoncé dans le Catalogue nouvellement publié par le libraire Henry G. Bohn, de Londres. (1841).

Cette proclamation, sous la forme de placard, est intitulée: *A Declaration of the sentence and deposition of Elisabeth, the usurper and pretended queene of Englande*, et occupe 84 lignes. Elle est annoncée au prix de 5 liv. 5. sch. (131 fr.), et, à raison de l'extrême rareté de ce précieux document historique, nous ne regardons pas ce prix comme exorbitant.

Puisque nous avons l'occasion de citer le Catalogue de M. Bohn, disons en passant que ce catalogue est lui-même une curiosité d'un caractère tout anglais. Qu'on se figure en effet un volume de deux mille cent pages in-8°, contenant 23,208 articles, c'est-à-dire, l'indication de près de 100,000 volumes, et l'on n'aura encore qu'une légère idée de cet immense répertoire littéraire qui renferme une admirable collection de beaux livres et dont l'exécution typographique peut être considérée comme un chef-d'œuvre.

Ses qualités expliquent son influence qui fut grande et laissent également entrevoir ses défauts. Sa persévérance devint quelquefois de l'opiniâtreté, et son zèle, en plus d'une occasion, dégénéra en violence. On assure qu'à la fin de sa vie il reconnut lui-même qu'il s'était laissé emporter trop loin ; mais quel est l'homme placé sous l'empire d'une passion quelconque qui sache s'arrêter à propos et garder la juste mesure qui constitue la véritable sagesse ?

232. Historia Martyrum Gorcomensium, majori numero fratrum minorum, qui pro fide Catholica a perduellibus interfecti sunt anno Domini M. D. LXXII. Libri IV. Auctore Guilielmo Estio. In-8°. — — 1603.

Estius (Guillaume), de l'ancienne famille d'Esth, était de Gorcum en Hollande ; il enseigna la théologie à l'Université de Douai, et fut prévôt de l'église de St.-Pierre et chancelier de l'Université. On estime beaucoup le commentaire qu'il a fait sur les Epîtres de Saint-Paul. Cet ouvrage, selon le jugement de Moreri, est d'une vaste et solide érudition, mais peut-être un peu diffus. Il mourut à Douai le 20 septembre 1613, et fut enterré dans l'église Saint-Pierre. On voyait encore son tombeau, avant la révolution, près de l'autel du Saint-Sépulcre.

233. Orbis Terror, seu concionum de finibus bonorum et malorum libri duo. Aut. Ph. Boschiero. In-8° de 766 pages. - 1603.

234. La douce amorce de l'Archiconfrérie de N.-D. du Saint-Rosaire, avec les indulgences et les priviléges. In-12. — 1603.

235. Martyrium Guilielmi Gaudani ac Cor-

nelii Musii ; aut. Guil. Estio. In–8°.   1603.

Cette histoire a été arrangée en vers français par David Longhaye (Mons , 1618); et Jean Spolberg, de Bruxelles, en donna une édition en flamand (Anvers , 1604 , Jean Mourentorf, in-12).

236. Histoires admirables et mémorables de notre temps , par S. Goulart. 3 v. in-16. 1604.

Simon Goulart , né à Senlis le 10 octobre 1543 , et ministre protestant , composa plusieurs ouvrages et en traduisit divers autres dans notre langue. Il possédait des connaissances littéraires très-étendues , et doit être considéré comme un écrivain distingué de son époque. Son recueil d'*Histoires mémorables* offre de l'intérêt et beaucoup de faits curieux. Ce livre a eu beaucoup de vogue autrefois et il est encore recherché aujourd'hui. S. Goulart mourut à Genève le 3 février 1628.

237. *Vray Discours de l'arrivée de Monsieur le Connestable de Castille en Angleterre, avec les cérémonies, pompes, et grands triomphes, particularitez des joyaux , dons et presens donnez de part et d'autre. In-12.   1604.

238. Evangelistarum Quaternio, seu Evangelicæ historiæ dispositio. Aut. J. Delahaye. In–4°.   –   –   –   1604.

Réimprimé chez le même en 1606, en 1607 et en 1609.

Jean Delahaye était du Hainaut : il fut professeur de philosophie et d'Ecriture Sainte à Douai.

239. Antiquitatum liturgicarum syntagma

ex diversis autoribus collect., per Florentium
Vander-Haer, Lovaniensem. 3 v. in-8°. 1605.

Chanoine et trésorier à Lille, Vander-Haer exerça ensuite
des fonctions de magistrature et mourut en février 1634.

240. Thesaurus Bibliothecarius, sive Cornu
copiæ librariæ Bellerianæ, cum duobus sup-
plementis. In-4°, de 68 f.   –   1603-1605.

Ce curieux et rare catalogue de la librairie de Balthazar
Bellère offre la réunion des meilleurs ouvrages publiés à
l'époque à laquelle il parut, et atteste ainsi, d'une manière irrécusable, que la ville de Douai était, au commencement du dix-septième siècle, un centre d'instruction
véritablement imposant, puisque l'un de ses libraires tenait
une pareille collection de livres à la disposition des professeurs et des étudiants.

Ce catalogue, disposé assez méthodiquement par ordre
de matières et de langues, contient un assortiment considérable de livres latins et français, dans lequel la théologie
occupe une grande place ; il indique aussi plusieurs ouvrages écrits en grec, en italien, en espagnol et en flamand.

A la fin du second supplément se trouve l'indication d'un
certain nombre de livres de fonds, dont Bellère possédait
un grand nombre et dont il propose l'échange ou l'acquisition à ses confrères. Dans cette catégorie figure le petit
livre intitulé : *Trésor des récréations ;* ce qui confirme
l'opinion que nous avons émise ailleurs (n° 245), que c'est
à Douai que ce petit livre parut pour la première fois.

Bellère était un homme fort instruit, et nous croyons
qu'il a écrit lui-même les vers suivants, qu'il a mis en tête
de son catalogue et qui nous ont paru dignes d'être rappe-
lés ici :

Typographus et Bibliopola, Bibliotheces et cujusvis
disciplinæ Candidatis, S.

Thesaurum damus. Ecquis hunc recuset?
Et gratis damus. Ecquis hunc maligna
Contrectet, legat, aut manu revolvat?
Tibi, Theiologe, hic labos dicatur;
Tibi, Jure-perite, consecratur,
Et tibi, Philiatre, devovetur;
Et tibi, Polyhistor, et Poeta,
Et quisquis Sophiam colis vel Arteis,
Arteis, Ingenuis Bonisque dignas.
Græca hæc omnia, seu Latina mavis;
Græca sunt tibi præsto seu Latina.
Nec Gallus tamen hinc, vel ipse Flander
Indonatus abit. Sua hic et ipsis
Præsto fercula, Musicæque alumnis.
Pleno denique Copia ista cornu
Fundit, cuique suas, suo ære, merceis.

241. B. Anselmi, de excellentiâ B. Mariæ Virginis. Edidit Henr. Sommalius. In-16. 1605.

Sommal (Henri), né à Dinant en 1534, fut recteur du Collége des Jésuites de Douai. Il mourut à Valenciennes le 30 mars 1619.

242. Magnum Speculum exemplorum ex plusquam sexaginta autoribus pietate, doctrina et antiquitate venerandis, variisque historiis, tractatibus et libellis excerptum. 2 vol. in-4°. Le 1er, de 40 feuillets préliminaires et 348 p.; le 2e de 860 p. et 75 f. d'appendix. 1605.

243. Thresor des recreations contenant histoires facetieuses et honnestes, propos plaisans et pleins de gaillardises, faicts et tours joyeux, plusieurs enigmes, tant en vers qu'en prose, et autres plaisanteries. Tant pour con-

soler les personnes qui du vent de bize ont
été frapez au nez que pour recreer ceux qui
sont en la misérable servitude du tyran d'Ar-
gencourt. Le tout tiré de diuers auteurs trop
fameux. Petit in–12 de 366 pages.   1605.

Petit volume curieux et assez rare , quoiqu'il en existe
plusieurs éditions. M. Brunet cite celles de *Rouen*, 1611,
1627 et 1630, ainsi que celle de *Douai*, 1616 ; mais nous
n'avons encore vu indiquée nulle part celle de Douai,
1605, dont nous venons de donner le titre et que nous regardons comme la première de l'ouvrage. Outre l'antério-
rité de sa date , un fait particulier nous semble autoriser
cette conjecture. En tête de l'avis au lecteur , dans cette
édition , se trouve le nom de l'imprimeur *Balthazar Bellère*, tandis que dans les éditions de *Rouen* , qui ne sont
que des copies exactes de celle-ci , ce nom a disparu et n'a
été remplacé par aucun autre. Nous pensons donc que ce
petit ouvrage, sorti des presses de la ville de Douai , a été
également composé dans cette ville , soit par l'imprimeur
lui-même, soit par quelqu'un des hommes de lettres avec
lesquels il devait naturellement se trouver en relation. Au
reste , la composition d'un pareil ouvrage n'exigeait ni de
bien hautes connaissances, ni un talent bien distingué, puisque ce petit recueil n'est autre chose qu'une compilation
dans laquelle on a réuni un certain nombre de contes, d'a-
necdotes et de facéties empruntés à plusieurs ouvrages
du même genre. Le mérite du compilateur est d'avoir su
faire un choix bien entendu et surtout d'avoir offert à ses
lecteurs une lecture aussi agréable que variée , en sachant
se renfermer dans les limites de la plus sévère décence. Une
pareille attention est déjà à nos yeux une preuve de bon
goût , et elle mérite d'autant mieux d'être signalée que la

plupart des anciens recueils de facéties sont loin de mériter un pareil éloge.

L'exemplaire d'après lequel nous avons fait cette notice
appartient à la bibliothèque de M. le conseiller Bigant.

244. Histoire véritable des martyrs de Gor-
com en Hollande, la plupart freres mineurs,
qui pour la foy catholique ont été mis à mort
à Brile, l'an 1572, comprise en 4 livres. Plus les
martyres de Guillaume Gaude et Corneille Mu-
cius. Par M. Guillaume Estius. Traduction
de M. D. L. B. In-8° de 7 feuillets préliminaires, 471 pages et 4 feuillets de table. 1606.

245. Palatium Misericordiæ ; aut. Nic. Gazæo. In-8°.   -   -   -   1606.

246. Historia admiranda de Jesu – Christi
Stigmatibus sacræ sindoni impressis , ab Alphonso Paleoto. Auct. R. P. F. Daniele Mal-
lonio. In-4°, titre gravé.   -   1606.

Réimprimé à Anvers par J. Kerbergius, en 1615, in-4°,
et à Douai par le même Bellère , en 1616.

Malloni (Daniel), né à Brescia en Italie , et religieux de
l'ordre de St-Jérôme , était très-savant en philosophie et
en théologie scholastique. On a encore de lui : *Scholastica
Bibliotheca in secundum librum Sententiarum* , 1616.
Il mourut vers ce temps.

247. La Vie du bienheureux François Xavier,
premier de la compagnie de Jésus qui a porté
l'Evangile aux Indes et au Jappon. Par Horace Turselin ; traduite en françois par un
père de la compagnie. In-12.   -   1608.

248. * D. Augustini Confessionum lib. XIII.
Edid. Henricus Sommalius. In-32.　　1608.

Réimprimé chez le même, en 1610 et en 1616.

249. * Meditationes, Soliloquia et Manuale
S. Augustini. Edid. H. Sommalius. In-12. 1608.

250. Le miroir de l'amour divin divisé en
trois livres par Pierre de Croix , gentilhomme
Lillois, seigneur de Trietre ; Poème. In-12 de
6 feuillets préliminaires et 304 pages.　1608.

251. * Joannis Trithemii Abbatis Commentaria in regulam S. Benedicti. Edid. Henricus Sommalius. In-8°.　　　-　　　1608.

252. Petit Ray, ou Atome de la splendeur
monastique , sur les fruicts que recueillent
les fidèles par la bienvenue et joyeuse entrée
des religieux dans la ville, pour contrepoison
au réagal de Sathan et des hérétiques ses ministres. Par George Maigret. In-12.　　1608.

Georges Maigret était de Bouillon près de Sedan : il
fut provincial des Augustins en Allemagne et docteur en
théologie à Louvain.

253. * Fasciculus Divini Amoris atque de-
votionis ; aut. Henrico Sommalio. In-16. 1608.

254. Traicté de l'imitation de Nostre Dame
la glorieuse vierge Marie, mère de Dieu, etc.
Par le R. P. François Arias et le P. François
Solier. Dernière édition. Petit in-12 de 6 feuil.

prél., 521 pages et 3 feuillets de table.   1608.

Arias Montanus (Benoît) naquit à Xerès de la Fontera en Espagne. Il travailla à l'édition de la Bible Polyglotte, publiée par les soins du Cardinal Ximenès, et mourut à Séville en 1598.

255. La vie de la très saincte et vrayment admirable vierge Ludyvine, tiré du latin du F. Jean Brugman, mise en abrégé par Messire Michel d'Esne, Evesque de Tournay. In-12, de 152 pages.   –   –   –   1608.

256. Aucunes Considérations touchant la vénération des saincts, distribuées en sept ordres ou bandes, tournées du latin par Messire Michel d'Esne, Evesque de Tournay. In-12.   –   –   –   1608.

257. Sommaire discours de la vie et saincteté de saincte Françoise romaine, ou de Pontiani. Par M. François Penia; tourné de l'italien, par Michel d'Esne, Evesque de Tournay. In-12 de 68 pages.   –   –   –   1608.

258. Oratio de mirabilibus eucharisticis habita declamatorie ipso Cœnæ dominicæ die etc. Hermanno Hertanio autore. In-4° de 97 pages.   –   –   –   1609.

Hertanio était religieux bénédictin à l'abbaye de Saint-Amand.

259. Justini ex Trogi Pompeii historiis externis lib. 44. His accessit, ex Sexto Aurelio

Victore, de vita et moribus Romanorum Imperatorum Epitome. In-12.   –   1609.

260. * De ratione interpungendi ac distinc-
tionum notis, aut. Valerio Andræa. In-12. 1610.

261. * Tractatus de utilitate theologiæ in
ecclesiis metropolitanis, cathedralibus, col-
legiatis et regularibus; et de præbendæ theo-
logalis primæva fundatione et origine; aut.
Nicolao Rebbio. In-4°.   –   –   1611.

Nicolas Rebbius, d'Ath en Haynaut, était docteur en
théologie et chanoine théologal de St.-Pierre de Lille.

262. * De Residentia Beneficiatorum quorum-
libet; aut. Nicolao Rebbio. In-4°   –   1611.

263. De la perfection religieuse et l'obligation de l'acquérir, par Lucas Pinelli. In-24. 1611.

264. Discours du gouvernement et de la
raison vraye d'estat de J. Antoine Palazzo,
Cosentin. Traduit nouvellement d'Italien, par
Adrien de Vallières, escuier, seigneur des Aul-
nes. In-8°. de 8 f., 377 pages. et 5 pages de
table.   –   –   –   1611.

265. * F. Riberæ Commentarii in duodecim
prophetas minores ; aut. Rich. Gibbono.
In-fol.   –   –   –   1611.

François Ribera , jésuite espagnol, fut un des bons
théologiens de son temps : il mourut en 1591.

266. Consultation touchant la foi et la reli-

gion que l'on doit suivre, par Léonard Lessius.
In–12.   –   –   –   1610.

Léonard Lessius, jésuite, né auprès d'Anvers, en 1554,
enseigna à Louvain la philosophie et la théologie avec un
grand succès. Il mourut le 15 janvier 1623. Trente-une
propositions renfermées dans ses ouvrages furent censu-
rées par l'Université de Louvain en 1587 et par celle de
Douai en 1588.

267. Introduction à la vie dévote, par St.-
François de Sales, Evesque de Genève. In-
12.   –   –   –   1610.

Réimprimé chez le même en 1611.

268. Litteræ Japonicæ a R. P. Provinciali S.
J. in Japone ad R. admodum P. Claudium Aqua-
vivam præpositum generalem ejusdem soc.
nuperrime transmissæ. A. S. 1609 et 1610,
mense Martio. Vertit ex italico Romæ impresso in latinum sermonem P. Petrus Halloix.
In–16 de 136 pages.   –   1612.

Ces lettres ont été réimprimées en 1615 à Anvers, pour
Pierre et Jean Bellère, in-8º.

Les précédentes, de 1603 à 1606, par le P. François
Pasius, ont été imprimées par J. Bogard à Douai, en
1609, in-8º, ainsi qu'on l'a pu voir précédemment.

269. * Opera in Hispaniæ regias Constitutiones; aut. Alph. de Azevedo. 3 volumes
in-folio.   –   –   1612.

270. De particulis latinæ orationis; aut.
Horatio Tursellino, e S. J. In-16.   1612.

Ce petit livre, fort en usage dans les écoles au xviᵉ et

au xviie siècle , a été jugé par les philologues allemands digne d'une réimpression assez récente. En France, où les études philologiques sont beaucoup moins cultivées , l'ouvrage du P. Tursellin n'est plus guère recherché. Il pourrait cependant être consulté avec fruit.

Ce livre avait d'abord paru à Rome en 1599 , format in-12.

271. Opus de Dignitatibus et officiis ecclesiasticis aliquot libros continens ; auct. Nicolao de Rebbe S. R. E. protonotario , S. Th. Doctore, et Canonico insignis ecclesiæ Collegiatæ S. Petri, Insulis Flandriæ. In-4° de 4 feuillets préliminaires et 72 pages. 1612.

272. De arte Rhetorica libri tres , ex Aristotele , Cicerone et Quintiliano præcipue deprompti; aut. Cypriano Suarez sacerdote societatis Jesu. In-12 de 192 pages et 8 pages préliminaires non chiffrées. – 1613.

La rhétorique de Cyprien Suarez était fort estimée dans les Collèges des Jésuites et n'était certainement pas indigne d'attention. Ses préceptes sont extraits d'Aristote , de Cicéron et de Quintilien, et exposés avec beaucoup d'ordre et de clarté. Ce livre a eu un grand nombre d'éditions.

273. * G. Gazæi, Speculum Conscientiæ. 1613.

274. * Peccatorum summula , auct. Thoma Cajetano. In-8°. – – 1613.

275. Epitome epithetorum Joannis Ravisii Textoris, cum ejusdem synonimis poeticis, et Joannis Castelli epithetorum farrago, in ordi-

7.

nem commodissimum digesta. In-16.   1613.

Jean Ravisius Textor , en français Jean Tixier, gram-
mairien célèbre , était de Nevers : il mourut à Paris le 6
décembre 1522.

Nous avons rencontré la mention d'une édition, in-folio,
de 1650.

276. Actes des exorcismes faits à la sainte
Baulme depuis le 6 décembre 1610 jusqu'au
8 janvier suivant, par le F. François Dooms,
sur Louise Copeau, Magdeleine de la Pallud
et Louis Gaufridy , prince des magiciens , et
recueillis par le même Dooms. In-12.   1613.

Le P. Dooms était né à Anvers,en 1570;il fut prieur des
dominicains à Lille. Il était grand exorciseur; car successivement il fut chargé d'exorciser les religieuses d'Aix que
l'on avait envoyées , comme sorcières et possédées , à la
la Sainte-Baume , ensuite les Brigittines de Lille, qui , di-
sait-on, étaient magiciennes et possédées du démon.

277. In divi Pauli apostoli epistolas Commentarii, Autore Guil. Estio. 2 v. in-fol. 1614.

278. Roderici Suarez Hispani, jurisconsulti
celeberrimi et præstantissimi, Opera omnia ,
hac postrema editione additionibus doctissimi
Doctoris Jacobi Valdini locupletata. In-fol. de
2 f. prél., 743 pag. et 30 f. d'index.   1614.

A la suite et sous la même date :
Consilia, quæstiones et responsoria variorum
causis perutilia ac necessaria tam judicibus
quam advocatis. 100 p. et 11 f. d'index.

279. Conceptions théologiques sur l'octave du S. Sacrement par Pierre de Besse. 2 vol. in-8°.   –   –   –   1614.

280. Hebdomada Eucharistica, ex sacris litteris atque orthodoxis Catholicæ Romanæ Ecclesiæ Patribus collecta. Auct. Richardo Stanyhursto. In-16 de 201 pages.   1614.

Richard Stanyhurst naquit à Dublin, en 1552, et se maria fort jeune. Devenu veuf, il vint dans les Pays-Bas où il entra dans les ordres sacrés. Sa conduite exemplaire et son savoir lui méritèrent la confiance des Archiducs Albert et Isabelle, qui le prirent pour leur chapelain ; il mourut dans cet emploi à Bruxelles en 1618. Stanyhurst a publié un grand nombre d'ouvrages, entre lesquels on remarque quelques poésies en anglais.

281. Britannomachia Ministrorum in plerisque et fidei fundamentis et fidei articulis dissidentium ; auct. Henrico Fitz-Simon. In-4°.   –   –   –   1614.

282. Thomæ de Kempis, de Imitatione Christi, libri quatuor, ad autographum emendati, opera ac studio Henrici Sommalii. In-32 de 409 pages.   –   –   1614.

283. * Manipulus exemplorum ; aut. Jo. Faio.   –   –   –   1614.

Jean du Fay, en latin *Joannes Faius*, prit l'habit religieux à l'Abbaye des Bénédictins à St-Amand, et ensuite le grade de docteur en théologie à Paris, où il professa cette science. L'Université le députa en 1549 vers Clément VI,

afin d'invoquer la sévérité de ce pontife contre la secte des
Flagellans. Le pape, ayant apprécié le mérite de du Fay,
lui confia diverses missions. En 1350, il succéda comme
abbé de St-Bavon de Gand à Jean de More, et il mourut
dans cette Abbaye le 7 février 1371. Du Fay passait pour
l'un des plus éloquents prédicateurs de son siècle.

**284. Magnum Speculum exemplorum, oc-
toginta auctoribus variisque historiis excerp-
tum ab anonymo quodam, et illustratum studio R. P. Joannis Majoris. In-4°.   1614.**

Jean Major, Artésien, jésuite, mourut à Douai, le 8
septembre 1608.

**285. Brevis præmunitio pro futura concer-
tatione cum Jacobo Usserio, Hiberno, Dubli-
nensi, qui in sua historica explicatione conatur
probare pontificem Romanum (legitimum
Christi in terris Vicarium) verum et germa-
num esse Antichristum; auct. Richardo Stanyhursto. In-12.   –   –   1615.**

Stanyhurst publia cet écrit pour réfuter un livre d'Ussé-
rius, intitulé : *Gravissimæ quæstiones de Christianarum
Ecclesiarum*, etc., dont le but était de montrer que le
pape est l'Antéchrist, que cet Antéchrist est né au milieu
du septième siècle, qu'il est parvenu à l'âge viril dans le
onzième, etc.

**286. * Opera S. Gregorii Magni. 2 volumes
in-folio.   –   –   –   1615**

**287. Manuductio ad logicam, sive Dialec-
tica studiosæ juventuti ad logicam præparan-**

dæ conscripta ; autore Philip. Du Trieu.
In-12.   -   -   -   1615.

Philippe du Trieu était d'Havrech, en Haynaut. Il enseigna pendant neuf ans la scholastique au Collége d'Anchin à Douai, et fut principal du Séminaire des Écossais. Il mourut à Douai le 25 août 1645.

Cet ouvrage a été réimprimé chez Bellère en 1616 , en 1621 et en 1635, et il a eu un grand nombre d'autres éditions. Deux ont été imprimées par Michel Mairesse en 1690 et 1704.

288. Decisiones et Declarationes illustrissimorum cardinalium sacri concilii Tridentini, quæ in quarto volumine decisionum Rotæ romanæ habentur, etc., opera et studio D. Joannis de Gallemart. In-8° de 427 pag. et 50 pag. d'index.   -   -   -   1615.

Imprimé de nouveau chez le même en 1618.

Jean de Gallemart , docteur en théologie et professeur à l'Université de Douai , président du Séminaire du Roi , mourut en cette ville l'an 1625, par suite d'une maladie qu'il avait contractée en soignant les pestiférés. Son ouvrage avait été improuvé par le sacré collége des Cardinaux le 6 juin 1621.

289. De Ascensione mentis in Deum per scalas rerum creatarum , opusculum Roberti cardinalis Bellarmini. In-24 de 427 pages et 2 feuill. d'index.   -   -   1615.

Réimprimé chez le même en 1616.

290. * Emm. Sa, Lusitani, Aphorismi Confes-

sariorum. In-16 de 6 feuillets préliminaires, 714 pages et 7 feuillets d'index.   1615.

Réimprimé chez le même en 1618 et en 1623.

Emmanuël Sa ou Saa , jésuite portugais , fut prédicateur et professeur à Coimbre et à Rome. Le pape Pie V l'employa pour travailler aux Bibles. Il mourut à Milan le 30 décembre 1596. On dit qu'il mit 40 ans à composer ce petit volume. (Voyez Pierre de L'Estoile, Journal du règne de Henri IV, t. 2).

291. * Joannis Cassiani presbyteri Opera omnia. 2 volumes in-8°.   —   1616.

Cassien (Jean), Scythe de naissance et célèbre solitaire, vivait au Ve siècle. Selon Moréri, ses ouvrages auraient encore été imprimés à Douai , in-folio, en 1617 et 1628.

292. Polyonyma Ciceroniana conscripta à Christophoro Vladeracco Ducissilvio. Ad commodiorem juventutis usum in alphabeti ordinem distributa. Petit in-12 de 249 pag. et 31 feuillets d'index.   —   -   1616.

Vladeraccus prenait le surnom de *Ducissylvius* , parce qu'il était né à Geffen , village situé à deux lieues environ de Bois-le-Duc ; il était fils naturel du seigneur de Geffen.

Ayant fait d'excellentes études, il fut appelé comme sous-principal au Collége d'Amerfford ; il fut ensuite quarante ans professeur de rhétorique et dix ans recteur dans le même établissement , où il enseignait à la fois les langues grecque et hébraïque. Il y mourut le 15 juillet 1601. Son auteur favori était Cicéron; aussi presque tous les ouvrages qu'il a publiés ont-ils pour but d'expliquer ou de rendre plus familières les œuvres du célèbre orateur romain.

Les *Polyonyma* de Vladeraccus avaient eu plusieurs au-

tres éditions antérieures à celle dont nous parlons : en
tête de l'une d'elles , publiée à Anvers chez Jean Moretus,
en 1597 , on lit une longue dédicace de l'auteur à la Régence d'Amerfford , par laquelle Vladeraccus remercie la
Régence du soin qu'elle prend pour l'éducation de la jeunesse et l'extinction de là mendicité. Cette dédicace nous
apprend que le Collége était gouverné par six régents , ai-
més et honorés de toute la ville, exempts d'impôts et récom-
pensés de leurs soins par des appointements fort considérables. Dans ce collége tous les enfans , sans excepter ceux
qui étaient destinés à être de simples artisans, apprenaient
le latin ; ceux qu'on destinait au commerce apprenaient
encore le grec. Il y avait à Amerfford peu de personnes
qui ne sussent parler latin. Les jeunes personnes , les ser-
vantes mêmes chantaient toutes communément des chansons
dans cette langue.

Ce livre est un recueil de phrases toutes tirées de
Cicéron.

293. Discursus panegyrici de nominibus ,
tribulationibus et miraculis S. Patricii Ibernorum apostoli ; auct. Guil. Thyræo. In–12
de 213 pages et 3 feuillets d'index.   1617.

Guillaume Thyræus était docteur en philosophie au
Collége des Irlandais de Douai.

294. * Exactum examen ordinandorum , seu
theologiæ pastoralis et doctrinæ necessariæ ,
etc. Aut. Pet. Binsfeldio. In-16 de 707 p. 1617.

295. Adresse de l'incertain , nécessaire pour
faire choix , et se comporter dignement en
quelque vocation qui se peut dire la vraye

estoile du cynosure du port d'heureuse éter-
nité; par le R. P. Théophile Bernardin,S. In-8°
de 11 f. prél. , 752 pag. et 4 f. de tab. 1617.

Cet ouvrage se trouve dans la collection de M. Arthur
Dinaux, à Valenciennes.

296. Biblia Sacra cum glossa ordinaria ,
primum quidem a Strato Fuldensi, nunc vero
novis Patrum, cum græcorum, tum latinorum
explicationibus locupletata et postillis Nicolaï
Lyrani, tomis sex comprehensa. Excudebat
Balthazar Bellerus suis et Joannis Kerbergii
Antuerpiensis sumptibus. 6 vol. in-fol. 1617.

Avec frontispice gravé d'après P. Paul Rubens.

Cet important ouvrage se compose de six volumes de
1700 à 2000 pages chacun. Il avait été publié pour la
première fois à Rome en 1471-1472, 5 tomes in-f°.

Nicolas de Lyre , docteur en théologie , ainsi nommé
du lieu de sa naissance, petite ville de Normandie , est l'auteur de ce précieux commentaire. Son travail était fort estimé de son temps. On avait donné à de Lyre le surnom
de *Docteur utile.* Il mourut à Paris le 23 octobre 1340.

On lit dans le dictionnaire de Chaudon et Delandine ,
que les *Postilles* de Nicolas de Lyre ont été réimprimées à
Anvers en 1634. Nous croyons cette assertion erronée :
l'édition dont ces biographes ont voulu parler est celle de
Douai, imprimée à frais communs par Bellère et par Ker-
berger d'Anvers.

297. Enchiridium Theologiæ pastoralis ,
autore Petro Binsfeldio. In-12 de 5 feuillets
préliminaires et 621 pages.   -   1618.

Réimprimé en 1622, 1625, 1626, 1650 et 1656.

Binsfeldt (Pierre) , né de parents pauvres, dans le duché de Luxembourg, fut obligé de se faire domestique dans sa jeunesse. L'abbé d'Hemmenrode, ayant remarqué en lui d'heureuses dispositions, lui fournit les moyens de faire ses études. Il reçut à Rome le bonnet de docteur, devint chanoine à Trèves , puis évêque titulaire d'Azot, et mourut de la peste le 24 novembre 1598.

298. Règles de la confrérie de la bienheureuse vierge Marie, avec le miroir de la confession pour toutes sortes de gens, par Emery Debonis. In-16.   -   -   1618.

299. Nomenclator communium rerum propria nomina gallico idiomate indicans; auct. Hadriano Junio, medico. In-24.   1618.

Livre oublié aujourd'hui , mais qui a joui d'une grande vogue autrefois.

300. Sacrosancti et œcumenici Concilii Tridentini, Paulo III, Julio III et Pio IV pontificibus maximis , celebrati Canones et Decreta. Auct. Jo. Gallemart. Petit in-8° de 12 f. prél. , 544 pages et 48 feuillets d'index.   1618.

On trouve à la fin du volume : Index librorum prohibitorum auctoritate Pii quarti, 95 pages.

301. Sancti Belgi ordinis prædicatorum : Collegit et recensuit ejusdem ord. F. Hyacinthus Choquetius, S. T. Doctor. In-12 avec un titre gravé et divers portraits.   1618.

Hyacinthe Choquet , dominicain , né à Lille , était doc-

teur en théologie à Douai en 1615. Il avait des connaissances en droit et en théologie. Il a publié plusieurs autres
ouvrages.

302. Serenissimæ Augustissimæque Mariæ
Stuartæ Reginæ Scotiæ, Franciæ, Angliæ et
Iberniæ, catholicæ fidei invictæ martyri, etc.
Auct. D. Hippolyto Curle, Scoto. In-4°, de
24 pages, en caractères italiques.   1618.

Suite de Chants et d'Idylles sur la mort de Marie Stuart.

303. Histoire de l'Estat de la chrestienté au
Japon et du glorieux martyre de plusieurs
chrestiens en la grande persécution de l'an
1612, 1613 et 1614. In-12 de 543 pages. 1618.

304. Claudiani Poëmata. In-12.   1618.

Réimprimé chez Bogard en 1619.

305. * Enchiridion piarum meditationum
in omnes dominicas, sanctorum festa, Christi
passionem, etc. Aut. Jo. Busæo. In-16.   1619.

On a publié plusieurs autres éditions et traductions de
ces méditations qui eurent une grande vogue au XVIIe
siècle.

306. Pia Hilaria variaque carmina R. P.
Angelini Gazæi. In-8°.   —   1619.

307. Divini amoris, sive SS. Eucharistiæ
Facula; aut. And. Couvreur. In-8°.   1619.

André Couvreur (de Tecto), de St.-Omer, professeur
de théologie, mourut à Avesnes en 1625. Foppens dit

qu'il a fait imprimer à Douai chez Bellère, en 1619, *Philo-sophia sacra sive meditatio mortis*, in-8°.

308. Thesaurus conscribendarum epistola-rum novus et utilissimus, ex variis optimis-que auctoribus desumptus, opera S. Buchleri a Gladbach. In-12 de 424 pages et 3 feuillets d'index. - - - 1619.

Cet ouvrage a été imprimé chez le même en 1613, 1658 et 1647, et chez Derbaix, sans date.

Jean Buchler était de *Munchen-Gladbach*, Gladbach-les-Moines, dans le duché de Juliers.

309. Occupation continuelle en laquelle l'âme dévote s'unit toujours avec son Dieu, et lui adresse toutes les œuvres de la journée, par un R. P. Capucin. In-12 de 24 feuillets préliminaires et 740 pages. - 1619.

310. Les premières adresses du chemin de Parnasse, par Louis du Gardin. In-16. 1620.

311. Euclidis elementorum libri sex prio-res. Quorum demonstrationes, tum alibi sparsim, tum maxime libro quinto, ad facilio-rem captum accommodavit Carolus Malaper-tius, Montensis. In-12. - - 1620.

Réimprimé en 1633 chez le même.

Charles Malapert, jésuite, né à Mons, fut professeur de mathématiques à Douai. Il mourut en 1630, en Espa-gne, où il avait été appelé pour enseigner les mathémati-ques. On a de lui plusieurs ouvrages.

312. Arithmeticæ practicæ brevis institutio : in qua nova ratio dividendi per Tabulam
Pythagoricam et alia non passim obvia explicantur. Opera Caroli Malapertii, Montensis.
In-12 de 131 pages.   -   -   1620.

Réimprimé par le même en 1626, format in-16, 156 p.

313. * Oratio habita dum lectionem mathe-
maticam auspicaretur. In-12.   -   1620.

314. Grammatica Gallica, sive Gallicæ linguæ institutio, per Joan. Pilotum. In-12. 1620.

Imprimé aussi chez Bogard en 1575.

315. Traité de la mortification intérieure,
par le P. Alvarez ; traduit par de Paz. In-24.
-          -   -   -   -   1620.

316. * Rosetum exercitiorum spiritualium
et sacrarum meditationum; aut. Mauburnio.
In-folio.   -   -   -   1620.

Jean Mauburne était abbé de Livry, près de Paris.
Son livre fut imprimé pour la première fois à Bâle en 1491.

317. * Societas Jesu Deiparæ Virgini sacra,
sive de Patrocinio et Cultu Deiparæ Virginis
ad homines ejusdem societ. Auct. Jo. Bourgesio. In-12 de 589 pages.   -   1620.

318. Aphtonii Sophistæ Progymnasmata
partim ab Agricola, partim a Joanne Maria
Catanæo latinitate donata. In-24.   1620.

319. D. Philippi, Abbatis Bonæ Spei, sacri

ordinis Præmonstratensium, autoris disertis-
simi et D. Bernardo Claræ-Vallensi contem-
poranei, Opera omnia. In-fol. – 1621.

Ce volume comprend la vie de plusieurs Saints, un commentaire sur le Cantique des Cantiques , diverses épîtres
et poèmes.

320 * Scriptura Sacra in locos communes
morum digesta ; aut. A. de Balinghem. In-fol.
2 volumes. – – – 1621.

Antoine de Balinghem , né à St.-Omer en 1574, entra
chez les Jésuites en 1588, et mourut le 24 janvier 1630.
Il a écrit un grand nombre d'ouvrages , et en a traduit
plusieurs en latin.

321. * Clavis apostolica ; aut. Jac. de Brou-
wer. In-12. – – – 1621.

322. * Ænigmatum Sacrorum Pentadem ,
seu Alphonsi Tostati Abulensis episcopi paradoxa contraxit in epitomen Leander a S. Martino. In-8°. – – – 1621.

Léandre de St.-Martin, connu sous le nom de Jean Jou-
nes, était bénédictin anglais : il a été long-temps attaché
au monastère de St.-Grégoire de Douai. Il a fait imprimer
en cette ville , chez Bellère , selon Foppens : Conciliatio
omnium ferme locorum S. Scripturæ quæ inter se pugnare
videntur. In-8°. 1623. — Comment. in prologos S. Hieronymi, et illustrationes in glossam ordinariam Lirani, etc.
In-f°. 6 vol. , 1617. C'est la Bible dont il est parlé au
n°. 296.

323. * Otium Theologicum , sive amœnissi-

mæ disputationes de Deo, Intelligentiis, etc.
In-8°.   –   –   · –   1621.

324. De Æternitate considerationes, coram
SS. Bavariæ principibus Max. et Elis. expli-
catæ ab Hier. Drexelio e S. J. ad Stud. Juven-
tutem. In-24 de 479 pages, titre gravé. 1622.

Jérémie Drexélius , jésuite, né à Augsbourg, mourut à
Munich le 19 avril 1638. Il professa long-temps la rhétorique et devint prédicateur ordinaire de l'électeur de Ba-
vière. C'était un homme de talent , d'une merveilleuse facilité et d'un esprit original. Ses nombreux ouvrages , qui
appartiennent tous à la classe des livres mystiques, eurent
beaucoup de vogue dans leur temps, et ils ont été fréquemment réimprimés. Ils portent en général des titres allégoriques et singuliers et ne sont pas tout-à-fait indignes d'être
lus aujourd'hui.

325. Exhibitio consolatoria tabulæ emble-
maticæ , Serenissimæ principi Isabellæ , de
gemino interitu et fratris regis et archiducis
mariti , etc. , Per alumnos Collegii Duaceni
Ibernorum. In-4° de 38 pages.   –   1622.

326. Le petit Mercure Vallon des guerres
de Savoye et de Bohême. P. L. S. D. C. Nul
haine y dois. In-12 de 94 pages , orné d'un
plan pour l'intelligence des faits.   1622.

Voir une réimpression sous un autre titre en 1628.

327. * Tabulæ Vitarum cum beatorum tum
illustrium virorum societatis Jesu ; aut. P.
D'Oultreman. In-8°.   –   –   1622.

328. Vita et Documenta S. Justini philoso-
phi et martyris, scriptoris secundo sæculo
nobilissimi, a R. P. Petro Halloix. In-12 avec
portrait gravé, 376 pag. et 24 f. d'index. 1622.

Halloix (Pierre), jésuite, naquit à Liège en 1572. On
l'estimait beaucoup dans son temps à cause de son savoir et
de la vie austère qu'il s'était imposée ; il mourut à Liège le
30 juillet 1656, âgé de 84 ans. On a de lui plusieurs autres
écrits.

329. Vie des Saints et des hommes illustres
de la compagnie de Jésus, par Pierre D'Oultreman. In-8º.　　　　—　　　—　　　1622.

Traduction de l'ouvrage indiqué sous le nº. 326.

330. * Hortulus Marianus, sive Praxes variæ B. V. M. Autore Franç. Delacroix. In-48,
de 344 pages.　　　　—　　　—　　　1622.

Une traduction française de cet ouvrage singulier, par
le P. Brouart, a paru chez le même Bellère en 1624, sous
le titre de : Petit Jardin de Nostre-Dame, et forme un petit
in-12 de 384 pages.

Delacroix (François), jésuite, né à Valenciennes en 1582,
fut régent de philosophie à Douai, et deux fois recteur. Il
mourut le 11 août 1644.

331. Quæstiones ad universam Dialecticam.
Edidit Th. Leonardus. In-12.　　—　　1622.

Ces questions sont du Père Marc de Los Huertos, dominicain de Salamanque, qui vécut dans les xvie. et xviie.
siècles. Elles avaient été publiées en Espagne sans date,
sans nom de ville ni d'imprimeur.

Thomas Leenaerds , dominicain , était né à Maestricht vers 1596. Il fut premier régent au Collége de St.-Thomas à Douai.

332. Vie et miracles de S. François de Paule, par le P. Duvivier, minime, avec gravures. In-8°.   –   –   –   1622.

333. La vie de la sainte vïerge, bienheureuse mère Thérèse de Jésus, réduite en abrégé par le R. P. Barthélemy de la mère de Dieu. In-16 de 6 feuill. prél. et 345 pages.   1622.

334. * Relation de la canonization de S. Ignace de Loyola, fondateur de la compagnie de Jésus, par Ant. de Balinghem. In-12. 1622.

335. Abrégé de la vie de S. François Xavier, par Ant. de Balinghem. In-12.   –   1622.

336. Les politiques et vrais remèdes aux vices volontaires qui se commettent ès cours et républiques, par Jean Palazzo, et traduit par Adrien de Vallière. In-8°.   –   1622.

337. L'excellence et le bonheur du bien de l'état de virginité et continence , de Candela, traduit de l'italien en français par le P. Vivien. Petit in-12.   –   –   –   1622.

338. Autores classis poëticæ in collegiis S. J. prælegendi. In-4°.   –   –   1622.

339. Tableaux des personnages signalés de la compagnie de Jésus exposés en la solennité

de la canonization dés SS. Ignace et François
Xavier, célébrée par le collége de la compa-
gnie de Jésus à Douay, par Pierre d'Oultreman.
In-8°, avec gravures.   -   1623.

340. Conciliatio omnium fere locorum totius Sacræ Scripturæ quæ inter se pugnantes
videntur. Opera et studio Leandri a Sancto
Martino. In-8°. , de 7 f. prél. , 511 pag. et 21
feuil. de table.   —   —   1623.

Réimprimé cette même année chez le même.

341. Publii Ovidii Nasonis Metamorphoseon
lib. XV, cum argumentis, notis et accuratissi-
mis diversorum castigationibus. In-12 de 484
pages et 9 feuill. d'index.   —   1623.

Réimprimé chez le même en 1624.

342. *Ars ad Scripturas Divinas memoriæ
in promptu habendas, per Leandrum a Sancto
Martino. In-8°.   —   —   1623.

343. De Confessione per litteras seu inter-
nuntium ; aut. Hyacintho Choquet. In-8°. 1623.

Réimprimé chez le même en 1628.

344. Horatii Tursellini , e societate Jesu,
Historiarum ab origine mundi usque ad annum 1598, epitomæ libri X: Accessit, ex auc-
tario Henrici Spondani ad Annales C. Baronii,
liber xi, ab anno 1598 usque annum 1622.
In-16.   —   —   —   1623.

Réimprimé chez le même en 1627 et en 1630. Nous

8

avons cité plusieurs autres éditions de cet ouvrage qui a
eu une vogue immense dans son temps. Nous avons également donné une notice sur l'auteur et sur le livre au
n° 130 de cette bibliographie.

345. Tabella virtutum ac miraculorum B.
Ambrosii Sansedonii Senensis, nati 1220, mortui 1286, et B. Jacobi Salomonii Veneti, nati
1231, mortui 1314. In-8° de 41 p. et 2 f. 1623.

346. Bibliotheca mundi. Vincentii Burgun-
di, ex ordine Prædicatorum, venerabilis episcopi Bellovacensis, Speculum quadruplex,
naturale, doctrinale, morale, historiale.
Opera et studio Theologorum Benedictinorum
Collegii Vedastini, in alma Academia Duacensi. In-folio, 4 vol. d'environ 2000 pages
chacun, non compris les index.   -   1624.

Le Miroir de Vincent de Beauvais, a peu près oublié
aujourd'hui, peut être considéré en quelque sorte comme
l'encyclopédie du XIII° siècle, et cet ouvrage, malgré ses
nombreuses imperfections, atteste l'érudition et la haute
capacité de son auteur. Il peut être parcouru avec intérêt
et consulté avec quelque fruit.

On connaît au reste à peine l'origine de Vincent de
Beauvais, que quelques écrivains font naître en Bourgogne,
et l'on n'a recueilli presque aucuns détails sur sa vie. On
sait seulement qu'il appartenait à l'ordre des frères prêcheurs et qu'il jouit au XIII° siècle d'une grande réputation
de science et de vertu, qui lui mérita les faveurs de la cour
de Saint-Louis. On ne connaît pas mieux l'époque de sa
mort, que les uns placent en 1256 et d'autres en 1264. Il

est fort douteux que Vincent ait jamais été évêque de Beauvais ; il est probable toutefois qu'il fit un assez long séjour dans cette ville , d'où lui est venu sans doute le nom sous lequel il est généralement désigné.

L'ouvrage de Vincent de Beauvais eut beaucoup de succès dans son temps , et l'on en connaît un grand nombre de manuscrits. Il fut imprimé pour la première fois à Strasbourg, par Jean Mentelin, en 1473-1476, 7 tomes en 10 vol. gr. in-f°. ; mais comme cet ouvrage était très-volumineux, il ne fut pas réimprimé fort souvent. La dernière édition , que l'on peut certainement considérer comme la meilleure, est celle de 1624, dont nous venons de donner le titre.

On lira avec intérêt l'article très-développé que la Biographie universelle a consacré à Vincent de Beauvais , tome 49, page 118.

347. * Grammaire Espagnole de Don Diègue. In-8°.   -   -   -   1624.

348. Balinghem (A. de) Parnassus Marianus , sive Flos hymnorum et Rhythmorum , etc. de S. Virgine Maria ; Accedit Parnassus Jesu. In-16.   -   -   1624.

349. * Officina Sacra Biblica locupletissima, in duas partes divisa ; aut. Guil. Oonselio. In-12, de 702 pages.   -   -   1624.

Guillaume Van Oonsel , né à Anvers le 9 août 1571 , entra dans l'ordre des Dominicains , où il acquit quelque célébrité par ses nombreux ouvrages de piété et par son talent pour la prédication. Il mourut subitement le 3 septembre 1630, dans le couvent de son ordre à Gand. Quelques-uns de ses ouvrages ont été traduits en français , en flamand et en espagnol.

350. * Syntaxis ad verbi Dei tractationem;
aut. Guil. Oonselio. In-8°.   —   1624.

351. Litaniæ sacræ, Psalmi, Hymni, Orationes, et alia pietatis exercitia. In-12, avec
4 gravures.   —   —   1624.

352. Officia propria pecularium sanctorum
nobilis Ecclesiæ Malbodiensis. In-8°.   1624.

Publié par G. Colvenère.

353. Explanatio in Psalmos ; auct. Rob.
Bellarmino., Cardinali. In-4°.   1624.

354. Exercice de la présence de Dieu, du
R. P. François Arias. Petit in-12.   1624.

355. Decem Tragœdiæ quæ L. Annæo Senecæ tribuuntur ; opera Franç. Raphelengii Fr.
F. Plantiniani ; opera V. Cl. Justi Lipsii emen-
datiores. In-18, de 3 f. et 536 pages, lettres
italiques.   .   .   .   1624.

Ce petit volume se trouve dans la bibliothèque de M.
Minart, Juge d'instruction à Douai.

356. De Coronis et Tonsuris Paganorum,
Judæorum, Christianorum, Libri tres; aut. P.
S. Prospero Stellartio. In-12, de 7 f. prélim.
et 262 pages.   —   —   1625.

Cet écrivain né à Tournay fut supérieur de la
maison des Ermites de St.-Augustin à Douai ; c'était un
homme d'esprit et un bon écrivain. Il mourut à Caïette,
en Italie, au retour d'un voyage qu'il avait fait à Rome.

Ce livre est dédié à François de Vanderburch, archevêque de Cambrai. Il offre des détails curieux sur les anciennes manières de se coiffer, de soigner et de couper
les cheveux et la barbe, mais il manque totalement de critique.

Voici des vers publiés à la louange de Stellart, que Paquot nous a conservés :

Nascuntur Veneris Martisque hic et ille sub astro :
. Te mundo et nobis prospera Stella dedit.

357. Méditations des mystères de notre
Saincte Foy, avec la pratique de l'oraison men-
tale sur iceux. Composées par le R. P. Loys
de la Puente, et traduites par M. R. Gautier,
Advocat-général du Roy, en son grand conseil.
Petit in-12, de 757 pag., 10 p. de tab.   1625.

Ces méditations avaient déjà été imprimées à Douai en
1609, 1611, 1619 et 1622.

358. *De Institutione, obligatione et religione horarum canonicarum, libri quatuor;
aut. J. Oliv. Bonartio. In-12.   –   1625.

Ouvrage médiocre comme tous ceux de ce religieux.

Olivier Bonart, de la compagnie de Jésus, né à Ypres
en 1570, mourut dans la même ville le 23 octobre 1655.

359. *Officia propria nobilis Ecclesiæ S.
Waldetrudis oppidi Montensis. In-8°. 1625.

Publié par G. Colvenère.

360. *Exercitium perfectionis et virtutum
christianarum, auct. P. Alphonso Roderico

THOMAS A KEMPIS.— Opera...
Douai, Bellere, 1625
Paris BN D. 39773
Coutances BM n° 6107

S. J. recenter ex hispanico latine reddebat
Matthias Martinez. In-8°.   -   1625.

Matthias Martinez de Waucquier, natif de Middelbourg,
était très versé dans les langues anciennes et dans les langues vivantes : il fut correcteur d'imprimerie chez les
Moret, à Anvers, et mourut en 1622, après avoir publié
plusieurs ouvrages.

361. La Vie du bienheureux Alexandre Lu-
zage, gentilhomme Italien, autant admirable
qu'imitable à toute sorte de personnes. Par
Octova Herman, son familier, et traduite par
Ant. de Balinghem. In-12, de 8 f. prél. et 276
pages, avec un portrait.   -   1625.

362. Horologium auxiliaris tutelaris Angeli, auct. Hier. Drexelio. In-24, de 383 pag.
-          -   -   -   1625.

363. Fundamina et regulæ omnium Ordinum monasticorum et militarium ; aut. Prospero Stellartio. In-4°.   -   1626.

364.* Carmina et Orationes Franc. Remondi.
In-16.   -   -   -   -   1626.

365. Epistolium continens confutationem
duarum propositionum astrologicarum, cum
principiis adversus judiciariam Astrologiam.
Per F. Franciscum a Sancta Clara. In-12, de
64p. et 28 f. d'appendix.   -   1626.

L'auteur de cet ouvrage était Lecteur des FF. Récollets
Anglais à Douai.

366. Inventaire des sacrées reliques de Nostre Damé, et des lieux où elles se trouvent, par le P. de Balinghem, de la comp°. de Jésus. In-12, 2 vol. - - 1626.

Il est beaucoup plus aisé, dit Paquot, de faire un pareil inventaire que de le vérifier en détail.

367. La Vie de la béniste sœur Marie Raggy, religieuse du tiers ordre du glorieux patriarche Sainct Dominique, décédée à Rome le VII de Janvier l'an de Jubilé 1600. Escrite en espagnol par le R. P. F. Pierre Jean de Sarragoça de Heredia, de nouveau traduite en françois, corrigée et augmentée, par Messire Ferdinand de Maubus, Chevalier, Seigneur de Scoondorp. In-12, de 236 pages et 2 f. de tab. 1626.

368. Disputationes Theologicæ de Pœnitentia; aut. Petro du Fay. In-4°. - 1626.

Pierre du Fay, de Bruges, , professa la théologie et la philosophie en divers lieux; il devint ensuite prieur à Bruges, où il mourut en 1639.

Cet ouvrage, auquel, par erreur, le Catalogue des Jésuites de Louvain avait donné la date de 1526, a été l'argument dont on voulait s'étayer pour établir que la typographie avait été exercée à Douai bien avant 1563.

369. Trismegistus christianus seu triplex cultus conscientiæ, etc. Aut. Hier. Drexelio. In-24, de 15 f. prél. et 447 pages. - 1626.

Réimprimé en 1638.

370. Stimulus divini amoris ; aut. Sancto Bonaventura. In-32.   -   -   1626.

371. Benzonii Dissertationes et Comment. in Canticum Magnificat, Salutationem Angel. Ps. 86, etc. In-folio.   -   -   1626.

372. Cor Deo devotum, Jesu pacifici Salomonis thronus regius ; autore P. Musart. In-32.   -   -   -   1627.

373. De gemitu columbæ, sive de bono lacrymarum, libri tres ; aut. Rob. Bellarmino In-32.   -   -   -   1627.

374. Le grand Manuel catholique d'oraisons dévotes, par M. Simon Verepe, traduit en françois par Jean Bellère. Petit in-8°, de 24 feuil. prél., 618 pag. et 13 f. de table.   -   1627.

375. De æterna felicitate Sanctorum, libri quinque, ad illustriss. et reverendiss. D. Cardinalem Farnesium ; auct. Roberto Card. Bellarmino. Editio secunda. In-24 de 8 f. prél, , 405 pag. et 33 f. d'index   -   1627.

376. Oratio encomiastica de Sto. Josepho Deiparæ Virginis Sponso ; auct. Matth. Navæo. In-8°.   -   -   -   1627.

Imprimé chez P. Auroy, en 1626, in-12. Réimprimé chez B. Bellère en 1650, et chez Gérard Patté en 1655.

377. Les Plaisirs spirituels contre-quarrez

aux sensuels du quaresme-prenant , par le R.
P. Ant. de Balinghem. In-12. - 1627.

Ce livre est rare, dit M. Brunet, dans le supplément de
son Manuel , car il a échappé aux recherches du laborieux
Paquot, qui cite 40 ouvrages du même auteur.

378. Sommaire de la vie et mort du Bienheureux Père Pierre d'Alcantara. In-24, de
432 pag. - - - 1627.

379. Recta intentio omnium humanarum
actionum ; aut. Hier. Drexelio. In-32 , de 479
pag. - - - - 1627.

380. Schorus digestus, hoc est, Delectus
latinitatis, opera Moneti. In-8°. - 1627.

Philibert Monet était de Bonne en Savoie ; il se fit
Jésuite et professa pendant 22 ans comme Préfet au Collége
de la Trinité , à Lyon; il y mourut en 1643. Son Dictionnaire lui fit une certaine réputation de son temps.

381. Les Coustumes et usages de la ville ,
taille , banlieue et eschevinage de Lille. Avec
les commentaires et recœuils de M. Jean
Lebouck, Jurisconsulte Lillois. In-4°. de 6 f.
prél. et 500 pag. - - 1628.

382. L'hermite Pelerin et ses pérégrinations,
périls, dangers , et divers accidens , tant par
terre que par mer, ensamble , de son voyage
du Mont-Serrat, Compostelle, Rome, Lorette
et Hierusalem, par Monseigneur Jean Pierre
Camus, Evesque et seigneur de Belley, prince

du S. Empire, conseiller du Roy très chrestien en ses conseils d'estat et privé,etc. In–12. 1628.

Ce livre a été publié par J. d'Ennetière Sr. du Maisnil.

383. Histoire générale des guerres de Savoie, de Bohême, du Palatinat, et Pays-Bas , depuis l'an 1616 jusques celui de 1627 inclus. Par le seigneur Du Cornet, gentilhomme belgeois. In–8°.   –   –   –   1628.

Avec cette épigraphe :

Hain Deny s'y vol :
Nul' haine y dois.

Ce livre contient le récit des batailles et journées dans lesquelles se sont distingués les *Belgeois* ; avec celui des ruses , inventions , stratagêmes de guerre employés et les noms des officiers qui se sont trouvés à ces actions militaires.

384. ˙Barth. Fisen Origo prima festi corporis Christi. In–8°.   –   –   1628.

Barthélemi Fisen avait été recteur dans les colléges des Jésuites d'Hesdin , de Dinant et de Lille ; il mourut dans cette dernière ville le 26 juin 1649. Il était , assure-t-on , fort renommé dans son temps à cause de son érudition.

385. ˙ De mixtione aquæ in calice eucharistico, ejusque in sanguinem Christi conversione ; aut. H. Choquet. In–4°.   –   1628.

386. ˙ De Origine gratiæ sanctificantis ; aut. Hyac. Choquet. In–8°.   –   1628.

387. Æternitatis prodromus mortis nuntius,

etc. Auct. Hier. Drexellio. In-24, de 384 p. 1628.

Réimprimé chez le même en 1633.

388. Epistola R. a. P. Presidis generalis totius Congregationis Anglicanæ. In-8°. 1628.

Autre édition, in-18, de la même année.

389. Compendaria praxis difficiliorum Casuum conscientiæ ; auct. Valerio Reginaldo. In-32, de 360 pag.   –   –   1628.

390. Secrets sentiers de l'amour divin esquels est cachée la vraie patience céleste et le royaume de Dieu en nos âmes, par Constantin de Barbanson, Capucin. In-16.   –   1629.

391. Historia universa, sacra et profana ; illa quidem ex sacris, quæ vocant, Bibliis, eorumque interpretibus; hæc vero eidem, qua deficit, succidanea, ex græcis, hebræis, latinis, etc. Auct. D. Andrea Hoio Brugense, regio in Academiâ Duacenâ eloquentiæ et historiarum professore. In-fol.   –   –   1629.

Cette histoire universelle est peu connue et peu consultée aujourd'hui. Elle est cependant assez bien écrite.

392. Recueil des vies et actions mémorables des saints personnages ayants vescu dans les Pays-Bas sous la règle de St.-Dominique, traduit du latin du R. P. Choquet. In-24, de 16 f. prél. et 679 pag.   –   –   1629.

393. Sponsus Virginis decoratus coronâ tri-

ginta et unius gemmarum splendoribus corus-
cante, etc. Aut. Matthia Navæo,Theol. D. libr.
Cens. Duaci. In-4º. de 12 f. prél. 521 pag. et 23
f. d'index.   –   –   1630.

Matthias Navæus , docteur en théologie , fut chanoine à
Seclin et ensuite à Tournai.

394. * Orationes tres, de signi crucis et orationis efficacia, et D. Thomæ Aquinatis laudibus ; aut. Matth. Navæo. In-4º.   -   1630.

395. Certaine instructions and motives profitable for to increase christian faith and pie-
tie; hereto is adjoined the trial of true virtue
by God almighties touchstones; by R. C. In–16
de 112 pag.   –   –   1630.

Bibliothèque de M. Arthur Dinaux, de Valenciennes.

396. La grande Legende ou Fleurs des Vies
des saints avec la vie de Jesus–Christ et de la
Vierge Marie recueillies de la sainte escriture,
anciens pères et manuscripts de la Saincte
Église catholique, par les RR. PP. Pierre Ribadeneira et Heribert Rosweyde , prestres de
la compagnie de Jésus. In-fol. de 18 f. prél. et
1516 pag.   –   –   –   1630.

397. Orbis Phaeton, sive de Universis vitiis
linguæ; aut. Hieremia Drexelio. In-24, 2 volumes.   –   –   1631.

398. * Le chemin asseuré de Paradis , enseigné par N. S. J. C. avec diverses practiques et

exercices pour refréner les appétits, etc. OEu-
vre du R. P. Alexis de Salo, mise en ordre par
un Capucin, In-12.   –   –   1631.

399.|* Regula et Testamentum Seraphici P.
Francisci, cum declarationibus ejusdem,
aliisque instructionibus ad institutionem novitiorum quam maxime necessariis. In-12,
de 20 f. prél. et 680 pag.   –   1631.

400. Apologia perfectionis vitæ spiritualis,
sive Propugnaculum religionum omnium sed
maxime mendicantium contra Epistolam Theologi cujusdam ad quemdam magnatem scire
cupientem, etc. Aut. R. P. F. Nicolao a Jesu
Maria, Carmelita discalceato Polono. Quarta
editio, post duas romanas. In-12 de 24 f. prél.
et 398 pag.   –   –   1632.

401. Divi Aurelii Augustini Hipponensis
Episcopi Meditationes, Soliloquia et Manuale:
Meditationes B. Anselmi, cum tractatu de
humani generis redemptione; D. Bernardi
Idiotæ viri docti, de amore divino. Opera ac
studio R. P. Henrici Sommalii. In-24 de 560
pag. et 8 feuil. d'index.   –   1632.

Cet ouvrage, selon une note que nous avons rencon-
trée, aurait déjà été imprimé chez le même en 1622.

402. Michaelis Navei jurium consultissimi,
Canonici et Archidiaconi Tornacensis, Chronicon apparitionum et gestorum S. Michaelis,

archangeli , a mundo condito , etc. In–12 ,
avec une gravure.   –   –   1632.

Michel de Nave , professeur de philosophie à Louvain,
fut ensuite chanoine et official de la cathédrale d'Arras, enfin archidiacre à Tournai, où il mourut en 1630.

403. Ephemeris seu kalendarium SS. Virginis genitricis Dei Mariæ. Editio secunda.
Aut. R. P. Antonio de Balinghem. In–8°. 1632.

Cet ouvrage a été réimprimé en 1633 et 1638. Il avait
déjà été imprimé chez le même , in-f°. en 1629.

404. Directorium conscientiæ F. Joannis
de la Cruz , Talabricensis , ordinis prædicatorum ; edente Lud. Bert. Loth. In–8°.   1632.

Imprimé de nouveau chez le même en 1649.

405 .Stimulus compunctionis , et Soliloquia,
verbis Sacræ Scripturæ intertexta. Per R. P. F.
Joannem a Jesu Maria , Carmelitam discalcea-
tum Calaguritanum. In–24 , de 245 pages et
5 f. d'index.   –   –   1632.

406. Actions intérieures de vertu de l'âme
chrestienne, par le P. Blaise Palma, traduit de
l'italien, par le P. de Balinghem. In–8°, de
238 pages.   –   –   1632.

Nous avons vu la mention d'une édition latine de cet
ouvrage imprimée en 1628.

407. Liber de prudentia justorum , e verbis
Sacræ Scripturæ magna ex parte contextus.

Per R. P. F. Joannem a Jesu Maria, etc. In-24, de 333 pages et 7 f. d'index.   –   1632.

408. Thesaurus sacrarum profanarumque phrasium poeticarum , opera J. Buchlerii a Gladbach. In–18, de 534 pages.   1633.

409. Heliotropium seu Conformatio humanæ voluntatis cum divina, libris quinque explicata ab Hier. Drexelio S. J. In–24, de 12 feuil. prél. , et 570 pag. , 4 gravures en taille douce.   –   –   –   1633.

410. Aldi Manutii Elegantiæ nunc primum a Jacobo Gualterio Annonæensi, artium liberalium in academia Turnonia magistro, editæ. In–16, de 794 pag. et 25 f. d'index.   1633.

411. Adolescens academicus sub institutione Salomonis ; autore R. P. Carolo Musart, Belga. In–12 , de 28 f. prél. , et 624 pages , 5 gravures.   –   –   –   1633.

Charles Musart était d'Aire en Artois : il professa à Douai la philosophie et l'histoire sainte, et mourut à Vienne le 17 janvier 1655.

412. Austriaca sidera heliocyclia astronomicis hypothesibus illigata ; opera R. P. Caroli Malapertii, Belgæ Montensis. In–4°. avec figures gravées sur bois.   –   1633.

413. Nicetas, seu triumphata incontinentia ; auct. Hieremia Drexelio. In–24, de 8 feuillets prél. , et 388 pages.   –   –   1633.

414. Lilia Cistercii sive sacrarum Virginum Cistercensium origo, instituta et res gestæ; aut. P. Chrysostomo Henriquez. In-f°. 1633.

Chrysostôme Henriquez, né en Espagne, fut grand-prieur de l'ordre militaire de Calatrava.

415. * Cato major christianus, sive de Senectute Christiana; auct. J. Bourgesio. In-8°. 1633.

416. * De humilitate Christiana, adversus Stoicorum decreta et paradoxa; auct. Jo. Bourgesio. In-8°.   –   –   –   1633.

417. * Commentarii ac disputationes in tertiam partem D. Thomæ : Scripsit Matthæus Kellisonius. 2 vol. in-f°.   –   1633.

Réimprimé chez le même, la même année.
Mathieu Kellison, de Northampton, en Angleterre, professa la théologie au Collége des Anglais à Douai, et fut ensuite recteur de l'Université de Rheims.

418. Catechesis de Sacramentorum institutione, Confessione sacramentali, Extrema-Unctione et Matrimonio, Conciones XVI; aut. Math. Navæo. In-8°.   –   1633.

419. Magnum Speculum exemplorum, seu Catechismus historialis; aut. Ant. Averoultio. In-4°, de 928 pages.   –   –   1633.

Nous avons déjà cité une traduction française et une édition latine du même ouvrage.

420. * Arnobii Disputationum adversus Gen-

tes Lib. VII. Ed. Leandro a Sancto Martino. In-8°.   —   —   —   —   1634.

421. * De Regularium visitatione ; aut. P. Th. de Jesu. (D. Sanche d'Avila). In-12. 1634.

422. Tribunal Christi, seu Arcanum ac singulare cujusvis hominis in morte judicium ; auct. Hier. Drexelio. In-24 , de 378 pages, et 3 feuil. d'index.   —   —   1634.

423. Gymnasium patientiæ; aut. Hier. Drexelio. In-24 , de 9 feuillets préliminaires et 451 pages, figures.   —   —   —   1634.

424. Auctores classis Rhetoricæ in collegiis provinciæ Gallo-Belgicæ. In-4°, de 274 pages.   —   —   —   —   1634.

Réimprimé en 1660.

425. * Opuscula tripartita Francisci de Araujo , ordin. Prædic. Edente Lud. Bert. Loth. In-8°.   —   —   1635.

Cet ouvrage a été réimprimé plusieurs fois.

Louis Bertrand Loth fut régent au Collége de St.-Thomas à Douai : il mourut en 1652 , à Saint-Omer, sa patrie.

426. Didaci Alvaris Tranensis Archiepiscopi, De concordia liberi arbitrii cum gratia. Edid. Lud. Bertrand Loth. In-8°, de 768 pag. 1635.

Diego Alvarez, né à Medina del Rio Secco, dans la Vieille-Castille, fut archevêque de Trani dans le royaume de Naples, où il mourut en 1635.

427. Jo. Baptistæ Masculi Neapolitani, e societate Jesu, Lyricorum sive odarum libri XV. In-12, de 6 feuil. prél., et 619 pages.   1635.

Les odes de Masculus n'ont rien de remarquable , mais elles annoncent une véritable facilité.

428. Discours parenetique ou admonition touchant l'authorité des rois et des princes et les causes des guerres de l'Europe, par Herimane Chunzade, chevalier, baron de Fridenburg, Compte Palatin. Vray moyen à tous sujets de S. M. C. pour se maintenir soubs son obeyssance contre tous les esprits libertins et ennemis des monarchies, envoyé aux rois et aux princes ; translaté du latin en français. In-4°, de 15 feuil.   -   -   1635.

429. Ven. viri Malleoli a Kempis, Opera omnia , opera ac studio R. P. Henrici Sommalii. Petit in-8° , de 23 feuillets prél. , 1040 pages , et 22 feuillets de table.   -   1635.

430. Hieremiæ Drexelii e S. J. Opera Spiritualia, duobus tomis comprehensa. In-4°, de de 14 feuil. prél. et 900 pages.   -   1635.

431. * Illustrium Epitaphiorum totius Europæ civitatum flores ; aut. P. A. Canonhero. In-8°.   -   -   -   1635.

432. La saincte Solitude, ou les Entretiens solitaires de l'âme, par le P. Pierre Marie. In-16.   -   -   -   1636.

433. Sancti Norberti Can. Præmonst. Patri-
archæ Vita lyrica. Pangebat venerandus domi-
nus Petrus de Waghenare, Neoportunensis,
Furnis ejusdem ordinis Religiosus. In-12 de
7 f. prél. et 256 pages. - - 1637.

Réimprimé en 1639.

Cet ouvrage est divisé en quatre parties : 1º la vie de
St.-Norbert ; 2º celle des hommes illustres qui ont brillé
dans l'ordre des Prémontrés; 3º les Religieux de cet ordre
qui se sont distingués dans les lettres ; 4º l'histoire de
Furnes.

434. * Lælius emendatus, sive de Amicitia
christiana ; auct. Jo. Bourghesio. In-12. 1637.

435. Calendarium sacratissimæ Virginis Mariæ, ex variis Syrorum, Æthiopum, Græcorum, Latinorum Breviariis, Menologiis, Martyrologiis et Historiis concinnatum ; autore
G. Colvenerio. 2 volumes in-8º. 1638.

436. Abbrégé très accomply de toutes les
méditations des mystères de la Foi du R. P.
Louys du Pont, traduit en françois par le P.
Jean Dardé. In-8º. - - 1638.

437. Incitationes ad sanctum nomen Jésu
unice amandum, venerandum, invocandum ;
opera Georgii Strangelii. In-16. 1638.

438. De Continentia Christiana, adversus
Epicuræos hujus temporis, per Joannem Bour-
ghesium. In-4º. - - 1638.

439. De Amore et dilectione Dei, deque sui ipsius cognitione et vero studio christianæ perfectionis ; auct. Joanne Cambecio. In-4°.   -   -   -   1639.

440. Quatuor Novissima, Mors, Judicium, Infernus, Cœlestis Gloria. In-16.   1639.

441. Annotationes in Summæ Theologicæ et Scripturæ sacræ plerasque difficultates : item Sermones duo de SS. Piato et Eleutherio, Tornacensium patronis ; aut. Math. Navæo. In-4°.   -   -   -   1640.

442. * Cursus Theologicus ; auct. Francisco Consentino. In-8°, 8 vol.   -   1640.

443 * Méditations sur les sept douleurs de la bienheureuse Vierge Marie, par Jacques Delaporte. In-8°.   -   -   1645.

Jacques Delaporte fut prieur des religieux de Saint-Augustin à La Bassée, de 1644 à 1650. Il prit une part active dans la fameuse querelle qu'excita la doctrine de Jansénius et se rangea du côté de l'évêque d'Ypres.

444. Calendarium novum ad legendum horas canonicas sec. rit. Breviarii romani reformati ; auct. Joan. Despierre. In-4°.   1645.

445. Pub. Ovidii Nasonis et Auli Sabini Epistolæ. In-12.   -   -   1645.

446. * Traité du pain-bénit, par J. Delaporte. Petit In-12.   -   -   1647.

Réimprimé chez le même en 1648.

447. * Elegantiarum centum et unde sexaginta regulæ certissimis scriptorum exemplis
maxime Ciceronis, etc. Studio J. Buchlerii a
Gladbach. In-12., de 96 pag. — 1647.

448. Certamen Seraphicum provinciæ Angliæ pro Sancta Dei Ecclesia. In quo breviter
declaratur, quomodo Fratres Minores Angli
calamo et sanguine pro Fide Christi sanctaque
ejus Ecclesia Certarunt. Opera et labore R. P.
F. Angeli a S. Francisco (N. Mason), conven-
tus Recollectorum Anglorum Duaci Guardiani.
In-4°, de 13 f. prél., et 356 pag., fig. 1649.

Volume rare et curieux orné d'un très-beau frontispice
gravé et des portraits de cinq Récollets Anglais qui ont
souffert la mort pour la foi, savoir : J. B. Bullaker, exécuté à Londres le 15 octobre 1642 ; H. Heath, exécuté
le 17 avril 1643 ; Fr. Bell, exécuté le 11 décembre 1643;
Martin Woodcock, exécuté à Lancastre, en 1646, et
Christ. Colman, mort en prison à Londres, après sa condamnation à mort, en 1642.

L'ouvrage a pour objet principal de raconter l'histoire
de la vie et de la mort de ces cinq religieux, et se termine
par un appendice sur les *Missions*, qui occupe cent pages,
et qui est suivi du *Catalogue des Ecrivains Anglais appartenant à l'ordre des Frères-Mineurs.*

Ce livre, qui peut être utile pour l'histoire, est fort recherché en Angleterre, où un exemplaire a été payé 2 liv.
16 sch. (70 fr.), à la vente Hibbert.

Les persécutions exercées en Angleterre contre les Catholiques sous le règne d'Elisabeth (1558-1603), ont
donné lieu à plusieurs ouvrages du même genre que celui-
ci, qui sont aujourd'hui peu communs et très-recherchés.

Nous citerons entre autres les ouvrages suivants', qui méritent tous d'être connus :

Mauricii Chancæi Innocentia et Constantia victrix, sive Commentariolus de vitæ ratione et martyrio XVIII Cartusianorum qui in Angliæ regno, sub Henrico octavo, ob Ecclesiæ defensionem et nefarii schismatis detestationem crudeliter trucidati sunt, etc. Coloniæ, 1608, in-8°.

De Persecutione Anglicana Epistola , qua explicantur afflictiones et acerbissima martyria quæ Catholici nunc Angli ob fidem patiuntur. Bononiæ, 1581 , et Parisiis, 1582. In-8°.

Historia del glorioso Martirio de sedeci sacerdoti martirizati in Inghilterra per la confessione e difesa della fede Catolica , l'anno 1581, 1582 e 1583.—Macerata, 1583, fig., in-8°.

Guillemi Alani, Cardinalis , Ecclesiæ Catholicæ in Anglia Concertatio adversus Calvinopapistas et Puritanos, a paucis annis singulari studio quorumdam hominum doctrina et sanctitate illustrium renovata. Duo Edicta Elisabethæ , Reginæ Angliæ contra Sacerdotes Societatis Jesu et alumnos Seminariorum quæ a Gregorio XIII Romæ et Remis pro Anglis sunt instituta. Augustæ Trevirorum, 1583. In-8°.

Nous indiquons aussi , dans cette bibliographie , quelques traités sur le même sujet qui ont été imprimés à Douai.

449. * Clavis regia ad primam partem divi Thomæ, aut. Vermeil. In-4°.   —   1650.

Vermeil, dominicain, né à Douai vers 1597 , docteur en théologie, mourut en cette ville le 4 février 1657.

450. * S. Norberti Vita Dramatica ; Epigrammata, aliaque poemata miscellanea; aut. Petro

de Waghenare. In-8°.   —   —   1650.

Imprimé de nouveau par le même, en 1651, avec des additions.

451. Bulla Urbani VIII Papæ, et Declarationes Congregationis Cardinalium circa sepulturam fidelium in ecclesiis regularium, adj. notis ad literas monitoriales; aut. Guil. Seguier. In-8°.   —   —   1651.

Guillaume Séguier, de St.-Omer, docteur en théologie, était professeur au collége de St.-Thomas à Douai.

452. Auctoritas Scripturæ Sacræ hebraïcæ, græcæ et latinæ, hoc est, textus hebraïci, versionis septuaginta interpretum et versionis vulgatæ; aut. Jo. d'Espieres sacræ theologiæ doctore et monasterii Aquicinctini Magno Priore. In-4°, de 7 f. prél. et 299 pag. 1651.

Ce savant flamand était religieux d'Anchin. Il fut depuis préfet et supérieur du collége de cette abbaye à Douai, où il professait les mathématiques. Sa mort eut lieu en 1664, le 28 mars. Il avait inventé une sphère en fer qui, au moyen de poids, donnait une idée des mouvements du soleil, de la lune et des autres planètes. Cette machine se trouvait à l'abbaye d'Anchin; mais elle était déjà tellement négligée du temps de Valère André, qu'il dit qu'on ne pouvait plus la mettre en mouvement. Il a publié un assez grand nombre d'ouvrages.

453. Quæstio quodlibetica, de origine Eremitarum, Clericorum ac Sanctimonialium ord. S. Augustini; aut. de Vulf. In-8°. 1651.

454. * Paralipomena philosophica de mundo peripatetico; aut. P. Francisco, Conventriensi, Anglo, ordin. seraph. In-8°.   –   1652.

455. Triomphe des martyrs St. Guy et St. Quintilian, celebré en la noble ville de Douay les 24 et 25 d'aoust 1652, en parallèle aux triomphes romains ; par J. J. Courvoisier, Provincial des Minimes. In-4°, de 12 f. prél. et 118 pages.   –   -   -   1652.

456. Resolutiones theologicas illustrium difficultatum contigentium in Belgio, in XXVI tractatus per quæstiones et articulos divisas, edidit Lud. Bertrand Loth. In-folio, de 742 pages.   –   –   –   1653.

Deuxième édition chez le même en 1663. Réimprimé à Bruges, in-fol. 1687. Entre autres choses dont il est traité dans ce volume, nous remarquons la *magie* et les *maléfices*; — *Le cas de Louis Rousseel*, habitant de Vlasloo, qui souffrit pendant neuf mois les douleurs de l'accouchement, et mit au monde, vers 1630, un enfant qui sortit de sa cuisse *; — Les *péchés d'Impureté ; — L'avortement ; — L'ivresse; - Le jeûne***. Ce livre a été estimé des théologiens.

457. Considérations et élancements de l'âme dévote sur les grandeurs incomparables de son Dieu ; par le P. Jean de Valon. In-12.   –   –   ~   1659.

* Le P. Loth tient ce fait pour véritable et en discute les conséquences.

** L'auteur n'est pas rigide sur ce chapitre ; il exempte de jeûne les étudiants qui s'appliquent, les prédicateurs du carême, et ceux qui se donnent la discipline pendant la Semaine Sainte.

458. Apparatus philosophicus tripartitus rationalis et transnaturalis, compilatus et editus ab Aurnhaumer ord. Prædicat. In-12. 1660.

459. Manna communicantium, per J. Justum ab Assumptione, Carmelitam discalc. Antoniensem. In-4°.   –   –   1660.

460. Analysis omnium M. T. Ciceronis Orationum; auct. P. Martino du Cigne. In-12. 1661.

Martin du Cigne, né à St.-Omer, en 1619, Jésuite, fut un des meilleurs rhéteurs de son temps. Il mourut le 29 mars 1669.

461. The Christian that world be saved. A Booke very necessary and usefull for all Christians, to know their advantages, their dignitie, their obligations, and wantes, with the wayes and meanes to helpe them to the attayning eternall salvation. Written in french by Reverend father Cyprien de Gamaches, Capucin, the queene mothers Chapelain. And rendred into english by Richard Cartor, Esquire; dedicated to the Princess royal Henrietta Ann, Wife to Monsieur, only brother to the King of France. Petit in-12, de 5 feuil. prél. et 262 pag.   –   –   1662.

462. Expedita juris divini, naturalis et ecclesiastici moralis expositio, auctore R. P. Thoma Tamburino. In-fol.   –   1663.

463. Recueil des bons Curez, par le R. P.

Jean Hanart, prêtre de l'Oratoire. In-4° de 3 f.
prél., et 336 pag. avec portrait.   -   1664.

464. Indulgences et priviléges accordés à
l'ordre de Saint-François et à la confraternité
du Saint-Cordon. In-18.   -   -   1664.

465. Recueil des bons chanoines , par le P.
Hanart. In-4°.   -   -   1664.

Avec une vie de M. de Vanderburg, archevêque de Cambrai.

466. Devotion ou Oraisons aux sept anges
qui se tiennent debout devant le thrône de
Dieu. Elles ont été trouvées dans une église de
Palerme , en Sicile , avec leurs images et
emblêmes , l'an 1516. In-24 de 24 pag. 1665.

Cet ouvrage rare se trouve dans la bibliothèque de M.
de Guerne.

467. La vie du R. P. Bernard Colnago , de
la Compagnie de Jésus , composée en latin par
le P. Jean Paullin , et traduite en françois par
le P. Turien Lefèvre. In-12 de 474 pag. 1665. .

468. Recueil des bons Prêtres , par le R. P.
Jean Hanart, prêtre de l'Oratoire. In-4°. 1665.

469. Opera omnia scholastica et historica
Patris Magistri F. Francisci a Sancta Clara.
In-f°.   -   -   -   1665.

470. Palma triumphalis sanctissimi Rosarii.
In-18.   -   -   -   1665.

471. Les Victoires de la milice chrétienne dans la déroute de ses soldats , ou les prospé-rités de l'Eglise dans l'adversité de ses martyrs, au sujet de l'accueil incomparable que fit au sacré corps de Saint Prosper , les 3 et 4 de septembre 1662 , la très-célèbre Ville et Uni-versité de Douai, pour être exposé et honoré en l'église des FF. MM. Recolletz. Par Théoph. Poupart. In-8° de 610 pag. , dédié au Magistrat de Douay.   –   –   –   1665.

472. Recueil des bons Paroissiens, par le P. Hanart. In-8°.   –   –   1666.

473. Ramus olivæ annuntians mirum secre-tum divinæ misericordiæ in hoc mundi vespere faciendi , etc. ; auct. F. Jacob. Williart. In-4°.   –   –   –   1667.

474. Rudimenta linguæ græcæ, ex primo libro institutionum Jac. Gretseri. In-12. 1667.

Réimprimé en 1717, par Michel Mairesse.

475. Via, Veritas et Vita Christus, demons-tratus a R. P. Leonardo Berton. In-4° , de 274 pag.   –   –   –   –   1667.

Léonard Berton , né à Namur en 1605 , professa la phi-losophie à Douai. Son livre, dédié à Claude Heccart, Abbé du St.-Sépulcre à Cambrai , ne parut qu'après sa mort, arrivée le 18 octobre 1666. Ce livre est bien écrit : il a obtenu au temps de sa publication quelque vogue.

476. La vie de César , cardinal Baronius ,

intendant de la bibliothèque du Pape ; par le
R. P. Turien Lefèvre. In–12.   –   1668.

477. Les belles morts de plusieurs séculiers,
par le R. P. Jean Hanart. In–4°.   –   1668.

478. Auctoritas Germani Philalethis contra
præmotiones physicas pro scientia media exau-
thorata ; per Paulum Fasseau. In.–8°.   1670.

479. Le Prélat charitable, ou Réflexions sur
la vie de Saint Nicolas , par le P. Jean Hanart.
In-4°.   –   –   –   –   1670.

480. Thomistarum Triumphus. In-4°. 1672.

Cet ouvrage est de Charles de Brias (dit de l'Assomption), prieur du couvent des Carmes déchaussés à Douai.
De Brias était de Saint-Ghislain : il mourut le 23 Février
1686. Il existe un assez grand nombre d'éditions de cet
ouvrage.

481. Les belles morts des Fondateurs des
religions , par le P. Jean Hanart. In-4°. 1672.

482. Les belles morts de plusieurs Ecclésiastiques , par le P. Jean Hanart. In-8°.   1672.

483. Pratique pour aider les âmes du Purgatoire ; par le P. Jean Hanart. In–8°.   1672.

484. Recueil de plusieurs ecclésiastiques ,
religieux et séculiers qui ont été dévots aux
âmes du Purgatoire , par le R. P. Jean Hanart.
In-4°.   –   –   –   1673.

485. Lois militaires et romaines , par M. Alexis Desbaulx. In-12 de 6 f. prélim. et 427 pag.   –   –   –   1675.

486. Hymnus angelicus sive Doctoris Angelici Summæ Theologicæ rhythmica Synopsis , Quæstionis 612 ; Articuli 3120. Auctore P. F. Francisco Penón, Secunda editio. In-8º de 171 pag.   –   –   –   1675.

487. Selectus, seu Regulæ, disciplina et praxis perfectionis aut. P. Poltron. In-12. 1677.

488. Synopsis Cursus Theologici P. Jac. Platelii. 5 vol. in-12.   –   –   1678.

Cet ouvrage a été imprimé de nouveau à Douai chez Jean Patté en 1661, et chez la Vᵉ Bellère en 1704.

Jacques Platel était de Bersée , village situé entre Lille et Douai : il fut professeur de philosophie au collége des Jésuites ; sa mort arriva le 7 janvier 1681. Il a laissé cinq ouvrages, tous imprimés à Douai : nous parlerons des autres à leur rang.

489. Diligendi Dei Causæ , autore Petro Wantier. In-8º.   –   –   1683.

490. Compendium perutile universi Cursus Theologici R. P. Jacobi Platelii ; unico tomo præcipua omnia complectens quæ quinque tomis continentur. In-12.   –   1683.

491. Etablissement des fontaines minéralles de Saint-Amand par Monseigneur le reverendissime Prélat de cette ville , par le Sieur

François de Heroguelle , médecin , natif d'Arras. In-16, de 64 pag.   -   1683.

492. Institutiones ling. græcæ. In-12. 1684.

493. Angelini Gazæi opera. In-12. Sans date.

Angelin Gazée ou Gazet, né à Arras en 1568, mourut en 1633. Entré dans l'ordre des Jésuites en 1581 , il fut successivement recteur des colléges d'Arras, de Cambrai et de Valenciennes. Il a publié des poésies mystiques qui annoncent de la facilité et du talent, et parmi lesquelles on distingue ses *Pieuses Récréations* (Pia Hilaria), dont il existe une édition de *Douai*, 1619 ; mais la meilleure édition de ce joli ouvrage est sans contredit celle de Londres, 1657, 2 parties in-8°. Il a été traduit en français sous le titre de : *Pieuses Récréations du P. Angelin Gazée... , mises en français par Rémy.* Rouen, 1647. P. in-12.

Il existe plusieurs autres auteurs du nom de *Gazée*, dont les ouvrages figurent également dans cette bibliographie.

Le premier , Guillaume Gazée , né à Arras en 1554, mort dans la même ville en 1612 , consacra ses études à l'histoire de son pays et surtout à l'histoire ecclésiastique.

Son neveu , Alard Gazée , né à Arras en 1566 et mort en 1626, était Bénédictin. Il a donné une excellente édition des *OEuvres de Cassien* , Douai, 1617. In-8°. 2 vol.

Enfin on trouve le nom d'un Nicolas Gazet , aussi né à Arras et de la même famille que les précédents, en tête d'un livre intitulé : *Histoire sacrée des bonheurs et des malheurs d'Adam et d'Eve...* Arras, 1616 , 2 vol. in-8°. Ce Nicolas Gazet, professeur de théologie , était religieux de l'observance de St. François.

494. * Gasp. Loarti Meditationes in passio-

nem Christi , tetrastichis adornavit And.
Hoyus. In-8°. (Sans date.)

495. * Sacrum convivium; aut. Guil. Gazæo.
(Sans date et sans indication de format.)

496. * Exercitia spiritualia et Litaniæ; aut.
Guil. Gazæo , Atrebatensi. (Sans date et sans
indication de format.)

497. Sommaire de la doctrine chrestienne.
P. in-12, sans date, de 71 p. et 11 f. non chiff.

JÉRÔME BOURCIER. 1591.

498. Le Reveil matin et mot du Guet des
bons catholiques, enfants de l'Eglise , unique
épouse de Jésus-Christ. Auquel y a la composition d'une Aposume et Triaque fort nécessaire et salutaire, pour remédier à la maladie
présente de la France. Le tout recueilli fidèlement , et mis en lumière par Jean de la
Mothe , escuyer , jurisconsulte et officier du
roy. In-8°, de 181 pag. - - 1591.

Pamphlet virulent d'un ligueur frénétique. Il est dirigé
non seulement contre les hérétiques proprement dits ,
mais encore contre ceux qu'il appelle catholiques frelatez
et surtout contre Henri IV et ceux qui suivaient son parti.
Il nous paraît impossible de pousser plus loin le délire de
l'esprit de parti que ne le fait cet auteur. Son livre , ex-
cessivement rare aujourd'hui et qui paraît être resté inconnu à tous les bibliographes , est donc éminemment

propre à faire connaître la disposition et l'exaltation des esprits à l'époque des guerres religieuses.

On attribue à Théodore de Bèze un livre assez vif qui porte un titre pareil à celui-ci et auquel un curé catholique, Arnaut Sorbin, curé de Sainte-Foy, avait fait également, et sous un titre à peu près identique, une réponse fort animée ; mais le sieur *Jean de La Mothe* laisse bien loin derrière lui les écrivains polémiques qui l'ont précédé.

Ce volume fait partie de la bibliothèque de M. le baron de Guerne, ancien maire de la ville de Douai.

D'après une note manuscrite qui se trouve sur un autre exemplaire de ce livre qui appartient à M. Bigant, il paraîtrait que le nom de *Jean de La Mothe* n'est que le masque de *Frère Yves Magistri*, *Curé du Lude*, qui serait le véritable auteur de l'ouvrage.

Pierre AUROY. 1596 – 1640.

499. Poëmes françois contenans plusieurs epithalames, epigrammes, epitaphes, elegies, comedies et autres discours, pleins de moralité et de piété. Divisé en quatre livres. Par M. Jean Rosier, prestre, pasteur d'Esplechin, au diocèse de Tournay. Petit in–12 de 7 f. et 326 pag.   –   –   –   1596.

Jean Rosier était un poète fort médiocre, quoiqu'il ne manquât ni d'imagination, ni d'une certaine facilité à écrire en vers. Il avait, à ce qu'il paraît, pris pour devise ces mots qui terminent son livre : *Non sans espines Rosier.* C'était une allusion à son nom.

500. Histoire universelle des Indes Occidentales et Orientales et de la conversion des Indiens, par Cornille Wytfliet et Anthoine

Magin et autres historiens, avec cartes et gravures. In-fol.   -   -   1607.

Cet ouvrage a été plusieurs fois réimprimé depuis.

501.*Brevis explicatio Martyrii S. Ursulæ et
Undecim Millium Virginum Britannarum; aut.
Rich. White. In-12.   -   -   1610.

Richard White, en latin *Vitus*, était de Basinstok dans
le comté de Southampton , où il naquit en 1540. Après
avoir fait d'excellentes études , il vint à Louvain d'où il se
rendit à Padoue , où il fut reçu docteur en droit civil et
canonique. Bientôt après il obtint une chaire de droit à
Douai ; il remplit ces fonctions avec honneur pendant plus
de trente ans. Deux fois il se maria dans cette ville avec
des femmes riches. L'Université de Douai , en considération de son mérite et à la recommandation du Pape , l'ho-
nora une fois de la charge de Recteur *extra ordinem* ;
l'Empereur, de son côté, lui accorda le titre de *Comte palatin*. Après la mort de sa seconde femme, il embrassa l'état
ecclésiastique et fut pourvu d'un canonicat à Saint-Pierre.
Il mourut à Douai en 1612. On voyait son tombeau dans
l'église Saint-Jacques avant la révolution.

502. Dies Geniales , aut Bacchanalia ; Aut.
Jac. Gay. In-8º.   -   -   -   1611.

Jacques Gay était d'Hondschoote et fut préfet du collége
de Furnes. Son livre est un chaleureux discours contre le
luxe et les excès de la table.Comme beaucoup d'écrivains,
l'auteur pensait , non sans raison , que le carnaval des
modernes n'est autre chose que la reproduction de Bac-
chanales des anciens.

503. Oratio Funebris in obitum Rev. D.

Joannis Miræi, IV: Antverp. Episcopi ; aut.
Joa. de Sancto Laurentio. In-18 de 54 p. 1611.

504. Les OEuvres poëtiques de Jean Loys,
Douysien, licencié es droicts. Divisées en 4
livres. P. in-8° de 6 feuil. et 143 pag. ; plus 5
pag. de table. Lettres italiques.   –   1612-13.

Les OEuvres poëtiques de Jacques Loys,
docteur es droicts et poète lauré. Divisées en
4 livres. Petit in-8° de 8 f. et de 128 pag. plus
4 pag. de table.   –   –   1612.

La renommée de ces deux poètes douaisiens paraît ne
s'être pas étendue beaucoup au-delà des limites de leur
contrée et du temps dans lequel ils ont vécu, puisque la
plupart des bibliographes et des écrivains de l'histoire
littéraire ont négligé de leur accorder un souvenir. Buzelin,
l'abbé Goujet et Paquot ont pourtant parlé d'eux. Ce n'est
pas que ces deux poètes fussent dignes d'une grande célébrité, mais au moins méritaient-ils, aussi bien qu'une
foule de poètes de la même époque, d'être mentionnés
dans les ouvrages spéciaux qui s'occupent d'indications
de ce genre.

On ne trouve dans le volume qui renferme leurs poésies
aucun détail précis sur la vie de ces deux poètes ; on y
voit seulement que tous deux étaient nés à Douai, qu'ils
prirent des degrés dans la faculté de droit de l'Université
de cette ville et qu'ils y eurent un bon nombre de savants
amis, comme eux inconnus aujourd'hui.

Le père, Jean Loys, n'avait qu'un talent fort médiocre
en poésie, et son style se ressent beaucoup plus de la grossière naïveté des temps antérieurs qu'il ne participe aux
formes correctes, élégantes et nombreuses que Malherbe

avait commencé à introduire dans la versification française.
C'est un élève du vieux Ronsard, dont il n'a su imiter que
ce néologisme bizarre dont le ridicule pédantesque a fait
oublier en quelque sorte les qualités que ce poète possédait
réellement.

Les poésies de Jean Loys roulent en général sur des sujets religieux ou se composent de pièces de circonstance,
comme épithalames, sonnets ou vers adressés à des amis
à l'occasion de quelque événement remarquable.

Parmi ce grand nombre de pièces mauvaises ou médiocres, nous citerons la suivante qui donnera une idée de la
manière de l'auteur :

L'ADIEU DE L'AUTHEUR À LA VILLE DE DOUAY.

A Dieu, ville bourbeuse, à Dieu, ville emmurée,
Forgeronne, importune, et prison des espris :
A Dieu, dis-ie, Douay, où naissance ie pris,
Vostre fascheux paué mon esprit ne recrée.
J'aime mieux mille fois m'esbattre en vne prée,
Là piller un narcisse ornement de Cypris,
Ou bien la fleur d'Aiax, et celle qui a pris
Nom de passe-velour pour sa longue durée.
J'aime mieux mille fois à l'ombre d'un ormeau
Ouyr vn rossignol, vn piuert, vn moineau
Deguoiser cent mottets nombreusement sans nombre ;
Que le resonnant fer de vos marteaux fascheux,
Que les bruits esclattans d'un peuple soucieux,
Que les murs de vos toicts, vos clochers et leur ombre.

Jacques Loys avait peut-être, s'il est possible, encore
moins de talent poétique que son père. Sorti naturellement
de la même école, il est encore moins correct et plus néo-
logue que lui. Il paraît au reste qu'il n'avait pas eu le
temps de se perfectionner, puisqu'il est mort à l'âge de
vingt-six ans.

Ses poésies, comme celles de Jean Loys, sont ou des
chants religieux ou des pièces de circonstance. Plusieurs

de ses compositions, quelque médiocres qu'elles nous s em-
blent aujourd'hui , obtinrent pourtant les honneurs d'une
couronne dans une espèce d'*Académie* qui existait à Douai
de son temps. Cette Académie , qui portait le nom de
Banc poétique du Baron de Cuinchy , avait été fondée par
le seigneur de ce nom , *Antoine de Blondel* , *Baron de
Cuincy* , vers la fin du XVIᵉ siècle * , et eut au moins le
mérite de faire naître quelque émulation entre les poètes
de ce temps-là , si elle n'eut pas le pouvoir de faire éclore
de véritables talents. Quoi qu'il en soit , Jacques Loys fut
couronné trois fois et prit de là le titre un peu ambitieux de
Poète lauré.

Nous choisissons dans le recueil de Jacques Loys une
petite pièce qui nous a paru assez agréable , et nous joi-
gnons à cette citation le début d'un sonnet qui nous a semblé trop honorable pour notre ville pour ne pas trouver
place dans un recueil de la nature de celui-ci :

A MADAMOYSELLE CHRESTIENNE DE LA CROIX.

> Soyez la bien venüe en nostre iardinage ,
> Belle et chaste Chrestienne et vostre parentage ,
> Mais ne vous estonnez de ne voir point de fleurs ;
> Car vous voyant venir si belle et gracieuse ,
> Elles se sont caché , et leur beauté honteuse
> Se confesse vaincue en voyant vos couleurs.

SONNET A MATHIEU CORDOUAN.

> Douay docte séiour des beaux esprits Belgeois ,
> Où tout le monde accourt ainsi que dans Athennes ,
> Qui nourris dans tes murs de faconds Demosthennes ,
> Des Homères encor plus grands que le Gregeois......

En tête du second livre des poésies de Jacques Loys ,
intitulé : *Les Essais* , se trouve un avant-propos de onze

* Dans notre introduction nous avons parlé de cette Académie et de
son fondateur.

pages qui renferme un petit traité de l'*Artifice du Chant Royal*, genre de composition fort en vogue à cette époque et depuis long-temps tombé en désuétude. Ce petit traité est curieux ; il contient quelques observations fort heureuses, et c'est, à notre gré, la meilleure pièce du livre.

Le quatrième livre intitulé : *Les honneurs de Jean et de Jacques Loys*, est un recueil de vers latins et français, de divers auteurs, destinés à célébrer les talents et à honorer la mémoire de ces deux poètes.

505. Harangue funebre sur la mort de Son Excellence Messire Charles de Croy, duc de Croy et d'Arschot, etc. ; faite et prononcée au service dudit prince, par F. Philippes Bosquier, Montois, Observantin de l'ordre de St-François, province de Flandre. Dédiée à Messieurs les officiers de sa terre, pairie et seigneurie d'Avesnes. In-12 de 100 p. 1612.

On lit à la fin de la dernière page :

A toute la très-noble famille des Croys.

(Sang royal des Croys) qu'il me soit pardonnable, De n'avoir mieux pleuré ton mort tant déplorable.

F. P. B. M.

506. La glorieuse Mort de neuf Chrestiens Japponois martyrisez. In-12. – 1612.

507. Decreta Synodi diœcesanæ Cameracensis, per illustrissimum et reverendissimum dominum D. Gullielmum de Bergis, Dei et Apostolicæ Sedis gratia Archiepiscopum et Ducem Cameracensem, sacri Imperii principem, etc. Celebratæ anno Domini 1604, mense

octobri. VendunturCameraci apud Guilielmum
Robat et Judocum Laurent, bibliopolas. In-8°,
de 8 f. 29 pag. et 2 pag. d'index.   –   1614.

Ces décisions furent publiées le 6 octobre 1604 , par
Adolphe de Blyleven et Jacques Franco , chanoines de la
métropole de Cambrai.

L'opinion de M. Arthur Dinaux est que ce livre sortait
des presses de Pierre Auroy, de Douai , le *Venduntur*
indiquant seulement que le fonds était à Cambrai chez
Guillaume Robat et Josse Laurent.

508. Synodus Diœcesana Cameracensis, celebrata anno Domini millesimo quingentesimo
sexagesimo quinto P. R. Domino Maximiliano
a Bergis, Archiepiscopo ac Duce Cameracensi,
Sacri Imperii Principe, Comite Cameracensi ;
accessit quoque titulorum et capitum index ut
lectoris commodo omni ex parte foret consul-
tum. « Mandatum lucerna est , et lex lux. »
Prov. 6. In-8° de 36 pag. et 2 f. d'index. 1614.

M. Arthur Dinaux pense que ce livre , comme le précédent, est sorti des presses de Pierre Auroy, de Douai.

Maximilien de Berghes , évêque de Cambrai en 1556,
tint un Synode provincial dont les actes furent imprimés
en 1566 à Anvers. Il tint un autre Synode diocésain au
mois d'octobre 1567 , publié à Bruxelles sous le titre :
Synodus Diœcesana Cameracensis celebrata anno 1567 ;
in-4°. chez Michel Homont.

509. Decreta Synodi Diœcesanæ Cameracensis , præsidente reverendissimo in Christo
Patre , ac illustrissimo Principe Domino D.

Roberto de Croy , Episcopo et Duce Cameracensi , Sacri Imperii Principe , Comite
Cameracensi , etc. Celebratæ anno Redempto-
ris nostri Jesu-Christi 1550, mense octobri ;
item antiqua Statuta synodalia Cameracensis
Diœcesis, ab eadem Synodo recognita, adjectis
moderationibus , correctionibus et additionibus reformata. In-8°.   —   -   1614.

Cet ouvrage avait d'abord été imprimé à Paris , chez
Mathieu David, 1551 ; in-4°, de 209 pages.

510. * Fulvii Androtii Opuscula spiritualia.
In-12.   -   ·   -   -   1615.

Une seconde édition parut dans la même année.

511. Reiglement ou régime de la Santé ,
traduit du latin de l'Eschole de Salerne , par
Jean Bertoul , advocat à Douay. In-12.   1615.

512. Le sacré Triomphe des Saints Martyrs
Terentian et son compagnon , ou Discours de
la glorieuse translation et conduite de leurs
saints corps de la ville d'Arras en celle de
Douai. Par le R. P. Halloix. Petit in-8°, avec
petites figures dans le texte.   -   1615.

L'original latin de cet ouvrage avait été imprimé à
Douai la même année.

513. * Examen Reformationis novæ, præsertim Calvinianæ, aut. M. Kellisonio. In-8°. 1616.

Réimprimé chez le même en 1631.

514. Exemplar Literarum a quodam Sacer-

dote Collegii Anglorum Duaceni quondam
alumno ex Anglia ad idem Collegium trans-
missarum. De Martyriis quatuor ejusdem
Collegii alumnorum ob Sacerdotium, hoc anno
1616 , in Anglia morte damnatorum. P. in-8°
de 48 pages.   –   -   1616.

Petit volume très-rare , dont le titre fait [suffisamment
connaître le sujet. De la page 43 à la page 47 inclusivement, se trouve, sous le titre d'*Addition*, *la liste*, en latin ,
*des Martyrs qui avaient appartenu au Collége anglais de
Douai*. Cette liste, curieuse pour l'histoire , comprend les
noms de cent neuf prêtres qui périrent sur l'échafaud en
Angleterre , à raison même du fait de leur qualité de Prêtres catholiques. Cette liste qui commence par Cuthbert
Main (Mainus), exécuté en 1577 , se termine par les noms
des quatre ecclésiastiques dont *le martyre* fait l'objet de
l'opuscule dont nous venons de transcrire le titre. Ces
quatre martyrs sont ainsi désignés dans la liste :

N. Atkinsonius , Presb. Eboraci (exécuté à Yorck), II
mart. 1616.

Joannes Thulis, Presb. Lancastriæ, 1616.
Thomas Maxfieldius, Presb. Lond. I jul. 1616.
Thomas Tunstallus, Presb. Nordouici , julio , 1616.

Un exemplaire de ce rare et curieux volume se trouve
dans la bibliothèque de M. le conseiller Bigant, qui possède
beaucoup de richesses du même genre.

Il existe une traduction française de cet ouvrage, publiée
la même année par le même imprimeur.

515. Alexilœmos , sive de Pestis natura ,
causis , signis , prognosticis , præcautione et
curatione , epitome methodica per conclusio-

nes distributa ; aut. M. Ludovico du Gardin ,
medicinæ doctore ac professore. In-8°. 1617.

Une seconde édition de ce livre a été publiée en 1631 ,
imprimée également par Pierre Auroy. Traduit en français, il a été imprimé chez le même en 1617 , et chez sa
veuve en 1635, avec ce titre : *La Chasse-peste , ou les remèdes singuliers et familiers dont chascun se pourra servir*;
et à Lille chez Derache, en 1646.

Louis du Gardin ou du *Jardin*, en latin *Hortensius* ,
professeur de Médecine à l'Université de Douai pendant
28 ans, était de Valenciennes. Il a publié divers ouvrages
qui tous ont été imprimés à Douai.

516. D. J. Molani , S. T. Lovanii professoris
pontificii et regii librorum censoris, de historia
SS. imaginum et picturarum, pro vero earum
usu contra abusus. Libri IV. In-12 de 6 f. prél.
et 456 pag.   -   -   -   1617.

Jean Molanus , en flamand Van der Meulen , naquit à
Lille en 1533. Il devint professeur de théologie à Louvain,
où il était aussi censeur des livres pour le Pape et pour le
roi d'Espagne et chanoîne de St.-Pierre. Il a publié un
grand nombre d'ouvrages qui tous annoncent une érudition solide et étendue. Le traité dont nous venons de donner le titre est un des plus curieux et renferme une multitude
de renseignements intéressants pour l'histoire de l'art. Il a
été réimprimé à Louvain en 1771. in-4°, avec des notes et
d'importantes additions du savant Paquot. La première
édition avait paru dans la même ville en 1570, p. in-12.
Ce petit livre mérite à tous égards d'être plus connu qu'il
ne l'est, et il nous paraîtrait digne des honneurs d'une
bonne traduction. Molanus mourut à Louvain en 1589.

517. De Miraculis Confraternitatis B. V. Mariæ. Aut. Jo. de Coudenberghe. In–12. 2 vol.   -   -   -   1619.

Publié par G. Colvenère. Réimprimé chez le même en 1629.

518. Deux cent dix miracles de la Confraternité des sept douleurs de la très-sacrée Vierge Marie ; plus l'institution , le progrez et les empeschemens d'icelle. Traduit du latin en françois par Jean Bertoul , advocat à Douay. In–8°.   -   -   -   1621.

Traduction de l'ouvrage qui précède.

519. Vita Sanctissimi Wlganii insignis collegiàtæ Ecclesiæ Lensensis patroni tutelaris ; item Sancti Chrysolii , Armenorum archiepiscopi et martyris ; aut. Arnoldo de Raisse : Accessit item origo ejusdem Collegiatæ Ecclesiæ. In–16 de 80 pag.   -   -   1623.

520. De Animatione fœtus quæstio : in qua ostenditur quod anima rationalis ante organizationem non infundatur ; auct. Ludovico du Gardin, medicinæ doctore, etc. In–12. 1623.

521. * Hortensii manuductio per omnes medicinæ partes. In–8°.   -   1625.

522. Ad Natales sanctorum Belgii Joannis Molani Auctarium, in quo tam martyres quam alii sancti , beati , aut venerabiles ac pietatis fama celebres homines recensentur , auctore

Arnoldo de Raisse , Duacensi. In-8° de 27 f.
prél. et 403 pag. — — 1626.

523. * La Vie et Miracles de Saint Guibert ,
fondateur et patron du noble monastère de St.
Pierre en Gembloux , translatée du latin par
le très-docte Sigebert , thrésorier et religieux
dudit monastère et depuis mise en françois par
Jean Bartonnier , jadis prieur dudit lieu.
In-12. — — — 1626.

524. * Oratio encomiastica de S. Joseph
Deiparæ Sponso , adjuncta secunda de honorum ejus titulis ex Evangelio et tertia de gloria ejus ex propria et sequentium eum quorum etiam aliqua exempla ponuntur conjugali
continentia. In-24. — — 1626.

525. Joan. Polanci Directorium breve ad
Confessarii ac confitentis munus recte obeun-
dum. In-12. — — - 1627.

526. Introduction à la pratique des Actes
intérieurs,par Ruberius Surrinus. In-32. 1628.

527. La Vie et la Mort de vingt-trois Martyrs de l'Ordre de Saint François et de trois
Jésuites crucifiés au Jappon. Les Prodiges
devant et après leur martyre. Par Samuël
Buirelle, Récollet. In-8°. — - 1628.

Le même , avec la note *seconde édition*, in-12, de 7 feuillets préliminaires et 191 pages, avec gravure.

528. Vita Theodorici a Monasterio , Guardiani Lovaniensis ; e sinu latebrarum eruta , studio et opera Arnoldi Raissii. In-4° de 16 pages.   –   -   -   1631.

Ce rare opuscule est orné au frontispice d'un très-beau portrait , gravé en taille-douce par Baes, au-dessous duquel on lit cette inscription :

Imago B. Theodorici a Monasterio S. Francisci Assisiatis Alumni ac Conuentus Louaniensis Guardiani. Is anno M.CCCC. LXXXIX *et sequente Bruxellis Triginta duobus millibus hominum lue epidemica sublatis sacramenta rite administravit , quos omnes , duobus duntaxat demtis , cognouit diuinitus cœlesti gloriæ adscriptos. Louanii moritur A°. M. D. X. V. tertio eidus decembr. cum ingenti sanctitatis opinione. Viuus enim ac mortuus multis claruit miraculis.*

Thierry, de Munster, en Westphalie, à la mémoire duquel est consacré ce petit livre , a laissé lui-même une espèce de catéchisme pour les enfants, écrit en flamand sous le titre de *Kerste Spieghel,* c'est-à-dire *Miroir chrétien.*

Bibliothèque de M. le conseiller Bigant.

529. Anima rationalis restituta in integrum, sive altera refutatio opinionis quæ sibi persuadet animam rationalem , ante omnem organizationem, infundi in semen ; authore Ludovico du Gardin , medicinæ doctore ac professore regio ordinario in alma universitate Duacena. In-8°, de 9 f. prél. et 330 pag.   –   1629.

On lit en regard de la page première :

L'Argument du livre présent par l'auteur mesme , sur son anagramme ;

Lovis dv Gardin

A-t-un bon dessein ,
Et raison sortable.
Il a dv soing drv

Que n'est recevable ,
Fors en corps membru ,
L'ame raisonnable.

Dabit Deus Incrementum.

530. Tuba concionatorum, sive Collationum ignearum centuriæ tres de Sanctis ; autore Constantio Peregrino. In-12 de 8 f. prél. et 421 pag., plus 6 f. d'index.   –   1630.

531. Peristromata Sanctorum , collecta ab Arnoldo Raissio , Belga–Duaceno. In-12 de 8 f. prél. et 340 pag. fig.   –   –   1630.

532. * De Sanctis ; aut. Bald. de Jonghe. 1630.

533. * Caput sponsæ , sive speculum Prælatorum. In-8°.   –   –   –   1631.

534. Hortus conclusus, sive instructio status religiosi ; aut. Constantio Peregrino. In-8°.   –   –   –   –   1631.

535. * Viridarium Ecclesiasticum ; aut. Bald. de Jonghe. In-8°.   –   –   1631.

536. Medicamenta purgantia ; aut. Lud. Gardinio. In-12.   –   –   1631.

537. Oratio encomiastica , de sanctitate vitæ et divina sapientia Joannis Duns, Scoti, Doctoris Mariani et subtilis ; aut. Mich.

Hoyerio. In-4°.   —   —   1640.

Michel Hoyer, né à Hesdin en 1593, professa les belles-lettres au collége de St.-Pierre à Lille ; il mourut le
14 juin 1650.

CHARLES BOSCARD. 1596 – 1610.

538. Traicté de la rendition de la ville de
Hulst, reduicte en l'obeissance de Sa Majesté
Catholique par son Alteze Serenissime, le 18
d'aoust 1596. Extraicte d'une lettre venant du
Camp. In-12 de 4 f.   —   —   1596.

539. Traicté de la peste, auquel sont contenus et déclarés l'essence, causes, effects et
propriétés, avec la précaution et curation
d'icelle, selon la vérité et doctrine d'Hippo-
crate, plus clairement et distinctement qu'il
n'a esté faict jusques ici, par Jean Truye,
medecin de Cambray. In-8°.   —   1597.

540. Discours touchant la prise admirable
de la grande et puissante ville d'Amiens, capitale de la Picardie, saisie par les Espagnols,
l'unzieme de mars, l'an mille cincq cents
nonante sept. In-12 de 8 pag.   —   1597.

La citation suivante du commencement de ce discours
fera connaître dans quel esprit il est écrit :

« Depuis que le Béarnois (Henri IV) pousé de ie ne
sçay quelle témérité, a dénoncé la guerre à Sa Majesté
Catholique, chacun sçait les pertes signalées qu'il a en-

couru, ayant perdu en peu de temps cincq places de très-grande importance , oultre la Chapelle , à scauoir le Chastelet, Dourlens , Cambray , Calais et Ardres : n'ayant fait cependant le dict Béarnois aucun exploit remarquable de guerre , n'est qu'on veuille mettre en compte , le rauage-gement du plat pays d'Arthois, par les harpailles de Biron, lequel feit un merueilleux deuoir pour assiéger les clochers et eglises de village. »

A la fin se lit l'approbation suivante :

« En ce discours n'a esté trouué aucune chose contraire à la foy catholique , apostolique et romaine, par M. Gazet , Pasteur de Saincte Marie Magdelaine , commis à la visitation des liures à Arras. »

541. Thesaurus selectorum Exemplorum Sententiarumque ad bene beateque vivendum, ex optimis quibusque auctoribus cum græcis tum latinis collectus , et in centurias quatuor distinctus. Studio Franc. Schotti, Antuerpiani. In-16, de 8 feuillets prél., 133 pages et 16 f. d'index. – – – **1597.**

Réimprimé chez le même en 1607.

542. Copie de la lettre d'un Gentil-homme d'Arthois escrite de Prague en Boheme le iij d'avril 1598. Touchant la reprise de la puissante et très-forte ville de Raab sur les Turcs , par l'entreprise des soldats Wallons et autres nations avec des petarts , soubz la conduicte du baron de Suartenburg. In-12 de 4 f. non chif. – – – – **1598.**

543. La très-heureuse entree de la serenis-

sime Royne d'Espaigne, Marguerite d'Austrice,
en la ville de Ferrare le xii de novembre,
et à Mantoue le xxiie ensuyuant. In-12 de 4 f.
non chiffrés.   -   -   1599.

544. Recueuil mémorable des choses faictes
et propos tenus par le Roy Catholicque des
Espagnes, Philippe deuxiesme, sur ses derniers jours. In-12 de 4 f. non chiff.   1599.

545. Miracula quæ ad invocationem B. V.
Mariæ apud Tungros, Camberones et Nervios
in Hannonia, ac Dominam Gaudiorum in Picar-
dia vulgo *Notre-Dame-de-Liesse* dictam, efful-
sere ab anno 1081 ad annum usque 1605. Aut.
Wal. Caoult, Presbytero. Petit in-12, de 7 f.
prél., 458 pages et 15 f. d'index, avec frontispice gravé.   -   -   1600.

Réimprimé chez le même en 1606.

546. Ricardi Viti Basinstochii Comitis Pala-
tini historiarum Britannicæ Insulæ, ab origine mundi ad annum Domini octingentesi-
mum, libri novem priores. Petit in-8°, 2
vol.   -   -   -   1602.

Réimprimé chez le même en 1606. Nous avons donné
précédemment une notice sur Richard White, auteur
de ce livre peu important, mais assez rare pour être très-
recherché et payé quelquefois fort cher en Angleterre.

547. Bulles Pontificales tirées du Bullaire
Romain, touchant la closture des religieuses,

tournées du latin en françois par M. Walrand Caoult, prêtre et chapelain de Saint-Amé en Douai. In-24, de 96 pag. — 1604.

548. * Enigmata et Gryphi veterum ac recentium. In-8°. — — 1604.

549. Ricardi Viti Basinstochii Oratio septima de religione legum romanarum, ad reverendum Dominum, Domnum Nicolaum Mainfroy, electum Abbatem Bertinianum, etc. In-8° de 4 f. prél. et 179 pag. — — 1604.

550. Le Sacré Mystère de la Flagellation de Notre Sauveur, traduit de l'italien de B. de Balbano, Capucin. In-24. — — 1605.

551. Recueil des Exemples et Sentences tirées des plus fameux autheurs tant sacrés que profanes. Mis du latin, de F. Schotte d'Anvers, en françois, par A. D. L. Parisien. P. in-12 de 8 f. et 211 pag. — — 1605.

Ce petit volume fort rare est la traduction de l'ouvrage latin indiqué précédemment sous le n° 541.

552. Justi Ryckii Gandensis, LL. apud Cattuacos Stud. Præludia poëtica. Ad nobilissimos et amplissimos Coss. S. P. Q. Gand. In-4°. — — — 1606.

Juste Rickius, orateur, poète, philosophe et jurisconsulte, né à Gand le 6 mai 1587, était fils de Jacques Rickius et d'une fille de Jean Stadius, célèbre mathématicien. Après avoir terminé ses études à Douai, il se rendit en

Italie et fut professeur à l'Université de Bologne. Nous avons de lui un grand nombre d'ouvrages , quoiqu'il soit mort à l'âge de 41 ans.

553. Capitulations et articles de la ville d'Ardres rendüe au tres-illustre et tres-victorieux Archiduc et Cardinal d'Austrice , le 23 may l'an M. D. xcvi. Avec autres particularités touchant le siége. In-12 , de 4 f. non chiffrés.   —   —   —   1607.

554. Rev. et eloquentissimi viri D. Franc. Richardoti Atrebatensium Episcopi Orationes, edente Francisco Schotto. In-4° de 4 f. prél. et 96 pag.   —   —   1608.

L'oraison funèbre de Fr. Richardot , par Thomas Stapleton, prononcée à Douai au mois d'août 1574, fait partie de ce volume.

555. * Brevis explicatio privilegiorum juris et consuetudinis circa sacramentum Eucharistiæ, per Richardum Vitum Basinstochium , ad Jac. Blazæum , Audomar. Episc. In-12 de 44 pag.   —   —   —   1609.

Le titre qu'on lit au-dedans de l'ouvrage est ainsi conçu : *Votiva lectio canonis unici Clementis quinti in concilio Viennensi editi , de Reliquiis et veneratione Sanctorum.* Plusieurs écrivains ont pris ce dernier titre pour celui d'un ouvrage différent.

556. Coustumes et usaiges de la ville, taille, baillieu et eschevinage de Lille , confirmez et approuvez par l'Impériale Maiesté , lesquels

ont été par cy devant imprimés. In-4°. 1609.

Aux despens de la vefue feu François Boulet, demeurante à Lille, sur le marché au bled, à l'Escu de Venise.

LAURENT KELLAM. 1604 - 1614.

557. Sacra Institutio baptizandi, matrimonium celebrandi, infirmos ungendi, mortuos sepeliendi, ac alii nonnulli ritus ecclesiastici. In-4° de 168 pag. et 20 pag. prél., imprimé en rouge et en noir.   –   –   1604.

558. A Surwey of the new religion, detecting many grosse absurdities which it implieth, by Matthew Kellison, Doctor of divinitie; newly augmented by the Author. In-4°. 1605.

559. An Answer to Thomas Bell's late challenge, named by him the Downfall of Popery, wherein all his arguments are answered, etc. In-8°.   –   –   –   1605.

560. Orator Terræ Sanctæ et Hungariæ, seu sacrarum philippicarum in Turcorum barbariem et importunas Christianorum discordias notæ. Autore V. P. F. Philippo Boskiero, Cæsarimontano, Franciscano. In-12 de 15 f. prél. et 422 pag.   –   –   1606.

C'est par allusion à son nom que l'auteur appelle ces harangues *Philippicæ*.

561. Tractatus de vi et potestate legum humanarum in tres partes dissectus, quarum

prima universim de legum tam ecclesiasticarum quam civilium , ad mortale peccatum ,
obligatione disseritur : secunda , legum pœ-
nalium obligandi vis discutitur : tertia , de
obligatione legum tributariarum disceptatur.
Aut. Cl. Carnino. In-4° de 144 pag.   1608.

Claude de Carnin , né à Douai en 1576, était chanoine
de l'église collégiale de St.-Pierre. Il mourut à la fleur de
l'âge.

562. The Holie Bible faithfully translated
into English out of the authentical Latin. Diligently conferred with the Hebrew, Greeke and
other editions in divers languages. With Arguments of the bookes and chapters ; Annotations; Tables ; and other helpes for better un-
dertsanding of the text ; for discoverie of
Corruptions in some late translations: and for
clearing controversies in religion. By the English College of Doway. In-4°, 2 v. 1609-1610.

Tome 1er , 10 f. prél. et 1115 pages ; tome 2e , 1125
pages , y compris une table historique et une autre table
des principales choses contenues dans le texte de l'Ecriture-
Sainte et dans les notes.

Nous ajouterons ici , pour compléter cet article, le titre
de la traduction du Nouveau-Testament qui avait paru
précédemment à Reims en 1582 :

The New Testament of Jesus Christ faithfully translated
into english , out of the authentical Latin , diligently conferred with the Greeke and other editions in divers languages : with Arguments of bookes and chapters ;

Annotations and other helpes , for the better understanding
of the text, and specially for the discoverie of Corruptions
in divers late translations : and for cleering controversies
in religion of these dayes : By the English College then
resident in Rhemes.—Set forth the second time , by the
same college now returned to Doway. With addition of
one new Table of Heretical Corruptions , the other tables
and annotations somewhat augmented, Printed at Antwerp,
by Daniel Veruliet. 1600. In-4º de 16 f. prél. 744 pages,
et 16 f. pour les tables*.

S'il est vrai , comme on ne saurait guère le contester ,
que l'appréciation des compositions écrites d'une époque
quelconque doive, dans l'intérêt de l'exactitude historique
et de la fidélité de la peinture , trouver place dans le tableau des événements , des opinions , des passions ou des
préjugés de cette époque , jamais livre peut-être ne mérita
mieux une mention spéciale et détaillée que cette traduction des Livres saints, entreprise dans l'exil et publiée sur
le continent par les prêtres catholiques anglais que la persécution avait contraints de venir chercher en France et
dans les Pays-Bas un asile pour leur foi et un refuge contre
les dangers et les supplices qui les menaçaient sur la terre
natale. Cette traduction anglaise de la Bible qui parut , en
partie à Reims , en partie à Douai , dans les dernières
années du XVIᵉ siècle , appartient en effet essentiellement
à l'histoire des troubles religieux qui agitèrent si profondément l'Angleterre sous les règnes d'Henri VIII , de
Marie et d'Elisabeth : et , à ce titre , elle nous a paru digne d'être l'objet d'une notice développée qui rappelât

---

* Un exemplaire, et le seul que nous ayons jamais vu de cette rare édition de la Bible de Douai et du Nouveau-Testament de Reims, fait partie de
la collection de M. Bigant , conseiller à la Cour royale de Douai.

exactement , qnoique d'une manière succincte , les circonstances au milieu desquelles elle fut publiée , les anté-
cédents et la situation particulière des prêtres exilés qui
conduisirent à fin cette laborieuse entreprise , l'effet que
l'ouvrage produisit au moment de sa publication , et enfin
l'irritation un peu vive qu'une réimpression assez récente
de cette traduction fit naître en Angleterre il n'y a encore
que quelques années.

  L'avénement d'Elisabeth au trône d'Angleterre , le 17
novembre 1558 , vint à la fois consolider le schisme opéré ,
dans la première moitié du siècle , par les passions impé-
tueuses et le despotisme inflexible d'Henri VIII , et ruiner
totalement les espérances que les catholiques s'étaient
peut-être un peu hâtés de concevoir sous le règne de l'a-
veugle et intolérante Marie. Digne fille d'un monarque
dont le caractère absolu et la volonté indomptable n'avaient
jamais reculé devant aucun obstacle moral ou matériel ,
mais douée d'un esprit plus calme , d'un jugement plus
froid et par cela même plus sûr , d'un caractère aussi persévérant, mais bien moins impétueux que celui de son père,
Elisabeth , dès le début de la longue carrière royale qu'il
lui était donné de parcourir , comprit sans peine le double
intérêt qui lui faisait en quelque sorte une nécessité de
sanctionner par une adhésion aussi prompte qu'énergique
le schisme imposé à l'Angleterre par le despotisme de
Henri VIII. Rejeter irrévocablement toute soumission à
l'Eglise romaine qui avait refusé d'approuver le divorce
de son père avec Catherine d'Arragon et qui avait par ce
refus mis plus qu'en doute la légalité de sa naissance et
de ses droits au trône , c'était à la fois , pour Elisabeth ,
se légitimer comme fille et comme reine , et joindre à son
pouvoir , déjà trop grand peut-être , une autorité nouvelle
et imposante , l'autorité religieuse, qui ne pouvait qu'en

doubler la force , si l'Angleterre adhérait à cette usurpa-
tion. La nouvelle reine d'ailleurs connaissait parfaitement
la situation morale du pays : elle savait que depuis long-
temps , depuis Wiclef peut-être , l'Angleterre était suffisamment préparée à une réforme religieuse , que les doctrines de Luther et de Calvin n'avaient fait qu'accroître
cette disposition et avaient trouvé un grand nombre d'adhérents dans la Grande-Bretagne ; elle n'ignorait pas surtout qu'avec cette indécision qui est le résultat infaillible
du doute en matière religieuse, les esprits n'avaient plus
guère que des convictions incertaines que deux despotis-
mes de nature diverse, celui d'Henri VIII et celui de
Marie, avaient fait fléchir à peu près à leur gré ; elle pensa
donc qu'il ne lui serait pas bien difficile , avec une volonté
ferme et persévérante, de dominer des esprits déjà flot-
tants entre l'erreur et la vérité et des caractères à demi
subjugués. L'événement prouva qu'Élisabeth avait deviné
juste. Aussi n'hésita-t-elle que peu de temps à prendre un
parti décisif. Pendant quelque temps, il est vrai, elle se
montra ou feignit de se montrer assez tolérante pour l'ancienne religion ; mais c'était là, si nous ne nous trompons,
et toute la vie d'Élisabeth nous paraît justifier cette opinion, c'était là encore un calcul, une manière adroite de
mettre les intérêts humains aux prises avec la conscience
et de leur laisser ainsi le temps de faire entendre une voix
rarement impuissante ou dédaignée. Mais cette épreuve
accomplie, la fille de Henri VIII se montra sans déguise-
ment ce qu'elle était et n'hésita plus à trancher la question
qu'elle avait à dessein laissée quelque temps indécise. Des
édits sévères proscrivirent l'ancien culte, ses pratiques et
ses adhérents; un symbole fut rédigé pour la nouvelle
religion dont la Reine, de son autorité privée, se déclarait
le chef, et de plus on exigeait , sous les peines les plus

graves, de tous les sujets anglais, et des ministres de la
religion principalement, un serment dont les termes mêmes constituaient une adhésion expresse au schisme et
dont il nous paraît utile de donner ici la teneur :

» J'atteste fermement et je déclare en conscience que
la Reine est seule souveraine suprême de ce royaume d'Angleterre et de tous les autres domaines et pays soumis à
Sa Majesté, non moins dans toutes les choses spirituelles
ou ecclésiastiques que dans les choses temporelles ; et
qu'aucun prince étranger, qu'aucun personnage, prélat,
état ou potentat, n'a, de droit ou de fait, aucune juridiction, aucune puissance, aucune suprématie, aucune préé-
minence, aucune autorité spirituelle ou ecclésiastique dans
ce royaume. En conséquence, je renie et je répudie abso-
lument toute juridiction, toute puissance, toute souveraineté, toute autorité étrangère*. »

Une pareille condition ne pouvait, on le comprendra
sans peine, être acceptée des catholiques romains pour
lesquels elle était une véritable apostasie , puisqu'elle sub-
stituait à l'autorité légitime du Souverain Pontife en ma -

---

* Nous donnons le serment d'après le texte latin de Sanders, qu'il nous
paraît convenable de citer ici :

« Ego A. B. prorsus testificor et declaro in conscientia mea Reginam
esse solam supremam gubernatricem et istius regni Angliæ , et aliorum
omnium suæ Majestatis dominiorum et regionum, non minus in omnibus
spiritualibus atque ecclesiasticis rebus vel causis quam temporalibus : et
quod nemo externus princeps, persona, prælatus , status vel potentatus ,
ant facto aut jure, habet aliquam jurisdictionem, potestatem, superiorita-
tem, præeminentiam vel autoritatem ecclesiasticam aut spiritualem in hoc
regno. Ideoque plane renuncio et repudio omnes externas jurisdictiones ,
potestates, superioritates atque autoritates. »

Nic. Sanderi , de origine ac progressu Schismatis Anglici, liber , editus
et auctus per Ed. Rishtonum. Coloniæ Agrippinæ , 1585, petit in-8o. fol.
147 , verso.

tière religieuse la suprématie irrégulière et inadmissible d'un souverain laïque, et, dans le cas actuel même, la primauté religieuse d'une femme.

Une grande partie du clergé inférieur et tous les évêques, à l'exception de trois seulement, refusèrent de trahir ainsi leur devoir, leur croyance et leurs serments : ils se hâtèrent de fuir un pays où leur foi devenait un crime, et d'aller chercher sur la terre étrangère un asile où ils pussent attendre des jours meilleurs ou du moins vieillir et mourir en paix au milieu des saintes pratiques de leur culte. Un grand nombre de prêtres catholiques anglais quittèrent donc l'Angleterre à cette époque et vinrent s'établir principalement dans les Pays-Bas, soumis alors à la domination du roi d'Espagne, où ils espéraient avec raison trouver un accueil bienveillant et fraternel. Partout, en effet, les pieux exilés furent accueillis comme de courageuses victimes du devoir ; partout on s'empressa de leur montrer une active sympathie et de les appeler, avec les nationaux, au partage des honneurs et des bénéfices de l'Église. La plupart des nouveaux venus justifiaient parfaitement d'ailleurs la bienveillance dont ils étaient l'objet de toutes parts. Plusieurs d'entre eux joignaient aux vertus religieuses qui les soutenaient dans l'adversité la science qui donne quelquefois tant d'éclat à la piété, et quelques-uns s'étaient déjà fait connaître, dans cette lutte opiniâtre entre deux principes opposés, par les nombreux combats livrés par eux à l'erreur alors triomphante.

Peu de temps avant l'époque à laquelle eut lieu cette émigration catholique des prêtres anglais, la ville de Douai avait vu s'élever dans ses murs un établissement longtemps désiré qui devait faire de cette ville un grand centre d'instruction pour la partie de la Flandre Wallonne à laquelle elle appartenait. L'Université, fondée en 1562,

réunissait déjà autour d'elle un nombreux concours d'étudiants et de professeurs, et comme cette Université était
placée non seulement sous le patronage, mais encore
sous la direction immédiate de l'autorité ecclésiastique,
comme de plus il existait déjà dans la ville un grand nombre d'établissements religieux, la ville de Douai devait
offrir aussi à quelques-uns des prêtres exilés un asile non
moins sûr et plus agréable peut-être qu'aucun autre, puisqu'ils pouvaient espérer d'y trouver l'occasion de se rendre utiles de nouveau à cette religion dont ils étaient les
martyrs, en consacrant quelques-uns de leurs loisirs à la
défense et la propagation des saines doctrines.

Parmi les prêtres anglais qui vinrent chercher à Douai
une hospitalité qui leur fut octroyée avec empressement
et sympathie, se trouvait un homme jeune encore, mais
déjà connu dans son pays et dans le nôtre par la sincé-
rité de sa foi, par la science théologique dont il avait fait
preuve, par les combats qu'il avait livrés aux schisma-
tiques. William Allen, Allyn ou Alan, car il se trouve
désigné sous ces trois noms différents, William Allen, qui
devait quelques années plus tard recevoir le chapeau de
cardinal et le titre d'archevêque de Malines, n'était,
à l'avénement de la reine Élisabeth, que simple principal
d'un petit collége dépendant de l'université d'Oxford et chanoine d'York. Du moment qu'Allen eut acquis la certitude
que le nouveau règne devait être en quelque sorte la sanction et la consécration définitive du schisme Anglico-Luthé-
rien, l'ardeur de son zèle et la fermeté de ses principes
religieux ne lui permirent pas d'hésiter un instant sur le
parti qu'il crut avoir à prendre. Il renonça sur-le-champ
à son emploi, à ses dignités, à son avenir, à sa patrie, et
vint s'établir à Louvain, où il demeura quelque temps, puis
retourna en Angleterre, et enfin vers 1566 il revint dans
les Pays-Bas et fixa définitivement sa résidence à Douai.

W. Allen était né en quelque sorte pour jouer un rôle
important dans cette grande lutte qui s'établit en Angleterre et en Europe entre les anciennes croyances de l'É-
glise et l'hérésie des novateurs. Doué d'une foi aussi vive
que sincère, d'un caractère ardent et pourtant réfléchi,
d'un esprit juste et fertile en ressources, Allen, qui dans
des temps ordinaires eût passé peut-être, dans le silence
et l'obscurité, une vie utile, mais ignorée, se trouva appelé
par les circonstances à prendre une position qui attira
sur lui l'attention et l'intérêt des catholiques restés fidèles,
la bienveillance de la cour de Rome et la haine d'Élisabeth.
On savait en effet en Angleterre que, comme Annibal cher-
chant autrefois dans tout l'univers des ennemis au peuple
romain, Allen soulevait partout des animosités et des ressentiments contre la fille illégitime d'un souverain que son
apostasie avait, à ses yeux, rendu indigne du trône et qu'il
déclarait en conséquence également indigne et incapable
de régner.

Au milieu de ces préoccupations qui ne le quittèrent
jamais et des mouvements auxquels suffisait sa prodigieuse
activité, W. Allen ne perdit pas de vue un seul instant les
intérêts de la religion dont il était le défenseur et l'apôtre.
Convaincu que le ressentiment implacable d'Elisabeth,
poursuivant dans les retraites les plus ignorées les ministres de l'ancien culte, ne leur laisserait ni la liberté de
propager leurs doctrines, ni les moyens de perpétuer le
sacerdoce, il pensa que l'intérêt le plus puissant de la
cause sacrée qu'il soutenait était de fonder sur la terre
étrangère qui l'avait accueilli un asile où de nouveaux
athlètes pussent se préparer sans obstacle aux combats
qu'il prévoyait encore.

Vers l'année 1568, d'autres disent dès 1566, W.
Allen, réuni à quelques ecclésiastiques fugitifs comme lui,

fonda donc à Douai le Collége ou Séminaire des Anglais
dont il prit lui-même la direction. Le nouveau collége fut
d'abord établi aux frais des fondateurs eux-mêmes , qui
mirent en commun tout ce qu'ils possédaient pour faire
face aux premières dépenses. Ils reçurent aussi quelques
secours de ceux de leurs compagnons d'exil assez riches
pour leur être utiles, et la charité publique vint également
à leur aide *. Avec ces ressources faibles et assez pré-
caires, le nouvel établissement , soumis à l'autorité absolue et à l'habile direction de W. Allen , prit en peu de
temps une importance assez grande pour appeler sur lui
l'attention du souverain Pontife et les faveurs du Roi d'Espagne. En 1575 , le Pape Grégoire XIII accorda sponta-
nément à cette fondation, dont il appréciait l'utilité , une
pension annuelle assez considérable qu'il augmenta d'un
tiers en 1576 **. En 1578, Philippe II attribua au Collége
Anglais une provision de 1600 florins , dont il laissait la
libre disposition à W. Allen et à son successeur ***. Avec
ce double secours et la faveur toujours croissante des
catholiques , le collége prit en peu de temps un accroisse-

---

* « Collegium in alma Universitate Duacensi instituit Alanus, anno domini
1568. Pro cujus sustentatione unusquisque inprimis quod habebat in commune contulit singulis pro necessario victu et vestitu, judicio ejusdem Alani
præsidis distribuendum, qui simul suum quoque salarium, quod ex pro-
fessione ibidem theologica quotannis accepit, et quidquid præterea ex
eleemosynis piorum colligere potuit in eumdem usum convertit. »
Worthington. Catalogus Martyrum et Seminariorum Historia.

** Anno 1575, cum in numerum crevisset Collegium, vix rogatus Gregorius decimus tertius menstruam concessit centum aureorum pensionem.....
Anno autem 1576, idem Summus Pontifex alios quinquaginta aureos pri-
ori menstruæ provisioni superaddidit.
Id. Ibid.

*** Anno autem 1578 , serenissimus rex Philippus secundus concessit
et assignavit partem illam 1600 florenorum Seminario Anglorum Duaceno
distribuendam judicio doctoris Alani et illius successoris præsidis ejusdem
Collegii. *Id. Ibid.*

ment considérable et put , dix ans environ après son premier établissement , c'est-à-dire vers 1578 , envoyer à
Rome un certain nombre de sujets déjà formés , pour jeter
dans la capitale du monde chrétien les fondements d'un
autre collége *.

Le nouvel établissement , malgré cet éclatant succès ,
eut cependant une assez fâcheuse épreuve à subir. Soit
intrigue politique dirigée par les ministres de l'adroite
Élisabeth , soit que la prospérité même du nouveau collége portât ombrage à quelques adversaires inconnus de
ses pieux fondateurs , on parvint à persuader au soupçon-
neux Roi d'Espagne que ces ecclésiastiques qu'il avait
accueillis avec tant de faveur entretenaient des intelligences
avec les Français. Aux yeux de Philippe II , c'était là un
crime irrémissible , et les prêtres anglais reçurent immédiatement l'ordre de s'éloigner sans délai d'une résidence
qui leur était interdite. Aucun historien , que nous sa-
chions , ne fait connaître bien clairement les circonstances
qui motivèrent cet ordre rigoureux ; mais il est certain du

* L'ouvrage publié sous le titre suivant : *Histoire du Collége de Douai,
à laquelle on a joint La Politique des Jésuites anglois ; ouvrages traduits de la langue angloise.* Londres , 1762. In-12 , contient quelques
détails curieux ; mais comme il est principalement dirigé contre les jésuites
et qu'il a tous les caractères d'un pamphlet , il ne doit être lu qu'avec
beaucoup de précaution et une certaine défiance justifiée par la partialité
évidente de l'auteur.

L'histoire , proprement dite, *du Collége de Douai* n'occupe que la
moindre partie du volume , c'est-à-dire les pages 1 à 62 ; *la Politique
secrète des Jésuites anglois, ou Lettres écrites au provincial des Jésuites
anglois , pour servir de preuves aux faits contenus dans l'Histoire du
Collége de Douai,* remplit les pages 63 à 448.

Nous ne serions pas étonné que cet ouvrage, où respire l'esprit de parti
le plus prononcé , dans le sens de l'opinion janséniste , et qui a été publié
sans nom d'auteur ou d'imprimeur , ne fût sorti secrètement des presses
de la ville de Douai.

moins que cet exil fut prononcé et que les réfugiés anglais
furent obligés de chercher un nouvel asile *. Ils se retirè-
rent à Reims, où ils étaient assurés d'avance de trouver la
protection du Cardinal de Lorraine, frère du duc de
Guise, archevêque de cette ville. Dans cette nouvelle
résidence, le collége se reconstitua exactement tel qu'il
était à Douai ; mais quelques années après, lorsque les
préventions du Roi d'Espagne se furent dissipées et que
les chefs de cet établissement crurent n'avoir plus à redou-
ter de nouvelles persécutions, ils vinrent se rétablir de
nouveau dans cette ville et continuèrent d'y résider jusqu'à
la révolution de 1789. Cet exil temporaire de Reims avait
duré 15 ans environ, de 1579 à 1594.

A peine réunis et rendus à la sécurité, au milieu des
soins de toute nature que réclamait le nouvel établissement,
les fondateurs du Collége Anglais, toujours préoccupés des
intérêts de la religion, avaient conçu un projet qui leur
semblait éminemment propre à préparer le succès de la
cause à laquelle ils avaient consacré leur vie, puisqu'il ne
s'agissait de rien moins que de combattre les réformateurs
avec leurs propres armes. On sait en effet qu'un des moyens
employés par les protestans avec le plus d'avantage pour
propager leurs doctrines, ce fut de multiplier et de répandre, autant qu'il leur était possible de le faire, l'Écriture-

---

* Ed. Rishton, dans sa continuation de l'*Histoire du Schisme, de
Sanders*, attribue le départ des prêtres anglais à l'animosité des hérétiques qui parvinrent à soulever le peuple contre le nouveau collége.
« *Factumque est istud Collegium ita hereticis odiosum ut a populo
Belgico tumultuante facile Duaco ejici curarint.* Il est certain en effet
que des troubles assez sérieux eurent lieu à Douai vers cette époque, et que
le peuple se porta en tumulte et avec des intentions hostiles dans quelques maisons religieuses ; mais aucun monument écrit ne prouve que ces
mouvements séditieux fussent particulièrement dirigés contre le Collége
Anglais.

Sainte en langue vulgaire , dans des versions de leur façon et avec des corrections propres à justifier leurs hérésies. Ils ne manquaient pas en même temps d'accuser l'Eglise Romaine de s'être toujours déclarée contre cette manière de populariser l'Ecriture et de chercher ainsi à priver les fidèles du trésor de la parole divine qu'on ne laissait arriver jusqu'à eux que par intermédiaire.

Ce reproche était plus spécieux que fondé. L'Eglise Romaine, en mère prudente , avait , il est vrai , toujours recommandé une extrême réserve dans la propagation des Livres saints en langue vulgaire , parce qu'elle savait combien il était facile à l'homme ordinaire de s'égarer dans l'étude de ces hautes vérités qui ont quelquefois embarrassé les esprits les plus éminents et les plus cultivés ; mais jamais elle n'avait formellement interdit ni songé à défendre de mettre la loi sainte à la portée des simples fidèles. Elle voulait seulement que la parole de Dieu leur arrivât dans toute sa pureté primitive, à l'aide des secours de la tradition dont le sacerdoce se trouve le dépositaire naturel et légitime. Bien avant l'époque de la réformation, il existait déjà un grand nombre de versions de l'Ecriture dans la plupart des langues de l'Europe , et si nous ne craignions de sortir ici des bornes qui nous sont assignées, il nous serait facile de prouver cette assertion par un grand nombre d'exemples. On trouvera au reste cette preuve sans la moindre difficulté dans tous les ouvrages consacrés spécialement à cette partie de la Bibliographie.

Quelque exagérés que fussent , quelque intéressés que pussent être les reproches adressés avec affectation à l'Eglise Romaine par les théologiens de la réforme , on savait que ces reproches tant de fois répétés avaient fait impression sur un certain nombre d'esprits , et dès lors ils ne pouvaient demeurer sans réplique. Une traduction

nouvelle et fidèle de l'Ecriture-Sainte parut donc au Docteur Allen et à ses pieux collaborateurs la réponse la meilleure et la plus précise qu'on pût faire aux accusations des
protestants , en même temps qu'elle fournissait une occasion très-naturelle de redresser leurs erreurs en rectifiant
les nombreux passages que l'intérêt des nouvelles doctrines
les avait conduits à altérer. Telle fut la double considération qui détermina le Collége Anglais à persévérer dans sa
laborieuse entreprise , et vers la fin de l'année 1582, parut
à Reims la première partie de l'ouvrage , la traduction
complète du Nouveau Testament, avec une préface destinée
à faire connaître le but de ce travail, et des notes qui avaient
pour objet soit d'expliquer les passages difficiles , soit de
redresser et de réfuter les erreurs et les opinions des traducteurs hétérodoxes. Le plus grand nombre de ces notes
ne portent en général que sur le sens de l'Ecriture qu'elles
éclaircissent parfaitement ; mais la justice nous oblige
d'ajouter que quelques-unes de ces notes ont aussi le cachet
de l'époque à laquelle elles ont été écrites et offrent le
reflet de la disposition d'esprit où devaient être alors les
traducteurs. Ces notes et leur tendance véritable ont été
caractérisées avec beaucoup de justesse dans un journal
écrit de nos jours par des catholiques anglais et consacré
spécialement à la défense de leurs doctrines ; et comme
une pareille autorité est essentiellement compétente sur
une question de cette nature , nous croyons devoir repro-
duire ici fidèlement le jugement exprimé par ce journal :

« Les notes du Nouveau Testament avaient incontestablement pour objet de préparer l'opinion publique à
l'invasion projetée par Philippe II , au moment où ce
prince armait dans ce dessein son *invincible Armada*. Ces
notes étaient tout-à-fait en harmonie avec la célèbre Déclaration et Sentence du Pape Pie V, qui désignait Elisabeth

comme la fille illégitime de Henri VIII , comme une usur-
patrice et une souveraine injuste qu'il fallait déposer ,
comme une schismatique et une hérétique qu'il était non
pas seulement permis . mais louable de détruire. Ce document fut répandu avec profusion en Angleterre , avec une
proclamation rédigée par W. Allen dans le même but et
adressée à la noblesse et à la bourgeoisie. Il est donc évident
que ces notes furent inspirées par les passions politiques
de cette malheureuse époque pendant laquelle , des deux
côtés , la religion devint l'instrument des passions humaines. Mais si nous avons aujourd'hui à rougir du fanatisme
(*frenzy*) de ces prêtres catholiques qui déshonorèrent la
parole de Dieu par de criminelles (*atrocious*) interpréta-
tions , les protestants de nos jours n'ont-ils pas à rougir à
leur tour de ces lois infâmes qui punissaient par la torture
et par la mort des hommes dont tout le crime , dans le
principe , fut de chercher à maintenir l'ancienne religion
de leur pays ? Des crimes odieux furent commis , des doctrines contraires à l'esprit du christianisme furent propa-
gées , mais par les deux partis. C'est là un fait que tout le
monde aujourd'hui reconnaît sans contestation. »

 Nous n'avons rien à ajouter à une opinion si clairement et
si franchement exprimée, quoique l'écrivain nous paraisse
exagérer quelque peu, dans les expressions du moins que
nous avons citées, le caractère de ces notes. Nous convien-
drons toutefois avec lui que les sentiments qui paraissent
dominer dans la rédaction de quelques-unes d'entre elles
n'étaient que trop contraires au véritable esprit de charité
qui fait la base de la religion, et qu'il eût été en conséquence
à désirer que les pieux traducteurs , en consacrant leurs
veilles à la défense de la vérité , fussent restés plus fidèles
aux préceptes de l'Evangile qu'ils traduisaient.

Ce manifeste religieux et politique d'un nouveau genre

ne pouvait demeurer sans réponse. Peu de temps après la
publication du Nouveau Testament de Reims , Grégoire
Martin, l'un des traducteurs, avait publié un petit ouvrage,
reproduit dans les éditions postérieures de la traduction et
qui avait pour but de démontrer *l'infidélité et la mauvaise
foi des Sectaires anglais dans leurs versions de la Sainte-
Ecriture* *. L'année suivante , en 1583 , un théologien an-
glican répondit à cette attaque par un ouvrage destiné à
renvoyer aux catholiques les accusations dirigées contre les
protestants et dont le titre nous paraît devoir être transcrit
textuellement; il porte ce qui suit : *Défense de l'exactitude
et de la fidélité de la traduction des Saintes-Ecritures
en anglais , contre les chicanes innombrables, les querelles
frivoles et les impudentes calomnies de Grégoire Martin ,
l'un des professeurs de théologie papiste dans le perfide
Séminaire de Reims ; par Will. Fulke, Doct. en théologie,
Directeur du Collége de Pembroke, à Cambridge. Londres,
H. Bynneman,* 1585 **. Six ans après, en 1589 , le même
docteur W. Fulke publia à Londres , chez Chr. Barker ,
imprimeur royal , et dédia à la reine Elisabeth , une édition de la traduction de Reims , à deux colonnes , l'une
desquelles contenait la version catholique , tandis que l'au-

---

* A Discovery of the manifold corruptions of the holie Scriptures by
the Heretikes of our daies , specially the English Sectaries , and of their
foul dealing herein by partial and false translations , to the advantage of
their Heresies , in their English Bibles used and authorised since the time
of Schism. By Gregory Martin , one of the Readers of divinity in the
English College of Rhemes , etc. Printed at Rhemes by John Foigny, 1582.

** A Defence of the sincere and true translation of the holie Scriptures
into the English tongue , againste the manifolde cavils , frivolous quar-
rels and impudent slanders of Gregorie Martin , one of the Readers of
popish Divinitie in the traiterous Seminarie of Rhemes. By W. Fulke ,
D. D. and Master of Pembroke-Hall, in Cambridge. London, impr. by Hen-
rie Bynneman, A°. 1583.

tre offrait en regard et comme correctif la version de
l'église anglicane, dite *Traduction des évêques*. A la fin du
livre se trouvait en outre une « *Réfutation des arguments,
gloses et notes de la version catholique , comme contenant
des impiétés , des hérésies , des trahisons et calomnies
manifestes contre l'église catholique de Dieu , contre ses
véritables ministres et contre les traductions en usage dans
l'église d'Angleterre**. L'année précédente , un autre théologien de l'église anglicane avait déjà publié et dédié à
l'archevêque de Cantorbéry un *Coup-d'œil sur les notes
marginales du Nouveau Testament papiste*. Londres ,
Th. Woodcocke , 1588**.

Ces attaques passionnnées et les mesures violentes
qui furent prises en Angleterre pour réprimer les moin-
dres tentatives faites pour rétablir l'ancienne croyance
ne découragèrent point les catholiques exilés , qui continuèrent et terminèrent dans les premières années du 17e
siècle la tâche laborieuse qu'ils s'étaient imposée. La traduction complète de l'Ancien-Testament parut à Douai en
1609 et en 1610 , et cette traduction , comme celle du
Nouveau-Testament , était accompagnée de notes. Mais
quoiqu'on trouve encore quelquefois dans ces nouvelles
notes un certain souvenir des passions qui avaient dicté
les premières , il est juste de reconnaître qu'il y a sous ce
rapport amélioration notable. Soit que le temps eût affaibli
les ressentiments si vifs encore en 1582 , soit que l'expé-

---

* *A Confutation of all such* arguments , glosses *and* annotations *as
containe* manifest impietie *or* heresie , treason *and* slander *against the
catholick church of God , and the true teachers thereof , or the translations used in the church of England.*

** A View of the marginal notes of the Popish Testament, translated into
English , by the English Fugitive Papists resident at Rhemes in France ,
by Geo. Wither. London , Tho. Woodcocke , 1588.

rience des événements eût averti les traducteurs que la
victoire n'était ni aussi facile ni aussi prochaine qu'ils
l'avaient d'abord espéré , soit enfin que l'esprit de l'Evangile eût complètement repris en eux l'avantage sur les passions humaines , ils se bornèrent à peu près exclusivement,
dans leur travail , à l'interprétation du texte sacré , s'abs-
tenant presque toujours avec soin de toute attaque directe
ou trop vive contre leurs adversaires. C'était là un véritable
progrès dans le bien , et il est juste d'en tenir compte.

Un assez grand nombre de prêtres anglais s'associèrent
sans doute à cette importante et laborieuse entreprise ;
mais on désigne seulement comme les principaux auteurs
de la traduction : *William Allen*, qui dirigeait l'ensemble
du travail ; *Grégoire Martin*, ancien maître-ès-arts du
collége de Saint-Jean à Oxford, professeur de théologie à
Reims, et *Richard Bristol*, maître-ès-arts du collége du
Christ , à Oxford, professeur de théologie et ensuite directeur du collége de Reims. Les *notes* sont attribuées au
docteur *Thomas Worthington*, théologien distingué , qui
se chargea en outre de la révision générale de la traduction du Nouveau-Testament. *Worthington*, comme ses
collaborateurs , avait appartenu à l'Université d'Oxford.

Cette traduction orthodoxe de l'Ecriture-Sainte en
anglais reçut , en paraissant, la sanction de l'autorité compétente , et quoique aujourd'hui la langue et le style en
soient complètement surannés , elle est encore la seule
version des Livres saints qui ait conservé l'entière confiance
des catholiques d'Angleterre. Quelques essais furent tentés
cependant , à diverses époques , pour corriger et pour
rajeunir le style de cette version ; mais comme ces essais
ne s'appliquèrent qu'à quelques parties séparées des Livres
sacrés, et comme ils n'obtinrent d'ailleurs qu'un médiocre
succès , c'est seulement encore dans la langue vieillie des

traducteurs de Rëims et de Douai que les catholiques anglais
illettrés croient pouvoir lire avec sécurité l'Ecriture-Sainte.

Cette traduction, qui fit tant de bruit et qui souleva tant
de passions à l'époque de sa première apparition , jouissait
enfin paisiblement , loin des circonstances orageuses qui
l'avaient fait naître , d'une autorité suffisamment justifiée
par le temps , lorsqu'une circonstance particulière fit
presque renaître les dissentiments qui signalèrent son origine. Fréquemment réimprimée sans aucune opposition
en Angleterre et en Irlande depuis la fin du XVIe siècle ,
elle l'avait été toujours sans les notes et comme simple et
fidèle version de l'Ecriture. En 1816 , un libraire de
Dublin , en publiant le *Prospectus* d'une réimpression
nouvelle , annonça qu'à cette réimpression seraient jointes
les notes qui accompagnaient l'édition originale , et , de
plus , que la nouvelle édition était faite sous le patronage
et la direction des supérieurs ecclésiastiques catholiques et
notamment avec l'approbation du docteur Troy , alors
archevêque de Dublin. Cette édition , qui avait été com-
mencée en 1813 , et dont la publication fut retardée par
diverses causes , parut seulement en 1816 et produisit une
assez vive impression parmi les protestants. L'un d'eux la
critiqua sévèrement dans un article de la revue qui paraissait alors sous le titre de *British Critic* , cita dans son
extrait quelques notes prises dans la nouvelle édition et
exprima sur les notes et sur leur tendance un blâme énergique qui fit sensation dans le public. Cet article parvint à
la connaissance du docteur Troy, qui crut devoir alors faire
insérer un désaveu public de cette édition dans le *Freemun's
Journal*. Ce désaveu était contenu dans la lettre suivante
que nous rapportons intégralement :

« Comme il m'est tombé entre les mains une nouvelle
édition du Testament de Reims , publiée à Londres , en

1816, par Coyne, Dublin et Keating, et que l'on dit
avoir été revue, corrigée et améliorée par moi, je regarde
comme nécessaire de déclarer que je n'ai jamais approuvé
et que je n'entends nullement approuver aucune édition de
l'Ancien ou du Nouveau-Testament qui ne serait pas
conforme de tout point, pour les notes aussi bien que
pour le texte, à celle qui a été publiée par R. Cross, à
Dublin, en 1794, laquelle édition contient la formule ordinaire et officielle de mon approbation et a servi de modèle
aux diverses éditions qui ont été publiées depuis avec mon
autorisation. Comme dans l'édition de 1816, les notes
diffèrent essentiellement de celles qui se trouvent dans
celle de 1791, la seule dont j'aie exclusivement autorisé la
publication, cette circonstance seule suffirait pour me déterminer à refuser toute espèce d'approbation à cette édition
nouvelle ; mais j'ajouterai pourtant qu'ayant lu et examiné
aujourd'hui ces notes pour la première fois, je refuse non
seulement de les approuver, mais encore je déclare solen-
nellement (*solemnly*) que je les rejette en général comme
acerbes et irritantes dans l'expression, que je rejette quelques-unes d'entre elles comme fausses et absurdes sous le
rapport du raisonnement, et plusieurs autres comme contraires à la charité ; ces notes préconisant en outre des
doctrines et des opinions que j'ai, d'accord avec tous
les autres catholiques de l'empire, désavouées sous la foi
du serment.

» Dans de telles circonstances, et sous l'influence des
impressions qui dominent mon esprit, je regarde comme
un devoir impérieux d'avertir la portion du troupeau
catholique soumise à ma direction spirituelle, du danger
qu'il peut y avoir pour elle à lire cette nouvelle édition de
l'Ecriture ou à donner quelque attention aux notes et
commentaires qui l'accompagnent. En conséquence,

j'ordonne au clergé catholique romain de ce diocèse d'employer tous les moyens qu'il peut avoir à sa disposition pour prévenir ou pour empêcher parmi les fidèles la circulation d'un ouvrage qui ne pourrait que les égarer , et que je regarde comme beaucoup plus propre à faire naître et à entretenir parmi les chrétiens l'esprit d'hostilité, de ressentiment et de discorde , qu'à fortifier en eux (comme devrait le faire toute publication de ce genre) le véritable esprit de l'Evangile , qui n'est autre chose que l'esprit de charité, de douceur et de paix*. »

J. T. TROY.

Dublin , le 24 octobre 1817.

Ce noble et loyal désaveu , fait d'une manière explicite et publique , diminua sans doute l'irritation du moment , mais ne détruisit pas complètement toutes les préventions des théologiens anglicans contre les catholiques, puisqu'en 1825, le 17 mai , nous voyons un comité de la Chambre des Communes faire une enquête sur cette réimpression de 1816. Sans doute alors , comme l'avait fait précédemment la lettre du docteur Troy , les explications précises et franches des ministres de l'Eglise catholique calmèrent les inquiétudes de l'Eglise établie , et quelques années plus tard ces mêmes catholiques obtenaient *l'Emancipation* politique qui leur avait été si long-temps refusée.

En 1836 , toutefois , toutes les alarmes des anglicans n'étaient pas dissipées , puisque vers le milieu de cette année , le 14 juillet, *l'Association protestante* de Londres crut devoir , dans une réunion convoquée spécialement (*meeting*), appeler l'attention de tous les fidèles de sa croyance sur les dangers que *la véritable foi* courait en Irlande, par la réimpression, déjà ancienne , comme on l'a

---

* The Dublin Review. For July , 1836 , page 511.

vu, des notes du Nouveau-Testament de Reims. Le Révé-
rend Robert Mac-Ghee se chargea en effet de faire connaître aux nombreux auditeurs que la solennité de cet appel
avait réunis autour de lui les périls dont ils lui semblaient
menacés dans leur foi par cette réimpression d'un ouvrage
autrefois écrit sous l'inspiration des passions les plus
ardentes et des ressentiments les plus vifs. Ce retour in-
tempestif à des souvenirs d'une autre époque n'eut d'autre
effet heureusement que de produire une polémique assez
animée dans les journaux, et la discussion se termina avec
la dispersion de l'assemblée qui avait été convoquée pour
l'entendre. Le bon sens public comprit que le temps n'était
plus où ces sortes de questions, en agitant profondément
les esprits, pouvaient éveiller de sérieux débats, et l'Angleterre protestante resta calme malgré le cri d'alarme que
venait de faire entendre le Rév. Robert Mac-Ghee, qu'un
journal catholique traita assez mal, mais qui n'eut ni à
craindre ni à braver les honneurs du martyre. La Revue
de Dublin (*The Dublin Review*), revue trimestrielle publiée
à Londres par une société de catholiques, contient dans
son numéro de juillet 1836, pag. 499-548, un exposé
complet de tout ce qui se passa dans la réunion de l'*Association protestante*. Cet exposé, écrit avec soin et peut-être
aussi avec un peu de vivacité, renferme une foule de renseignements curieux et intéressants pour l'histoire des
catholiques d'Angleterre et d'Irlande.

Si nous avons réussi à donner une idée assez exacte de
l'agitation que fit naître à diverses époques la publication
ou la réimpression de cette traduction de l'Ecriture-Sainte,
on comprendra sans peine comment nous avons pensé qu'un
livre qui avait obtenu ce genre particulier de célébrité
méritait de devenir l'objet d'une notice développée qui le
rattachât d'une manière spéciale à l'histoire de l'époque

fameuse à laquelle il dut en quelque sorte son origine. Ajoutons que l'édition originale du Nouveau Testament de Reims et de la Bible de Douai est aujourd'hui un livre tellement rare que nous l'avons vainement cherché pendant plusieurs années dans les grandes bibliothèques, et que ce n'est que depuis très-peu de temps que nous sommes parvenu à en voir un exemplaire qui a généreusement été mis à notre disposition par son heureux possesseur.

G. D.

563. Sacra Bucolica, in quibus regni sanctitate florentis fœlicitas expressa, sive Cantici Canticorum Salomonis magni regis Israël poetica paraphrasis. Auctore Franc. Moncæio, Fridevalliano, Atrebatio. In-4° de 3 f. prélim. et 68 pages. – – – 1611.

François de Monceaux, seigneur de Froidevalle, était d'Arras. Il a laissé un grand nombre d'ouvrages.

564. Antonii Sanderi Primitiæ variorum poematum. In-8°, de 144 pag. 1612.

Ces poésies sont les délassements de la jeunesse de l'auteur laborieux de la *Flandria illustrata*, etc. Sanderus, né à Anvers en septembre 1586, étudia chez les Jésuites de Douai, reçut le titre de Maître-ès-arts, et plus tard celui de Docteur à l'Université de Douai. Il mourut à l'âge de 77 ans, le 16 janvier 1664, à l'abbaye d'Affinghem, où il avait été recueilli. On a de lui 40 écrits imprimés et 40 ouvrages manuscrits dont Paquot a donné les titres dans ses *Mémoires littéraires*.

565. Privilegia Calvinistorum. Pro licentia doctorale; aut. Martino Becano. In-12. 1612.

566. Urna aurea, vel in Sacro-sanctam Missam maximeque in divinum Canonem Henrici Hollandi Expositio. In-12.   –   1612.

Henri Hollandus ou d'Hollande, né à Worcester, en Angleterre, maître-ès-arts, fit ses études supérieures à Douai. Ses écrits sont peu estimés.

567. Histoire chronographique des Comtes, pays et ville de Saint-Paul en Ternois ; par M. Ferry de Locre, Paulois, pasteur de Saint-Nicolas d'Arras. In-4° de 3 feuil. prélim. et 82 pag.   –   –   –   1613.

Morceau important pour l'histoire de l'Artois.

PIERRE BORREMANS. 1604 – 1616.

568. Oraison non moins dévotieuse que substantieuse de Dom Jean Trithême, Abbé de Spanheim, traictant des douze renards causans la ruyne de la religion, translaté de latin en françois, par M. Walrant Caoult. In-18 de 151 pag.   –   –   –   1604.

Imprimé in-24, en 1607. Nous avons aussi trouvé la mention d'une édition de 1604 chez Jean Bogard.

569. Epistre de F. Umberte, cinquiesme Maistre général de l'Ordre de FF. Prescheurs, traitant des trois vœuz et autres vertus concernantes principalement les religieux. In-24, de 197 pag.   –   –   –   1604.

570. Livre de la réformation des religieuses,

contenant un très-beau dialogue entre Jésus-Christ , espoux , et la religieuse, son espouse, composé par D. Denis de Rickel , Chartreux. In-24. — — — 1604.

571. Ara Cœli , seu Concionum de honorario a Magis orientis Jesu infanti in Bethleem oblato decades tres ; aut. F. Phil. Boskiero. In-12. — — — 1606.

Réimprimé chez le même en 1607.

Philippe Bosquier était de Mons ; il a laissé une infinité d'écrits peu connus aujourd'hui et peu dignes de l'être. Il mourut à Avesnes en 1636.

572. * Le jardin des Roses et la vallée des Lys. In-24. — — — 1606.

Ce petit livre est probablement une traduction des opuscules latins d'A-Kempis , qui portent le même titre.

573. * Monomachia Jesu-Christi et Luciferi incruenta : Conciones xl. De tentationibus Christi in deserto notæ ; aut. Phil. Boskiero. In-12, de 313 pag. — — 1607.

574. Codrus Evangelicus, seu concionum XL ad populum Audomarensem de Passione Domini notæ ; aut. Phil. Boskiero. In-18. 1612.

575. Scholastica Commentaria in primam partem S. Thomæ ; auct. Des Bans. 2 vol. in-fol. — — — — 1614.

576. Soto, in octo libros physicorum Aristotelis Quæstiones , castig. et ill. opera J. de

Brauwer. In-4°.   -   -   1613.

Dominique Soto , dominicain espagnol , né en 1494 .
prédicateur , jouit de son temps d'une grande estime ; il
refusa l'évêché de Ségovie, et fut choisi par Charles-Quint
comme juge du célèbre différend entre Barthelémi de Las
Casas et Sepulveda , au sujet de la conquête des Indes. Il
mourut à Salamanque, le 15 novembre 1560.

577. * Commentarii in lib. iv. Pet. Lombardi,
etc. Aut. Guil. Estio. 4 vol in-fol.   -   1615.

578. Jardin d'hyver , ou Cabinet de fleurs ,
contenant en 26 élégies les plus rares et si-
gnalez fleurons des plus fleurissans parterres,
illustré d'excellentes figures représentantes au
naturel les plus belles fleurs des jardins do-
mestiques , par Jean Franeau , Licenciè-ès-
droits , Sieur de Lestocquoy. In-4° de 6 f. prél.
et 198 pages.   -   -   -   1616.

Volume rare orné d'un joli frontispice et de 51 figures
gravées à l'eau-forte par Antoine Serrurier.

Ce livre est curieux, autant par la facilité des vers et la
belle exécution des gravures que par l'érudition renfer-
mée dans les notes qui suivent chaque élégie ou pièce de
vers. Ce n'est pas encore le goût épuré de Malherbe , mais
déjà la poésie de Franeau est dégagée des tours vicieux du
marotisme et de l'affectation qui dépare plusieurs ouvrages de la même époque.

579. * Pastorum instructiones a S. Carolo
Borromæo. Ed. Sylvio. In-12.   -   1616.

MARC WYON. 1609 – 1630.

580. * Explicatio doctrinæ S. Thomæ , de motore primæ motionis ; auct. Franc. Sylvio. In–4°.   –   –   –   -   1609.

François Dubois , en latin *Sylvius* , né à Braine-le-Comte, fut professeur de théologie à l'Université de Douai de 1613 à 1649, et chanoine de St.-Amé. Il mourut le 27 février 1649.

581. Vincentii Lirinensis , Galli , adversus prophanas hæreseon novationes , libellus vere aureus , distinctus in capita , et notis uberioribus opera viri docti illustratus. In-16 de 10 f. et 136 pag.   –   –   -   1611.

582. Histoire admirable de la possession et conversion d'une pénitente , séduite par un prince des magiciens , la faisant sorcière et princesse des sorciers au pays de Prouence , conduite à la Sainte-Baume pour y estre exorcisée l'an M. D. C. X. au mois de novembre , soubs l'authorité du R. P. Sébastien Michaëlis, Prieur du convent royal de la Sainte Magdaleine à Saint Maximin et dudit lieu de la Sainte Baume , commis par luy aux exorcismes et recueil des actes le R. P. F. François Domptius, docteur en théologie en l'Université de Louvain , de l'Ordre des Frères Prêcheurs , etc. Ensemble un discours des Esprits du susdit

P. Michaëlis, pour entendre et resoudre la
matière difficile des sorciers, et les cognoistre.
Le tout fidellement recueilly , et très bien
vérifié. In–8° de 12 f. prélim. 636 pag. et 7 f.
d'index.   -   -   -   1613.

Ouvrage curieux et singulier dont il existe un assez
grand nombre d'éditions ; ce qui n'empêche pas qu'il ne
soit assez rare.

583. Chansons spirituelles, divisées en trois
livres , par Philippe de Vliesberghe , dit Deschamps , seigneur de Porville. In–4° oblong ,
avec la musique notée.   -   1613.

584. Fr. Sylvii oratio I et II in laudem D.
Thomæ Aquinatis, Doctoris angelici et com-
munis , habitæ in choro PP. Prædicatorum.
In–4°.   -   -   -   -   1613.

585. * Comment. in D. Thomam ; aut. Des
Bans. In–fol. 4 vol.   -   -   1614.

586. S. Thomæ Aquinatis Summa Theologica in qua Ecclesiæ Catholicæ Doctrina universa, etc. ; in tres partes ab auctore suo distributa. In–fol.   -   -   1614.

587. Prosperi Farinacii Jurisconsulti Romani Tractatus de hæresi. In–fol.   -   1616.

Les œuvres complètes de cet écrivain ont été publiées
chez le même, en 1618, 6 vol. in-fol.

Prosper Farinaccio , célèbre jurisconsulte , naquit à
Rome le 30 octobre 1554. Avocat, il ambitionna la charge

de procureur fiscal qu'il exerça avec beaucoup de sévérité, quoiqu'il ne fût rien moins que sévère pour lui-même. Le Pape Clément XIII disait à ce sujet, faisant allusion au nom de Farinaccio : *que la farine était excellente, mais que le sac dans lequel elle était ne valait rien.* Ses autres ouvrages sont : *De Immunitate Eccles. ; Repertorium de Contractibus ; Repertorium de ultimis voluntatibus ; Praxis et Theoria criminalis ; Repert. judiciale ; Consilia ; Fragmenta ; Decisiones; Variæ Quest. ; Tract. de testibus ; Decisiones posthumæ.*

588. Liber sententiarum ex sacris litteris et antiquis Ecclesiæ Doctoribus collectarum, etc. Per. Fr. Sylvium. In-12. - 1616.

Cet ouvrage avait déjà été imprimé en 1614, chez la veuve Laurent Kellam. In-8º.

589. * J. Lorini, Commentarii in Leviticum. In-fol. 1620.

590. * Sylvii Commentarii in tertiam partem S. Thomæ. In-fol. – – 1622.

Le commentaire complet de Dubois sur St.-Thomas a été imprimé à Douai en 1662, 4 vol. in-fº.

591. * Summa divi Thomæ Aquinatis. Ed. Barth. Peeters. In-fol. - 1623.

592. Gallo-Flandria sacra et profana: in qua urbes, oppida, regiunculœ, municipia, et pagi præcipui Gallo-Flandrici tractus describuntur ; horumque omnium locorum antiquitates, religio, mores, sacra ædificia, piæ fundationes, principes, gubernatores, et magis-

tratus proponuntur. Dein Annales Gallo-Flan-
driæ ; aut. Joanne Buzelino, Cameracensi, In-
fol.   –   –   –   –   1624.

Réimprimé chez le même en 1625.

Jean Buzelin, jésuite, né à Cambrai vers 1571, mourut
à l'âge de 56 ans, en 1626. Il a publié quelques autres ouvrages cités dans cette Bibliographie.

Cet écrivain manque de critique; mais son livre contient
beaucoup de chartes et de documents d'un grand intérêt
historique.

593. Certaine méthode et moyen très-as-
seuré pour gauger et réduire le cheviron à la
gauge de Flandre. In-32.   -   1618.

594. Le Fouet divin des jureurs, parjureurs
et blasphémateurs du tres sainct nom de Dieu,
de Jésus et des Saincts, divisé en deux parties,
contre lesquels et pour remede d'iceux, la
Confrairie du tres sainct nom de Dieu et de Jésus
a esté instituée par les religieux de l'ordre des
frères prêcheurs. Extrait de divers autheurs et
dignes de foy, par le R. P. F. Bernard, licencié
en théol., religieux du mesme ordre du couvent de Douay. In-12 de 30 f. prél. 252 pag. et
3 f. de table.   –   –   –   1618.

Ce livre, qui porte au titre les armes de la ville de
Douai, est dédié : A très-honorez et prudents seigneurs,
messeigneurs les Eschevins, Six-hommes, et Messieurs du
conseil de la ville et Vniversité de Douay. Il offre un mé-
lange de citations et d'allusions empruntées à l'histoire
sainte et à la mythologie.

Une première édition avait été imprimée à Rouen en 1608, par Vinc. Mussart. Il est fait mention d'une autre édition imprimée à Douai en 1718.

595. Histoire de Tournay, ou quatre livres des Chroniques, annales, ou démonstrations du christianisme de l'évesché de Tournay, par Messire Jean Cousin, Tournesien, licencié en théologie, et chanoine de l'église cathédrale de Tournay. 2 vol. in-4° — 1619 et 1620.

Ce livre, par une singularité remarquable, est dédié : *au Seigneur des Seigneurs, Jésus-Christ, notre Dieu, auteur de nostre christianisme.*

596. Beati Gosvini celeberrimi Aquicinctensis Monasterii Abbatis septimi Vita, a duobus diversis ejusdem Cœnobii monachis separatim exarata, e veteribus Mss. nunc primum edita. Cura R. P. Richardi Gibboni. In-12. 1620.

597. Brevis et succincta Narratio miraculorum Virginis Foyensis quæ singulari Dei munere, e latebris annosæ quercus enituit. Aut. R. P. Petro Bovillio. In-12, de 7 f., 85 pag. et 6 f. de table, avec une gravure. - 1620.

598. Orationes theologicæ; auct. Francisco Sylvio. In-12. — — — 1621.

599. La règle de Saint Benoist, mise en françois par François Dubois. In-12. - 1621.

Cette traduction fut faite à la demande de la vénérable mère Florence de Werquignœul, première Abbesse de Notre-Dame de la Paix à Douai.

600. Historia Anglicana ecclesiastica a primis gentis susceptæ fidei incunabulis ad nostra fere tempora deducta , auctore Nicolao Harspsfeldio , Archidiacono Cantuariensi. Abjecta brevi narratione de divortio Henrici VIII Regis ab uxore Catharina, scripta ab Edmundo Campiano. Nunc primum in lucem producta studio et opera R. P. Richardi Gibboni , Angli, societatis Jesu. In-fol.   –   –   1622.

Ouvrage curieux et assez rare.

601. Sermons et Méditations tissus des doctrines sur les Mystères de notre Rédemption , depuis l'Incarnation de Jésus–Christ jusqu'à la Pentecôte; le tout tiré des œuvres latines du P. Thomas A Kempis et mis en françois par J. de la Rivière. In-12.   –   –   1626.

602. * Le Philosophe ou Admiration. L'Orateur ou Rhétorique Chrétienne. Le Prince ou Imitation de Dieu. Le Vassal ou le Fief , par Philippe de Broïde, conseiller. In–8°, de 8 f. prél. et 668 p.   –   –   1627.

Ph. de Broïde, docteur et professeur en droit à l'Université de Douai , était né à Aire en Artois. Il avait épousé la fille de François Pollet, célèbre jurisconsulte, auteur de l'ouvrage indiqué sous le n° 26 de cette bibliographie.

Bibl. de M. Arthur Dinaux, de Valenciennes.

603. * Coustumes de la ville et eschevinage de Douay confirmées et décrétées par le Roy nostre Sire, Comte de Flandres. In-4°.   1627.

604. Quatre livres de l'Imitation de Jésus-Christ par M. Thomas des Champs, dit A Kempis, mis en françois par R. Gautier, avocat. In-12.   -   -   -   1629.

605. Feriæ Academicæ ; aut. Soto Scoto. In-8°.   -   -   -   1630.

GÉRARD PINCHON. 1609 – 1630.

606. Moralitates Bibliorum , aut. Pet. Berchorio. In-8°.   –   -   1609.

607. * Mart. Becani Analogia veteris et novi Testamenti.   –   -   1627.

Réimprimé chez le même en 1632.

Martin Becan ou Van der Beeck , né à Hilveren-Beeck, près de Bois-le-Duc , en 1561 , entra chez les Jésuites en 1583 , où il enseigna la philosophie pendant 22 ans. Il mourut à Vienne le 24 janvier 1624. Il était confesseur de l'empereur Ferdinand II. On connaît peu d'écrivains aussi féconds que Becan ; il a laissé un grand nombre d'ouvrages ; celui dont on vient de lire le titre obtint une grande célébrité, et il a été fréquemment réimprimé. Nous ajouterons qu'il mérite encore d'être lu.

608. Theologiæ Scholasticæ pars prima, in duos tomos distincta. In-8°.   –   1627.

609. Annales monastici, sive Chronologia libris septemdecim totidemque seculis distincta. Auctore R. P. F. Prospero Stellartio. In-4°.   –   -   -   1627.

Cet ouvrage , rempli de faits apocryphes , est peu digne d'être consulté.

610. Hierogazophylacium Belgicum, sive Thesaurus Sacrarum Reliquiarum Belgii ; aut. Arnoldo Rayssio, Belga-Duaceno. In-12, de 15 feuil. prél. et 577 pag. - 1628.

Arnold de Raisse était chanoine de l'église de St.-Pierre à Douai.

611. Ex D. Justiniani Institutionibus Erotemata, seu Interrogationes, in legalis militiæ tyronum usum, per Christophorum Phreislbeium. In-32, de 432 pag. – 1629.

612. Allumettes vives pour embrazer l'ame à la hayne du péché et à l'amour de la vertu par la considération de la Passion de Jésus-Christ. Distinguées en xxi exercices, par R. P. Dom Jean d'Assignies, Abbé de Nizelles. In-12, de 15 f. prél. et 497 pag. – 1629.

613. A Defence of Catholikes persecuted in England. Invincibly proving their holy religion to be that which is the only true religion of Christ; and that they in professing it are become more faithfull, dutiful and loyall subjects to God, their King and Country. Composed by an old student in Divinitie. In-8°. 1630.

Un autre ouvrage sur le même sujet, imprimé également à Douai, mais sans nom d'imprimeur et sans date, se trouve indiqué dans le 6e catalogue, Rich. Heber, sous le titre suivant :

An Epistle of the Persecution of Catholikes in Englande translated out of frenche into englishe and conferred with the latyne copic (supposed to have been written by R. Parsons) by G. T. With an Epistle by the translator to the right honorable Lordes of her majesties preèvie councell. Imprinted at Douay in Artois. In-8º.

Ces deux écrits sont également rares.

614. La vie de Sainct Maurand , Abbé , patron de la ville de Douay. Recueilly de diuers autheurs, Hucbald, Surius, Molanus, Chronicques de Cambray et d'Arras , Mss. de Marchiennes et de Sainct Amé. Par M. Jacques Pollet , docteur en théologie. In-12 , de 51 pages. - - 1630.

615. Aristotelis aliorumque Philosophorum ac Medicorum Problemata. P. in-8º obl. 1633.

L'exemplaire que nous avons vu appartient à la bibliothèque de M. le baron de Guerne.

Cet ouvrage avait déjà été imprimé en 1633, de format in-12, chez Gérard Patté , selon le catalogue des Ecossais de Douai.

John HEIGHAM. 1612—1617.

616. A Memoriall of a christian life wherein are treated all such thinges, as appertaine unto a christian to doe etc. By the famous religious Father F. Lewis de Grenada. 2 vol. In-8º. - - - 1612.

Cette traduction est de Richard Hopkins , qui a signé la dédicace, sous la date de 1586.

Le seul exemplaire de ce livre que nous ayons vu appartient à la bibliothèque de M. le conseiller Bigant.

617. A treatise of penance , by William Staney. In-18. - - 1617.

Veuve LAURENT **KELLAM**. 1614–1661.

618. Guilielmi Estii S. T. Doct. et Prof. primarii necnon Cancellarii Duacensis Orationes theologicæ. In–18.   –   –   1614.

619. * Relatio Incarcerationis et Martyrii P. Joannis Olibei, natione Scoti. S. J. In–8°. 1615.

620. Opera omnia Divi Ælredi Rhievallensis quondam in Anglia ex ordine cisterciensi Abbatis et D. Bernardi contemporalis ; opera et studio R. P. Richardi Gibboni. In–4°.   1616.

Réimprimé en 1631.

Aelrede ou Ethelrede, abbé de Rieval en Angleterre, mourut l'an 1166. Il était, dit-on, allié de la maison royale d'Angleterre. On a de lui un grand nombre de sermons et d'écrits.

621. Apostolicæ sedis Definitiones veteres de gratia Dei. In–12.   –   –   1616.

622. Exercices dévots et journaliers à l'honneur du Glorieux Espoux de la Très Sainte Vierge Marie Mère de Dieu, par Nicolas de Montmorency , chevalier et baron de Haveskerke. In–12 de 6 f. prél. et 162 pag.   1616.

623. Coffret spirituel rempli d'espitres melliflues de S. Bernard , et d'un petit traicté du vice de propriété monastique composé par le R. Abbé Jean Trithemius , le tout mis en

nostre vulgaire par F. Jean d'Assignies ,
Religieux de Cambron. In-12 de 4 feuil. prél.,
471 pag. et 7 feuil. de table.   –   1619.

Jean Trithême, abbé de Spanheim, né à Tritenheim le
1ᵉʳ février 1462 , mort le 13 décembre 1516 , a laissé
plusieurs ouvrages.

624. Philippi Abbatis Bonæ Spei Opera
omnia , ed. Phil. de Harveng. In-fol.   1620.

625. Alphabeticum curiositatis Promptua-
rium, festivo exemplorum atque sententiarum
apparatu copiosissimé exornatum , per Hub.
d'Assonleville. In-4°.   –   –   1625.

Hubert D'Assonleville était de Raisme en Hainaut et
prieur du monastère du Haut-Mont. Il mourut le 6
mai 1633.

626. * Recueil de la Vie et des Vertus et Perfections de St. Martin , Evêque de Tours , tiré
des plus graves auteurs. In-16.   –   1625.

627. * Vie de Sainte Dorothée , par Jean
d'Assignies. In-12.   –   –   1625.

628. Apostolatus Benedictinorum in Anglia,
sive Disceptatio historica de antiquitate ordinis
congregationisque Monachorum Nigrorum in
regno Angliæ , etc. Aút. R. P. Clemente Rey-
nero. In-fol.   –   –   –   1626.

629. * Officia parva septem ; aut. Franc. Sylvio. In-16.   –   –   –   1628.

630. A three-fold mirrour of man's vanitie
and miserie : the first written by that learned
and religious father John, Trithemius, moncke
of the holy order of S. Bened. and abbot of
Spanheim , faithfully englished , by the rev.
father Ant. Batt , Moncke of the holy order.
In–18.   –   –   –   1633.

631. A Censure about the rule of beleefe
practised by the protestants , written in latine
by the most ven. father Valerian. In–4°. 1634.

632. Constitutions ou Règles de Ste. Brigitte,
très grande servante de Dieu. In–12.   1635.

633. *Propugnaculum reformationis monasticæ ordinis S. Benedicti ; aut. Gerardo Rym.
In–4°, de 528 pag.   –   –   1635.

Gérard de Rym était de Gand. On ne connaît pas exactement l'époque de sa naissance. Il fut Abbé de St.-Pierre
de Gand, et mourut dans cette ville le 27 août 1636.

634. Illustriss. et Rev. DD. Gaspari Nemio
ex-Antistiti Antwerp, metrop. Cam. Eccl. Arch.
Cam. Duci; Plausus poeticus, vitæ seriem complectens , in solemni ejusdem ecclesiæ inau-
guratione, a D. Simone Nepveu J. U. D. Duaci.
In–4°, de 14 pag.   –   –   1652.

Eglogue allégorique. Les personnages sont la Lis , un
Génie, la Scarpe, l'Escaut, la Sambre et l'Aa.

635. Calendarium romanum novum et As-
tronomia Aquicinctina cum nova ac facili

methodo inveniendi characteres omnes temporum ; auct. D. Joanne d'Espierres. In-
folio.   –   –   –   1657.

Jean d'Espierres était docteur en théologie et grand-
Prieur du monastère d'Anchin.

636. Eloges des Saints , divisés en deux
parties , par le Rév. P. Turien Lefebvre. Petit
in-folio.   –   –   –   1657.

Cet ouvrage avait été imprimé en 1639 chez la veuve
Marc Wyon.

Turien Lefebvre, jésuite, était né à Douai en 1608.

637. Jesus Esus novus , orbis famis et sitis,
animi vera satietas, in pusilmundo duce amore
fido quæsita et inventa , duobusque cantibus
communione et unione gustata. Leopoldo
Ignatio Imperatori scribebat dicabatque Gualterus Paulus. In-fol.   –   –   1661.

Gautier Pauli , ou Gualterus Paullus naquit à Hui , au
pays de Liége , en 1587. Il professa la théologie et la philosophie à l'Université de Douai , comme docteur , et fut
ensuite, à Rome, Censeur général des livres de l'ordre des
Jésuites auquel il appartenait. Il mourut à Douai , le 17
avril 1672.

Son livre est un roman spirituel mêlé de prose et de
vers.

638. Encomium rhythmicum regii invictissi-
mique principis Joannis Austriaci Belgicarum
provinciarum gubernatoris , liberatoris , etc.
Concinnabat M. Guil. Desmas, Valencenensis
S. T. L. Pastor in Douchy. In-4° oblong. 1657.

NOEL *ou* NATALIS WARDAVOIR. 1614-1616.

639. Exposition du devot et solemnel transport du corps de S. Severin, martyr , du cimetière de Priscille à l'église des PP. de la comp. de Jésus à Valenciennes. In-18, de 96 p. 1614.

On trouve dans ce petit volume fort rare :

1º. Un Sonnet à Priscille.

2º. Une dédicace à MM. les Prévôts, Eschevins et Conseils de Valenciennes.

3º. De l'exposition.

4º. Un discours en vers sur la translation des martyrs.

5º. Plusieurs oraisons.

640. Triumphus Sacer SS. Terentiani et Socii , Martyrum , sive sacrorum utriusque corporum Atrebato Duacum gloriosa translatio. Auct. R. P. Petro Halloix , S. J. In-12 de 238 pages.   —   —   —   1615.

On trouve plus haut l'indication d'une traduction française imprimée la même année chez Pierre Auroy.

Les corps de ces saints avaient , comme celui de Saint Severin , été exhumés du cimetière de Priscille à Rome.

641. La manière d'honorer S. Severin et son compagnon, martyrs, tirée de la coustume de l'église primitive , avec le fruit qu'il faut recueillir de leurs sacrées reliques , dédiée au peuple de Valenciennes , par un père de la compagnie de Jésus. In-12 de 215 pag.   1616.

Bib. de M. Arthur Dinaux, de Valenciennes.

Veuve Pierre BORREMANS. 1616-1622.

642. Natales Sanctorum Belgii et eorumdem Chronicæ recapitulatio ; auct. Joanne Molano. In-8°, de 12 f. pr., 200 p. et 19 f. d'index. 1616.

Le titre de ce volume et le calendrier sont imprimés en lettres rouges et noires.

643. * G. Estii Annotationes in præcipua ac difficiliora Sacræ Scripturæ loca. In-fol. 1621.

Réimprimé à Douai en 1629.

644. Actus Apostolorum a S. Luca conscripti ; et in eosdem commentarius perpetuus Deo dante concinnatus per Barth. Petrum Lintrensem. In-4° de 642 pag.   —   1622.

Réimprimé en 1627 chez la veuve Laurent Kellam.

Barthélemi Peeters ou Petri, de Lintre, village de Brabant, naquit vers 1547.

Gérard PATTÉ. 1616 - 1649.

645. Francisci Riberæ Villacastinensis, Presbyteri S. J., S. T. D. et sacrarum litterarum Salmanticæ professoris, in sacram B. Joannis apostoli et evangelistæ Apocalypsin Commentarii. Ed. Petr. Halloix. In-8°.   1623.

646. * De statu hominis post peccatum ; auct. Franc. Sylvio. In-16.   —   —   1624.

647. Apologetica pro S. Thoma Aquinate
oratio. In-16.   –   -   1624.

648. La toute-puissance guerrière représentée en la personne de la sacrée Vierge Marie
et présentée aux catholiques en ce temps de
guerre, par Ant. de Balinghem. In–16. 1625.

649. Præceptiones logicæ superiorum dis-
ciplinarum, ac præsertim S. Theologiæ exemplis illustratæ, libri duo. In–12.   –   1625.

Réimprimé en 1635.

650. * Cursus Theologiæ Scholasticæ, aut.
Martino Becano. In-8°, 3 vol.   –   1627.

On cite une édition de 1630, chez le même.

651. * Francisci Montmorencii, e Societate
Jesu, poetica Canticorum Sacrorum expositio.
Ad S. D. N. Urbanum Papam VIII. In–4° de 6 f.
prél. et 189 pag.   -   –   1629.

Réimprimé à Douai plusieurs fois.

François de Montmorency était d'Aire en Artois ; il fut
doyen de la cathédrale de Saint-Lambert à Liége, et mourut à Douai le 5 février 1640.

652. R. P. Joannis Præpositi, Atrebatis, e
Societate Jesu, Commentarii in tertiam par-
tem S. Thomæ, de Incarnatione Verbi divini,
Sacramentis et Censuris. In-fol.   –   1629.

653. Commentarii in primam et secundam
partem S. Thomæ, de Deo uno et trino, de

Angelis , et Operibus sex dierum ; aut J. Præposito. In-fol. 2 vol.   —   1631.

654. * Conceptions théologiques sur les quatre fins de l'homme, preschées en un Avent par Louis Besse , docteur en Théologie. In-8° de 602 pag. et 12 f. de table.   —   1632.

655. De instructione Sacerdotum et peccatis mortalibus , aut. Fr. Toleto. In-8°.   1633.

François Tolet , cardinal , l'un des plus savants théologiens de son temps , était né à Cordoue en 1532. Il fut un des principaux auteurs de la réconciliation d'Henri IV avec le Saint-Siége. Il est mort en juin 1596.

656. * Oratio de Sanctissima Trinitate ; aut. Franc. Sylvio. In-12.   —   —   1633.

657. Le Chancre ou Couvre-sein féminin , ensemble , le Voile ou Couvre-chef féminin , par J. P. , chanoine théologal de Cambray. In-12, de 181 pag.   —   —   1635.

Ce livre , qui n'a de piquant et de curieux que le titre , est de Jean Polman. Cet écrivain, né à Tubise, diocèse de Malines , mourut le 8 avril 1657. Il avait dédié son livre à très haute, très puissante et très vertueuse dame, madame Louyse de Lorraine, Princesse de Ligne , d'Amblize et du Sainct Empire , Marquise de Roubaix , Comtesse de Faulquenberghe , Baronne d'Antoing , etc.

Pour donner une idée de son style , nous transcrivons le paragraphe qui forme la conclusion de ses déductions sur la nécessité de se couvrir la gorge :

« Aduisés donc , mes dames , si vous voulés que vostre

» poitrine désormais soit la retraicte du diable : que vostre
» sein soit la couche de Sathan : que vos mammelles servent
» d'oreillers aux demons : que vos tetins servent d'allu-
» mettes à ces bouttefeux d'enfer. »

L'ouvrage, tout entier dans ce style, qu'on qualifierait de licencieux de nos jours , avait été approuvé par le prévost de Saint-Pierre et par le doyen de Saint-Amé.

658. Theologia moralis , auct. Paulo Lay-
mann. In–fol.   –   –   1635.

Réimprimé à Douai en 1640 et en 1655 , à Mons, en 1654. La première édition avait été publiée à Paris en 1630.

659. * Summulæ F. Joannis a S. Thoma , S.
T. M. Edid. L. B. Loth. In–12.   –   1635.

660. * Resolutiones casuum variæ ; aut. Fr.
Sylvio. In–4°.   –   –   1638.

661. De præcipuis fidei nostræ orthodoxæ
controversiis cum nostris Hæreticis; aut. Fr.
Sylvio. In–4°.   –   –   –   1638.

662. * Commentarius in Genesim ; aut. Fr.
Sylvio. In–4   –   –   –   1639.

Cet ouvrage , ainsi que les précédents du même auteur, ont été imprimés plusieurs fois à Douai.

663. * Manuale Parochorum , ad usum diœcesis Atrebatensis , autore Hermanno Ortem-
berg , Episcopo. In–4°.   –   –   1644.

664. La Sagesse ensevelie , ou bien Discours
funèbre prononcé dans l'église collégiale de

Saint-Amé , aux funérailles de Monsieur François Sylvius , docteur et professeur royal en la sacrée théologie dans l'Université de Douay , Chanoine et Doyen de ladite église, par le R. P. M. C. Imprimée par ordonnance des exécuteurs testamentaires. In-12 de 82 pag.   –   1649.

Barthélémi BARDOU. 1617 – 1641.

665. Exercices spirituels pendant la célébration de la S. Messe ; par Jean Des-Loix. In-12.   –   –   –   1617.

Jean Des-Loix , né à Tournehem en Artois en 1568 , était dominicain au couvent de Saint-Omer. Comme provincial de son ordre , il contribua à l'érection du collége de Saint-Thomas à Douai. La congrégation du Saint-Office le nomma inquisiteur de la Foi : il exerça ces fonctions pendant 28 ans à Besançon. Il mourut à Saint-Omer le 22 janvier 1658 , dans la 90e année de sa vie.

666. * Opuscula in tres controversias triplicis theologiæ divisa ; aut. Fr. ab Arauyo. In-12, de 664 pag.   –   –   1633.

Le P. de Arauyo, Evêque de Ségovie, mourut le 19 mars 1644. On lui a attribué un Traité de la grâce, où il s'éloigne du sentiment ordinaire des Thomistes.

667. Alnoldi Raissii Duacenatis , Belgica Christiana , sive Synopsis successionum et gestorum Episcoporum Belgicæ provinciæ. In-4°.   –   –   –   1634.

668. Relation des persécutions souslevées contre la foy de Jésus-Christ en divers royaumes du Japon ès années 1628 , 1629 et 1630 : Au très-révérend Père Mutius Vitelleschi , Général de la comp. de Jésus. Traduite fidelement de l'italien. In-18 , de 297 pag.   1635.

669. Abrégé de la vie du B. Albert-le-Grand, de l'ordre des FF. Prescheurs. Ensemble aucuns sermons et oraisons faictz durant le jour et octave de sa béatification en suite de l'ordre observé au couvent des FF. Prescheurs de la ville et Université de Douay , le 29 du mois de septembre de l'an 1635. Dédié à Monseigneur de Marchiennes, D. Jean du Joncquoy ; par le R. P. F. Philippe Petit, Prédicateur général et Prieur dudit couvent. In-12, de 294 p.   1638.

Cet ouvrage avait eu une première édition.

Philippe Petit naquit à Bouchain vers 1590 et fut régent du collége de Saint-Thomas d'Aquin. Il mourut le 14 avril 1661.

670. Histoire des Saints de la province de Lille , Douay , Orchies , avec la naissance , progrès , lustre de la religion Catholique en ces Chastellenies ; par un R. P. de la Comp. de Jesus. In-4°.   —   —   1638.

Ce livre est du R. P. Martin Lhermite. Il renferme de curieux documents sur les trois châtellenies et mérite d'être consulté par tous ceux qui veulent connaître exactement l'histoire de ce pays. L'auteur manque malheureusement de critique.

671. * Liber paræneticus , de Jubilæo Societatis Jesu , Anno sæculari ejusdem ; aut. Jo.
Bourghesio., In-12.   –   –   1641.

672. Cœnobiarchia Gisleniana , sive Catalogus præsulum Abbatiæ Cellæ apostolorum
sive sancti Gisleni in Ursidungo,etc.; aut. Arn.
Raissio. In-12, de 78 pag.   –   1641.

673. Cœnobiarchia Crispiniana, seu Antistitum monasterii S. Landelini de Crispinio res
gestæ; aut. Arn. Raissio. In-4°, de 4 f. prél. et
105 pag. avec une gravure.   –   1642.

Jean de FAMPOUX. 1618-1649.

674. * Lilium Marianum , seu de Sodalium
marianorum castitate , in gratiam juventutis
parthenicæ ; aut. Car. Musart. In-12 , de 198
pag.   –   –   –   1622.

675. Vita B. Joannis a Deo , religiosorum
fratrum qui curant infirmos Institutoris. His-
panice primum scripta a R. P. Franc. a Castro.
Deinde in Italicum sermonem per J. F. Bor-
dini et postea in Gallicum versa per Franc. de
Harle. Nov. vero latinitate donata ab Arnoldo
de Raisse. In-12, de 12 feuill. prél. et 216 pag.
orné d'un portrait au burin.   -   1623.

676. L'Exercice spirituel pour tous les jours
de la semaine , divisé en 14 méditations par

Luys de Grenade et traduit du latin en françois
par Fr. Primault. In-16.   -   1625.

677. Historia Sanctorum cathedralis ecclesiæ Tornacensis patronorum : instar hymnorum et lectionum quæ in ecclesia recitari
solent. Opera J. Cognati Tornacensis Canonici.
In-12.   -   --   -   1626.

678. Le Bouquet sacré de la Bienheureuse
Vierge Marie du Mont-Carmel ; par Isidore de
Saint-Joseph. In-12.   -   -   1627.

679. Stemmata et Flores , sive Diarium
Sanctorum , desumptum ex Martyrologiis Ro-
mano et Usuardi , et iambicis versiculis ador-
natum ; aut. R. P. Jacobo Corn. Lummenæo a
Marca. In-4°, de 2 feuill. et 118 pag.   1628.

Jacques Corneille Van Lummen Van Marck naquit à
Gand vers 1570 et mourut à Douai en 1629. On doit dire
qu'il a été l'objet d'éloges trop exagérés , quoiqu'il ne fût
pas un écrivain sans mérite.

680. Musæ lacrymantes , sive Pleias tragica ,
id est , septem Tragœdiæ sacræ ; auct. R. P.
Jacobo Corn. Lummenæo a Marca. In-4°. 1628.

Voici les titres des tragédies que renferme ce volume :
Bustum Sodomæ. — Abimelech.—Jephte— Sampson.—
Saül.—Ammon. — Sedecias.

681. Anima evigilans e somno peccati ; aut.
Car. Musart. In-12.   -   -   1629.

682. * Fasciculus Myrrhæ , ex scriptis S.

Bernardi. In-4°.   –   –   1630.

683. L'avant-goût du vin ; déclaration de sa nature , faculté médicale et alimentaire : la manière de préparer les vins artificiels , et d'extraire l'esprit et la pure quintescence d'ice-luy ; par Eng. Lamelin, médecin. In-8°. 1630.

684. * Doctrine spirituelle enseignant un moyen assuré de s'acheminer en la vertu. In-12.   –   –   –   1630.

685. * Abrégé de la vraie science nécessaire au salut. Petit in-8°.   –   –   1631.

686. * Vita et Beatificatio B. Ingridis Suecæ, Monialis ordinis Prædicatorum ; aut. Hyac. Choquet. In-18.   –   ·   1632.

687. Testament ou Mémorial perpétuel de Jean d'Assignies.   –   –   1635.

688. * La Guide spirituelle pour conduire les âmes à une bonne confession , par Dom Gué-rard , Dominicain. In-12.   –   –   1640.

Quoique cet ouvrage et celui qui suit , du même auteur , aient été plusieurs fois réimprimés , ils sont d'une médio-crité qui les condamne à un juste oubli.

689. * Abrégé des Indulgences , priviléges , et règles de l'Archiconfrairie du S. Rosaire , par Dom Guérard. In-12 de 24 pag.   1640.

690. * Petit Trésor spirituel, contenant diver-ses pratiques et oraisons dévotes, par Ambroise

d'Arthois. In-16.   –   –   1641.

Ambroise d'Arthois, dominicain, a été régent et prieur du collége de Saint-Thomas à Douai.

691. Oraison funèbre sur le trépas de très haut et puissant Seigneur Messire Albert Henri, Prince de Ligne, prononcé à Bel-OEil le 7 avril 1642, par le R. P. C. In-4° de 63 pages.   1642.

692. Pharetra defensionis fratrum mendicantium, pro jure deferendi ad suas ecclesias corpora defunct. ; aut. G. Séguier. In-8°. 1648.

693. * Les vies et actions religieuses des vénérables sœurs Jeanne de Sainte-Catherine et sœur Dominique de la Croix, professes du monastère de Sainte Catherine de Sienne à Douay. In-12.   –   –   1649.

Arnold WYON. 1619.

694. Goclenius Magus serio delirans : Epistola ; aut. Jo. Roberto. In-12,   –   1619.

Jean Roberti, Jésuite, naquit à St.-Hubert dans les Ardennes le 4 août 1509, et professa la théologie et l'Écriture-Sainte à Douai. Il mourut à Namur le 14 février 1651. Nous avons de lui plusieurs ouvrages ; celui-ci est dirigé contre le livre de Goclenius, intitulé : *Morosophia.*

695. * Nathanaël Bartholomæus, seu Demonstratio qua clare probatur Nathanaëlem esse Bartholomæum Apostolum ; aut. J. Roberto. In-4°.   –   –   –   1619.

Veuve PIERRE TÉLU. 1622-1647.

696. Laudatio funebris serenissimi et pientissimi Principis Alberti, Archiducis Austriæ, Ducis Burgundiæ, Brabantiæ, etc., Belgarum Domini et Patris benignissimi ; auctore Christoph. Chamberlino Iberno, Collegii Ibernorum Duaceni nomine. *Ensemble:* Elegiæ funebres in exequiis S. P. Alberti, etc. In-4°, de 64 et 22 pages.   -   -   -   1622.

697. Narratio eorum quæ Duaci pro celebranda Sanctorum Ignatii et Francisci Xaverii Canonizatione gesta sunt. Petit in-8°, de 63 pag. fig.   -   -   -   1622.

Petit volume rare et curieux, contenant le récit et la description des fêtes qui eurent lieu à Douai le 12 juin 1622, à l'occasion de la Canonisation de St. Ignace et de St. François Xavier. Il est orné de douze planches assez médiocrement gravées à l'eau-forte, mais qni suffisent pour donner une idée des monuments accidentels qu'elles représentent. On remarque parmi ces monuments une représentation du *Mont-Parnasse*, exécutée par les soins de Marc Wyon, imprimeur, ainsi qu'une *Pyramide*, élevée à frais communs par deux autres imprimeurs, Jean Bogard et Balthazar Bellère ; sur l'une des faces de cette pyramide se lisait l'inscription suivante :

JESU CHRISTO, PONTIFICI MAXIMO
ÆTERNO EUROPÆ SOSPITATORI.

Quod recenti memoria Bohemiam ac Pannoniam subegerit ; Palatinum aliosque rebelles altero prœlio fregerit, Ugonotos Gallos ad Rupellam ceciderit, Juliacum hosti eripuerit : Ut Hæreseos monstrum totidem hisce Provinciis a S. Ignatio et ejusdem militiæ Sociis verbi gladio confectum ex orbe Christiano exturbet et porro averruncet. Ex voto ipsis divorum Ignatii et Xaverii conservationis feriis rite suscepto.

Typographi Bogardus et Bellerus D. D.

Bibliothèque de M. le conseiller Bigant.

698. Gandavillus, Idyllium comicum, illustriss. Domino D. Philippo Lamoraldo Villano Gandavo , Comiti d'Isenghien , Baroni de Rassenghien , Toparchæ in Manismes , Calk , Vestren , Lome etc. , Insularum, Duaci , Orchiaci Gubernatori, ejusque generali ordinum Ductori renunciato , Juuentus Duacena S. J. in aula Collegij Aquicinctini D. C. Q. In–4º de 7 pag. avec frontispice aux armes des diverses alliances de la maison d'Isenghien.   1624.

699. Faciliorum Geometriæ elementorum libri duo ; opera Caroli Malapertii , e S. J. In–24, de 96 pag. avec planches.   1624.

700. De Jesu–Christi concione in monte habita, ex evangelio S. Matthæi C. 5. 6. 7. Theologicæ assertiones , in Collegio Aquicintino ad exercitationem scholasticam propositæ a M. Roberto Salmon Ranchicourtensi , theologiæ Studioso : Præside R. P. Carolo Musart. In–4°, de 16 pages.   –   –   1626.

701. Sigismundi III Poloniæ et Sueciæ Regis virtutes ad modulos decantatæ inter philosophicam Gabrielis Kiliani de Bobrek disputationem sub PP. S. J. In-4°, de 20 pages orné de grav. - - - 1628.

702. Fundatio Seminarii Morbecani , insti-tuta testamento illustrissimi Domini Roberti de S. Omer , Comitis Morbecani ; executioni mandata per Illust. Dom. Jo. de Montmorency Comitem Stegrensem , Marchionem Morbec. ; translata in Collegium Marchianense Duaci. In-4°, de 25 pag. - - 1629.

Morbecque est une commune assez importante de l'ar-rondissement d'Hazebrouck , dont la seigneurie apparte-nait autrefois à la maison de Montmorency.

703. Gloria virtutis Hungaricæ , religionis, bellicæ atque politicæ peritiæ laude propagata per reges XLIII ad usque Ferdinandum III , Hungariæ et Boemiæ regem, etc. ; aut. Georg. Aloysio de Monyorobereck. In-4°, de 16 f. non chiff.,orné de onze grav. emblématiques. 1633.

704. Illustrissimo ac reverendissimo Petro Loysio Carafæ ex ducibus Nuceriæ , Episcopo Tricaricensi ac sedis apostolicæ ad Rheni limi-tem Legato Romam postliminio revertenti Propempticon. In-4°, de 15 pag. - 1634.

705. * Elegiæ sacræ : Libri tres ; aut. Jac. Jardinio , Insulense. In-12. - 1636.

Réimprimé la même année , in-16 , et, même format , en 1639.

Jacques du Jardin, Jésuite, né à Lille en 1585, fut direc-teur de la Congrégation de la Vierge , établie au Collége de Liége pour les gens de lettres. Il mourut dans cette ville le 9 novembre 1633.

706. Justa Funebria Principi Robecano. In-4°, de 48 pag., fig.   –   –   1637.

Cet opuscule, consacré à la mémoire de François de Montmorency, prince de Robecque , est orné d'un très-beau frontispice , gravé à l'eau forte par un artiste du nom de *Rucholle*, et se compose d'un panégyrique en prose, écrit par Gérard Bourgeois (Burghesius) et d'une ode composée par Everard Hock ; on y a joint en outre une paraphrase en vers du psaume xli , par le P, Fr. de Montmorency, jésuite, oncle du défunt.

Le prince de Robecque étudiait en philosophie au Collége de Marchiennes , à Douai , lorsqu'il mourut à l'âge de seize ans et demi, le 3 décembre 1636.

707. Francisci Montmorencii e S. J. Paraphrasis poetica psalmi 79 pro Batavis ad Ecclesiæ fidem et Regis obsequium reducendis votum. In-4°, de 16 pag.   –   1637.

708. Francisci Montmorencii e S. J. Paraphrasis poetica psalmi 41 in im maturo funere Nepotis Francisci Montmorencii Principis Robecani. In-4° de 16 pag.   –   1637.

709. * Primum Societatis Jesu sæculum Deiparæ Virginis Mariæ ; aut. Pennequin. In-8°.   –   –   –   1640.

710. Ferdinando Francisco Ferdinandi III et Mariæ augustorum primogenito. In-4°, avec portrait gravé au frontispice.   –   1643.

711. Joannis Antonii Van Papenbroeck Opera. In–4°.   –   –   1646.

712. Felice Sacro auspicio Eminentissimi Principis Petri Aloysii , S. R. E. Cardinalis Carafæ in academico pulvere universitatis Duacenæ decertanti , Theses ex universa philosophia , propugnante Danieli Ignatio V. Papenbroeck. In–4° , de 7 pag.   –   –   1646.

713. Epicedium in pios manes admodum rev. Dom. D. Joannis d'Isembart , celeberrimi juxta ac antiquissimi Cœnobii B. Mariæ de Baudeloo S. O. Cisterciensis apud Gandenses abbatis meritissimi, etc. In–4°, de 7 pages.   1647.

Les héritiers de JEAN BOGARD, 1627–1636.

714. A B C ou Exemplaire pour apprendre a escrire. A Douay , chez les héritiers de Jean Bogard. L'an mil six cent vingt–sept. In–4° oblong, de 12 f.   –   –   1627.

Recueil d'exemples présentant les divers genres d'écritures en usage dans le XVII⁰ siècle, parmi lesquels domine l'écriture désignée aujourd'hui sous le nom de *caractères de Civilité* ; c'était la cursive de ce temps-là. Il y a aussi quelques modèles d'écriture gothique. Les lettres initiales sont très remarquables par leur complication et leurs ornements multipliés qui les rendent quelquefois assez difficiles à reconnaître.

Chacun de ces exemples exprime une maxime religieuse ou morale, exposée en six ou quatre vers. C'est un genre

de mérite que n'ont pas toujours les modèles d'écriture,
qui ne renferment souvent que des mots sans liaison ou
même des niaiseries, comme si l'écriture, même la plus
belle, ne devait pas toujours être l'expression d'une pensée.
Voici une des maximes contenues dans le petit livre dont
nous venons de donner le titre :

> Ordonne tellement ta libre volonté
> Que touiours ton esprit soit en tranquillité :
> Garde bien de te rendre esclaue misérable
> De cela qu'a ton corps tu penses proffitable.
> Sois-en maistre et seigneur, et pense que tu tiens
> La bride gouuernante aux plaisirs et aux biens.

Ce curieux et rare opuscule fait partie de la bibliothèque
de M. le conseiller Bigant.

715. * De l'Estat heureux et malheureux
des Ames souffrantes en Purgatoire où sont
traictées toutes les plus belles questions du
Purgatoire; par le R. P. Est. Binet. In-18. 1627.

Etienne Binet fut recteur des Jésuites et prédicateur à
Paris; il mourut le 4 juillet 1639. Les ouvrages qu'il a publiés sont en grand nombre.

716. Observationes et regulæ de græcorum
nominativorum accentibus. In-18.   -   1627.

717. Joachimi Mysingeri a Frundeck Apotelesma, hoc est, Corpus perfectum scholiorum
ad Institutiones Justinianeas pertinentium.
In-4°.   -   ~   -   1633.

Imprimé la même année chez Martin Bogard.

718. * Illustrium Ecclesiæ Orientalis Scriptorum primi et secundi christianorum sæcu-

lorum Vitæ et documenta ; aut. P. Halloix.
2 vol. in-fol. - - 1633.

Imprimé de nouveau la même année chez Pierre Bogard.

Pierre Halloix, Jésuite, naquit à Liége en 1572, et jouit
de son temps d'une grande réputation comme savant. Il
mourut à Liége le 30 juillet 1656 , après avoir publié un
assez grand nombre d'ouvrages.

719. Vidua Sareptana exposita sensu litte-
rali ac mystico in tres libros ; aut. Georgio
Galopin. In-8°. - - - 1634.

Galopin était de Mons et appartenait à l'ordre des Bénédictins. Il professa la philosophie à Douai, au Collége du
Roi. Quelques-uns de ses écrits sont insérés dans les actes des Bollandistes (30 mars). Il mourut le 21 mars 1657.

720. Fr. Moschi Cœnobiarchia Ogniacensis,
sive Antistitum Ogniacensium catalogus, cum
elogiis ; auct. Arn. de Raisse. In-8°. 1636.

Oignies, sur la Sambre , au diocèse de Namur, était un
monastère de chanoines réguliers fondé en 1192 par Gilles
de Walcourt. Il est devenu célèbre par la retraite de Jacques de Vitry et de Ste. Marie d'Oignies.

François Mousquet ou Mouske naquit à Nivelles dans
le XVIe siècle. Il fut chanoine à Arras , à Seclin , et curé
d'Armentières,

721. Points et articles de la réduction de la
ville , chasteau et citadelle de Cambrai , en
l'obéissance de S. M. Catholique. In-12 de 7 f.
non chiffrés. - - Sans date.

Très-rare.—Bibl. de M. le conseiller Bigant,

722. Copie du Serment qu'ont presté les Prevost et eschevins , ensemble les bourgeois de la ville et cité de Cambray. In-12 de 4 f. non chiff.   –   –   –   Sans date.

Non moins rare que le précédent.—Bib. de M. le conseiller Bigant.

Martin BOGARD. 1630-1634.

723. Catalogus Christi sacerdotum qui ex nobili Anglicano Duacenæ civitatis Collegio proseminati præclarum fidei catholicæ testimonium in Britannia præbuerunt ; collectore Arnoldo Raissio , Duaceno. In-8°.   –   1630.

Bibl. de M. le conseiller Quenson.

724. Origines Cartusiarum Belgii publicabat Arnoldus Raissius, Duacenas. In-4°. 1632.

725. * De providentia Dei circa res temporales ; aut. V. de Bize. In-8°.   –   –   1632.

726. * F. Guilielmi Pepin , S. T. M. in universam Genesim expositio absolutissima. Ed. L. B. Loth. In-4°, de 494 pag.   –   1634.

Guillaume Pepin , Jacobin normand , mourut à Evreux le 18 janvier 1533.

Cet ouvrage est un commentaire littéral et allégorique ; il avait été publié à Paris en 1528.

727. * Opuscula theologica ; auct. Martino Becano. In-fol.   –   –   1634.

728. La vie de St. Philippe de Néri , fondateur de la congrégation de l'Oratoire à Rome , traduite en françois et abrégée par Lespagnol. In-12.   –   –   –   1634.

Veuve MARC WYON. 1630-1659.

729. Flores latinæ locutionis , ex probatissimis auctoribus. In-4°.   –   –   1630.

Réimprimé chez la même en 1635.

730. Coustumes de la ville et eschevinage de Douai, confirmées et décretées par le Roy Nostre Sire, Comte de Flandres , etc. , en l'an de grâce mille (*sic*) six cent vingt–sept , le XVI de septembre. In–4°,de 51 f.   –   –   1631.

Le permis d'imprimer est signé : A. d'Apvril, pour les Eschevins.

731. Recherche des Antiquitez et Noblesse de Flandres. Contenant l'histoire généalogique des comtes de Flandres , avec une description curieuse dudit pays. Par Philippe de l'Espinoy, Escuyer , Vicomte de Therouanne , Seigneur de la Chapelle , etc. In-fol.   –   1631.

Ouvrage curieux et important pour l'histoire du pays , trop connu pour qu'il soit nécessaire d'en parler avec détail.

732. Le Riche sauvé par là porte dorée du Ciel, et les motifs sacrés et grande puissance

de l'aumosne ; par le R. P. Estienne Binet.
In-8°.   —   —   —   1631.

733. A Draught of eternitie. Written in
french by John Peter Camus bishope of Belley,
translated into english by Will. Care, priest of
the english College of Doway. In-12.   1632.

Traduction de l'ouvrage de l'évêque de Belley, ayant
pour titre: *Crayon de l'Eternité*. Ce livre a été imprimé à
Douai en 1631, in-8°.

734. Petit traité de la réformation de l'or-
tografe françoise , très utile à tous ceux qui
font profession de bien écrire , par George
Charlet, Valencenois. P. in-12, de 60 p. 1633.

735. The ecclesiasticall historie of Great
Britaine, deduced by ages or centenaries, from
the nativitie of our Saviour unto the happie
conversion of the Saxons, etc.: written by Richard Broughton. In-fol.   —   —   1633.

736. Les Décades historiques de Jean-Pierre
Camus , Evêque de Belley. In-8°, de 8 f. prél.
628 pag. et 2 f. de table.   —   —   1633.

737. Celeberrimæ Academiæ Salmanticensis
de statuto juramento, per S. Mag. F. Basilium
Pontium. In-12, de 182 pag.   —   —   1634.

738. Les Guerdons de la vertu , avec l'épi-
thalame de Damon et de Filis , par George
Charlet, Valencenois. P. in-12, de 84 p. 1635.
Pièce de vers, très-rare.

739. Constitutions ou Règles de Sainte Brigitte très grande servante de Dieu. In-24, de
128 pages.   –   –   –   1635.

740. Les Justes questes des ordres mendians,
par J. P. Camus, Ev. de Belley. In-12. 1635.

741. Abbregé de la naissance et progrez de
la maison et Abbaye de S. Jan (*sic*) en Vallen-
cienne et du triomphe fait à l'entrée joyeuse
des glorieux martyrs S. Pierre et S. Julien, y
envoyez par nostre S. Père le Pape Urbain VIII.
Par le R. P. Messire Louis Lemerchier, Religieux prestre de ladicte maison. In-12, de 15 f.
prél. et 179 pag.   –   –   1635.

742. * Scutum Samuelis, sive de ementita
vatis inferi larva scrutinium; aut. Jo. Aendevoet. In-4°.   –   –   1635.

743. * Brevis Comment. in Horatium repur-
gatum ab omni obscœnitate. In-12.   1636.

744. * La Sagesse Evangélique pour les sacrez
entretiens du Caresme, par le Père Caussin.
In-12.   –   –   –   1636.

745. Grammaire Françoise rapportée au langage du temps; par Ant. Oudin. In-8°. 1636.

746. Histoire sacrée des Saints Ducs et
Duchesses de Douay, Seigneurs de Merville,
les Saints Gertrude, Adalbalde, Rictrude,
Maurand patron de Douay, fondateurs de la

très ancienne église et du collége des chanoines
de Saint Amé , enfans spirituels des pères des
saints St. Amand et St. Amé , etc. ; recueillis
par le R. P. M. L. In-4°, de 4 feuil., 112 et 16
pages.　　　　　–　　　　–　　　　–　　　1637.

Ce livre offre cette singularité que les seize premières pages diffèrent dans quelques exemplaires. On
trouve dans les uns au titre de la première page :
*Hist. sacrée des saints ducs et duchesses de Douay , fondateurs
de la très-ancienne église de St.-Amé;* et dans les autres :
*L'histoire de la très-noble famille de Ste. Rictrude, fondatrice
de la très-célèbre abbaye de Marchiennes.*

Cet ouvrage est du père Martin Lhermite.

747. D. O. M. Piis manibus Phil. Caverellii
Præsulis Vedastini, etc., anno post Christum
natum 1637. In-4°.　　　　–　　　　–　　　1637.

748. Bellum Grammaticale ; auct. Andrea
Salernitano. In-4°.　　　　–　　　　–　　1637.

Jeu d'esprit original , très-singulier , qui eut beaucoup
de vogue dans son temps. L'ouvrage d'André de Salerne
a été fréquemment réimprimé, et il n'y a pas très-long-
temps encore qu'on en a publié une traduction française.

749. L'histoire de la famille de S. Everard ,
Comte, Marquis , Duc de Frioule , beau-fils de
Louys le Débonnaire , Empereur, espoux de la
B. Princesse Gisle , père du Roi et Empereur
Bérengaire , etc. , fondateur de la très célèbre
abbaye des chanoines réguliers de Cisoin (*sic*) ,
joint la vie et la translation du grand pontife
et martyr saint Calixte audit monastère , par

son saint fondateur ; recueillies par le R. P.
Jean Buzelin, de la compagnie de Jésus. In-4°,
de 111 pages.   —   •   1637.

Nous avons déjà parlé de ce jésuite qui a laissé plusieurs
ouvrages , tous imprimés à Douai.

750. Parta de Batavis ad Antverpiam et eorum fœderatis ad Audomari fanum duplici
victoria, Epinicium, e psalmo 82° mutuatum.
In-4°.   —   —   —   1638.

751. Quintus Horatius Flaccus ; ed. Jud.
Desmares. In-12.   —   —   1638.

752. Faustus annus., mensis , hebdomas ,
dies,hora christiani hominis ; per unum e S. J.
In-32.   —   —   —   —   1638.

753. Histoire de la ville et comté de Valentiennes , divisée en ɪᴠ parties , par feu Henri
d'Outreman , Escuier , Seigneur de Rombies ,
Prévost de Valentiennes , illustrée et augmentée par le R. P. Pierre d'Outreman , de la C. de
Jésus. In-fol., grav.   —   —   1639.

754. Vitæ religiosæ idea , seu Vita sancti
patris Ephrem Syri , scriptoris ecclesiæ antiquissimi et religiosissimi ; authore F. Michaele
Hoyero, Augustiniano. In 18, de 11 f. prél. et
354 pages.   —   —   —   1640.

Michel Hoyer était né à Hesdin en 1595 ; il professa
les belles-lettres au collége de St.-Pierre à Lille , et mourut dans cette ville le 14 juin 1650.

755. * Medicus animæ ; autore F. Sylvio.
In-12.   −   −   −   1641.

756. Stimulus Divini Amoris, that is, Goade
of divine love, written in latin by the seraphicall Doctour S. Bonaventure, of the seraphicall
order of S. Francis , englished by Aug. Lewis ,
of the order of S. Francis. In-12.   1642.

757. Auctores Græci classis rhetorices in
collegiis S. J. provinciæ Gallo-Belgicæ prælegendi. In-4°.   −   −   1644.

758. Portrait du serviteur fugitif de Douay
figuré dans la personne de Jonas et présenté
pour estrenne ; par le R. P. Jean Erard Foul-
lon, J. In-24, de 8 f. prél. et 116 pag.   1645.

759. Traicté politique et médical touchant
la préservation des villes qui sont dans l'ap-
préhension de la peste ; par George Wion ,
médecin. In-12, de 8 f. prél. et 67 pag.   1647.

760. Theses a Christoph. Rodolpho Barone
a Bredau, propugn. in aula collegii cœnobii
Aquicinctini. Ded. Leopoldo Guillelmo Aus-
triaco. In-4°, de 14 f., avec de belles gravures
au burin et un frontispice remarquable. 1648.

761. Grammaire Françoise rapportée au
langage du temps , par Antoine Oudin , secré-
taire-interprète de Sa Majesté. Revue et augmentée de beaucoup en cette dernière édition.
In-12.   −   −   −   1648.

Réimpression de l'édition de 1636. Cette grammaire a eu quelque vogue dans son temps.

762. Ex Resolutionibus Francisci Sylvii responsa ad Jansenianas quinque assertiones. In-fol.   —   —   —   —   1649.

763. * Catéchisme ou Abrégé de la doctrine touchant la grâce divine selon les bulles de Pie v, Grégoire xiii et Urbain viii, par un docteur de Douay (le P. Lhermite). In-16.   1650.

764. Eloge de Sainte Refroy, première Abbesse de l'illustre chapître des nobles et vertueuses dames chanoinesses de Denain, dédié à madame Jeanne Marie de Rou-Marché, Abbesse du mesme chapître. Petit in-12, de 47 pages.   —   —   —   1650.

Ste. Refroy était fille d'Eldebert, comte d'Ostrevant, qu fut le fondateur de l'abbaye de Denain (764). Ce seigneur avait dix filles qui furent les premières chanoinesses de Denain ; elles ne ressemblaient pas par les mœurs, dit un écrivain du dernier siècle, à celles qui leur ont succédé. L'abbesse de Denain avait le titre de comtesse d'Ostrevant.

765. Abregé des Maximes des Saints. In-12.   —   —   —   1651.

766. Thesaurus purioris atque elegantioris latinitatis, ex uno, quantum potuit, Cicerone depromptus. Ab uno e S. Jesu. In-12.   1653.

767. Fondations du Couvent de la Sainte-Croix, du Collége de Saint-Thomas d'Aquin, du Monastère de Sainte-Catherine de Sienne :

toùs trois de l'Ordre des Frères Prescheurs en
la Ville et Université de Douay. Ensemble les
applaudissements faits en icelle Ville, à la ve-
nuë du Révérendissime 56° Général de l'Ordre,
Père Thomas Turcus. Recueillies par le R. P.
Philippe Petit. In-4°, de 194 pag.   −   1653.

768. Abrégé de la vie et des actions mémorables du B. Père Saint Dominique de Gusman,
fondateur de l'Ordre des Frères Prescheurs,
par Philippe Petit. In-12, de 312 pag.   1655.

769. Histoire de la ville de Bouchain, capitale du comté d'Ostrevant, fondée l'an 691
par Pépin de Herstal ɪᴠ, Prince et Duc de
Brabant, recueillie par le R. P. Philippe Petit.
In-8°, de 336 pag.   −   −   1639.

Veuve Pierre AUROY. 1628 − 1640.

770. Dramatica poemata; aut. Guil. Druræo.
In-24.   −   ·   −   1628.

771. M. Tullii Ciceronis Orationes. In-
12.   −   −   −   1629.

772. Joannis Buchleri a Gladbach, Thesaurus
phrasium poeticarum. In-18.   −   1630.
Cité plusieurs fois dans cette Bibliographie.

773. Jacobi Pontani Institutio poetica. In-
18.   −   −   ·   ·   1630.

774. Ludovici Gardinii , medicinæ doctoris. ac professoris ordinarii in alma Universitate Duacena , circumstantiæ et tempora de variis. venis pleuritidis ratione secandis , inter varios medicinæ proceres litem dirimentia. In-4°, de 99 pages. – – – 1632.

775. * La Règle du Séraphique Père Saint François pour les frères et sœurs pénitents de son Ordre vivans en leurs maisons , etc. In-12 de 8 f. prél. , 402 pag. et 3 f. de table. 1631.

Traduction de l'ouvrage latin imprimé chez B. Bellère en 1631.

776. Gardinii institutionum medicinæ liber secundus, sive Pathologia, vel de rebus contra naturam. In-4°, de 6 f. et 314 pag. 1633.

777. Ludovici Gardinii medicinæ doctoris. ac professoris ordinarii in alma Universitate Duacena , Manuductio per omnes medicinæ partes , seu Institutiones medicinæ , in tres libros digestæ. In-4° de 6 f. prél. , 301 pag. et 5 f. d'index. – – – 1634.

778. * Æternitatis Trutina, christianis moribus et actionibus expendendis accommodata ; aut. Jo. Bourghesio. In-12. – – 1637.

779. * Oratio encomiastica de sanctitate vitæ et divina sapientia Joa. Duns Scoti ; aut. Mich. Hoyero. In-4°. – – 1640.

PIERRE BOGARD. 1629–1638.

780. Jacobi Gretseri Institutionum linguæ
græcæ liber primus. De octo partibus orationis; pro tertia classe. Pet. in-8°.   —   1632.

781. Enchiridion grammaticæ græcæ, sive
Methodus brevissima cum ad comparandam,
tum ad memoria facile retinendam præcep-
torum græcorum cognitionem. In-8°.   1632.

782. * M. T. Ciceronis Oratio pro Marcello.
In-4°.   —   —   —   -   1632.

783. Historiæ Franco-Merovingicæ Synopsis, seu Compendium historiæ regum Franco-
rum Merovingorum, cum prolegomenis suis-
que paralipomenis, appendicibus et notatio-
nibus; Andrea Sylvio Autore. In-4°.   1633.

Continué et publié par Raphaël de Beauchamp, Religieux de Marchiennes.

784. Epithetorum farrago; auct. Joanne
Castelio. In-12.   —   —   —   1634.

785. Institution de l'Ordre de la Très-Sainte
Trinité pour la Rédemption des Captifs, avec
les priviléges de la Confrérie dudict Ordre.
Recueillie par le R. P. Barthélemi de Puille,
Bachelier en théologie, Ministre du Couvent
de Douay. P. in-12, de 5 f. prél. et 198 p. 1635.

786. Aristotelis aliorumque Philosophorum

ac Medicorum problemata , ad varias quæstiones et philosophiam naturalem cognoscendas
inprimis utilia. In–16, de 231 pag.   1638.

JACQUES MAIRESSE. 1634–1643.

787. * Institutiones christianæ pietatis , seu
de contemptu mundi ; aut. Jo. Bourghesio. In-
12.   –   –   –   1634.

788. Ludovici Gardinii medicinæ doctoris ac
professoris regii ordinarii in Univ. Duac. Medicamenta purgantia simplicia et composita , selecta , usitata et sufficientia. Editio secunda.
P. in–12.   –   –   –   1640.

789. Lytrum animarum Purgatorii ; aut.
Joa. Hautin. In–12.   –   –   1642.

Jean Hautin , Jésuite, né à Lille, professa la philosophie
à Douai. Il mourut à Lille le 24 septembre 1671.

790. L'Hostel Dieu , où il est traicté de l'antiquité et noblesse de l'hospitalité des premiers
hospitaux de l'église et des plus fameux des
Pays-Bas ; par David Charlart. In-16, de 302
pages.   –   –   –   1643.

Livre rare qui fait partie de la collection de M. le baron
de Guerne.

791. Institutio vitæ ad exemplar Passionis
Domini ; aut. Scipione Scambata. In-16. 1643.

Guillaume BAULIEU, 1634.

792. * L'Anti-Camus, ou Censure des erreurs
de M. de Belley touchant l'estat des religieux,
où principalement est réfuté son livre de la
désappropriation claustralle et de la pauvreté
évangélique. In-8°.   −   −   1634.

Ce livre fut publié contre Jean-Pierre Camus, évêque
de Belley, qui s'était montré dans ses ouvrages ennemi des
religieux mendiants. Voir plus haut l'indication de quelques-uns des ouvrages de cet évêque , qui était un homme
d'esprit, mais un peu singulier,

Veuve Martin BOGARD. 1636.

793. Sacrarium privilegiorum quorumdam
Seraphico Patri S. Francisco , in gratiam ob-
servantium regulam eumque vel suos aman-
tium a Deo O. M. indultorum; per F. Angelum
de S. Francisco , Anglum , Ordinis Fratrum
Minorum strictioris observantiæ. In-12, de 6 f.
prél. , 272 p. et 9 f. d'index ; avec portrait de
l'auteur et deux gravures.   −   1636.

Le R, P. F, Ange de S. François était vicaire des Récollets Anglais de Douay.

794. Clavis Homerica , reserans significa-
tiones, etymologias, etc. quæ in Homeri Iliade
continentur ; aut. R. P. N. N. Anglo , Oxoniensi.   −   −   −   Sans date.

ANDRÉ AUROY. 1638.

795. Gardinii Institutionum medicinæ liber tertius, sive Subsidiaria Medicina, vel de rebus non naturalibus ; opus posthumum , opera et studio Jacobi Briffault, medici Duacensis, nunc primum editum. In–4°, de 3 f. prél., 314 p. et 5 feuil. d'index.   –   -   –   1638·

JEAN SERRURIER. 1633-1653.

796. * Parochianus obediens , per Lud. Le Pipre , studio Roberti Abb. Hemriensis. In-8°.   –   –   -   1633.

797. * Commentaria in Pandectas Juris civilis et Codicis Justiniani libros ; auct. Matt. Wisembicio. In-4°.   –   -   1640.

798. Le Bouquet de myrrhe , ou diverses considérations sur les plaies de Jésus–Christ, composé en italien par le R. P. Louys Sidereo, de la compagnie de Jésus , traduit en françois par le R. P. Pierre d'Outreman , de la mesme compagnie. In–12, de 11 f. prél. et 279 pag. 1640.

Réimprimé chez le même en 1649 et 1650.

Pierre d'Outreman était fils de l'auteur de l'*Histoire de la ville et du comté de Valenciennes.* Il avait reçu le jour dans cette ville. Entré dans la Société de Jésus, il se livra à la prédication avec beaucoup de succès. Il mourut à Va-

lenciennes le 23 avril 1656. Il a revu et augmenté l'Histoire de Valenciennes composée par son père , et il a en
outre publié plusieurs autres écrits.

799. Summa juris canonici; aut. Henr. Canisio. In-8°.   –   –   –   1640.

Cet ouvrage a été imprimé plusieurs fois à Douai sous le
titre suivant : *Commentaria in regulas juris canonici, etc.*

Henri Canisius , célèbre jurisconsulte de Nimègue, était
très-versé dans la littérature de son temps. Il mourut en
1610. Ses ouvrages sont nombreux. Le plus important a été
publié sous le titre suivant : *Antiquæ Lectiones* , 6 volumes in-fol.

800. Martini Becani Opuscula theologica.
In-fol.   –   –   –   1641.

Ce livre a été plusieurs fois réimprimé à Douai.

801. Le bon mariage , ou Moyen d'être heureux et de faire son salut en état de mariage,
avec un traité des vefves , par le R. P. Claude
Maillard. In-4°.   –   –   –   1643.

803.*Regula sanctissimi patris Benedicti.—
Pugna Spiritualis , tractatus vere aureus de
perfectione vitæ christianæ ; aut. R. D. Jod.
Lorichio. In-24.   –   –   –   1645.

802. Reverendi patris Joannis Baptistæ
de Lezana , Summa quæstionum regularium ,
seu de Casibus conscientiæ, ad personas reli-
giosas. 2 vol. in-4°.   –   –   -   1646.

Lezana , né à Madrid le 23 novembre 1586 , était de

l'ordre des Carmes ; il professa la théologie avec beaucoup de succès à Tolède, à Alcala et à Rome , et fut chargé par les papes Clément X et Alexandre VII de diverses missions importantes. Les écrivains espagnols ont parlé de ses divers ouvrages avec éloge.

804. Jacobi Damiani Atrebatis Bellum Germanicum, pro Ferdinandis II et III Cæsaribus, ab Deipara, per eosdem in exercituum suorum supremam ducem electa , gestum : Leopoldo Guillelmo Archiduci Austriæ , etc. , dicatum. In-4°, de 247 pages. — — 1648.

Jacques Damien , né à Arras, appartenait à la compagnie de Jésus. Il mourut, jeune encore , à Tournai, le 16 décembre 1630.

Cet ouvrage est la première décade d'un poème épique ; elle comprend les guerres faites en Allemagne de 1617 à 1634.

805. S. Brunonis Episc. Herbipolensis , in Pentateuchum Moysis Commentarii, ed. studio et labore G. Galopini. In-4°. — 1648.

806. Bibliotheca Scriptorum sacri ordinis Cisterciensis elogiis plurimorum maxime illustrium adornata , opera et studio R. D. Caroli de Visch : Accedit Chronologia antiquissima Monasteriorum ordinis Cisterciensis. In-4° , de 19 f. prélim. , 307 pag. et 8 feuill. d'index. — — — 1649.

Charles de Visch , Moine de l'ordre de Citeaux , né aux

256   JEAN SERRURIER.

environs de Furnes , fut professeur de philosophie à l'abbaye des Dunes. Il mourut à Bruges le 11 mai 1666.

807. * Vita sanctorum Joannis Eleemosyna-
rii , Climaci et Damasceni , cum documentis
moralibus ; aut. Jo. Vincart. In-12. - 1650.

Jean Vincart naquit à Lille en 1593 ; il entra dans l'ordre des Jésuites , fut prédicateur et se distingua principalement par son talent pour la poésie latine. Il mourut à
Tournai le 5 février 1679.

808. Méditations sur les plus grandes et les
plus importantes véritez de la Foi , par le
R. P. Jean-Baptiste Saint-Jure. In-12 , de 7 f.
prélim. , 338 pages et 3 pages de table.   1650.

809. * Théâtre tragique où l'amoureux Jésus
est représenté sanglant et mourant pour le
salut des hommes ; par Clément Prus , religieux
Minime. In-4°.   –   -   -   1651.

810. Synopsis locorum legalium Nic. Ever-
hardi ; aut. Ant. Carpentier. In-8°.   1651.

811. Nobilis Agon S. Florentii Togati Romani , invicti martyris Perusini , pestilentiæ
depulsoris et adversus illam tutelaris , cujus
sacræ reliquiæ in templo Collegii Duacensis ;
aut. R. P. Michaele Seneschallo. P. in-12. 1652.

812. Manuale Pastorum , opusculum cu-
ram animarum gerentibus utilissimum ; aut.
Car. Musart. In-12.   –   –   1653.

813. Cogitationes seriæ , Bivium duplex ,

unum mortalitatis , alterum æternitatis ; aut.
Gault. Paullo. In-12.   -   -   1653.

Nous avons déjà parlé de cet auteur. Comme plusieurs
écrivains de la même époque, Gautier Pauli avait beaucoup de goût pour les compositions allégoriques ou emblématiques.

814. * Rhetorica adolescentium ingeniis accommodata ; aut. Jo. Hautin. In-12. Sans date.

815. L'Illustre combat et les glorieuses
souffrances de Saint Florent. In-24.   1652.

Traduction de l'ouvrage latin cité précédemment.
(n° 811).

816. Histoire de la vie et de la glorieuse
mort de cinq pères de la compagnie de Jésus
qui ont souffert dans le Japon, avec trois séculiers, en l'année 1643 ; par le R. P. Alexandre
de Rhodes. In-8°, de 2 f. prél. et 133 p. 1654.

Bib. de M. A. Dinaux.

817. La glorieuse mort d'André , catéchiste
de la Cochinchine, qui le premier a versé son
sang pour la querelle de Jésus-Christ en cette
nouvelle église ; par le R. P. Alexandre de
Rhodes , qui a toujours été présent à toute
cette histoire. In-8° , de 63 pages.   1654.

Denys HUDSEBAUT. 1640.

818. Conclusiones principaliores decerptæ
ex scripto Oxoniensi Doctoris Subtilis collatæ

cum Sententiis D. Augustini ; per F. A. collectæ. In-24 , de 12 f. prélim. et 782 pag.   1640.

Recueil d'aphorismes théologiques, extraits des ouvrages
du célèbre Scot , surnommé le Docteur subtil. Ce volume
est dédié par l'éditeur D. Hudsebaut au Rév. Hugues
Beeckman , Abbé de S. Calixte de Cysoing. Au verso du
frontispice se trouvent des armoiries gravées en taille-douce,
probablement celles de Beeckman, au bas desquelles on lit
les vers suivants , que leur singularité rend dignes d'être
conservés :

> Que se leue hardiment Zoïle
> Et que contre Scot il affile,
> Son tout piquant esguillion.
> Son effort cherra en sottise
> Puisqu'en l'excusant je l'aduise,
> Que l'homme n'est qu'un bouillion.

Parmi les nombreuses questions indiquées et résolues
dans ce recueil, nous en citerons une dont la solution aujour-
d'hui paraîtra assez singulière et qui semblait sans doute
toute naturelle autrefois :

Difficultas Vª.—Utrum astra agant aliquid in infirmitati-
bus ?

Conclusio. Astra multum agunt in morbos, habent enim
aliquam actionem dispositivam in remittendo et intendendo
qualitates et hujus modi , et sic est conveniens et necessa-
rium quod bonus medicus habeat scientiam astronomiæ.
(Pag. 207.)

Jean DE SPIRE. 1643–1645.

819. Capisterium Benedictinum symposiace
repræsentatum in Seminario Amando Duaceno

per convictores eiusdem Seminarii,etc. In-4°, de 27 pages. - - 1643.

820. Resolutiones eximiorum et clarissimorum dominorum Universitatis Duacenæ circa potestatem abbatis S. Amandi in qualitate præsidis et visitatoris Monasteriorum exemptorum Ordinis B. Benedicti per Belgium. In-12, de 43 pages. - - 1643.

821. Responsio ad annotationes sub nomine reverendissimi D. Episcopi Tornacensis anno 1643, de Bulla Martini Papæ primi, per dominum abbatem, et Conventum S. Amandi in pabula Tornacensis diœcesis, etc. In-4°. 1643.

822. Responsum ad Censuram ac judicium D. Godofredi Wendelini presbyteri J. U. Doctoris et mathematici de falsitate Bullæ Martini primi,quam pro fundamento Pratensis exemptionis exhibuit Abbas S. Amandi. In-4", de 14 pages. - - - 1644.

823. Examen anatomiæ errorum facti, juris, praxeos et styli, qui continentur in consultatione edita prid. kal. maii 1643. In-4°, de 75 pages. - - - 1644.

824. Continuatio Examinis anatomiæ errorum facti, juris, praxeos et styli, qui continentur in consultatione edita, prid. kal. maii 1643,per quosdam doctores Universitatis Duacenæ ,super controversia quæ est inter Domi-

nos Bertinianum et Amandium Abbates , a
Simone Nepveu,J.U.Doct. In-4°,de 79 p. 1644.

825. De Libertate et Immunitate Monasterii
S. Amandi in pabula Tornacensis diœcesis historica et succincta elucidatio. In-4°.   1644.

Suivi de : Remarques par lesquelles l'Arrest prétendu
de la Court de parlement de Paris de l'an 1468, confirma-
tif de la transaction faicte entre R. Père en Dieu l'Éues-
que de Tournay et le Procureur du Roy joinct avec luy ,
d'une part, et les religieux, Abbé et Conuent de S. Amand
en Peuele, d'autre part , etc. , par ung relig. Benedictin.

826. Via recta et antiqua , sive Qualiter
omnes homines vitam Deo placitam ducere
oporteat. Opus tribus distinctum libellis ,
quorum primus et ultimus omnibus genera-
liter fidelibus , medius autem magna sui ex
parte conjugalem vitam ducentibus specialiter
convenit , ex divinis Sanctorumque Patrum
dictis , veluti diversis pratis diversis flosculis
collectum et compositum a Jona Episcopo
Aurelianensi; nunc demum ex pervetusto Ms.
cod. Bibliothecæ Monasterii Elnonensis ,
vulgo S. Amandi in pabula,bono publico datum,
adnotatis in margine S. Scripturæ ac S.
S. Patrum locis , aliisque elucidationibus
adjunctis , opera , studio et impensis ejusdem
monasterii Monachorum. Petit in-8°, de 8 f.
prélim. , 363 pag. et 10 f. pour l'index et les
approbations.   --   -   --   1645.

Dédié à Nicolas Du Bois , Abbé de Saint-Amand en Pe-

vèle, par Ildephonse Goetghebauer qui parait être l'éditeur
de ce livré. Cet ouvrage peut se lire encore avec intérêt.

827. Regula sanctissimi patris Benedicti.—
Pugna Spiritualis , tractatus vere aureus de
perfectione vitæ Christianæ ; aut. R. D. Jod.
Lorichio. In-24. — — — **1645.**

Pierre BELLÈRE. 1641-1645.

828. Auctores classis rhetoricæ in collegiis
S. J. provinciæ Gallo-Belgicæ anno 1641 prælegendi. In-4°, de 220 pages. A la suite : L. Ann.
Senecæ tragœdia Medæa , et castiorum poematum delectus. In-4° , de 91 pages.   **1641.**

829. Le prétieux diadême et couronne d'or
tissu de belles pierres prétieuses des louanges
des Saincts , qui fut présenté au triomphe qui
se passa en la déposition des sainctes reliques
de Sainct Maurand , patron de Douai et de
Sainct Amé ; par le R. P. F. André Willart ,
Licencié en théologie , de l'ordre de Sainct
Dominique , et Jubilé. In-4°, de 12 f. prélim.
et 331 pages. — — — **1645.**

On trouve à la page 216 et suivantes l'indication *des
Corps saints et précieux Reliquaires* qui se trouvaient
à Douai dans l'église collégiale de Saint-Amé et dans
la maison conventuelle de Sainte-Catherine de Sienne. Cet
ouvrage est dédié à François Sylvius.

Veuve JEAN SERRURIER. 1654-1667.

830. Histoire de la guerre des Tartares contre la Chine. Contenant les révolutions étran-
ges qui sont arrivées dans ce royaume depuis
quarante ans. Traduite du latin du P. Martini,
de la compagnie de Jésus , envoyé de la Chine
à Rome en qualité de procureur de la province
de Chine. P. in-8º , de 4 f. prél. et 126 pages ,
orné d'une carte de la Chine.   –   –   1654.

Le Père Martini, dans ce petit écrit, expose brièvement
les entreprises tentées par les Tartares contre la Chine depuis le onzième siècle jusqu'en 1651, année dans laquelle
il revint en Europe. Cet ouvrage a été réimprimé à Douai
en 1671.

831. Philosophia universa: Proemium, Origo , natura et partitio philosophiæ ; aut. Max.
de Lannoy Conteville. In-fol. avec un titre
gravé , une dédicace à l'archiduc Léopold et
une ode en latin adressée à ce prince.   1655.

832. Traité de l'adoration en esprit et en vérité , par le R. P. Jean Eusèbe de Nieremberg.
In-4º.   –   –   –   1656.

833. Méthode pour visiter sainctement les
sacrés pas et stations douloureuses de Notre
Sauveur Jésus-Christ. In-12.   –   1657.

834. Universa Philosophia in Theses quinquaginta unam distributa. Præloquium de

natura , dignitate et partibus Philosophiæ.
Augustissim. Majest. Virg. Philippus Emmanuël de Croy. In-fol. , avec un frontispice
gravé, représentant Emmanuël de Croy offrant
sa thèse à la Vierge. A l'horison sont distribuées les seigneuries de Condé , Chèvre ,
Havré , Halle , Solre.   -   -   1660.

835. Perillustri ac reverendo admodum Domino D. Franc. Isidoro de Haynin , ex Baroni
d'Hamelincourt , e magno priore in celeberrimi et regii Cœnobii Marchianensis Præsulem
omnium suffragiis electo , solemni inaugura-
tionis luce , inter communes applausus , singulari studio gratulabatur Collegium societatis
Jesu Duacenum. Prima Julii die , Anno 1663.
Orné d'une belle gravure armoriale avec la
devise : *Cruce vinces.* In-4°, de 9 f.   -   1663.

Une planche gravée représente l'obélisque élevé à cette
occasion , avec l'inscription chronogrammatique suivante :

obeLIsCVs
franCIsCo IsIDoro
De HaynIn
CœnobIarChæ
saCer.

836. D. Roberto de Haynin , ex Baronibus
d'Hamelincourt , X° Brugensium Episcopo ,
perpetuo Flandriæ Cancellario , etc., Acade-
miam Duacensem , in qua olim gemina sacræ
theologiæ ac juris utriusque laurea donatus
fuit , invisenti , adeptas Brugenses infulas
gratulatur ead. Academia. In-4°.   -   1663.

837. Scalæ et Alæ spiritus ascendentis in Deum, ab inferno, a mundo, a terra, a cœlo, ab empyreo, a seipso, a nihilo sui, in nomine Jesu. Canticum novum ad exercitia S. P. Ignatii, sacrum Leopoldo Ignatio Imperatori munusculum offerebat Gualterus Paullus D. Theol. e S. J.; auctior et perfectior editio. In-24, de 360 pages.   -   -   -   1663.

838. Defensio Sancti Thomæ doct. angelici; aut. Petr. de Sancto Josepho. In-24.   1664.

839. Le changement du vieil homme et la naissance du nouveau, par la considération des quatre fins dernières. Tiré du latin, du R. P. Guillaume Stanyhurst, de la compagnie de Jésus, etc., mis en françois par le P. Turrien Lefebvre, de la mesme compagnie. In-12, de 327 pages.   -   -   -   1666.

840. Histoire du Dieu immortel souffrant en un corps mortel, traduite du latin du R. P. Guillaume Stanyhurst; par le P. T. Lefebvre. In-12.   -   -   -   1666.

841. * Hortus olivarum, Dolor-amor, Rosaspina : cui additur Cordolium Deiparæ, et Cor mancipium Jesu et Mariæ, rhythmometrice ; aut. Gault. Paullo. In-8o.   -   -   1667.

842. Parænesis ad magistros scholarum inferiorum, etc.; aut. A. F. Sacchino. In-18. 1667.

Veuve Jacques MAIRESSE. 1659-1685.

843. Lacrymæ Jeremiæ ; auctore quodam e societate Jesu. In-4°, de 32 pag.   —   1659.

Cet ouvrage est écrit en vers hexamètres et divisé en huit lamentations.

844. * La Gloire de Saint Roch , déclarée en sa vie , en la guérison des pestiferez , en sa canonisation , et dans les églises , chapelles et les confréries ; tirée des œuvres du R. P. Turrien Lefebvre J. In-8°.   -   1661.

845. Recueil des OEuvres spirituelles et morales du R. P. Turrien Lefebvre, de la compagnie de Jésus. 2 vol. in-4°.   —   —   1667.

846. Eloge de Saint Christofle martyr , un des plus anciens et illustres patrons contre la peste , la gresle , la tempeste et le tonnerre , dont une dent est exposée à la vénération et consolation du peuple en l'église d'Inchy ; partagé en histoire , réflexions morales et poésie, par M. Ignace Terrache, pasteur dudit Inchy. In-12.   —   —   —   1669.

847. La Vie toute céleste de la vierge extatique S. Marie Madalene de Pazzi , religieuse de l'ancienne observance de l'Ordre de Notre Dame du Mont-Carmel ; par le R. P. Grégoire de S. Martin , docteur en théologie et lecteur à Douai. Dédiée à Dame Marie Henriette de

Cusance et de Vergy , princesse d'Arembergh.
In-12 , de 19 feuill. prél. et 553, pag. avec une
gravure en taille-douce.   -   -   1671.

Réimprimé en 1714, in-12, chez Michel Mairesse.

848. Les Indulgences du Saint Rosaire , les
règles de cette sainte Confrérie , des méditations sur les mystères, et les priviléges accor-
dez par les saints Pontifes ; par François
Letoffé. In-24, de 36 pages.   -   -   1673.

François Létoffé , né à Arras, était prieur des Dominicains en 1675. Il mourut en 1684.

849. La Science pratique des Vertus ; par
Everard Hock. In-24.   -   -   1685.

L'approbation est datée de Douai, 1640; ce qui suppose
au moins une édition antérieure.

JEAN PATTÉ. 1661-1678.

850. Polmanni Breviarium theologicum. In-
8°.   -   -   -   1650.

851. Controversia inter Angelici Doctoris
sectatores, de mente ejus circa prædeterminationem physicam. Ab Henrico de Cerf , sacræ
theologiæ Doctore ac seminarii Torreani Præside. In-4°.   -   -   -   1669.

Les discussions sur la prédétermination physique ont été
très-vives et très-longues à Douai. On trouvera beaucoup
d'autres ouvrages qui y ont rapport et qui sont aujourd'hui
sans intérêt.

852. Auctoritas contra prædeterminationem physicam pro scientia media ; cum brevi historia complectente ortum , pugnas , et palmas ejusdem scientiæ mediæ; aut. Jac. Platelio. In-12.   –   –   –   1669.

Une édition de 1669 porte : Aut. Philalethe Eupistino.

853. * Philalethis vanitas triumphorum adversus prædeterminationes physicas ; aut. Jeronymo Henneguiero. In-8°.   –   – 1670.

854. * Scientia media ad examen revocata ; per Philalethen. In-8°.   –   – 1670.

855. Ritualis Vedastini pars altera, continens administrationem sacramentorum , quosdam alios ritus et funerale. In-4°.   –   – 1675.

La première partie a été aussi imprimée à Douai, selon le catalogue des Ecossais.

856. C. Valerii , Atrebatii Jurisconsulti et Patricii , Pronomis , seu ad jus nostrum universum prolegomenon ad ipsius artem et usum legitimum in utroque foro. In-12.   – 1678.

857. Exercitatorium spirituale conscriptum pro religiosis monasterii Sancti Vedasti. In-12, de 272 pages.   –   –   – 1678.

CHRISTOPHE *et* MARIE SERRURIER. 1669-1678.

858. La Vie admirable de S. Pierre d'Alcantara , Religieux Recollet de l'Ordre de Saint

François , béatifié par Grégoire xv et canonisé
par Clément ix. In-24 , de 5 feuill. prélim. et
260 pages.   -   -   -   1669.

859. La Reveue de l'homme intérieur qui
peut se pratiquer chaque mois et chaque semaine ; par le R. P. Jacques Platel. In-16, de
7 feuill. prélim. et 191 pages.   -   -   1670.

Ce sont des étrennes spirituelles pour 1670. Selon Paquot , une traduction latine de cet ouvrage aurait été publiée la même année par les mêmes imprimeurs. M. A.
Dinaux mentionne une édition de ce livre , imprimée
chez les mêmes en 1673.

860. Paraphraze sur le Psaume cent-qua-
rante-huitiesme , présentée pour estrenne de
l'an 1672 aux ames desireuzes de louër Dieu.
In-12, de 16 pages.   -   -   -   1672.

Composition assez médiocre , dans laquelle on trouve
pourtant quelques vers bien tournés. On lit à la fin l'approbation suivante :

« Cette poésie richement coulante , ingénieusement devote , et clairement subtile , mérite d'estre imprimée. A
Douai, 24 novembre 1671. »

Mathias Gertman C. L.

861. Les Vies et actions religieuses des vénérables Sœurs Jeanne de Sainte Catherine , et
Dominique de la Croix, Professes du monastère
de Sainte Catherine de Sienne de Douay , extraites du R. P. Jean de Sainte Marie , avec
l'éloge de Sœur Catherine de l'Annonciation ,

tiré des actes du chapître général de M. DC. L.
In-8°.   –   –   –   1673.

Réimprimé chez Michel Mairesse en 1704.

Paquot indique cet ouvrage comme sorti des presses de
Jean Serrurier , mais en 1673 cet imprimeur était mort
depuis vingt ans.

Marie-Claire Herlin , nommée *Sœur Marie Claire de
l'Incarnation* , auteur de ce livre , était d'Arras : elle fut
religieuse à Sainte-Catherine de Sienne à Douai et mourut vers la fin du 17e siècle.

862. Juste Apologie du culte de la Mère de
Dieu , contre l'auteur du livre intitulé : Avis
salutaires de la B. V. Marie à ses dévots indis-
crets ; par le P. Grégoire de Saint Martin. In-8°,
de 237 pages.   –   –   –   1673.

On a mentionné une édition de 1674.

863. Autoritas contra physicam prædeter-
minationem novis ex ipso sacro Ordine FF.
Præd. petitis suffragiis stabilita ; aut. R. P.
Jacobo Platelio. In-4°.   –   –   1673.

864. L'Esprit de S. Charles Borromée touchant les sacrements de Pénitence et d'Eucharistie, recueilly de ses instructions pastorales ;
par M. J. B. L. In-12, de 134 pag.   –   1675.

865. Jubilé de 50 ans illustré de 50 véritez
chrétiennes frayans le droit chemin à une
heureuse mort et à un perpétuel jubilé ; par
un prestre de la comp. de Jésus. In-16.   1676.

866. Declaratio Joannis Sergeantii circa doctrinam in libris suis contentam exhibita sacræ congregationi cardinalium in universa christiana republica, contra hæreticam pravitatem generalium inquisitorum. In-8°. 1677.

867. Arrest du parlement de Provence, portant défense d'enseigner ou soutenir aucunes propositions condamnées par les bulles d'Innocent x et d'Alexandre vii , sous les peines portées par lesdites bulles et par les lettres patentes du Roy, et défendant à toutes personnes d'enseigner sans faire apparoir qu'il a enseigné le formulaire et presté le serment porté par la bulle d'Alexandre vii et par lesdites lettres-patentes de Sa Majesté. Ensemble : La censure du livre intitulé : Le Miroir de la Piété chrétienne, par M. l'eminentissime cardinal Grimaldi, Archevêque d'Aix. — Autre Arrêt du même parlement ordonnant que ledit livre intitulé : Le Miroir de Piété, et un autre intitulé : le Moine sécularisé, seront brulez par l'exécuteur de la haute justice , et faisant défense de vendre , débiter et garder la Traduction du Nouveau Testament imprimée à Mons. In-4°.   -   -   -   1678.

Veuve ANTOINE DIEULOT. 1664-1679.

868. Jeremias allegoricus , sive Lacrymæ Jeremiæ, per Andream Denisium Atrebatum. In-16.   -   -   -   1664.

869. Dévotion au Saint Enfant Jésus où sont contenues diverses belles considérations et méthodes d'honorer sa sainte enfance ; par un Prêtre Chapelain de l'insigne église collégiale de Saint-Amé à Douay. In-12. - 1671.

Cet ouvrage est du Père Joseph.

870. Armes spirituelles pour combattre les hérétiques ; ou catéchisme des véritez catholiques, par un Prestre Chapelain de l'insigne église collégiale de Saint-Amé à Douay. In-12, de 24 feuillets préliminaires, 429 pag. et 3 p. d'appendix. - - 1672.

Une première édition chez le même, la même année.

871. Officia propria Sanctorum insignis ecclesiæ collegiatæ Sancti Amati oppidi Duacensis. In-4°, de 4 f. prél. et 211 pag. 1673.

872. Abrégé de la Vie du Bienheureux P. Jean de La Croix, premier Carme déchaussé. In-8°. - - - 1675.

873. Applaudens Epigraphe admodum rev. eximio amplissimoque viro ac Domino D. Theodoro Van Cowerden ; per J. F. de B. In-4°, de 7 pages. - - 1676.

874. Le Triomphe de la vérité et la propriété de l'Eglise catholique , etc. ; par un Prêtre Chapelain de l'église de Saint-Amé à Douay. In-8°. - - - - 1677.

875. Les combats de l'église militante couronnée des glorieuses victoires remportées
sur les ennemis de la Foy , etc. ; composé par
le R. P. Jean Louys de Saint Joseph. In-4°, de
8 f. prélim. , 331 pag. et 4 f. de table.　1679.

Jean-Louis de St.-Joseph naquit à Aire en 1612. Il
appartint à l'ordre des Carmes déchaussés , et mourut à
Douai le 6 mai 1690.

876. * Sermons sur les grandeurs de la Mère
de Dieu ; par Piat Heylinck. In-8°.　–　1678.

Nous avons trouvé la mention de ce livre avec le titre
suivant : *Panégyrique des illustres éloges de la Mère de
Dieu, etc.*, 1690.

Piat Heylinck naquit à Lille vers l'an 1623 et fut Prieur
des Dominicains à St.-Thomas de Douai. Il mourut en
cette ville vers 1669.

Michel MAIRESSE. 1682–1722.

877. Exercices et considérations dévotes
pour s'exciter à l'amour de Jésus et de Dieu.
In-24.　　–　　　–　　　–　　1682.

878. Thesis philosophica ; aut. Joan. Bap.
Ignatio Dubois , Tornacense. Grand in-folio ,
avec un frontispice et trois riches culs-de-
lampe , gravés au burin.　　　–　　–　　1683.

879. Indiculus universalis rerum fere omnium quæ in mundo sunt scientiarum , item
artiumque ; aut. Franc. Pomey. In-12. 1684.

Ce petit livre , oublié aujourd'hui , a eu beaucoup de vogue autrefois. On l'apprenait par cœur dans les colléges.

880. Synopsis Mathematica , complectens varios tractatus , quos hujus scientiæ tyronibus et missionis Sinicæ candidatis breviter et clare concinnavit P. Antonius Thomas , e Soc. Jesu. 2 vol. in-12, ornés de planches.   1685.

881. Apologie pour l'antiquité des Religieux Carmes, laquelle doit servir de préface au livre qui portera pour titre : le Carmel Saint ; par le R. P. F. Grégoire de Saint Martin. In-12 , de 7 feuill. prélim. et 423 pages.   –   –   1685.

882. Lusus poetici allegorici , sive Elegiæ oblectandis animis et moribus informandis accommodatæ ; aut. P. Justo Sautel. In-18 , de 161 pages.   –   –   –   1686.

Les élégies du P. Sautel sont écrites avec élégance et avec une facilité qui rappelle la spirituelle fécondité d'Ovide. Elles obtinrent un grand succès de leur temps , et méritent encore d'être lues des amateurs de la poésie latine.

883. Q. Horatius Flaccus, cum notis, et commentariis auctis illustratum, per P. Jodocum de Mares. In-8°.   –   –   –   1686.

884. Rudimenta linguæ græcæ. In-12. 1687.

885. Les Grandeurs de l'Eucharistie prêchées les douze jeudis de trois mois dans l'église collégiale de Saint-Amé à Douai , au sujet de l'Hostie miraculeuse qui y est adorée ; par le

R. P. F. Grégoire de Saint Martin. In-12 , de
312 pages.   –   –   –   1688.

886. L'Institution de l'Autel privilégié ,
l'établissement et le dessein de la Confrérie des
Trespassez ou de la Mort érigée en l'église
paroissiale de Saint-Jacques de Douay. In-
24.   –   –   –   1688.

887. La Vie de Sœur Scholastique de Saint
Elie , religieuse de l'Ordre du Mont-Carmel ;
par Célestin de Saint-Simon , prieur du couvent des Carmes de Valenciennes. In-8°, de 8
feuill. prélim. et 250 pages.   –   –   1689.

888. Traité des Fortifications, à l'usage de la
compagnie des Gentilshommes en garnison
dans la citadelle de Cambrai ; par J. Desjaunaux. In-4°.   –   –   –   1690.

Ce Desjaunaux est auteur de l'*Histoire des Abyssins*.

889. Manuductio ad Logicam , sive Dialectica ; aut. Philippo Dutrieu. In-12.   1690.

Cet ouvrage a eu à Douai un grand nombre d'éditions.

890. Les Mystères du royaume de Dieu , qui
est sa Sainte Eglise , contenus dans les Saints
Evangiles , distribuez en autant de sermons ;
composez et preschez par le R. P. Simon Mars,
ex-provincial des pères Récollets. In-4° , 2
volumes.   –   –   –   1691.

Ce livre est dédié à Mgr. Jacques-Théodore de Bryas ,
Archevêque et Duc de Cambray, etc.

891. Coutumes générales de la ville de Cambrai et duché du Cambrésis (pays et Comté), avec une explication, par Mathieu Pinault Desjaunaux. In-4°. — — 1691.

Il ne faut pas confondre ce Desjaunaux avec l'auteur de l'*Histoire des Abyssins*.

892. Faciliores grammaticæ Græcæ institutiones latino-gallicæ. In-12. — 1692.

893. Relation sommaire de ce qui s'est passé dans l'affaire de quelques théologiens de Douai. In-4°, de 22 pages. — — 1692.

894. * Vanitatis et concupiscentiæ mundanæ Alexipharmacum, seria Novissimorum consideratione, ex sacris litteris, patribus, aliisque scriptoribus ecclesiasticis ; omnibus salutis propriæ et alienæ studiosis propositum a R. P. Franc. Bellegambe, S. J. In-16, de 312 pages. — — — — 1694.

François Bellegambe naquit à Douai, vers l'an 1628. Il mourut dans cette ville, directeur des Congrégations, le 27 juin 1700.

895. Attritio Tridentini exposita ; aut. F. Urbano a Sancto Ignatio. In-12. — 1694.

896. Emmanuelis Alvari prosodia, sive Institutiones linguæ latinæ. In-12. - 1695.

897. Ordonnance et instruction pastorale de Monseigneur l'Archevêque de Paris, portant

condamnation du livre intitulé : Exposition
de la Foi touchant la grâce et la prédestina-
tion. In-4o , de 24 pages.   –   –   1696.

898. Petri de Marque , e societate Jesu , ad
Patrem Generalem , pro obtinenda missione
Japonica, Epistola. In-12, de 23 pages. 1696.

Pierre de Marque , né à Lille , entra de bonne heure
dans l'ordre des Jésuites. Il sollicitait depuis neuf ans de
son Général la permission d'aller chercher le martyre au
Japon, lorsqu'il lui adressa cette lettre. Il est probable que
la permission lui fut accordée , et qu'il mourut pendant sa
mission d'outre-mer.

899. (Kataskeuê philosophikè) seu Supellex
Philosophica , continens nonnulla Philosophorum vocabula , distinctiones , divisiones ,
definitiones et axiomata quæ ad theses græce
tuendas magis necessaria sunt visa , ad usum
philosophorum Collegii Anglorum Duaceni.
In-12, de 80 pages.   –   –   1696.

900. Ægidii Cambier, e S. J. , Carmina. In-
12, de 96 pages.   –   –   –   1697.

901. De Jure et Æquitate forensis disputa-
tio, secundum quam civilis disciplina, cum in
scholis , tum in judiciis recte tractari potest :
per D. Joannem Oldendorpium. In-12 , de 207
pag. et 6 feuill. d'index.   –   –   1697.

Ce jurisconsulte était en grande réputation dans le 17e
siècle. Il naquit à Hambourg et mourut à Marpourg en 1667.
Il était conseiller du Landgrave de Hesse , et professait le
droit. Il a publié plusieurs autres ouvrages.

902. * Catéchisme destiné à l'instruction et à la conversion des troupes Allemandes qui servent dans les Pays-Bas. In–12. – 1699.

903. Judicia SS. Facult. Theologicarum Duacensis et Lovaniensis aliorumque in utraque universitate doctorum ac professorum de quibusdam scriptis in quibus agitur , etc. In-4° , de 24 pages. – – 1699.

904. Officia propria Sanctorum et aliarum Festivitatum quæ in insigni collegiata ecclesia S. Petri oppidi Duacensis solent peculiari ritu, duplici vel semi-duplici, celebrari. In-8°. 1701.

905. Art de vivre en Chrétien parfait ; par un Récollet. In-12. – – 1701.

906. Historia Hæresiarcharum , a Christo nato ad nostra usque tempora ; aut. R. P. Antonio Legrand. In–12, de 473 pages. – 1702.

Réimprimé chez Derbaix en 1724.

Antoine Legrand était provincial des Récollets Anglais , à Douai.

907. Lettre des professeurs de théologie du Collége de Douay, de la compagnie de Jésus, à Monseigneur l'Evesque d'Arras , à l'occasion d'un écrit répandu dans la ville de Douay , sur le sujet de l'absolution des pécheurs de rechute. In-4°, de 40 pages. – – 1702.

908. Questiones selectæ ex theologia morali , de fine ultimo hominis christiani , de

pœnitentia actuali sive contritione salutari, ad mentem Concilii Tridentini, etc. ; per R. P. F. Ludovicum a Sancta Theresa , S. Theologiæ in alma Universitate Duacena professore. In-12.   –   –   –   1703.

909. Elegantiarum Aldi Manutii Flores. In-8°.   -   –   –   1703.

910. Abregé de la Vie , des vertus et des miracles de la glorieuse Vierge Sainte Thérèse. In-12, orné d'un portrait.   –   1704.

911. Les Secrets de la vie religieuse découverts à l'Ame désireuse de sa perfection. In-8º.   –   –   –   –   1704.

912. La Confrérie de la très-sainte Rédemption des captifs. P. in-12, de 104 p. avec deux gravures sur bois.   -   –   1710.

913. P. Hennonis theologia moralis. In-12. 8 vol , imprimés de 1710 à 1713.   –   1710.

914. Concordia fidei et rationis , seu Dissertationes de accidentibus Eucharisticis , ab erudit. D. Antonio Lengrand. In-12 , de 115 pages.   -   –   –   1711.

Antoine Lengrand , licencié en théologie , Docteur-ès-Arts, était professeur de philosophie à l'Université de Douai et chanoine de St.-Amé.

915. Theologia dogmatica et scholastica, de Verbi Divini Incarnatione. Studio et labore

F. Francisci Hennonis. In-8°, de 8 feuil. prél. et 520 pages.   – – – 1711.

Cet ouvrage a eu plusieurs éditions à Douai.

916. * Recueil d'Arrêts notables du Parlement de Tournay ; par Messire Matthieu Pinault , Chevalier , Seigneur des Jaunaux , Conseiller du Roi en ses Conseils , Président à mortier dudit Parlement. In-4°, 4 tomes souvent réunis en 2 vol. Les deux premiers tomes, contenant chacun 150 arrêts, ont été imprimés à Valenciennes, chez Henry, en 1702 ; les deux derniers l'ont été à Douay, chez Michel Mairesse.   – – – – 1715.

Mathieu Pinault des Jaunaux , né à Château-Gontier, en Anjou, était Docteur en droit à l'Université de Douai lorsqu'il fut nommé conseiller au Parlement ; il devint président à mortier à la même Cour et mourut dans ces fonctions le 11 mars 1734.

On a de lui : *Histoire du Parlement de Tournay*; Valenciennes, 1701.—Et un *Commentaire sur la Coutume de Cambray* , 1691.

917. An Abstract of the Douay Catechism. In-12.   – – – 1716.

918. Rudimenta linguæ Græcæ , ex primo libro Institutionum ; aut. Jac. Gretsero. In-12.   – – – 1717.

919. * Les Particules réformées , revues et augmentées ; par le P. Pomey. In-12.   1722.

920. The wise christian's order or the true method of serving God in a most perfect maner, written first in spanish by a religious man called Alphonso, and translated into english, by S. M. In–12.   –   Sans date.

Veuve BALTHAZAR BELLÈRE. 1691–1705.

921. * Les Raisons qu'ont les hommes d'aimer leur Créateur ; par Pierre Wautier , J. In–8°.   –   -   -   –   1690.

922. Everh. Bronchorsti , in titulum Digestorum de diversis regulis juris antiqui Commentarius. P. in–12.   –   –   1691.

Ce Jurisconsulte , né à Deventer , jouit durant sa vie d'une sorte de célébrité. Il enseigna le droit à Wittemberg, à Erfurt et à Leyde , où il mourut le 27 mai 1627. On a de lui plusieurs autres ouvrages.

923. Histoire de l'institution , règles , exercices et priviléges de l'ancienne et miraculeuse Confrérie des charitables de Saint Eloy , Apostre des Pays–Bas , Evêque de Tournay et de Noyon, patron tutélaire de Béthune et Beuvry ; par le R. P. Antoine des Lions , 9ᵉ édition. In–12, de 110 pages.   –   –   1692.

Antoine des Lions, Jésuite, né à Béthune , fut prédicateur du Cardinal-Infant , Gouverneur des Pays-Bas. Des Lions a publié un petit volume de poésies latines qui ne sont pas dépourvues de mérite. (*De Cultu B. V. Mariæ elegiarum libri tres. Antuerpiœ, apud Balt. Moretum).* Il mourut à Mons le 11 juillet 1648.

924. Anciens Mémoires du xivᵉ siècle, depuis peu découverts , sur la vie du fameux Bertrand du Guesclin , Connétable de France , nouvellement traduits par le Sieur Lefebvre , Prévôt et Theologal d'Arras , etc. In-4°, de 24 feuil. prél. et 343 pages. –   –   1692.

Ce livre est dédié à la Reine d'Angleterre, dont l'auteur avait été aumônier et prédicateur.

925. Eloge de Louis–le–Grand , prononcé le jour de sa naissance, par Lefebvre. In-4°. 1692.

926. Grammatica Græca et regulæ syntaxeos, cum indice. In-4°.   –   –   1696.

927. Sacro-Sancti Missæ Sacrificii Institutio, augustique illius officii litteralis , mystica et chronologica explanatio. Per Bertrandum de Soule , Presbyterum insignis ecclesiæ collegiatæ S. Petri oppidi Duacensis Capellanum. In-8° , avec titre gravé, de 8 f. prél. , 239 pag. et 5 feuill. d'index.   –   –   1698.

928. Synopsis Theologiæ practicæ , complectens et explicans principia generalia ad resolvendos conscientiæ casus scitu necessaria etc. Auct. P. Joa. Bapt. Taberna. In-12. 1698.

929. Mémoire pour les Pères Jésuites de Douai , au sujet du Collége d'Anchin. In-4°,

de 19 pages.   —   —   1699.

Ce mémoire, en faveur des Jésuites, a été écrit par suite de l'ordre donné par le Cardinal d'Estrées , de vendre le collége d'Anchin , parce que les Jésuites, selon le dire du temps, voulaient envahir ce collége au préjudice de l'Université.

930. Grammatica, sive Institutionum linguæ latinæ libri tres. In-8ᵛ.   —   —   1702.

Réimprimé chez Willerval en 1743, in-12.

931. Déclaration de la faculté de Théologie de l'Université de Douay, sur ce qu'on a avancé dans un cas de conscience , savoir : qu'il suffit d'avoir une soumission de respect et de silence pour ce que l'Eglise a décidé sur le fait de Jansénius. In-4ᵛ , de 74 pages.   —   1704.

932. Réponse à un libelle qui a pour titre : Difficultés proposées à Messieurs les Docteurs de la faculté de Théologie de l'Université de Douay , touchant la déclaration où ils soutiennent que l'Eglise est infaillible dans les décisions qu'elle porte des faits doctrinaux , etc. , par M. Adrien Delcourt, docteur et professeur. In-4ᵛ, de 174 pages.   —   —   1705.

933. * Documentum Pastorale tertium Illustrissim. Franc. de Salignac de La Mothe Fénelon , Archiep. Ducis Cameracensis ad clerum et populum suæ diœcesis. In-8ᵛ , 2 vol.
—   -   -   -   -   1705.

934. Lettre des Pères Venant de Le Ruyelle

et Jacques Deschamps, Théologiens de la Compagnie de Jésus , à Monseigneur l'Evêque d'Arras , au sujet d'un escrit répandu dans la ville de Douay, sur la matière des Equivoques. In-4°, de 44 pages.   –   Sans date.

Cet écrit , ainsi que ceux du même genre qu'on a indiqués précédemment , sont relatifs à la longue guerre qui a existé entre l'abbaye d'Anchin , l'Université et les Jésuites depuis la fondation du Collége d'Anchin jusqu'à l'expulsion des Jésuites de cet établissement. Ces Pères cherchaient à cette époque à entrer dans le conseil de l'U-niversité, ainsi qu'en 1627 ils étaient entrés dans la Faculté des arts. Ils employaient comme moyen de conquête tous les sujets de controverse qui s'offraient à eux et finissaient par vaincre leurs adversaires de guerre lasse.

François SARRAZIN. 1692.

935. Arrest du Conseil d'Etat du Roi qui maintient le Sieur Archevesque de Cambray et son Official , dans le droit de connaître des affaires, etc., du 20 janvier 1682. In-4 , de 11 pages.   –   –   –   1692.

Jean-Jacques-Arthus TAVERNE. 1713-1720.

936. Coutumes de la ville et eschevinage de Douay , confirmées et décrétées par le Roy nostre Sire , Comte de Flandres , etc. , en l'an de grâce mille six cent vingt-sept , le XVI de

septembre. In-12, de 97 pages. — 1713.

Réimprimé chez le même en 1720 , et chez Willerval en 1742.

937. Tractatus triplex de Restitutione , Jure et Justitia, ac Statu religioso, etc. ; studio et labore F. Francisci Hennonis. In-8°, de 20 f. prélim. et 611 pages. — — 1713.

938. Eloge funèbre de Louis-le-Grand , Roi de France ; par le P. Lambert. In-4°. 1715.

939. Nouveau Traité de la petite vérole, par Wagret, Conseiller du Roi, Médecin ordinaire de Sa Majesté. In-12 , de 8 feuill. prélim. , 358 pag. et 4 f. non cotés. — 1717.

Dédié au duc d'Orléans, Régent du royaume.

940. Arrêt portant réglement des procédures près la Cour du Parlement de Flandres. In-4°. — — — 1716.

941. Observations faites par M. Brisseau , Conseiller du Roy , Médecin-major des hôpitaux d'armées , Professeur d'anatomie à l'Université de Douay. In-8° , de 83 pag. et 3 feuil. de table. — — - 1716.

IMPRIMERIE DES BELLÈRE. 1713-1722.

942. Le Triomphe de l'humilité dans la personne de Saint Félix de Cantalice , Capucin , représenté par la procession des écoliers de la

Compagnie de Jésus le 30 juillet dernier, jour
de sa Canonization. In-4º, de 12 pages. 1713.

943. Poësies françoises pour la béatification
du serviteur de Dieu , Jean-François Regis ,
Prêtre profès de la Compagnie de Jésus , or-
donnée par le décret de Notre Saint Père le Pape
Clément XI , du 8 mai 1716 , et célébrée dans
l'église du Collége de la même Compagnie à
Douay, le 8 de novembre. In-4º, de 16 p. 1716.

On lit à la fin : Réciteront les vers : de Burge de
Douay, de Flines de Cambray , Delevacq de Biache , Dele-
folly de Douay, Styemart de Douay, *Poëtes ;* Demoulin de
Douay, *Syntaxien ;* Gronniez , Becquet, Jullet de Douay ,
Grammairiens; De Nédonchelles, de Bouvignies, Cambier
de Tournay, de Berguettes de Douay, Remy de Douay ,
Figuristiens.

944. Declaratio sacræ facultatis theologicæ
Duacensis circa constitutionem apostolicam ,
quæ incipit : Unigenitus Dei filius. In-4º , de
42 pages.   1714.

945. * Sodales Mariani apud PP. S. J. in Collegio Aquicinctino. In-4º.   1717.

846. Censura sacræ facultatis Theologicæ
Duacensis in quasdam propositiones de gratia
depromptas ex dictatis philosophicis DD. Lengrand et Marechal. In-4º , de 129 pages. 1722.

Cet opuscule se trouve dans la bibliothèque de M. le
conseiller Bigant : il est relié avec divers autres écrits re-

latifs à cette censure, sans nom d'imprimeur, sans date ni lieu.

947. Sodalis Philosophus, sive Institutio sapientis Mariæ Sodatotatis. In-12.   –   1739.

CHARLES-LOUIS-JOSEPH DERBAIX. 1714-1742.

948. Histoire des Ordres Monastiques religieux et militaires, des Congrégations régulières; par le P. Hélyot. Paris et Douay. In-4°, avec figures. 8 vol.   -   1714.

949. Exercices de Piété à l'usage de toutes sortes de personnes. In-12.   -   1719.

950. Les Loix Ecclésiastiques dans leur ordre naturel, et une analyse des livres du droit canonique, conférés avec les usages de l'Eglise Gallicane; par Louis de Héricourt. In-f°. 1721.

Louis de Héricourt était chanoine promoteur et doyen de la cathédrale de Soissons : né en 1653, il mourut le 19 février 1751 ; il était aveugle depuis 13 ans.

951. * Dictionnaire françois et latin tiré des auteurs originaux et classiques de l'une et l'autre langue ; par le R. P. Jos. Joubert, Jés. In-4°.   –   –   –   1725.

952. Indices verborum, nominum, etc. ; aut. Em. Alvaro. P. in-12.   –   –   1725.

Réimprimé chez Willerval en 1743 et 1757.

953. Enchiridion Juris. P. in-8°.   -   1727.

954. La Vie de François Philibert, dit La Feuillade, soldat au régiment de Vexin. In-18, de 46 pages.   –   –   –   1727.

Ce soldat fut un modèle d'ordre, de discipline et de bravoure.

955. Comitum Terranensium seu Ternensium, modo S. Pauli ad Ternam, a primo ad postremum, Annales historici, etc. Collectore R. P. Thoma Turpin, Paulinate. In-8°, avec une planche d'armoiries.   –   –   1731.

956. La Vie de la Noble Dame Florence de Werquignœul ; par Marguerite Trigault, Religieuse de l'Abbaye-de-Paix, née à Douai. In-8°, orné d'un portrait.   –   –   1733.

Florence de Werquignœul fut la première abbesse de l'abbaye de Notre-Dame de la Paix. Cette maison avait été fondée en 1604.

Cette histoire est extraite de la 2e partie du *Voyage littéraire* de Dom Martenne.

957. Pratique d'humilité pour conduire à la perfection chrétienne. P. in-8°.   –   1734.

958. Question de chronologie ecclésiastique: Si la fête de Pâques est toujours le dimanche après la pleine lune de mars. In-4°.   1736.

959. * Ars Metrica. In-16, de 226 pag. et 3 f. d'index.   –   –   –   1741.

960. * Examen confessariorum per universam theologiam moralem ; aut. Greg. Scho-

naerts. In-8° , de 352 pages.   -   1742.

Né à Anvers en 1684 , Schonaerts entra chez les Augustins ; il devint visiteur de sa province , et mourut à Anvers, le 25 février 1741.

961. Conduite pour bien visiter le Saint Sacrement de l'Autel. In-18.   -   -   1744.

962. Lettres Spirituelles à un Prêtre et à un Bénéficier ; par Valois , J. In-16.   1745.

963. Sanctissimi D. V. D. Benedicti Papæ xiii Litteræ in forma Brevis ad universos Catholicos in fœderato Belgio commorantes. In-8°.   -   -   -   Sans date.

Veuve MICHEL MAIRESSE. 1719-1725.

964. * Regula et Statuta Fratrum Ordinis S. Trinitatis. In-8°.   -   -   1719.

965. Troisième Mandement de Monseigneur l'Illustriss. et Révérendiss. Evêque d'Arras , au sujet de la censure publiée à Douai le 22 aoust 1722. In-4° , de 17 pages.   -   1724.

966. Instructio , pro eligendo vitæ statu, clara brevis et solida, e variis probatisque authoribus excerpta. P. in-12.   -   1725.

967. Pensées Salutaires sur divers sujets , mises en vers et présentées à MM. les Ecoliers de l'Université de Douay , l'an M. D. CC. XXI. In-12 , de 2 f. prél. et 60 pages.   Sans date.

Veuve ARTHUS TAVERNE. 1721-1724.

968. Recueil des Ordonnances politiques de la ville de Douai. In-12, de 77 pages.   1721.

969. La Vie de Saint Humbert , Evêque et Patron tutélaire de l'abbaye de Maroille ; par François Blancart. In-8°.   –   –   1722.

970. Etat des grains qui se vendent journa-lièrement dans le marché de la ville de Douay, et de leurs réductions au poids de marc et me-sure de Paris. In-12 , de 7 feuillets.   1724.

971. Recueil des Ordonnances du Roi et de Messieurs du Magistrat de la ville de Douay. In-12 , de 128 pages.   –   -   1724.

972. Extrait d'un accommodement fait en parchemin entre Messieurs les Doyen , Cha-noines et Chapître de l'insigne église collé-giale de Saint-Pierre de la ville de Douay , et Messieurs du magistrat de ladite ville, au sujet de certains droits de menues dîmes prétendues par lesdits du chapître de Saint-Pierre, comme s'ensuit. In-12 , sans date et sans nom d'im-primeur , mais évidemment imprimé chez la veuve Taverne en 1724 , avec le précédent au-quel il fait suite, et avec les caractères de cette imprimerie.   –   –   Sans date.

NICOLAS D'ASSIGNIES. 1681-1687.

973. * Tractatus triplex de probabilitate , contritione et recidivis , collectus per N. J. de La Verdure. In-4°.   –   –   1681.

Nicolas Joseph de la Verdure naquit à Aire, en Artois, le 27 août 1636, fut professeur de langue grecque et docteur en théologie de l'Université de Douai. La Verdure était doué d'un jugement des plus éclairés : Fénelon le consulta dans la dispute du quiétisme ; il posséda l'amitié et l'estime des prélats les plus distingués de son temps. Il mourut chanoine de St.-Amé à Douai, le 12 février 1717.

974. La sainte quinzaine ou la communion des quinze mardis à l'honneur de Saint Dominique , fondateur de l'Ordre sacré des Frères-Prêcheurs , avec des oraisons pour chaque mardi de la quinzaine. In-16 , de 155 p. 1683.

975. Tractatus Theologo-Canonicus de sedis Apostolicæ primatu; de Conciliorum Œcumenicorum auctoritate et infaillibilitate, de Regum in temporalibus ab omni potestate humana libertate, autore eximio D. Jac. Gilberto , Belga , theologiæ doctore. In-8°.   –   1687.

976. Tractatus Chronologo-historicus de præcipuis hæresibus et hæresiarchis ; aut. Jac. Gilberto. In-8°.   –   –   1687.

Jean-François WILLERVAL. 1725-1779.

977. Synopsis variarum resolutionum in historiam sacram Veteris et Novi Testamenti, etc. ; aut. Vinc. Nicolle. P. in-fol. , de 4 feuil. prél. , 428 pag. et 15 feuil. d'index. - 1725.

Vincent Nicolle était né à Rollencourt en Artois en 1663. Reçu Dominicain à Douai, il devint prieur de ce couvent et fut ensuite Provincial de son ordre. Il professa pendant long-temps la théologie à Douai , où il mourut le 27 septembre 1739, avec la réputation de bon théologien et d'habile prédicateur. On voyait son tombeau dans l'église des Dominicains avant la révolution de 1789.

978. La Buvette des philosophes. Ode bachique sur leur histoire , rangée par ordre chronologique, et où ils sont tous caracterisez chacun par leur dogme favori , ou par leurs qualités personnelles, ou par quelque aventure remarquable de leur vie. In-12, de 40 p. 1726.

979. Theophraste au cabaret. Ode bachique sur les sciences et sur les caractères , employs et attachemens des hommes. Avec une table des philosophes à la buvette et de Théophraste au cabaret. In-12 , de 48 pag. – 1726.

Ces deux brochures sont de M. Brisseau père , médecin à Douai, qui s'est caché, dans ces poésies, sous le masque d'*Arbesius* , anagramme de son nom. On les trouve toujours réunies et elles ont été publiées par Brisseau fils, après la mort de son père , et dédiées à la princesse douairière d'Isenghien. Est-il l'auteur de la chanson : *Les Médecins sont des rêveurs* , etc. ? On pourrait le penser à la lecture des vers suivants :

Arbesius, brave médecin,
Qui fit cette chanson pour boire,
Fut obligé de mettre fin
A cette véritable histoire,
Parce qu'il ne sait plus trouver de rime en *ate*
Pour joindre au nom d'Hypocrate,
Qui dit qu'il faut chaque mois
S'enyvrer au moins une fois.

980. Apologie pour François de Salignac de la Mothe Fénelon , Archevêque de Cambray , contre le Théologal de l'Ordre de Saint Dominique , auteur du libelle intitulé : le Thomiste Triomphant (Stiévenart). In-4°.   –   1726.

981. Repetitio selectarum J. U. quæstionum, quas in hallis publicis defendendas suscipit Fr. Dominic. Jos. Stoupy , Atrebatensis. In-folio.   –   –   –   –   1727.

982. Réglement pour la ville et eschevinage de Douay , concernant le mesurage des différentes parties d'un bâtiment, etc. , dressé par E. de Gond , maître de mathématiques et arpenteur-juré de la ville de Douay. In-12 , de 52 pages.   –   –   –   1727.

983. Histoire abrégée des Reliques et des Saints qu'on honore à la prévôté d'Haspres. In-12 , de 47 pag.   –   ~   1727.

984. Description du cabinet anatomique de

M. Derasiere , écuyer , sieur Desenclosses , docteur ès-arts et professeur en chirurgie de l'Université de Douay. In-8° , de 46 pag. avec une gravure.   —   —   1727.

On trouve dans ce petit volume une description en vers, divisés par quatrains , des différentes parties du corps humain.

985. Recueil des Edits politiques concernant les sieurs Surintendans et Egards préposés au marché aux grains, vivre et venelle de la ville de Douay. In-18 , de 36 pag.   —   1729.

986. Recueil des Edits , déclarations, arrêts et réglements, qui sont propres et particuliers aux provinces du ressort du Parlement de Flandre ; par M. Vernimen. In-4°.   —   1730.

987. Histoire du Baïanisme ou de l'hérésie de Michel Baïus ; par le P. Duchesne. In-4°.   —   —   —   1731.

988. Daphnis , pastorale présentée à Mgr. le marquis de Beauvau , lieutenant-général , gouverneur de Douay , par les écoliers des PP. de la Compagnie de Jésus, à Douay, le 6 de juin 1732. In-4°.   —   —   1732.

SUJET DE LA PASTORALE :

« Les bergers de la Scarpe, apprenant que DAPHNIS leur aimable maître vient les honorer de sa présence , ne peuvent modérer leur joie. Ils la font éclater par des chants d'allégresse., et dans l'embarras où les jette le peu de loisir qu'ils ont , ils préparent au hasard tout ce que leur amour leur inspire pour donner au grand DAPHNIS une petite fête champêtre. »

ACTEURS : Emmanuël Maloteau ; François-Joseph Coll de Fémy ; Claude Blot, Antoine Waymel du Parcq; François Jacquerie; Jacques Pharazin ; Philippe Desbaulx de la Forge.

Brochure peu importante , mais curieuse pour les noms qu'elle rappelle.

989. Pharmacopœia Duacena , Galeno-chymica, nobilissimi et amplissimi senatus autoritate et jussu munita et edita. In-fol. , de 180 pag. et 4 pag. d'index.   —   —   1732.

L'auteur est un Sr. Plaisant.

990. Mémoire du Procureur-général en faveur des droits anciens et modernes des Rois de France sur Cambray et le Cambrésis , contre les prétentions des Archevêques et du Chapître de la même ville. In-f°, de 16 p. 1733.

991. Motifs des résolutions du Roi relatives à la Pologne. In-4°.   —   —   1733.

992. Réglement pour la ville et eschevinage de Douay. In-18.   —   —   1734.

993. Mémoire touchant l'insigne Eglise Collégiale de Saint-Pierre de Douay. In-4° , de 13 pages.   —   —   1734.

Cette courte notice offre d'utiles documents sur l'histoire de Douai.

994. Projets proposés pour la réformation des Coutumes d'Artois avec des réflexions et dissertations importantes. In-8°. - 1735.

Ce livre est de M. Brunel, avocat à Douai.

995. Mémoire pour le Comte de Renesse, contenant plusieurs questions de droit ; par Raparlier, avocat. In-f°, de 250 pag. 1736.

Nous avons mentionné ce Mémoire, parce qu'il sort, par son importance, de la classe ordinaire des Mémoires judiciaires.

996. Cantiques Spirituels à l'usage des Missions, par le P. Duplessis. In-12. - 1737.

997. Lettre du Roi adressée à la Cour du Parlement de Flandre, au sujet de ce que Sa Majesté veut être observé à la fête de l'Assomption, en exécution du vœu de Louis XIII, du 22 juillet 1738. In-4°. - 1738.

998. * La Vie de la Bienheureuse Micheline. In-8°. - - - 1738.

999. Dévotion au Calvaire ; par Lefebvre. In-12. - - - 1739.

1000. Arrest de la cour de Parlement, du 29 novembre 1740, portant réglement concernant le paiement des fermages payables suivant les baux, en une certaine quantité fixe de grains. In-4°. - - - - 1740.

1001. Ant. Van Torre Dialogi familiares

litterarum tironibus in pietatis scholæ ludo-
rum exercitationibus utiles et necessarii. In-
12.   -   -   -   1740.

Réimprimé par le même en 1742.

1002. Officia propria Sanctorum Ecclesiæ
Sancti Amati oppidi Duacensis. In-8°.   1740.

1003. * Ars rhetorica, autore du Cygne, Au-
domarensi. In-12.   -   -   1740.

1004. Heures du Calvaire , dédiées à Mgr.
l'Evêque d'Arras. In-8°.   -   -   1741.

1005. Catéchisme imprimé par ordonnance
de Mgr. François de Baglion de la Salle , évêque d'Arras. In-12.   -   -   1741.

Réimprimé chez le même en 1745.

1006. Abrégé des Particules , contenant ce
qui est de plus difficile pour composer correc-
tement en latin. In-18.   -   -   1744.

Réimprimé chez le même en 1762.

1007. Discours du Marquis de Fénelon ,
Ambassadeur à La Haye , aux Etats des Pays-
Bas. In-4°.   -   -   -   1744.

1008. Déclaration de guerre contre le Roi
d'Angleterre. In-4°.   -   -   1744.

Cette déclaration et la suivante précédèrent les campagnes qui se terminèrent par la bataille de Fontenoi , si
glorieuse pour les armes françaises.

1009. Déclaration de guerre contre la Reine de Hongrie. In-4°.   –   –   1744.

1010. Proclamation du Roi, ordonnant au Parlement d'assister au Te Deum pour les victoires. In-4°.   –   –   1744.

1011. Lettres du Roi adressées au Parlement de Flandres. In-4°.   –   –   1745.

1° Au sujet de la prise de la ville de Gand et du château.

2° De la prise de Denremonde.

3° De celle de Bruges et Audenarde.

4° De celle de Nieuport.

5° De celle d'Ostende.

6° De la victoire remportée sur le bas Tanaro.

7° De la prise des villes et citadelles de Parme et de Plaisance.

8° De la victoire remportée sur les troupes piémontaises.

9° De la prise d'Ath.

10° De la prise de la ville et château de Tortone.

11° Lettres des Ecossais à l'impératrice de Russie.

12° Mémoire présenté aux États-généraux par l'abbé de La Ville, ambassadeur de France à La Haye.

13° Extrait d'une lettre du camp du prince royal d'Ecosse au sujet d'une bataille gagnée par les Orcadiens et leurs chiens contre les Hollandais.

Ces lettres et documents étaient imprimés et envoyés séparément comme des bulletins d'armée.

1012. La Bataille de Fontenoi, poème par Guerin, professeur de Rhétorique. In-4°. 1745.

1013. Lettre à Madame Le D..... contenant la relation exacte de la bataille de Fontenoi ; par M. de *** major de régiment. In-4₀. 1745.

1014. Vers présentés au Roy à son retour de Flandres , par les Pères de la Compagnie de Jésus du Collége d'Arras, le 6 septembre 1745. In-4°, de 12 pages.   –   -   1745.

1015. Jos. Juvencii Candidatus rhetoricæ. In-12.   –   –   -   1746.

1016. Lettre du Roi adressée au Parlement de Flandres au sujet du Te Deum qui doit être chanté pour la conquête de Bruxelles. In-4°.   –   ¬   ¬   –   1746.

1017. Articles proposés pour la capitulation de Bruxelles par le Comte de Kaunitz Rittberg. —Capitulation pour la garnison hollandaise de Bruxelles. In-4°.   –   –   1746.

1018. Relation de la victoire remportée par le Prince Edouard , Régent du Royaume d'E- cosse , à Falkirk , sur l'armée angloise com- mandée par le général Hawley , le 28 janvier 1746. In-4°.   –   –   -   1746.

1019. Lettres du Roi adressées au Parlement de Flandres au sujet de la prise des places de Saint-Ghislain et Charleroy; — De la prise de Namur et de ses Châteaux; — De la victoire remportée le 11 octobre 1746, sur l'armée des Alliez. In-4°.   –   –   1746.

1020. Relation de la victoire signalée remportée par le Roi sur les ennemis au village de Lafels près Mastricht, le 2 juillet 1747. —Lettre du Roi relative à la prise de Berg-op-Zoom , enlevée d'assaut par les troupes de Sa Majesté. In-4°.   –   –   –   1747.

1021. Discours du Duc de Boufflers au Sénat de Gênes.—Réponse du Sérénissime Doge au discours de M. de Boufflers. In-4°.   1747.

1022. Examen de la Déclaration de S. M. T. C. à leurs HH. PP. les Etats-Généraux des Provinces-Unies ; suivi de la capitulation et conditions pour les troupes autrichiennes de garnison à Mons. In-4°.   –   –   1747.

1023. Compliment au Prince de Galles le jour de Saint-Patrice.—Compliment à la nation irlandoise par l'abbé Bruté. In-4°.   –   1748.

1024. Description des réjouissances qui se feront en la ville de Douay le 8 mars 1749, pour la publication de la paix. In-4°ᵒ , de 6 f.   1749.

1025. Le règne de Constantin , figure des principaux traits qui caractérisent le règne de Louis XV. Représenté à la procession de la ville de Douay , le 22 juin 1749. G. in-4°, de 4 feuillets.   –   –   1749.

Ce programme offre des détails curieux sur la procession de Douai à cette époque. Il nous apprend que ses ornements ne se bornèrent pas cette année-là à *Gayant* , sa famille et la roue de fortune. « On y voyait plusieurs chars richement ornés , différents Phaëtons d'un *nouveau goût , traînés par des chevaux rares et superbement enharnachés.* Plus, un navire avec tous ses agrès, et les matelots qui conduisaient ce vaisseau faisaient la manœuvre et les évolutions propres à la marine, d'*une manière qui attira l'admiration* des spectateurs. Les chars marchaient en tête, puis le clergé, au milieu duquel était porté le chef de Saint-Maurant : venait ensuite l'Université et les magistrats, et la procession était fermée par Gayant, sa famille et la roue de fortune. »

1026. C. Bona, de præparatione ad mortem. In-12.   —   —   —   1750.

Jean Bona naquit à Mondovi le 10 octobre 1609; il était de la famille des Bonne de Lesdiguières , du Dauphiné. Après avoir passé sa jeunesse dans un monastère de Feuillants , il alla professer la théologie et la philosophie à Rome. Il devint ensuite général de la congrégation et cardinal sous Clément IX. A la mort de ce Pontife, on voulut le faire Pape ; ce qui donna lieu à cette pasquinade : *Papa Bona sarebbe solecismo.* Le cardinal entretint pendant sa vie un commerce de lettres avec tous les savants de l'Europe et publia différents ouvrages. Il mourut le 27 octobre 1674.

1027. Ordonnance du Roy , concernant les gouverneurs et lieutenans-généraux des provinces , les gouverneurs et états-majors des places , et le service dans lesdites places , du 25 juin 1750. In-12, de 144 pag.   —   1750.

1028. La Jurisprudence du Hainaut françois , contenant les coutumes de la province , et les ordonnances de nos Rois dans leur ordre

naturel ; avec les formules des principaux actes ; par M. A. F. Dumées, procureur du Roi de la ville d'Avesnes. In-4°, de 5 f. prélim., 448 pag. et 3 f. de table.　–　　-　　1750.

Antoine-François-Joseph Dumées naquit à Avesnes le 22 juillet 1722. Avocat au Parlement de Flandre , il fut successivement procureur du roi , syndic et subdélégué à Avesnes. Il mourut âgé de 43 ans, le 27 février 1765.

1029. Les délices de la langue latine, tirées de Cicéron et des auteurs les plus purs. In-16.　　-　　　-　　　-　　1750.

Petit ouvrage utile et servant de complément aux grammaires latines élémentaires. Il est peut-être trop négligé aujourd'hui.

1030. La solemnité et cérémonie de la bénédiction de l'insigne église collégiale et paroissiale de Saint-Pierre à Douay. In-4°, de 12 pages.　　　–　　　-　　　-　　1750.

Cet opuscule renferme des renseignements curieux pour l'histoire du pays.

1031. Déclaration du Roi donnée à Compiègne au mois de juillet 1749 , portant réglement sur la discipline à observer dans l'Université de Douay ; enregistrée au Parlement de Flandre le 16 janvier 1750. In-4°, de 76 pages.　1750.

Ensemble une déclaration du Roi sur l'édit précédent, du 2 mai 1752. In-4°, de 8 pages.
Sans date.

1032. Remontrances du Parlement de Flandre au sujet du vingtième. In-8°, de 16 p. 1750.

Le Parlement s'élève avec force dans cet écrit, quoique d'une manière respectueuse, contre l'imposition du 20e denier ; il démontre que cette contribution est surtout onéreuse à la Flandre, accablée qu'elle est depuis des siècles du fléau de la guerre. Cet opuscule peut être lu avec fruit par ceux qui se livrent à l'étude de notre histoire locale. Quoique sans nom d'imprimeur, ce mémoire sort évidemment des presses de Willerval, alors imprimeur-juré du Parlement. Il est d'ailleurs imprimé avec les caractères de son établissement.

1033. Jubilé universel pour l'année sainte 1751. In-8°, de 42 pag.   –   –   1751.

1034. * Lettres patentes du Roi portant établissement d'un hôpital-général à Valenciennes. In-4°.   –   –   1751.

1035. La conversion d'un Pécheur réduite en principes. In-18.   –   -   1751.

1036. * Ovidii Nasonis Tristium libri quinque, cum interpretatione et notis. In-12. 1752.

1037. Lettre de Monsieur Molines, dit Fléchier, autrefois ministre protestant, à un de ses amis, du 20 mai 1752, avec son abjuration, faite dans la citadelle de Montpellier le 30 avril précédent, et une lettre d'un chanoine de Montpellier, sur ladite abjuration, du 31 mai 1752. In-12, de 26 pag.   -   -   1752.

1038. Histoire et Eléments du droit françois,

principalement pour les provinces du ressort du Parlement de Flandre ; par A. F. Dumées. In-12.   —   —   —   1753.

1039. Formulaire de prières chrétiennes à l'usage des demoiselles pensionnaires chez les religieuses Ursulines. In-8°, de 566 p. 1753.

1040. Solemnité séculaire à l'honneur du Très Saint Sacrement de l'Autel , qui se célébrera le 21 juillet 1754 , en mémoire de trois Miracles arrivés l'an 1254 dans l'Insigne Église Collégiale de Saint-Amé à Douay. In-4°, de 14 pages.   —   —   —   1754.

1041. Poésies diverses présentées à Mgr. de Bonneguise , Evêque d'Arras , par le Collége de la Compagnie de Jésus à Douai, le 23 juillet 1754. In-f° , de 18 pag. , avec un beau portrait du Prélat.   —   —   1754.

1042. Tractatus triplex de Censuris , Irregularitate et Indulgentiis. Studio et Labore F. Servatii Lefebvre. In-12.   —   —   1755.

1043. * Les Epitres de Cicéron. Nouveau choix , avec la traduction en regard. In-12.   —   —   —   —   1756.

1044. Introductio ad linguam græcam, auctore Emmanuële Alvaro. In-12.   —   1757.

1045. Rudimens des langues latine et grecque,à l'usage des Colléges de la Compagnie de Jésus,province Gallo-Belgique. In-12. 1757.

1046. Emmanuelis Alvari S. J. grammatica latina, cui accedunt institutiones linguæ græcæ. In-12.   –   –   –   1757.

Cet ouvrage avait déjà été imprimé chez la veuve Bellère en 1710.

1047. Oraison funèbre de très haut et très puissant Seigneur , Monseigneur Charles Joseph de Polinchove , premier Président du Parlement de Flandre, prononcée dans l'église collégiale de Saint-Pierre à Douay, le 5 février 1757 ; par le P. F. de Stempch , de la Compagnie de Jésus. In-4° , de 36 pag.   –   1757.

1048. * Ars metrica et poetica ad usum Gymnasiorum S. J. In-12 , de 211 pag. et 5 p. d'index.   -   -   –   1758.

On trouve pages 205 et 211 une liste de 80 poètes des Pays-Bas , avec ce titre : *Elenchus optimorum e Belgio Poetarum, etc.*

1049. * Selecta ex Anacreonte et Homero. In-12.   –   –   -   –   1758.

Cet ouvrage et le précédent se trouvent dans la collection de M. A. Dinaux.

1050. Les Fables de Phèdre , traduites en françois ; avec des remarques. In-12.   1758.

1051. Quinte-Curce et Jules-César, à l'usage des colléges de la Compagnie de Jésus. In-12 , de 6 f. prél. et 576 pag.   -   –   1759.

1052. Tractatus triplex de Deo creatore ,

de quatuor novissimis et de cultu sanctarum imaginum ; aut. F. Hennone. In–12.   1760.

1053. M. T. Ciceronis Orationes selectissimæ XV , cum analysi rhetorica P. Martini du Cygne. Petit in–8° , de 579 pag.   1761.

Réimprimé chez le même en 1768.

1054. Traité des Jurisdictions et de l'ordre judiciaire , pour les provinces du ressort du Parlement de Flandre ; par A. F. Dumées. In–12.   —   —   —   1762.

1055. Histoire du Collége de Douai , à laquelle on a joint la politique des Jésuites Anglois, pour servir de preuves aux faits contenus dans l'histoire du Collége de Douay. In–12. 1762.

Cet ouvrage porte l'indication de Londres ; il est sans nom d'imprimeur , mais il sort évidemment des presses de Willerval ; il est imprimé avec les caractères employés à cette époque dans son établissement.

Voir : *The Holie Bible* , n° 562.

1056. Arrest de la Cour de Parlement de Flandre qui condamne le livre intitulé : Emile ou de l'Education, par J.-J. Rousseau, citoyen de Genève , a être lacéré et brûlé par l'exécuteur de la haute justice ; sur le rapport de Messire Jacques Ladislas de Francqueville, Conseiller. In–4°.   —   —   1762.

L'exécution de cet arrêt eut lieu le 22 juin 1762 , au bas du grand escalier du Palais à Douai , en présence du greffier Soyez et de deux huissiers de la Cour.

1057. Essai fait en la ville de Valenciennes
pour fixer le prix du pain que les boulangers
exposent en vente , malgré les différentes va-
riations qui arrivent dans les prix des grains.
In-folio , de 13 pages.   –   -   1763.

Ce mémoire serait encore bon à consulter de nos jours ;
plusieurs des dispositions qu'il rappelle pourraient utile-
ment être remises en vigueur.

1058. Fabius Maximus , Tragédie dédiée au
Magistrat, représentée par les écoliers du Collége des Jésuites de Valenciennes , le 29 août
1763, à une heure après-midi, pour les Dames
seulement , et le lendemain, à la même heure,
pour les Messieurs. In-4°.   -   1763.

1059. * Lusus poetici allegorici ; aut. P.
Sautel. In-12.   –   –   -   1763.

1060. * Renati Rapini Eclogæ. In-12.   1763.

1061. Instructions que le Roi a fait expé-
dier pour régler provisoirement le service dans
les places. In-4°.   -   –   1765.

1062. Lettres de Cicéron avec la traduction
de M. L. P. ; quelques Lettres de Pline et un
dictionnaire abregé des antiquités romaines.
In-12 , de 12 f. prél. et 499 pag.   -   1766.

1063. Observations notables sur les règles
et principes du droit coutumier touchant les
matières les plus importantes, etc. In-4°. 1767.

1064. Traité sur la connaissance des maladies des chevaux et des remèdes les plus usités, tiré des meilleurs auteurs ; à l'usage de l'école de cavalerie de la ville de Douai. In-12. 1767.

1065. Oraison funèbre de très haut et très puissant Seigneur Monseigneur Eugène Roland Joseph Blondel, Chevalier, seigneur, etc., premier Président du Parlement de Flandre, prononcée dans l'église Collégiale de Saint-Pierre à Douay, le 23 décembre 1767, par le P. Emmanuël Corsy. In-4°, de 22 pag.   1767.

1066. Abrégé de la vie du R. P. Fourier, Curé de Mataincourt en Lorraine, béatifié par Benoît XIII. In-12.   –   -   1768.

1067. Nouvel abrégé de la grammaire grecque , à l'usage des colléges dépendants de l'Université de Douay. In-12.   -   1768.

1068. Discours prononcé à l'ouverture du cours de mathématiques de l'Université de Douay, le 8 mars 1768, par M. Danville, professeur royal de mathématiques en ladite Université. In-12 , de 52 pag.   -   1768.

1069. Réglement d'études et de discipline pour les Colléges du ressort du Parlement de Flandre. In-4°.   -   -   1768.

1070. Introduction à la vie dévote, de Saint François de Sales, Evêque et Prince de Genève;

nouvelle édition , par le R. P. Brignon , de la
Compagnie de Jésus. In-12.   —   1768.

Imprimé chez Derbaix en 1760.

Saint François de Sales , évêque de Genève , né le 21
août 1567 , mort à Lyon le 28 décembre 1622 , fut canonisé en 1665. Il existe plusieurs éditions de ses œuvres
complètes.

1071. De la préparation à la mort , traduit
du latin du Cardinal Bona ; par Lemaire de
Berguettes. In-12.   —   —   1771.

1072. Nouvelle Traduction des Institutes
de Justinien , avec des observations par Fer-
rière. 7 vol. in-12.   —   —   1771.

1073. Lettres d'un Ecclésiastique à Melle D.
pour l'exhorter à éviter les spectacles. In-
12.   —   —   —   1772.

Ces lettres avaient été imprimées précédemment.

1074. Exercice de rhétorique , ou prélude à
l'art oratoire, dédié à MM. les administrateurs
du Collége d'Anchin à Douay. In-4°, de 17
pages.   —   —   -   1772.

1075. Pratique de dévotion au Saint Sacrement du Miracle, établie dans l'église Collégiale
de Saint-Amé de Douay. Petit in-12.   1772.

1076. Formulaire de Prières. In-12. 1772.

1077. Précis pour Messieurs les échevins ,
conseil et arrière-conseil de la ville de Douay ,

intimés contre Madame Anne F. A. J. de Tra-
signies, etc., appelante de la sentence rendue
par les officiers de la gouvernance de cette
ville, le 2 avril 1776. In-4°, de 82 pag.   1776.

Nous ne mentionnons ce précis que parce qu'il est relatif à notre localité. Il établit les droits de la ville de Douai
sur les marais de Dorignies, de Wagnonville, des Partiaux
et de la Michonnière. Le Parlement ayant rendu un arrêt
conforme, la demanderesse produisit un nouveau mémoire
de 46 pages in-4°, imprimé chez Willerval dans la même
année. Une consultation et demande en révision a été imprimée en 1785, chez Derbaix, in-4°, de 55 pages.

Plusieurs autres pièces ont été imprimées à Douai et à
Arras sur cette importante affaire.

1078. * Q. Horatii Flacci Carmina, ab omni
obscœnitate expurgata, ed. Nicolao Piat, eloquentiæ professore. In-18, de 334 pag.   1777.

1079. Cornelius Nepos, de Vita excellen-
tium Imperatorum. In-12.   –   –   1779.

1080. Bref de Paul IV, pour la fondation de
l'Université de Douay.— Lettres patentes données par Philippe II, Roi d'Espagne, sur le
bref de Paul IV. In-4°, de 16 pag.   Sans date.

1081. Lettres d'érection de l'Université de
Douay, données par Philippe II, Roi d'Espagne, le 19 janvier 1561. In-4°, de 19 pages.
                                        Sans date.

On trouve aussi imprimées les Lettres de *Vidimus* données par les Eschevins de Douay à propos des Lettres de
Philippe II; in-f°, sans nom d'imprimeur.

1082. Sodales sanctorum omnium, filii sanctorum sumus. Tob. 2. v. 18. In-18 , de 96 pag.
                              Sans date.

1083. Arrest portant réglement des procédures près la Cour du Parlement de Flandre, avec la table des chapitres et des matières principales y traitées, publiées le 10 septembre 1671. In-4°, de 2 feuil. prél. , 100 pag. et 6 f. de table.   –   –   Sans date.

1084. * Conduite pour bien visiter le Très Saint-Sacrement de l'Autel. In-16 , de 72 pag.
                              Sans date.

Imprimé chez la Ve Leclercq , même format , 1757 , 84 pages.

1085. Epistres choisies de Cicéron , latines et françoises , traduction nouvelle. In-12 , de 315 pag. et 2 feuil. de table.   Sans date.

Le traducteur se nomme S. Bernard ; le livre est dédié à M. Letellier, fils aîné de M. de Louvois.

1086. Histoire du Collége de l'abbaye d'Anchin , en l'Université de Douay. Ensemble : Pièces justificatives concernant les droits de l'Abbaye de Saint Sauveur d'Anchin , et ceux des R. P. Jésuites dans le Collége d'Anchin en l'Université de Douay. In-fol.   - Sans date.

1087. La bataille de Fontenoy, par M. de Voltaire. In-4°.   –   –   Sans date.

1088. Lettre de M. de Tr..... maréchal-de-

camp, en réponse à M. de Voltaire sur son
poème de la bataille de Fontenoy. In-4°.
Sans date.

1089. Harangue de Charles Edouard d'Ecosse
à son armée, après la victoire de M. le général
Cope. Trad. par Ohalon. In-4°. Sans date.

FRANÇOIS ROUGOT. 1731.

1090. La Femme docteur ou la Théologie
tombée en quenouille, comédie en cinq actes.
In-12, de 8 f. prél. et 160 pages. — 1731.

Cette satyre dramatique, oubliée aujourd'hui, est du P.
Bougeant.

Guillaume-Hyacinthe Bougeant était né à Quimper. Il
est auteur d'un grand nombre d'écrits. Son ouvrage le
plus important est l'*Histoire du Traité de Westphalie*, 4
volumes in-12 ou 2 vol. in-4°.

PHILIPPE SARAZIN. 1704-1733.

1091. Avis touchant les questions de droit
et de fait, dans lequel on fait voir que les Jan-
sénistes ont donné de fausses idées pour éluder
la condamnation que le Saint Siége a fait des
cinq propositions extraites du livre intitulé :
Augustinus Cornelii Jansenii, par Delcourt.
In-8°. — — — 1704.

1092. Relation de ce qui s'est passé à l'occasion de la translation du corps du feu Pape

Benoît XIII , de l'église de Saint-Pierre du Vatican à celle des RR. PP. Dominicains du couvent de la Minerve, faite le 22 février de la présente année 1733. Traduite de l'italien , sur la copie imprimée à Rome , avec un discours prononcé dans l'église de St.-Pierre de Rome , le même jour, par l'abbé Assemani. In-4°, de 15 pages.   –   –   –   1733.

Pierre COLOMB. 1734.

1093. De Miraculis quæ Pythagoræ , Apollonio Tyanensi , Francisco Assisio , Dominico et Ignatio Loyolæ tribuuntur, libellus, autore Phileleuthero , Helvetio. In-8°.   –   1734.

Cet ouvrage pseudonyme est , selon Barbier (*Dict. des ouvr. anonymes et pseudonymes*) , de Jean-Jacques Zimmermann. Il a été réimprimé à Edimbourg en 1755, in-8°. Le nom de l'imprimeur pourrait bien être supposé , comme l'était celui de l'auteur.

Jean-François LECLERCQ. 1742-1743.

1094. Prières et avis salutaires pour toutes sortes de personnes qui aspirent à la perfection chrétienne. In-12.   –   -   1742.

Réimprimé chez Derbaix en 1751 et en 1765.

1095. * Tractatus de sacramento et contractu matrimonii , ad usum seminarii archiepisco-

palis Cameracensis , autore J. Lagedamon.
In-8° , de 11 f. prél. et 400 pag.   -   1743.

Jean Lagedamon , né à Paris , était supérieur du séminaire métropolitain de Beuvrages. Il publia trois volumes
in-12 de *Cantiques spirituels* , en 1750.

DERBAIX Frères. 1749-1783.

1096. La véritable Sagesse. In-16.   1749.

1097. Specimen elucidationis tripartitæ casuum reservatorum in diœcesi Tornacensi.
In-12.   -   -   -   1750.

1098. Pensées salutaires sur l'Eternité. In-
24 , de 24 pages.   -   -   1750.

1099. Observations sur les eaux minérales
de Saint-Amand , par M. Gosse , médecin de
l'hôpital de Saint-Amand. In-12.   -   1750.

1100. Theologia Moralis , aut. Gab. Ant.
Paulo. 4 vol. in-8°.   -   -   1751.

1101. L'Office des Morts. In-12.   1751.

1102. L'Imitation de Jésus-Christ , traduction nouvelle , par le R. P. de Gonnelieu. In-
12.   -   -   -   1753.

Il est bien reconnu aujourd'hui que cette traduction de
l'Imitation , attribuée mal à propos au P. de Gonnelieu ,
est de J.-B. Cusson , ancien libraire à Nancy ; les pratiques et les prières sont seules du P. de Gonnelieu. Cela

n'empêche pas que cette traduction ne soit encore imprimée tous les jours avec la fausse indication que nous n'a-
vons pas cru inutile de relever de nouveau.

1103. L'Impureté combattue , sous les auspices de Jésus l'époux des vierges et de Marie,
leur reine et leur modèle. In-12.   -   1753.

Réimprimé chez le même en 1762.

1104. * Epitome Conciliorum, seu brevis historia ecclesiastica. In-12.   -   1754.

1105. Analogia Veteris ac Novi Testamenti ;
aut. Martino Becano. In-8°.   -   1754.

Réimprimé chez le même la même année, et de nouveau
en 1757.

1106. Remarks on the two first volumes of
the late lives of the Popes ; in Letters from a
gentleman to a friend in the country. In-12.
1754.

1107. Instruction nouvelle pour enseigner
aux enfants à connaître le chiffre et à compter
avec les jetons. In-18.   -   -   1755.

1108. Avertissement sur le second cas de la
loi Æde III , Codice de Locato , et sur la loi
Emptorem , IX du même titre , dont l'usage est
assez fréquent. In-4° , de 16 pages.   1755.

1109. De Officiis Sacerdotis æque judicis et
medici in sacramento Pœnitentiæ instructio
brevis ; aut. Thoma du Jardin. In-8° , de 479
pages et 4 f. de table.   -   -   1757.

1110. De Sacrificio Missæ tractatus asceticus; aut. Joanne Bona. In-12.   —   1757.

1111. Antonii Perezii S. C. et R. Majest. Consiliarii, in Academia Lovaniensi juris civilis antecessoris, Institutiones Imperiales erotematibus distinctæ, etc. In-16.   —   1759.

Réimprimé chez les mêmes en 1783, avec notes de Barbier.

1112. L'Ange conducteur dans la dévotion chrétienne. In-12.   —   —   1760.

1113. * Essai sur la fréquentation des spectacles, par M...... In-18.   —   —   1760.

1114. La Jurisprudence des Pays-Bas, établie par les arrêts du Grand-Conseil de S. M. I. et C. résidant à Malines, recueillis par Remi-Albert de Laury. In-folio.   —   1761.

1115. Pratique des cérémonies de la Sainte Messe, selon l'usage romain. In-18.   1761.

Ce livre a eu de nombreuses éditions.

1116. Annales Belgiques ou des Pays-Bas, contenant les principaux événements de notre histoire depuis la mort de Charles-le-Téméraire, dernier Duc de Bourgogne, jusques à la paix d'Aix-la-Chapelle en 1668; par Mᶜ Antoine-François-Joseph Dumées, avocat au Parlement. In-12.   —   —   1761.

1117. Commentarius in Apocalypsim Beati

Joannis Apostoli , dictatus a doctissimo et eruditissimo Domino Pierart, sacræ theologiæ licent. nec non seminarii Sancti Salvatoris , dicti d'Hennin , Duaci , præside meritissimo. In-8°, de 12 f. prél. , 256 p. et 4 p. d'app. 1762.

Guillaume Piérart , né au Câteau-Cambrésis en 1665 , fut directeur du séminaire d'Hennin. Il mourut le 19 mai 1724. On voyait son tombeau dans l'église Saint-Jacques à Douai , au moment de la révolution.

Son commentaire, dont il avait fait usage dans les écoles publiques de Douai , est tiré en entier de Bossuet. Quoiqu'il ait mis à profit les travaux de l'illustre évêque de Meaux , partout son ouvrage manifeste la prétention de le réfuter.

1118. * Mémoire pour les Prévôt , Doyen , Chanoines et Chapitre de l'église métropolitaine de Cambray , appelants de la sentence rendue par les officiers du Baillage royal du Quesnoy , 26 mars 1763 , contre les Abbé et religieux de Vicoigne , intimés. In-4° , de 81 pages.   —   —   —   1763.

1119. Horæ diurnæ Breviarii romani. In-24.   —   —   —   1764.

1120. Le Commencement et la perfection de la Sagesse , ou la fuite du péché et l'amour de Dieu , traduit du latin du P. Comitin J. par de Mareuil J. In-12.   —   —   1764.

1121. Dictionnaire des commençants, françois et latin, à l'usage des colléges. In-8°. 1764.

1122. Méthode générale pour l'intelligence des Coutumes de France, par Paul Challine, avocat. In-12.   -   -   1765.

1123. Abrégé de l'histoire du Miracle arrivé l'an mil huit, en faveur de la ville de Valenciennes, avec le détail de l'établissement de la procession générale qui se fait chaque année le 8 septembre. In-12, de 83 pag.   -   1768.

1124. Oratio academica in illud Psalmistæ: Omnis homo mendax; habita in licenciali utriusque juris actu. In-4°, de 4 f. prélim. et 20 pages.   -   -   -   1770.

Ce discours est de l'abbé Desbaulx.

1125. Exposition de la lettre et de l'esprit des Chartes générales du Haynaut, par Me Philippe Joseph Raparlier, avocat. In-4°. 1771.

1126. Placards, édits et ordonnances concernant les Chartes générales du Haynaut, les gens de main-morte, et autres matières journalières, pour l'utilité des praticiens. In-4°.   -   -   -   1771.

1127. Recueil des Oraisons funèbres de Fléchier. In-12.   -   -   1772.

1128. Dissertatio theologica de baptizandis Abortivis. In-12, de 31 pages.   -   1772.

1129. Exercice littéraire ou Prélude à l'art oratoire, distribué en quatorze discours fran-

çois sur les quatre parties principales du plai-
doyer de Cicéron pour Roscius d'Amérie.
Ouvrage dans lequel, pour éviter la sécheresse
du ton didactique et joindre l'utile à l'agréable , on a tourné en images les règles mêmes
de l'art , en leur associant les traits les plus
instructifs et les plus amusants que la religion,
la morale , l'histoire , la fable et la poésie ont
pu fournir relativement au genre. In-8°, de
68 pages.   –   –   -   **1773.**

1130. Antilogiæ , seu Contradictiones appa-
rentes Evangelistarum, collectæ per Petrum
Juret. In-18.   –   –   -   **1775.**

1131. Du Salut des petits enfants. Petit in-
12.   –   –   –   **1776.**

1132. D. Hieronymi Stridoniensis Epistolæ
selectæ et in libros tres distributæ , opera D.
Petri Canisii theologi. In-12.   –   **1778.**

Réimprimé chez le même l'année suivante.

1133. Les Français à la grenade , ou l'Im-
promptu de la guerre et de l'amour, comédie-
divertissement en 2 actes et en prose, composée à l'occasion des victoires remportées en
Amérique en 1779. In-12 , de 36 pag.   **1779.**

1134. Selectæ fabellæ et historiunculæ in
gratiam puerorum, autore Barbier. In-12. **1781.**

Cet ouvrage élémentaire a été fréquemment réimprimé.

1135. * Abrégé de la Vie et des Miracles de Saint Druon. In-12, de 68 pag. – 1781.

1136. Histoire abrégée de l'Ancien Testament, à l'usage des écoles. In-12. 1781.

1137. English Grammar. In-8°, de 54 pages. – – – 1781.

1138. Principes de la langue latine distribués selon leur ordre naturel, par M. Barbier, régent au collége d'Anchin de Douay. In-12. – – – 1782.

Fréquemment réimprimé.

1139. L'art de conserver sa santé, composé par l'école de Salerne, avec la traduction en vers français, par Mr B. L. M. (Bruzen la Martinière). In-12. – – Sans date.

JACQUES-FRANÇOIS SWERTS. 1762.

1140. Lettre d'un professeur de Douay à un professeur de Louvain, sur le Dictionnaire historique portatif de l'abbé Ladvocat, docteur et bibliothécaire de Sorbonne (par l'abbé Saas). In-8₀, de 119 pag., imprimé sur deux colonnes. – – – 1762.

A la suite de la première lettre se trouve une autre lettre sur l'Encyclopédie. L'abbé Saas, auteur de ces lettres et de plusieurs autres pièces du même genre, était un bibliographe fort érudit, et ses divers opuscules sont encore fort recherchés. On pourrait désirer quelquefois un peu moins de vivacité dans ses critiques.

Veuve LECLERCQ. 1769.

1141. Poème aux très nobles et vertueux de Conzié , très dignes Evêques d'Arras et de Saint-Omer , au jour de la possession de leurs évêchés ; par P. F. J. D*** , natif de Saint-Omer. In-4º , de 19 pag.   -   -   1769.

Les dignes évêques méritaient assurément d'être autrement loués.

Ignace WILLERVAL. 1778-1792.

1142. Rudiment ou nouvelle méthode de la langue latine , à l'usage des colléges de l'Université de Douay. In-12.   -   -   1778.

1143. Selectæ e Veteri Testamento historiæ. In-12.   -   -   -   1778.

1144. Ode présentée à Messieurs , Mrs. les Princes de l'illustre et très ancienne confrérie des Clercs Parisiens , instituée dans la ville de Douay , sous le titre de la glorieuse Vierge Marie , le 16 août 1778 , étant Prince M. l'abbé de Gricourt , prévôt de Saint-Pierre à Douay. In-4° , de 4 feuillets.   -   -   1778.

1145. Cornelii Nepotis Opera. In-18, de 258 pages.   -   -   -   1778.

1146. Recueil des Edits, déclarations, arrêts

et réglements du Parlement de Flandre. 2 vol.
in-8°, de - - - 1730 à 1781.

1147. Catalogue de la bibliothèque et du
cabinet de feu Messire Jacques Albert Bruneau
de Vassignies, chanoine et doyen honoraire
de l'insigne église collégiale de Saint-Amé à
Douay. In-8°, de 200 pages et de 32 pages de
supplément. - - 1782.

Ce catalogue comprend 1349 ouvrages et 250 gravures
ou dessins.

1148. Oraison funèbre de très-haut et très-
puissant seigneur, Monseigneur Louis-Joseph-
Dominique de Calonne, chevalier, conseiller
du Roi en tous ses conseils, premier président
honoraire du Parlement de Flandre, prononcée en l'église Saint-Pierre le 26 juin 1784 ;
par M. Saingevin, principal du collége d'Anchin. In-4°, de 36 pages. - 1784.

1149. Discours du Roi prononcé à l'assemblée des Notables, le 23 avril 1787. In-4°. 1787.

1150. Expériences propres à faire connaître
que l'alkali-volatil-fluor est le remède le plus
efficace dans les asphixies, avec les remarques
sur les effets avantageux qu'il produit dans la
morsure de la vipère, dans la rage, la brû-
lure, l'apoplexie, etc. ; par M. Sage. In-8°, de
52 pages. - - - 1788.

1151. Réflexions concernant l'opinion de

M. l'abbé Sieyes , sur l'arrêté pris , le 4 août
1789, par l'Assemblée nationale, relativement
aux dixmes. In–8º , de 44 pages. – 1789.

Sans nom d'auteur. Barbier , dans son Dictionnaire des
Anonymes, attribue cet opuscule à l'imprimeur Willerval ;
ce qui n'est guère probable.

1152. Réponse de la 4ᵉ compagnie de la
garde nationale de Douay au Comité militaire,
relativement au droit qu'auraient eu les com-
pagnies d'examiner quelques points de politique et de publier leurs opinions. In–8º. 1791.

1153. Essai sur les propriétés du tabac, par
J. A. J. Dablaing , professeur en médecine de
l'Université de Douay. In–8º. – 1792.

JEAN-PIERRE DERBAIX , neveu. 1784–1791.

1154. Vie de Benoît Joseph Labre , mort à
Rome en odeur de sainteté, traduit de l'italien
de M. Marconi , Lecteur du collége romain ,
confesseur du Serviteur de Dieu. In-12 , de
172 pages. Suivi de :

Recueil des nouveaux Miracles opérés
par l'intercession du vénérable Benoît-Joseph
Labre. In–12 , de 110 pages. – 1784.

Ce petit volume , quoiqu'il porte au titre , *à Rome* , a
été imprimé à Douai chez Derbaix neveu.

Benoît-Joseph Labre naquit à St.-Sulpice d'Amette dans
le diocèse de Boulogne, le 26 mars 1748, et mourut à Rome

le 16 avril 1785. Il a été béatifié , mais on n'a pas encore procédé à sa canonisation qui cependant avait été annoncée.

1755. Recueil de la noblesse de Bourgogne, Limbourg, Luxembourg, Gueldres , Flandres, Hainaut , Hollande , Zélande , Namur , Malines et autres provinces de S. M. C., représentant les noms et surnoms des titrés , et ceux desquels les lettres-patentes de chevalerie , de noblesse sont enregistrées à la chambre des Comptes du Roi , commençant en l'an 1414 , et continuant jusqu'à l'an 1714 , accordées par les empereurs , rois , ducs et princes souverains des Pays-Bas ; par Jean Leroux , roi d'armes en titre de la province et comté de Flandre. In-4°.   –   –   1784.

1156. Recueil des Edits, déclarations , lettres-patentes, etc. , enregistrées au Parlement de Flandre , des arrêts du Conseil d'Etat particuliers à son ressort, etc. In-4°, 11 volumes, de   –   –   –   1785 à 1790.

Ce recueil a été publié par MM. Sy et Plouvain.

Samuël Plouvain , l'un des éditeurs de ce recueil , né à Douai le 7 septembre 1754 , y est mort le 29 novembre 1832. Il était, avant la révolution de 1789, Conseiller à la gouvernance de Douai ; il exerça depuis les fonctions de juge au Tribunal criminel et de conseiller à la Cour Impériale et ensuite Royale de Douai. M. Plouvain était un chronologiste patient et plein de zèle ; il a laissé plusieurs écrits que nous citerons à leur date.

1157. * Mémoire pour les Abbé et Religieux

de l'abbaye du Saint-Sépulchre à Cambray, contre les Mayeur, échevins, habitants et communauté du village d'Ewars, demandeurs. In-4°, de 33 pag.   -   -   1785.

1158. Principes des Lois romaines, comparées aux principes des Lois françoises; par M. Lœuillet, avocat au Parlement. In-8°. 1787.

1159. L'Académie bocagère du Valmuse, poème par M. B. de N. L. C. au C. R. du G. Au Mont-Parnasse, chez les neuf Sœurs. In-8°, de 32 pages, sans nom d'imprimeur, mais parfaitement connu comme sorti des presses de Derbaix.   -   -   -   1789.

Ce petit poème en vers libres est écrit avec élégance et facilité.

1160. Etrennes aux Citoyens de Douay pour l'année 1790. In-12, de 180 pag.   1789.

1161. Tableau général du département du Nord, pour l'année 1791. La Loi et le Roi; par M. Plouvain. In-16.   -   1791.

BERNARD-AMÉ WARNOTTE, Imprimeur de l'Université. 1787.

1162. Réfutation du Mémoire historique, politique et critique, sur les droits de l'Empereur en matière ecclésiastique. In-8°, de 67 pages.   -   -   -   1787.

Nous ne connaissons pas le Mémoire qui a donné lieu à

cette réfutation : nous dirons seulement que cette dernière nous a semblé pleine de sens , de raison et d'érudition. L'épigraphe choisie par l'auteur résume parfaitement sa sa doctrine , et , à cause de cela , nous croyons devoir la transcrire :

« Ne te misceas ecclesiasticis , neque nobis in hoc genere præcipe, sed potius ea a nobis disce. Tibi Deus imperium commisit, nobis quæ sunt Ecclesiæ concredidit. Quemadmodum qui tibi imperium subripit , contradicit ordinationi divinæ , ita et tu cave ne quæ sunt Ecclesiæ ad te trahens, magno crimini obnoxius fias. *Date* (scriptum est) *quæ sunt Cæsaris Cæsari, et quæ sunt Dei Deo.* Neque igitur fas est nobis in terris imperium tenere , neque tu thymiamatum et sacrorum potestatem habes , Imperator.

S. Athanasii Epistola ad Solitarium. »

La discussion dont on a ici une partie eut lieu à l'occasion des réformes religieuses que l'Empereur Joseph II introduisit dans ses Etats , et de l'autorité que ce Souverain entendait s'attribuer en matière ecclésiastique.

Cette pièce , aujourd'hui très-rare , fait partie de la bibliothèque de M. le conseiller Bigant. Le nom de l'imprimeur Warnotte nous paraît supposé. Malgré de nombreuses recherches , nous n'avons pu découvrir aucun souvenir précis de l'établissement d'un imprimeur de ce nom.

1163. Avis doctrinal sur l'indépendance du pouvoir qu'a reçu l'Eglise , d'enseigner les vérités de la Foi et la liberté de l'exercer. In-8° , de 30 pages.   –   –   1787.

Autre édition, même format, de 24 pages.

AMABLE WAGREZ. 1790-1803.

1164. Les Délassemens d'un paresseux, par un C. R. d'E. A. C. D. L. , membre de plusieurs Académies et de la Société anacréontique des Rosati d'Arras. A Pigritiopolis ; se vend à Lille , chez Vanackère. In–18.   —   1790.

Ce petit recueil de poésies est de Louis-Joseph Dumarquez , né au village d'Equerchin près de Douai , et moine de l'abbaye d'Arrouaise.

Il a été imprimé , nous assure-t-on , chez Amable Wagrez qui n'a pas voulu , je ne sais par quel motif , y attacher son nom. M. Dumarquez est mort en 1806 ; il a laissé plusieurs autres écrits et beaucoup de poésies inédites qui méritaient d'échapper à l'oubli.

1165. Compte de la gestion du Directoire du département du Nord , rendu au Conseil-général du département du Nord, à l'ouverture de la session de 1791. In–4° , de 131 pag. 1791.

Les Comptes-rendus des travaux des Conseils-généraux ne sont pas , comme on le voit , une innovation introduite depuis la révolution de Juillet.

1166. Opinion de Lequinio sur la défense de Louis XVI , imprimée par ordre de la Convention. In-8°.   —   —   1794.

1167. Barême du département du Nord, ou tables de réduction des mesures nouvelles en anciennes, qui étaient en usage dans le département du Nord , avec le prix des premières déduit de celui des dernières , par les citoyens Varlet, professeur de mathématiques, et Gati-noris , maître d'arithmétique , demeurants à Douai. In-8° , de 77 pages. avec un tableau. - - - - 1802.

1168. Mémoires d'un détenu , pour servir à l'histoire de la tyrannie de Robespierre. In-12. Sans date.

Ces mémoires sont d'un Sieur Riouffe.

1169. Procès de Louis Capet. In-8° , 3 vol. Sans date.

Un 4e volume , portant le même titre, a été imprimé chez Marlière, imprimeur du département du Nord, 1793.

1170. Instruction sur les soins à donner aux chevaux , imprimée par ordre du Comité de Salut public. In-8°. = - Sans date.

La vignette est un œil de surveillance avec cette légende : *Il se fronce devant la Tyrannie.*

On lit dessous : Chez le citoyen Wagrez , place de la Révolution. C'est ainsi que se nommait alors la place d'Armes.

CHARLES MARLIÈRE. 1792-1804.

1171. Almanach de la Société des Amis de la Constitution séante à Douai , pour l'an 4e de la liberté , par Plouvain. In-18. - 1792.

1172. Etat général du département du Nord, et spécialement de la ville de Douai, son chef-lieu , pour 1793 , l'an 1ᵉʳ de la République Française. In- 18.   -   -   1793.

Cet ouvrage est de M. Plouvain.

M. Plouvain publia un travail du même genre , pour les ans IV , V , VI , VII , VIII et IX de la République , imprimé chez le même.

1173. Tableau des autorités constituées du département du Nord , pour l'an v de la République Française , 1796 à 1797 ; travail du citoyen Plouvain. In–18.   –   1797.

1174. Etat général du département du Pas-de-Calais , pour l'an IX de la République ; par le citoyen Plouvain. Petit in–12.   -   1801.

1175. Calendrier de la ville de Douai , chef-lieu de la Préfecture du département du Nord ; travail du citoyen Plouvain. In–24 , de 31 pages.   -   -   -   1802.

Douai était d'abord , comme on sait , la ville chef-lieu du département du Nord ; mais la Préfecture fut transfé-rée à Lille par arrêté du gouvernement du 4 thermidor an 11 (23 juillet 1803). Cet arrêté ne reçut cependant son exécution qu'à la fin de l'an 12.

1176. Annuaire statistique du département du Nord pour l'an XI de la République ; par le citoyen Bottin, secrétaire particulier du préfet Dieudonné. In–8°, de 306 pag. et 11 f. prélim. avec une carte du département.   –   1803.

1177. Réflexions sur la vaccine, par André Taranget, D. M. In-8°, de 77 pages, avec un tableau.   -   -   -   1804.

M. Taranget, médecin distingué et célèbre dans le pays, a été pendant près de 20 ans Recteur de l'Académie de Douai. Il avait pris sa retraite en 1827 et il est mort le 26 août 1837, dans un âge avancé.

1178. Statistique du département du Nord, par M. Dieudonné, préfet. 3 vol. in-8°. 1804.

Cette statistique est une des premières et des plus complètes qui aient été publiées en France.

1179. Décrets de la Convention Nationale, consignés dans les registres du département du Nord. In-8, 7 volumes.   -   Sans date.

FRANÇOIS DESCAMPS. 1792-....

1180. Thelaïre, nouvelle Mexicaine, par M. Dussieux. In-12, de 62 pag.   -   -   1792.

1181. Voyage du Père Eternel dans la Belgique, précédé de quelques fragments intéressants pour le développement de l'ouvrage. In-12, de 36 pages, publié vers 1792. Sans date.

Brochure sur les événements de l'époque, signée Ths. Arlet, surnommé le *Père Eternel*, citoyen français du département de l'Hérault.

1182. Réflexions sur les mœurs. In-4°, de 40 pages.   -   -   Sans date.

Veuve DESCAMPS. 1794.

1183. Campagnes des Français depuis le 8 septembre 1793 , répondant au 22 fructidor de l'an Ier de la République Française , jusqu'au 15 pluviose an III. Ensemble : Second tableau des campagnes des Français du 15 pluviose an III au 15 pluviose an v. In-8°.   Sans date.

1184. Code des délits et des peines , du 3 brumaire an IV , Code pénal , du 21 septembre 1791 , et différentes autres lois en matière de délits et de peines. In-8" , de 200 p. Sans date.

Imprimerie des ASSOCIÉS , ou SOCIÉTÉ TYPOGRAPHIQUE. 1792-1795.

1185. Collection complette des décrets de la Convention Nationale. In-8° , 8 volumes , de   -   -   -   1792 à 1794.

1186. Eléments de grammaire française pour les écoles nationales, par Nicolas-Joseph Saladin , citoyen français. In-8° , de 124 pag. an IV de la République.   –   –   1794.

1817. Manuel des Electeurs. In-8°.   1795.

Sur la demande du citoyen Lagarde , le Directoire du département du Nord , dans sa séance du 16 vendémiaire an IV , souscrivit pour 100 exemplaires de ce Manuel , qui furent distribués dans les bureaux de l'assemblée électorale.

GAUTIER. 1796.

1188. Vengeance ! Guerre à mort à l'infâme Maison d'Autriche. In-8° , imprimé vraisem-blablement en l'an vii de la Rép. Sans date.

Brochure sur l'assassinat des Plénipotentiaires de Rads-tadt *Bonnier* , *Roberjot* et *Jean de Bry.*

Séraphin CARPENTIER. 1794–1818.

1189. Annuaire du cultivateur pour la troi-sième année de la République , présenté à la Convention Nationale , par G. Romme, repré-sentant du peuple. In-8°,de 323 p. 1794 à 1795.

Cet annuaire républicain a été imprimé en l'an iii par ordre de l'administration départementale. Carpentier en avait entrepris l'impression ; comme il manquait de carac-tères , il s'adjoignit M. Deregnaucourt qui venait d'établir son imprimerie.

1190. Des contributions chez un peuple libre , par F. L. Aubry. Petit in-8o , de 15 f. prél. , 71 pag. et 2 de tab. cadastral. An v de la République. – – – 1796.

1191. Les préliminaires de paix ou les Amants réunis , comédie en trois actes et en vaudevilles, représentée à Douai le 12 ventôse an 9 , dédiée au peuple français par le citoyen Courtois. In-8° , de 45 pages. An 9 de la République.   –   –   –   1800.

Ce vaudeville n'est pas au-dessous de ceux qui de nos jours obtiennent une certaine vogue.

1192. Mémoire sur les anciennes habitations rurales du département du Nord, sur les terres qui étaient affectées à chacune d'elles et sur la diversité de leurs mesures , par M. Guilmot , membre de la Société d'Agriculture et des Arts du même département. In-8°, de 65 pages.   –   –   –   1806.

M. Guilmot a été pendant trente ans bibliothécaire de la ville de Douai. Savant et laborieux, il a laissé une grande quantité de notes manuscrites qui seront utiles à ceux qui voudront écrire l'histoire du pays. Né à Douai le 27 novembre 1753 , il y est mort le 22 juin 1834.

1193. Almanach de la ville de Douai , pour l'an 1807. In-18 , de 125 pag.   -   1807.

1194. Annuaire statistique et historique de l'arrondissement de Douai , département du Nord , an 1808 , par M. Plouvain. In-12 , de 195 pages.   –   –   -   1808.

Outre les renseignements ordinaires , ce volume contient l'énumération détaillée des communes de l'arrondissement de Douai , et un mémoire sur les établissements de bienfaisance de la ville de Douai.

1195. Annuaire maçonnique à l'usage de la Parfaite Union O.∙. de Douai , pour l'année 1812. In-12 , de 92 pag.   –   -   1812.

Le même pour 1814 et 1815.

1196. L'Entrée du Roi à Cambrai, le 26 juin 1815, poème par Albert Hulot. In-8°.   1816.

Albert Hulot, de Cambrai, a fait imprimer à Douai quelques autres petites brochures, entre autres un tableau des prix des denrées à Cambrai depuis plusieurs siècles.

1197. Du célibat et du divorce ; discours prononcé en 1787, à une séance publique de l'Académie d'Arras. In-8°, de 32 pag.   1816.

Cet ouvrage est de Legay, mort juge d'instruction au tribunal de première instance de Béthune, auteur d'un recueil de poésies dont quelques pièces ne sont pas dépourvues de mérite.

1198. La Fontaine chez Madame de La Sablière, comédie–vaudeville en deux actes, par le chevalier H. de Girard ; représentée sur le théâtre de Douai, au mois de février 1818. In-8°.   –   –   –   1818.

Cette bluette est écrite avec esprit et facilité ; l'auteur, qui se faisait gloire d'appartenir à l'école de M. de Bièvre, y a semé les calembourgs à profusion, ce qui n'était pas de très-bon goût.

1199. Les intérêts et les droits sacrés des acquéreurs des domaines nationaux, vengés des atteintes des régisseurs. Réfutation complette des deux systèmes, tendant à faire payer une seconde fois, pour prétendu complément de prix des acquisitions de domaines nationaux, des sommes versées au trésor public, soit en assignats, avant le 1er germinal an v,

soit en mandats , avant la publication de la loi
du 16 pluviôse an v , n° 992 ; par E.... R... ,
homme de loi , ancien magistrat d'un conseil
supérieur en Amérique , à présent défenseur-
avoué près le tribunal d'appel à Douai. In-8° ,
de 60 pages.   —   —   Sans date.

Veuve AMABLE WAGREZ. 1803–1815.

1200. Eloge Funèbre de M. Antoine-Joseph
Mellez , D. en M. , ancien professeur en la
Faculté de Douai , et maire de ladite ville.
In-4°. An 12.   —   —   —   1804.

1201. Pensées chrétiennes en l'honneur du
Saint Sacrement , sanctifiées par la prière et la
méditation. In-12.   -   —   1805.

1202. Introduction à l'histoire ou recherches sur les dernières révolutions du globe ,
et sur les plus anciens peuples connus ; par
M. E. G. Lenglet , ex-législateur. In-8° , de
344 pages , avec gravures.   -   —   1812.

Ce livre ne porte pas de nom d'imprimeur , mais il est
sorti des presses de Mme Ve Wagrez.

M. Lenglet fut membre du conseil des cinq-cents, et ensuite président à la Cour d'appel , Impériale et Royale de
Douai. C'était un magistrat intègre , instruit , laborieux ;
il a laissé plusieurs autres ouvrages dont il sera fait mention.

1203. Calendrier de la Cour impériale de

Douai , année 1813 , par M. Plouvain. In-12 , de 280 pages. — — — 1813.

Publié par le même sous le même titre , pour 1814.

1204. Calendrier de la Cour royale et de la ville de Douai. In-12 , de 56 pag. 1815.

M. Plouvain , éditeur de ce calendrier , a publié également ceux des années suivantes jusqu'à l'année 1832 inclusivement.

1205. Questions sur le pacte social des Français , par M. Lenglet. In-8° , de 36 pag. 1815.

1206. Réflexions impartiales sur le Jury , par Balardelle , conseiller à la Cour royale de Douai. In-8° , de 64 pag. — — 1815.

Ce magistrat fut éliminé de la Cour en 1815.

1207. Relation historique et philosophique du grand pélérinage d'Eraste au temple de Thémis , par le citoyen Louis-Joseph Dumarquez , ci-devant cultivateur à Gommecourt. In-8° , de 70 pag. et 2 f. de table. Sans date.

1208. Nouveau système de répartition de la contribution foncière. In-4° , de 37 pag. et 12 tableaux oblongs. — Sans date.

Cet écrit est signé Samson Michel , membre du conseil général du département du Nord.

M. S. Michel a été procureur-général près la Cour d'appel , ensuite Cour Impériale de Douai.

PIERRE-LOUIS-JOSEPH DEREGNAUCOURT.
1804-1841.

1209. Exposé analytique des travaux de la Société libre d'amateurs des Sciences et Arts de la ville de Douai, département du Nord, depuis ventôse an XI ; par le C. Moucheron, secrétaire-général. In-12.   -   -   1804.

1210. Calendrier maçonnique pour l'an de la V.·. L.·. 5805. Contenant l'analyse des travaux de la R.·. L.·. de Parf.·. Union Or.·. de Douai, pendant l'année 5804, par le F. Pz. (Potiez). In-12, de 40 pag.   -   -   1805.

1211. Le Charlatan de la Chine, ou la manière de prendre les oiseaux à la main, conte moral en vers, par un membre de la Société d'Agriculture, Sciences et Arts du département du Nord, séante à Douai. In-8º, de 28 pages.   -   -   -   1806.

On lit au titre : à Pékin.

Cet écrit a été imprimé à Douai, chez M. Deregnaucourt. Il est de M. Samson Michel, procureur-général près la Cour impériale de Douai à cette époque. C'est une satyre sans sel dirigée contre M. Masclet, sous-préfet de Douai, qui avait accueilli et prôné le mnémoniste Fenaigle. Les vers de ce conte sont faciles, mais dépourvus de verve, de poésie, de trait. Voici le début de l'ouvrage :

> Au temps de l'Empereur Fohi,
> Le Napoléon de la Chine,

> On dit qu'un jongleur du Chansi
> S'avisa du tour que voici
> Pour alimenter sa cuisine.

1212. * Sur la meilleure méthode de propager , élever , nourrir et abriter les moutons de la race existante dans le département du Nord, et sur les moyens d'en obtenir une laine améliorée. In–8°.   -   -   1806.

1213. Recueil de Cantiques et de poésies de la Parfaite-Union O.·. de Douai. An de la V.·. L.·. 1807. In–8° , de 117 pag.   -   1807.

1214. Parfaite-Union O.·. de Douai. Procès-verbal de la fête jubilaire des RRR.·. FFF.·. Bommart, Lesage et Monneret, séance du 30° jour du 9° mois 5808. In–8° , de 71 pag.   1808.

1215. Notes historiques sur les offices et les officiers du Parlement de Flandre, par M. Plouvain , conseiller à la Cour impériale. In–4°.   -   -   -   -   1809.

1216. Etrennes aux habitans de Douai, pour l'année 1809 , par M. Plouvain. In–12.   1809.

1217. Essai sur les attractions moléculaires, par M. Michel , membre de la Société d'Agriculture et des Arts. Grand in–8°.   -   1809.

1218. Etrennes aux habitans de Douai , année 1810. In–12.   -   -   1810.

Ce volume contient l'historique des divers siéges et attaques qu'a soutenues la ville de Douai,—des recherches sur

les monnaies frappées à Douai,—une notice sur l'Université de Douai.

1219. Faits historiques relatifs à la ville de
Douai, par M. Plouvain. In-12.   -   1810.

1220. Calendrier de la ville de Douai, contenant : 1° l'analyse des lois qui régissent la
Cour impériale et les tribunaux de son ressort,
avec leur composition ; 2° les établissemens
publics de ladite ville, etc. Année 1811. In-
12.   –   –   –   1811.

Ce volume est de M. Plouvain. Le même pour 1812.

1221. Explication des ouvrages de peinture
exposés en 1813 au Salon de la ville de Douai.
In-8°.   –   –   –   –   1813.

Le même ouvrage pour 1814.

1222. * Fables d'Aphthone et d'Abstemius,
traduites par M. Pillot, président du tribunal
d'Avesnes. In-8°.   –   –   1814.

1223. Maximes de Phocylides et de Théognis
de Mégare. —Vers d'or de Pithagore.—Manuel
d'Epictète, par M. Pillot, président du tribunal
d'Avesnes. In-8 .   –   –   1814.

1224. Précis analytique des travaux de la
Société d'Agriculture de Douai pour les années
1812-1813. In-8°.   –   –   1814.

1225. Essais historiques sur Pierre du Terrail , dit le Chevalier Bayard , par M. Pillot , président du tribunal d'Avesnes. In-12. 1816.

1226. Journée du Chrétien sanctifiée par la prière et la méditation. In-24. – 1817.

1227. Petite journée du Chrétien. In-32. 1817.

1228. Rapport fait au conseil municipal de la ville de Douai, par M. Gautier d'Agoty, sur le projet de redressement de la Scarpe et l'amélioration du système de navigation. In-4°, de 39 pag. – – 1817.

1229. Petit Office divin à l'usage de Rome. In-24. – – – 1818.

1230. Etrennes spirituelles. In-48. 1818.

Trois autres éditions du même ouvrage ont été imprimées chez Deregnaucourt dans la même année.

1231. Relation de l'affaire de Fualdès. In-12. – – – – 1818.

1232. Catalogue des plantes cultivées dans les jardins de la Société d'Agriculture, Sciences et Arts du département du Nord, séant à Douai. In-12 , de 85 pag. – – 1819.

Par M. Potiez-Defroom.

1233. Le nouveau Secrétaire français. In-18. – – – 1819.

1234. Abrégé de la Vie de Notre Seigneur Jésus-Christ. In-12. – – 1820.

1235. Abrégé de l'histoire de l'Ancien Testament. In-12.   –   –   1820.

Deux autres éditions la même année.

1236. Abrégé de l'histoire Sainte. In-12. 1820.

Deux autres éditions la même année.

1237. Relation historique heure par heure
des événements funèbres de la nuit du 13 février. In-12 , de 52 pag.   –   –   1820.

Récit de l'assassinat du Duc de Berry.

1238. Mœurs des Israélites et des Chrétiens,
par Fleury. In-12.   –   –   1822.

1239. Souvenirs à l'usage des habitans de
Douai , ou notes pour servir à l'histoire de
cette ville jusques et incluse l'année 1822. In-
12.   –   –   –   1822.

Cet ouvrage est de M. Plouvain.

1240. Les Aventures de Télémaque , avec
une dissertation sur le poème épique , des notes géographiques , et les aventures d'Aristonoüs. In-12.   –   –   –   1823.

1241. Instructions concernant l'administration et la comptabilité des hospices , des bureaux de bienfaisance et des enfans trouvés.
In-4° , de 99 pag.   –   –   –   1823.

1242. Instruction de la jeunesse , par Ch.
Gobinet. In-12.   –   –   –   1824.

Cet ouvrage avait été imprimé chez Derbaix en 1758.

1243. Maximes tirées de l'Ecriture-Sainte, en latin et en français. In-24.   -   1824.

1244. Catéchisme historique de Fleury. In-24.   —   —   —   —   1824.

1245. Eléments de la Grammaire Française, par Lhomond. In-12.   —   —   1824.

1246. La Morale en action. In-12.   1825.

1247. L'Ame pénitente, ou Nouveau pensez-y bien. In-24.   —   —   —   1825.

1248. Imitation de la Sainte Vierge. In-18.   —   —   —   1826.

1249. Histoire de la Sainte Bible, par de Royaumont (Le Maistre de Sacy). In-12. 1827.

1250. Coutumes et anciens réglements de la ville de Douai. In-12.   —   —   1828.

1251. Contes à rire. In-12.   —   1828.
Réimprimé par le même en 1831.

1252. Nouveaux Contes à rire. In-18. 1828.

1253. Grammaire latine de Lhomond. In-12.   —   —   —   —   1828.

1254. Ephémérides de la ville de Douai.— Biographie Douaisienne par M. Plouvain, conseiller à la Cour royale. In-12.   1828.
Une autre édition des éphémérides avait été publiée antérieurement.

1255. L'Ange conducteur dans la dévotion chrétienne. In-24.   —   —   1829.

1256. Doctrine Chrétienne, par Lhomond. In-12.   —   —   —   —   1829.

1257. Voyage autour du monde.—Flambeau de l'univers, par A. Marainville. In-12. 1829.

1258. Description historique et géographique de la ville d'Alger et de ses environs. In-12, de 25 pag.   •   —   1830.

1259. L'Imitation de Jésus-Christ. Petit in-12.   —   —   —   —   1830.

1260. L'Ange conducteur. P. in-12.   1830.

1261. Le Trépassement de la Vierge. In-48.   —   —   —   1830.

1262. Sermons facétieux et plaisants. In-18.   —   —   —   1830.

1263. Le double Jardin d'amour. In-12. 1830.

1264. Le Secrétaire du cabinet. In-18. 1830.

1265. Etrennes Spirituelles. — Guide du Chrétien.—Manuel de Dévotion.—Chemin du Ciel.—La Clef du Paradis. In-48.   1830.

1266. L'Ange conducteur complet. In-12.   —   —   —   —   1831.

1267. Imitation de Notre Seigneur Jésus-Christ. In-12.   —   —   —   1831.

1268. Manuel du Chrétien. In-32.   1836.

1269. Nouvel Alphabet. In-16.   1836.

1270. Jean de Calais.—L'Innocence reconnue.—La Vie de Tiel Lespiègle.—Robert le Diable.—La Vie de Gargantua.—L'Histoire de Richard-sans-Peur. — L'Histoire de la belle Hélène.—L'Histoire de Pierre de Provence.— Jean de Paris.—Contes des Fées. In-18, de 17 feuilles.   –   –   –   1836.

1271. Alphabet. In-18.   -   1837.

1272. L'Office divin à l'usage de Rome. In-12.   –   –   –   1837.

1273. Almanach de Liége pour l'année 1838. In-16.   –   –   –   1837.

1274. Almanach de Liége pour l'année 1839. In-16.   –   –   –   1838.

Le même pour 1840 et 1841 , in-24.

1275. Analyses critiques sur les délibérations du conseil municipal de Cambrai. In-8o, 42 livraisons de 1838 à 1840.   -   1840.

1276. Réflexions sur un corps d'auditeurs près les tribunaux de première instance ; par M. Maniez, Conseiller-auditeur à la Cour Royale de Douai. In-8°.   –   –   1841.

Théophile CARPENTIER fils. 1806-1840.

1277. Almanach de la ville de Douai pour l'an 1806. In-24 , de 90 pag.　　　–　　　1806.

1278. Eloge de Manuel , député , par J. Duhem. In-8°.　　　–　　　–　　　1835.

1279. Le Schelling , Opéra-pastiche en deux actes, poème de M. Léon Nutly , paroles adaptées à la musique par M. Henri Brovellio (musique de divers auteurs connus). In-8° , de 3 f. de titre et dédicace , et 44 pag.　　　1837.

Représenté à Douai , en mars 1838.

VILLETTE. 1807-1818.

1280. Explication des divers objets en peinture . histoire naturelle, antiquités, médailles et instruments de physique qui composent le Muséum de la ville de Douai. Publiée par la Société d'Agriculture , Sciences et Arts du département du Nord. In-8° , de 118 p.　1807.

1281. Fables de La Fontaine. In-12, de 322 pages.　　　–　　　–　　　–　　　1807.

1282. Manœuvre de chèvre ou Description des principales machines employées dans l'artillerie pour mouvoir des fardeaux , et leur application aux manœuvres les plus usitées ;

suivies de problèmes pour le calcul des piles de boulets , et d'un tableau de calculs faits pour trouver le nombre de boulets contenus dans une pile quelconque. In-12 , de 78 pag. , avec un tableau.   —   —   1808.

1283. Essai sur les moyens à employer pour confondre tous les sentiments dans l'amour de la patrie , après une longue révolution. In-8°.   —   —   —   1809.

Réimprimé par Villette fils en 1825.

1284. Abrégé de l'Histoire Sainte , par demandes et par réponses. In-12, de 147 p. 1815.

1285. Premier Catéchisme du diocèse d'Arras , imprimé par ordre de Monseigneur de Bonneguise. In-12.   —   —   Sans date.

ANDRÉ VINOIS. 1812-1841.

1286. Les Délassements d'un écolier sensible , ou Choix de lectures à l'usage de la jeunesse , par M. Dorchy , instituteur à Douai. In-12.   —   —   —   1812.

1287. Gayant Ressuscité, poème. In-8°. 1812.

1288. Courtes instructions sur la dévotion du Rosaire avec des méditations à l'usage des fidèles qui le récitent journellement. Petit in-12 , de 144 pag.   —   —   1814.

1289. La Reconnaissance, poème en quatre chants , par M. D. C. , membre correspondant de l'Académie de Turin. In-8°, de 145 p. 1815.

L'auteur de ce poème , M. de Crécy , s'était imposé la pénible tâche de composer mille à douze cents alexandrins sur la *reconnaissance* : il a fidèlement accompli son vœu. C'est d'ailleurs l'œuvre d'un honnête homme et d'un bon citoyen. Ce poème est suivi d'une paraphrase en vers du psaume 72.

1290. Indulgences à perpétuité à la Confrérie de la Sainte Vierge, à Notre-Dame. In-12. 1817.

1291. Indulgences à perpétuité à la Confrérie des Trépassés , à Notre-Dame. In-12.   1817.

1292. Indulgences à perpétuité à la Confrérie du Saint Sacrement, à Notre-Dame. In-12. 1817.

1293. Réponse de la Compagnie des mines d'Anzin aux pétitions des Fabricans du département du Nord. In-4°.   –   1822.

1294. Nouveau traité sur l'art de fabriquer la bière , par M. Charles Caboche-Virenne , ancien brasseur , demeurant à Steenworde. In-12.   –   –   –   1822.

1295. Précis historique et idée générale de la Pompe à feu. In-8° , de 35 pages.   1822.

Ce précis n'est que la reproduction de l'article de l'Encyclopédie , au mot *Pompe à feu*. (Tiré seulement à 100 exemplaires).

1296. Modus Infirmis ministrandi Sacramenta Eucharistiæ, etc. In-12.   –   1827.

1297. Confrérie de Saint-Léonard, érigée en l'église de Raches le 6 novembre 1837. In-12.   –   –   –   –   1839.

WAGREZ aîné. 1815–1835*.

1298. L'homme de la Douleur, roman nouveau. In-12 , 4 vol.   –   –   1815.

1299. Les Contes de Perrault. In–18. 1816.

1300. La Louisiade , poëme dédié au Roi , par Dorchy. In-12.   –   –   1816.

Louis Dorchy , né à Douai , a été instituteur en cette ville.

1301. Calendrier de la Cour Royale et de la ville de Douai , année 1816. In-12 , de 56 pages.   –   –   –   1816.

Ce Calendrier est de M. Plouvain.

Le même Calendrier a été imprimé pour les années 1817 à 1832.

1302. Les Aventures de Télémaque. In-12. (2,000 ex.)   –   –   1816.

Réimprimé en 1820 , et tiré en deux éditions à 8,000

ex. ;—En 1822 , et tiré à 6,000 ex. ; —En 1825 , et tiré
à 10,000 ex. ;—En 1829 , et tiré à 5,000 ex.

1303. Le petit Office divin. In-24. (5,000
ex.)   —   —   —   1817.

1304. Les Augustes Victimes du Temple. 2
vol. in-12.   —   —   —   1817.

1305. Les OEuvres de Florian. 4 vol. in-
24.   -   —   —   1818.

1360. Le Paroissien Romain. In-18.   1819.
Réimprimé en 1821.

1307. La Caverne de Sainte-Marguerite. In-
12 , 4 vol.   —   —   -   1819.

1308. Les Fables de La Fontaine. In-12.
(3,000 ex.)   -   —   —   1820.

1309. Les Contes moraux de Marmontel,
4 vol. , in-18.   -   —   —   1820.

1310. Les Voyages de Gulliver. In-18. 4
vol.   -   —   —   -   1820.

1311. Éloge de Jean de Bologne , par H. R.
Duthillœul, de Douai, couronné par la Société
centrale d'Agriculture , Sciences et Arts du
département du Nord. In-4° , de 35 pag. , orné
d'un portrait de Jean de Bologne et de sept
gravures au trait.   —   -   1820.

1312. Inventaire des livres de la Bibliothèque publique de la ville de Douai , fait en 1805

par ordre de M. Deforest de Quartdeville ,
Maire , continué par ordre de ses successeurs
jusqu'au 1er avril 1820. In-4°, de 657 p. 1820.

1313. La Roche du Diable. In-12. 4 v. 1821.

1314. Éloge historique de Pierre de Fran-
queville , discours couronné par la Société
d'Émulation de Cambrai, dans sa séance publique annuelle du 16 août 1821 ; par H. R.
Duthillœul , de Douai. In-4° , de 31 pages ,
avec un portrait lithographié. - 1821.

1315. Mémoires de la Société d'Émulation
de Cambrai (agriculture , sciences et arts).
Séance publique du 16 août 1821 , sous la présidence de M. Béthune-Houriez , Maire de
Cambrai. In-8° , de 248 pag. , avec table des
matières. - - - 1821.

1316. Éloge de Pierre - Antoine Déprés ,
docteur en droit , ancien professeur de l'Université , et bâtonnier des avocats de la Cour
Royale de Douai. Discours qui a remporté le
prix décerné par la Société centrale d'Agriculture, Sciences et Arts du département du Nord,
dans sa séance du 5 septembre 1821 , par M.
Preux , avocat. In-4° , de 33 pag. 1821.

1317. Les cinq Codes. In-18. (8,000 ex.) 1821.

1318. Rapport sur les instruments aratoires
nommés Semoir-Devred , par M. Frémont. In-

4°, orné de trois planches lithograph. 1822.

M. Frémont était membre de la Société centrale d'Agriculture du département du Nord , et capitaine du génie à Douai.

1319. Bibliographie Cambrésienne , ou Catalogue raisonné des livres et brochures imprimés à Cambrai, suivant l'ordre chronologique des imprimeurs de cette ville, suivie d'une liste alphabétique des ouvrages imprimés et manuscrits qui traitent de l'histoire de Cambrai et du Cambrésis, et précédée d'un discours préliminaire , par M. Arthur Dinaux. In-8° , de 138 pag.   -   -   -   1822.

1320. Un mot sur l'administration militaire en campagne , par H. R. Duthillœul. In-8°.   -   -   -   -   1822.

1321. OEuvres complètes de Buffon, nouvelle édition , publiée par H. R. Duthillœul. In-8°, 12 v. ornés de grav. noires et enlumin. 1822.

On a suivi dans cette édition , pour le classement des matières, l'ordre que Buffon avait lui-même indiqué avant sa mort.

1322. Les Mille et un jours. In-12, 4 v. 1822.

1323. Les Aventures d'Aristonoüs. In-12 , (3,000 ex.)   -   -   -   1822.

1324. Oraisons funèbres de Bossuet. In-12 , (6,000 ex.)   -   -   -   1822.

1325. Oraisons funèbres de Fléchier. In-12, (3,000 ex.) - - 1822.

1326. Les Mille et une nuits. In-12. 4 v. 1822.

1327. Histoire de France, de l'abbé Millot. In-12 , 2 vol. (2,000 ex.) - 1822.

1328. Office divin. In-12 , de 700 p. (12,000 ex.) - - - 1822.

1329. Grammaire Française de Lhomond. In-12. (3,000 ex.) - - 1822.

1330. Zélie dans le désert. In-12, 4 v. 1822.

1331. Herminie , poème imité du Tasse , suivi de poésies diverses , par F. Delcroix. In-12 , de 139 p. , avec un portrait en taille-douce. - - - 1823.

M. Fidèle Delcroix , receveur municipal à Cambrai , a publié un recueil de poésies empreintes d'un véritable talent.

1332. Mémoires de la Société d'Émulation de Cambrai, séance publique du 16 août 1822, sous la présidence de M. Béthune-Houriez , Maire de Cambrai. In-8° , de 357 pag. , avec table alphabétique. - - 1823.

1333. Notes historiques relatives aux Offices du conseil d'Artois , par M. Plouvain , conseiller à la Cour Royale. In-4°. - 1823.

Ouvrage bon à consulter.

1334. Projets de manœuvres pour l'artillerie. In-12 , (2,000 ex.)   -   -   1823.

1335. Éléonore de Fioretti , roman historique , de M. de Normandie , sous-préfet de Béthune. In-12 , 2 vol.   -   1823.

1336. Notice sur François Vanderburch , Archevêque-Duc de Cambrai au 17ᵉ siècle , par M. H. R. Duthillœul , ouvrage qui a remporté un des prix décernés par la Société d'Émulation de Cambrai en 1823. In-4° , de 25 pages.   -   -   -   1824.

1337. Notes ou Essais de statistique sur les Communes composant le ressort de la Cour Royale de Douai , par M. Plouvain. In-12 , de 275 pages.   -   -   -   1824.
Ouvrage utile et qui mériterait d'être réimprimé.

1338. OEuvres de Florian. In-12 , 4 volum. (3,000 ex.)   -   -   -   1824.

1339. Le Bréviaire des Laïcs. In-12 , (6,500 ex.)   -   -   -   1824.

1340. L'Académie des Jeux. In-12 , (4,000 ex.)   -   -   -   -   1824.

1341. Nouvelles anglaises. In-12 , 4 volumes.   -   -   -   -   1824.

1342. Notes statistiques sur les Hameaux dépendant des Communes des départemens du

Nord et du Pas-de-Calais , par M. Plouvain. In-12.   –   –   –   1824.

Cet ouvrage fait suite à celui qui est mentionné plus haut pour les Communes.

1343. Nouvelles de Florian. In-12 (3,000 ex.) , 4 vol.   –   –   –   1824.

1344. La jeune pensionnaire. In-12 , 2 vol. (3,500 ex.)   –   –   1825.

1345. Le Grand Papa ou Contes du temps passé. In-12 , 2 vol. (3,500 ex.)   –   1825.

1346. Promenades instructives et amusantes dans Paris et ses environs. In-12, 2 v. 1825.

1347. De l'Influence des femmes dans la société. In-8°, 2 vol. (4,000 ex.)   –   1825.

1348. Le Passe–temps moral. In-12 , 2 vol. (3,500 ex.)   –   –   1825.

1349. La Sollicitude maternelle. In-18 , 2 vol. (3,500 ex.)   –   –   –   1825.

1350. Recueil de Cantiques spirituels. In-18 , (3,500 ex.)   –   –   –   1825.

1351. Le nouveau Théâtre de famille. In-18 , (3,500 ex.)   –   –   1825.

1352. Mémoires de la Société centrale d'Agriculture , Sciences et Arts du département du Nord , séant à Douai. In-8°.   –   1826.

1353. De l'Education en général et spécialement de l'éducation morale , par M. L. Lenglet , avocat à la Cour royale de Douai. Ouvrage couronné par la Société royale d'Arras ,
dans sa séance publique du 31 août 1826. In-8°,
de 61 pages.   –   –   –   1826.

1354. Mémoire de la Société centrale d'Agriculture , Sciences et Arts du département du
Nord , séant à Douai. In-8°.   –   1827 à 1828.

1355. Notice sur l'exposition des produits
de l'industrie et des arts qui a eu lieu à Douai
en 1827, par MM. Chenou et H. R. Duthillœul.
In-8° , de 180 pag.   –   –   1827.

1356. Les Aventures de Télémaque. In-
8°.   –   –   –   1827.

1357. Choix de Cantiques. In-18.   1827.

1358. Notice sur un Sceau en bague trouvé
à Mont-de-Marsan, par M. G. Ainsworth , de
la Société Royale des Antiquaires de France.
In-8°, fig., tiré à petit nombre.   –   1827.

1359. Le Paroissien à l'usage du diocèse
d'Arras. In-18 , (10,000 ex.)   –   1828.

1360. Abrégé de l'Histoire Sainte. In-12 ,
(1,500 ex.)   –   –   1828.

1361. Le Flaneur Douaisien , vaudeville ,
par Victor Thurbet , artiste dramatique. In-
8°.   –   –   –   1829.

1362. Notre-Dame de St.-Omer. In-8°. 1830.

Cet opuscule et celui qui suit sont de M. Quenson, conseiller à la Cour royale de Douai.

1363. Pierre d'Acques. In-4°, pl. lith. 1830.

1364. Mémoires de la Société centrale d'Agriculture, Sciences et Arts du département du Nord. In-8°.   —   —   1830.

1365. Mémoires de la Société Royale et centrale d'Agriculture, Sciences et Arts du département du Nord. In-8°.   —   —   1832.

1366. Description de l'ancienne Abbaye de Saint-Bertin à Saint-Omer, en Artois (Pas-de-Calais) , autrefois l'Abbaye de Sithiu , en Morinie , composée : 1° De plans , vues et dessins d'après nature, donnant l'ensemble et les principaux détails du monastère et de sa basilique, des ruines de l'église, et des monuments ou objets d'arts qu'elle renfermait ; 2° D'un texte contenant l'explication des planches , précédé d'un sommaire historique ; publiée par Emmanuël Wallet , de Saint-Omer , professeur de dessin à l'école d'artillerie et à l'école de peinture de la ville de Douai,ancien officier-adjoint au corps du génie militaire, etc. In-4° , avec planches gravées in-f°. 1834.

1367. Notice sur les Institutions Gallo-Frankes , par M. Tailliar , Conseiller à la Cour Royale. In-8°.   —   —   —   1834.

1368. Coup-d'œil sur le recrutement et le remplacement dans l'armée, par M. le Colonel Servatius. In-8°, de 144 pag.   –   1836.

1369. Dissertations sur les Enfants-trouvés. —Premiers résultats de la Révolution de Juillet 1830. In-8°.   -   -   Sans date.

1370. Conclusions de M. l'Avocat-Général Maurice, dans la cause de Marie-Armand de Maubreuil. Suivi de l'Arrêt rendu par la Cour Royale de Douai le 22 décembre 1817. In-8°, de 120 pag.   -   –   Sans date.

VILLETTE-JACQUART. 1818-1828*.

1371. Etrennes Douaisiennes, ou recueil de chansons dédiées aux Enfans de Gayant, avec cette épigraphe : Gayant ressuscité ramène l'allégresse. 2 vol. in-24, de 128 pag. chacun, avec une gravure en bois.   –   1818-1819.

Ce recueil se compose de chansons qui presque toutes ont été faites pour les joyeux banquets de la Société Momusienne, connue sous le nom des *Enfants de Gayant*. A la fin du 1er tome, on trouve une comédie dite héroïque, en trois actes et en prose, que MM. Rainal et Aubert avaient fait représenter pour la *première* fois sur le théâtre de Douai,

---

* Les livres sortis des presses de M. Villette portent pour souscription tantôt *Villette fils*, *Villette-Jacquart* ou seulement *Villette*.

le 22 juillet 1801 (*opus horæ*) ; elle a pour titre : *Douai délivré des Barbares*, *par Jéhan Gélon*, *surnommé Gayant, fait historique sous la date de* 881.

1372. Abrégé de l'Histoire ancienne. In-12. — — — 1822.

1373. Abrégé de l'histoire romaine, à l'usage des élèves de l'école militaire. In-12. 1822.

1374. Relation d'une traversée faite de France à Falmouth et d'Angleterre en Amérique, en 1809 et 1812. In-12. — 1825.

1375. OEuvres d'Horace, contenant les satires, les épîtres et l'art poétique, avec le texte original et des notes destinées à éclaircir les passages obscurs, par M. Bénoît, licencié en droit, docteur ès-lettres, ancien professeur au Collége royal du Mincio, membre-né de l'Académie de Mantoue, ed Arcade della Virgiliana colonia. In-12, de 8 f. prélim. et 422 pages. — — — 1825.

Cette traduction est assez fidèle et n'est pas dépourvue d'élégance : les notes offrent peu d'intérêt.

M. Bénoît est mort portier-consigne de la porte d'Ocre, à Douai.

1376. Abrégé de l'histoire de France. (Six éditions, tirées chacune à 6,000 exemplaires.) In-12. — — 1825 à 1828.

1377. Le Buffon des Enfants, enrichi de gravures. In-18. — • 1826.

1378. L'Office Divin à l'usage de Rome. In-
12.   –   –   –   –   1826.

1379. Traité de la science du dessin, conte-
nant la théorie générale des ombres, etc., par
M. Vallée ; ouvrage approuvé par l'Académie.
In-4°.   –   –   –   1826.

1380. La Journée du Chrétien. (Six éditions,
tirées chacune à 3,000 exempl.) In-18 et in-
24.   –   –   –   1826 à 1828.

1381. Les Aventures de Télémaque. (Six éditions, tirées chacune à 4,000 exempl.) In-
12.   –   –   –   1826 à 1828.

1382. Introduction au notariat, par M.
Lequien. In-12.   –   –   1827.

1383. Abrégé de la géographie de Crozat.
In-12.   –   –   –   1827.

1384. Le Paroissien Romain. In-12.   1827.

1385. Beautés de l'histoire de France. In-
12.   –   –   –   1827.

1386. Abrégé de l'histoire ancienne. In-
12.   –   –   –   –   1827.
Plusieurs éditions.

1387. Grammaire Française de Lhomond.
In-12.   –   –   –   1827.
Plusieurs fois réimprimée chez le même.

1388. La Morale en action. In-12.   1827.

Plusieurs fois réimprimée.

1389. Abrégé de l'histoire Romaine. In-
12.   –   –   –   –   1827.

Plusieurs fois réimprimé.

1390. Projet de Code de la chasse , par M.
de Campigneulles, conseiller à la Cour royale
de Douai. In-8°.   –   –   1828.

1391. Doctrine Chrétienne, par Lhomond.
In-12.   –   –   –   1827.

Plusieurs fois réimprimée.

1392. Le Moraliste Français. In-12.   1828.

Plusieurs éditions.

1393. Epitome Historiæ Sacræ. In-12. 1828.

1394. La nouvelle Morale. In-12.   1828.

1395. La Rhétorique Française. In-12. 1828.

1396. Instruction de la Jeunesse dans la
piété chrétienne , par Ch. Gobinet , Docteur
de Sorbonne. In-12.   –   –   1828.

Veuve VILLETTE-JACQUART. 1828-1833.

1397. Contes à rire propres à chasser la
mélancolie. In-18.   –   –   1828.

1398. Abrégé de toutes les sciences, ou nou-

velle Encyclopédie. (Trois éditions, tirées
chacune à 4,000 ex.) In-12.   -   1828.

1399. L'Ecole du soldat et de peloton. In-
12.   -   -   -   1829.

1400. Le Mentor des enfans, par l'abbé
Reyre. In-12.   -   -   1829.

1401. Grammaire Latine de Lhomond.
In-12.   -   -   -   -   1830.

1402. Fables de La Fontaine, avec les notes
de Coste. In-12.   -   -   1830.

1403. De Viris illustribus urbis Romæ. In-
12.   -   -   -   -   1830.

1404. Calendrier de la Cour Royale et de la
ville de Douai, année 1832. In-12, de 108
pages.   -   -   -   1832.

1405. Calendrier de la Cour royale et de la
ville de Douai, année 1833, par M. Potiez,
commissaire de police. In-12.   -   1833.

Joseph JACQUART. 1833-1834.

1406. Visite au Musée de Douai, par M. de
Rosny. In-8°.   -   -   -   1833.

1407. Le nouveau Robinson dans son île.
In-18.   -   -   -   1834.

1408. Histoire des duels anciens et modernes,

par M. Fougeroux de Campigneulles, conseiller
à la Cour royale de Douai. 2 vol. in-8°. 1834.

1409. Précis de la vie militaire du lieutenant-général comte François Durutte, de
Douai. In-8°, de 43 pag. avec portrait.   1836.

1410. Recueil des monnaies , médailles et
jetons pour servir à l'histoire de Douai et de
son arrondissement , par L. Dancoisne et le
Docteur A. Delannoy. In-8°, de 144 p. , orné
de 22 planches.   -   -   -   1836.

Tiré à 100 exemplaires seulement.

Vincent ADAM. 1836-1841.

1411. Petites Histoires des pays de Flandre
et d'Artois, par M. Duthillœul, bibliothécaire
de la ville de Douai. In-8° , avec 2 planches
lithographiées.   -   -   1836.

1412. Congrès Scientifique de France , 3ᵉ
session , tenue à Douai en septembre 1835.
In-8° , de 700 pag.   -   -   1836.

Ce livre ayant été commencé par M. Wagrez aîné, porte
son nom ; mais il a été presque en totalité imprimé par
M. Adam.

1413. L'Existence de Dieu. — Extrait de
Fénelon. In-8°·   -   -   1836.

1414. La Mère de Famille dans son intérieur ou Principes d'éducation maternelle ,

traduit de l'anglais par Melle. *** de Douai. In-
16, de 233 pag. et 8 f. de table. 1837.

Cette traduction d'un ouvrage anglais justement estimé
est de Melle Ansman.

1415. Rossini et Bellini. Réponse à un écrit
publié à Palerme, par le Chev. de Ferrer.
In-12. – – – 1837.

1416. Mémoire sur l'Etat primitif et sur
l'organisation de l'Univers , par M. Lenglet ,
capitaine du génie. In-8°, de 205 pag. et 12 f.
prél. avec 2 planches. – 1837.

1417. Notice sur François Vanderburch ,
Archevêque-Duc de Cambrai , par M. Duthillœul, ornée d'un portrait et d'une lithographie
représentant les armes de la famille Vanderburch. In-4°, de 30 pag. – – 1837.

1418. Gottlieb, ou les enfants vertueux par
les leçons de l'expérience , par M. J. D. Taffin ,
prêtre. Petit in-8°, de 478 pages. – 1837.

1419. Les Sermons de M. Basuyau , curé.
In-8°. – – – 1837.

1420. Cours de Cosmographie, par M. Mutel,
capitaine d'artillerie. In-8°. – 1837.

1421. Histoire de l'Europe et de ses colonies,
par E. G. Lenglet, ancien législateur, président
à la Cour royale de Douai. In-8°, 6 v. 1837-1840.

1422. Instruction sur le Système métrique,

Conversion des anciennes mesures de Paris et des départemens en mesures nouvelles, etc. ; par M. Tisserand , répétiteur à l'Ecole d'artillerie de Douai. Pet. in-12 , de 110 pag. 1838.

1423. Galerie des mollusques ou Catalogue méthodique, descriptif et raisonné des mollusques et coquilles du Muséum de Douai, par MM. Potiez (Valéry) et Michaud. In-8° , tome premier , de 560 pag. , 36 f. prél. et 4 pag. de table, avec un atlas in-8° de 56 pag. et 37 planches lith. à Douai par Félix Robaut. 1838.

Le tome second s'imprime en ce moment.

Les planches de ce premier volume ont été exécutées aux frais de MM. le baron de Guerne, maire de Douai, président de l'administration du Musée, Becquet de Mégille , Cocqueau, de Warenghien , Duquesne-Dapsens , Valéry Potiez, Quenson, Reytier et Tesse.

1424. Les Entretiens du Bon Pasteur sur les devoirs de l'homme, par M. A. Hennequin, Inspecteur de l'Académie de Douai. In-16. 1838.

1425. Essai sur l'analogie des langues , par Amand Hennequin , Inspecteur de l'Académie de Douai. In-8° , de 235 pages. 1838.

1426. Julien et Henriette, ou les enfants obéissants , etc. In-16. (4,000 ex.) 1838.

1427. Dieu , la nature et ses lois , l'homme et sa destinée ; par M. L. Lenglet , Procureur du Roi à Douai. In-8° , de 74 pag. – 1838.

1428. Instruction mise à la portée du peuple, ou Cours populaire d'instruction élémentaire, par M. Durlin. In-16.   -   1838.

1429. Panthéon poétique, par M. Cadart, Professeur au Collége Royal. In-12.   1838.

1430. De l'Education Morale, par M. Hennequin. In-18. (8,000 ex.)   —   1838.

1431. Traité d'Astronomie, par M. Mutel. In-8°.   —   -   —   1838.

1432. Entretiens du Bon Pasteur sur l'histoire de France, par M. A. Hennequin. In-16. (12,000 exemp.)   —   1838.

1433. Mémoires de la Société royale et centrale d'Agriculture, Sciences et Arts du département du Nord. In-8°.   —   1838.

1434. Historique du système métrique, par M. Tisserand. In-18.   —   .   1838.

1435. Fabuliste de l'Enfance. In-16. 1838.

1436. Quentin Durward, opéra en 3 actes, par M. Nutly. In-8°.   -   1838.
Représenté sur le théâtre de Douai en janvier 1839.

1437. L'Annuaire de la Cour Royale et de la ville de Douai pour 1839. In-12.   —   1838.

1438. Mémoire sur l'histoire de la Flandre Wallonne, depuis le commencement des troubles, en 1565, jusqu'à la paix d'Aix-la-Chapelle conclue en 1668; par M. Lebon. In-8°, de 132 pages. - 1838.

1439. Description de l'ancienne cathédrale de Saint-Omer (Pas-de-Calais, ci-devant Artois), autrefois Notre-Dame de Sithiu en Morinie, maintenant paroisse de Notre-Dame, par Emmanuël Wallet, de Saint-Omer, Professeur à l'Ecole d'Artillerie et au Collége Royal de Douai. In-4°, de 104 pag. avec un atlas in-fol. de dix planches. – 1839.

1440. Leçons du Bon Pasteur sur la Physique, par M. Hennequin. In-18. – 1839.

1441. Méthode de Lecture, par M. Tisserand. In-18, (12,000 ex.) – – 1839.

1442. Les Règles de la Civilité puérile. In-18. – – – – 1839.

1443. Des Lois historiques et de leur application aux cinq siècles de l'ère chrétienne, ou Notice analytique sur l'Empire Romain, le Christianisme, etc., par M. Tailliar, Conseiller à la Cour Royale. In-8°. – – 1839.

1444. Devis général des ouvrages à exécuter dans la place de Douai. In-4°. – 1839.

Tiré seulement à 40 exemplaires.

1445. Relation du Siége et du bombardement de Valenciennes en 1793, par M. Texier de La

Pommeraye. In-8°, de 282 pag. avec plan et 4 feuil. prél.   -   -   -   1839.

1446. Gayant, ou le Géant de Douai, sa famille, sa procession, par M. Quenson, Conseiller à la Cour Royale. In-8°, avec dessins lithographiés.   -   -   1839.

Quelques exemplaires ont été tirés de format in-4°.

1447. Annuaire de la Cour Royale et de la ville de Douai pour 1840.   -   1839.

1448. Premières notions de calcul, par M. Després. In-18.   -   -   1839.

1449. Notice sur Philippe–le–Bon, par M. Pilate-Prevost. Petit in–fol. oblong, orné de lithographies par Félix Robaut.   -   1840.

1450. Inventaire général des chartes, titres et papiers appartenant aux hospices et au bureau de bienfaisance de la ville de Douai, par M. Brassart, secrétaire des hospices. In-8°. 1840.

1451. Funérailles de M. Ignace-Joseph Delecroix, officier de la Légion d'honneur, Maire de la ville de Douai, bâtonnier de l'ordre des avocats du barreau de Douai. In-8°, orné d'une lithographie.   -   -   -   1840.

1452. Souvenirs de l'Algérie, par M. Dopigez, Aumônier de l'armée d'Afrique. In-8°, orné d'un dessin lithographié.   -   1840.

1453. Eloge en vers de Douai , par M. Théron. In-8º.   –   –   –   1840.

1454. Mémoire de M. Delaval pour sa défense judiciaire. In-4º.   –   1840.

1455. Nouveau tarif pour la mesure métrique des boisen grume, par M. Cambien. In-18. 1840.

1456. Traité de l'Usure , par M. Petit , Président à la Cour Royale de Douai. In-8º. 1840.

1457. Mnémosyne Romaine , par M. Cadart. In-12 , 2 vol.   –   –   –   1840.

1458. Julien et Juliette. In-18.   –   1840.

1459. Governo de Fameglia. In-16.   1840.

Réimpression , à 30 exemplaires , d'un opuscule en vers italiens publié en Italie au commencement du 16ᵉ siècle et devenu très-rare.

1460. Mémoires de la Société d'Agriculture. In-8ᵗ.   –   –   –   1840.

1461. Notice sur Philippe-le-Bon, la Flandre et ses fêtes , par M. Quenson , Conseiller. In-8º.   –   –   –   –   1840.

1462. Cours pratique d'Histoire élémentaire, de M. Tailliar , Conseiller à la Cour Royale , rédigé par M. Piérard, instituteur primaire du degré supérieur. In-8º.   –   1840.

1463. Entretien sur l'Utilité temporelle de la Religion Chrétienne , par M. Lermuzeaux , Curé de Raches. In-18.   –   –   1840.

1464. Notice nécrologique sur M. Lorain père, par M. Duthillœul. In-4º.   –   1840.

1465. Notice nécrologique sur M. Lorain fils, par M. Duthillœul. In-4º.   –   1840.

1466. Annuaire de la Cour Royale pour 1841.   –   –   –   1840.

1467. Mémoire sur Hucbald et sur ses trai‑tés de musique, suivi de recherches sur la notation et sur les instruments de musique, avec 21 planches; par M. E. de Coussemaker. In-4º, de 216 pages.   –   1841.

Tiré à 80 exemplaires seulement, plus un exemplaire sur vélin et un autre sur parchemin.

1468. Choix de poésies légères , par M. Delattre. Petit in-12.   –   1840.

1469. Le compilateur universel. In-18. 1841.

1470. Arithmétique décimale , par M. Tis-serand. In-18.   –   –   –   1841.

1471. Catalogue des livres qui composent la bibliothèque de la Société Royale et centrale d'Agriculture, Sciences et Arts du département du Nord , séant à Douai. In-8º.   –   1841.

1472. Leçons sur la tenue des registres et la rédaction des actes de l'état civil, données aux élèves-maîtres de l'école normale primaire de Douai. In-8º.   –   –   1841.

1473. Notice sur une traduction anglaise de l'Écriture sainte, publiée au xvii° siècle et désignée ordinairement sous le titre de Bible de Douai et Nouveau Testament de Reims. In-8°, de 24 pag. - - 1841.

Tirage à part, à 50 exempl., d'une notice insérée dans la présente Bibliographie. Cette notice est signée G. D.

1474. Les Faintises du Monde, de Pierre Gringore, nouvellement réimprimées, avec une notice littéraire. Petit in-8°, de 39 p. 1841.

Réimpression d'un opuscule très rare, tirée à 40 exemplaires. La notice préliminaire est signée G. D.

1475. Résumé analytique des faits de police médicale et des observations de médecine vétérinaire recueillis dans le département du Nord en 1840. In-8°. - 1841.

1476. Histoire Sainte, suivie de l'Histoire Ecclésiastique, par M. Dopigez. In-8°. 1841.

1477. Bibliographie Douaisienne, par M. Duthillœul. In-8°. - - 1841.

Louis CRÉPEAUX. 1840-1841.

1478. Lettre à un Archéologue sur les Hiéroglyphes Egyptiens. In-8°, de 180 pag. 1840.

Exposé d'un nouveau système de lecture des Hiéroglyphes, dans lequel l'auteur montre une rare sagacité et une érudition peu commune. Dirons-nous qu'il a résolu cette question ardue qui occupe depuis si long-temps les érudits de toutes les nations et qu'il a complété ce que Champol lion jeune avait commencé? Nous n'irons pas si loin et nous nous contenterons d'affirmer que cette brochure, tant soit peu paradoxale, ne pouvait être écrite que par un homme aussi ingénieux que savant. Nous qui connaissons l'auteur, nous savons qu'il mérite ce double titre.

1479. Gayant, Poème humoristique, par Albonnus, membre d'aucune Académie.—Le même, 2ᵉ édition, augmentée d'une Post-face. In-8°, de 38 pages.   –   –   1841.

Plaisanterie ingénieuse qu'il ne faut pas juger plus sérieusement qu'elle n'a été écrite. Le pseudonyme Albonnus cache un jeune littérateur spirituel qui a voulu se délasser, par cette bluette, des travaux d'érudition auxquels il consacre sa vie.

APPENDICE.

NOTICE

DE QUELQUES OUVRAGES , AVEC NOM D'IMPRIMEUR, RETROUVÉS
PENDANT LE COURS DE L'IMPRESSION.

JACQUES BOSCARD.

1480. **Petit Bouclier de la Foy Catholique**, extrait des livres de Mathieu de Launoy et Henri Pennetier , ministres de la religion prétendue reformée et à présent retournés au gyron de l'Eglise Chrestienne , redigé par Jan de Mouronval , Curé à Tournay. In-8°. 1578.

La même année , 1578 , paraissait, chez J. Bogard, l'ouvrage de M. de Launoy et de H. Pennetier , que nous avons mentionné sous le n° 50 de cette Bibliographie. C'était un événement important que cette conversion de deux ministres de la religion protestante qui, non contents d'avoir abjuré leurs erreurs , prenaient la plume pour justifier leur démarche et pour soutenir la vérité qu'ils avaient reconnue. Le livre du Curé de Tournai est probablement un résumé de l'ouvrage original.

Loys DE WINDE.

1481. Psalterium redditum carmine elegiaco, per Joann. de Laval. In-4°.   -   1576.

1482. Anna , Maria , Jesus , carmen heroicum , aut. Joann. de Laval. In-4°.   -   1576.

Ces deux ouvrages font partie de la bibliothèque de M. le Conseiller Quenson.

Jean de Laval était d'Arras où il eut le titre de Conseiller du Roi.

Jean BOGARD.

1483. Utraque Copia verborum et rerum præcepta, una cum exemplis dilucido brevique carmine comprehensa , ut facilius et jucundius edisci ac memoriæ quoque firmius inhærere possint. In-4° , de 31 f.   -   -   1577.

Petit cours de rhétorique en vers latins.

1484. Sermons de la simulée conversion et nullité de la pretendue absolution de Henry de Bourbon , Prince de Bearn , à Saint-Denys en France , le dimanche 25 juillet 1593. Sur le sujet de l'Evangile du même jour : Attendite a falsis Prophetis , etc. Math. 7. Prononcez en l'Eglise Saint-Merry à Paris, depuis le premier jour d'aoust prochainement suivant jusques au neufiesme dudit mois. Par Me Jean Boucher,

Docteur en Theologie. Juxte la copie imprimée
à Paris, chez G. Chaudière, R. Nivelle et R.
Thierry. P. in-8°.   —   -   1594.

Quoiqu'aucune indication précise ne constate que cette
rëimpression des Sermons fameux de Jean Boucher ait été
faite à Douai, il n'en est pas moins admis généralement
par la plupart des bibliographes que l'édition dont nous
venons de donner le titre sort des presses de cette ville.
Cette opinion est fondée particulièrement sur un passage
de l'histoire du célèbre de Thou, que nous croyons devoir
citer et qui nous paraît ne laisser aucun doute à cet égard :

« Joannes Bucerus ix longas conciones ad Mederici fanum habuit de simulata Henrici Borbonii Bearnini principis ad ecclesiam reconciliatione et irrita absolutione,
quas, anno proximo, kalendis martiis, Cardinali Placen-
tino inscriptas ac typis in urbe excusas, postea cum ab ea
exularet, Duaci in Atrebatibus recudendas curavit, furore
nondum per secutam rerum conversionem aut locorum ac
temporis intercapedinem domito. (Thuani *Hist.* L. cvii,
§. 10; tom. v, p. 296.)

Cette rëimpression, beaucoup moins belle et bien moins
rare que l'édition originale, n'est pas non plus très-com-
mune. Elle forme un vol. petit in-8o, de 6 f. prél., 625 p.
et 11 feuil. à la fin du livre, pour quelques pièces et la table des matières.—L'édition originale, in-8o, imprimée
en gros caractères, contient 6 f. prél., 408 f. chiffrés
d'un seul côté et 8 f. de table.

Les *Sermons de la simulée conversion* et les autres ouvrages de J. Boucher sont trop connus pour qu'il soit nécessaire d'entrer dans de longs détails à ce sujet. Nous
nous contenterons de rappeler ici que Boucher fut un ligueur fanatique et le plus violent peut-être de tous les ad-

versaires d'Henri IV. Il n'était au reste dépourvu ni d'érudition ni de talent. Obligé de quitter la France après la
soumission de Paris , Boucher se retira en Belgique , publia en 1595 sous le nom de François de Verone une *Apologie pour Jean Châtel* , assassin d'Henri IV , et mourut à
Tournai , en 1646 , à l'âge de 96 ans. L'âge avait dû sans
doute amortir la violence de ses passions, mais on n'est pas
bien sûr que le temps et l'exil eussent notablement modifié
ses opinions.

1485. Le Thresor des faictz et dictz memorables , etc. P. in–12.   –   –   1596.

C'est le même ouvrage que celui qui porte le nom de
B. Bellère et la date de 1595 (no 199). Il en existe une
réimpression de 1604 , chez le même Bellère.

1486. Cænobiarchia Ogniacensis , sive Catalogus monasterii Ogniacensis ad Sabim, Belgii
fluvium, siti ; aut. Franc. Moscho , Nivellensi-
Brabantio , ad sanctum Piatum in Brabantia
Canonico. In–8°.   –   –   1598.

Réimprimé en 1636 chez les Héritiers de Jean Bogard.
Cette réimpression est indiquée sous le no 720.

1487. Heures de Nostre–Dame , à l'usage de
Rome, en latin et en françois. In–8°, avec gravures en bois.   –   –   1602.

Bibliothèque de M. le conseiller Quenson.
Nous avons rencontré dans la collection de M. le Baron
de Guerne un exemplaire de ce livre , imprimé aussi chez
Bogard en 1617.

1488. Institution de la Confraternité des

Corrigiatez ou Ceinturez. In-12. 1604.

Bibliothèque de M. de Guerne.

1489. La pratique spirituelle de la devote et religieuse Princesse de Parme, fort utile à toutes les dames, pour vivre chrestiennement. Avecq briefves oraisons pour dire tout le loing du jour et la manière de se bien confesser. Petit in–8°, goth.   –   –   1613.

Bibliothèque de M. Quenson.

1490. Petite instruction et manière de bien vivre pour une femme séculière, comme elle se doibt conduire en pensées, parolles, œuvres, tout au loing du jour, et pour tous les jours de sa vie, pour plaire à Notre-Seigneur Jésus-Christ, et amasser richesses célestes au profit et salut de son âme. Petit in-8°, goth.   –   –   –   1614.

Bib. de M. Quenson. Réimprimé par le même, en 1617, in-16, goth. Bib. de M. de Guerne.

1491. Histoire des vies, mœurs, actes et morts des trois principaux hérétiques de nostre temps, à sçavoir Luther, Calvin et Théodore de Beze. In-12.   –   1616.

Ce livre est de Noël Talepied, à qui l'on doit plusieurs autres ouvrages. Quelques exemplaires portent le nom de l'auteur.

Il existe aussi une vie de Calvin et de Théodore de Beze, par Hierosme-Hermes Bolsec, écrite dans le même esprit

que celui-ci , mais qu'il ne faut pas confondre avec l'ouvrage de Talepied.

1492. La sainte et triomphante Stauroma-
chie, par Philippe Vliesberghe , dit Deschamps,
seigneur de Porville. In-18.   —   1619.

Bib. de M. de Guerne.

1493. C. Suetonius , de duodecim Cæsaribus libri VIII. Ex recens. Is. Casauboni. In-
24.   —   —   —   1620.

Bib. de M. de Guerne.

1494. Claudii Viexmontii , Methodus confessionis compendiaria. In-18.   —   1621.

Bib. de M. de Guerne.
Réimprimé chez Jean de Fampoux , 1640.

1495. Horatius expurgatus , ad usum gymnasiorum societatis Jesu. In-24.   1621.

Bib. de M. de Guerne.

1496. Les Epistres familières de M. T. Cicéron , père d'éloquence , contenues en seize
livres traduits en françois, partie par Estienne
Dolet et le reste par François de Belle-Forest,
le latin et le françois correspondans fidèlement
l'un à l'autre , selon l'édition latine de Paulus
Manutius et autres hommes doctes. Avec les
argumens sur chacune epistre , table et manière d'entendre la date des latins. Dernière édition. In-12 , de 6 feuil. prél. et 751 pag. 1623.

Imprimé sur deux colonnes très-serrées , le français

en caractères italiques et le latin en caractères romains.
La première édition de cette traduction est de 1542 ; elle
en a eu beaucoup d'autres dans le 16e et le 17e siècles :
toutes sont rares, parce qu'elles ont été livrées aux écoles.
Celle de Douai est une des mieux imprimées.

Bibliothèque de M. A. Dinaux.

Veuve Jacques BOSCARD.

1497. * Ordonnances de MM. les Lieutenant,
Officiers du Roy et Hommes de fiefz de la gouvernance d'Arras , suivant le placart de S. M.
pour le réglement et taxe tant des salaires des
ouvriers et labouriers (*sic*) que des vivres et
marchandises , publiés le 16e de juillet 1588 à
la Maison Rouge en Arras. In-4o.   1588.

On les vend en Arras par G. Bauduin , R. Maudhuy et
F. Bourgeoys, libraires.

1498. * De Memoria libri duo in quorum
primo , ex auctoribus fide dignis tractatur
quam illa in quibusdam fuerit admirabiles ,
quas utilitates et quam pœne incredibilis ,
artificiis adjuta, producat effectus ; in secundo
est ars memoriæ ex ipso D. Th. Aquinate , D.
Angelico , Aristotele, etc., philosophorum et
oratorum principibus ac hujus etiam artis fon-
tibus , aliisque compendiose absoluteque et
collecta et latiore explicatione illustrata. In-
8o.   —   —   —   1593.

L'auteur de ce livre , Lambert de Schenkels , de Bois-
le-Duc , est taxé de charlatanerie par Paquot.

BALTHAZAR BELLÈRE.

1499. Responce à la sentence donnée en Hollande contre Pierre Panne, faite premièrement en flamand par le R. P. François Costère, Prestre de la Compagnie de Jésus, et depuis traduict en françois. In-8°, de 158 pag. 1598.

Cet écrit avait pour but de repousser l'accusation que l'on avait portée contre les Jésuites de Douai d'avoir excité un individu d'Ypres nommé Panne à attenter aux jours de Maurice de Nassau, prince d'Orange.

1500. Officia Sanctorum. In-12, sans pagination, 35 feuil., lettr. rouges et noires. 1598.

Bibliothèque de M. de Guerne.

1501. Le Thrésor des Vies de Plutarque, translatées par M. Jacques Amyot, Conseiller du Roy, etc.; contenant les beaux dicts et faicts, sentences notables, responses, apophthegmes et harangues des Empereurs, Roys, Ambassadeurs, Capitaines tant grecs que romains : aussi des Philosophes et gens sçavans : nouvellement recueillis et extraits hors des vies de Plutarque de Cheronée : avec quelques vers singuliers, chansons, oracles et épitaphes qui sont faits ou chantés en l'honneur d'iceux. Encore une table ou indice très-ample des matières principales. In-8°, de 8 feuill. prél., 159 feuil. chiff. et 11 f. de table.   1601.

Ce livre est une des plus remarquables productions des presses Douaisiennes.

Bibliothèque de M. A. Dinaux.

1502. * Le Tout-Savoir des sages Docteurs de la bande sathanique , avec la réfutation d'iceluy , par M. de L. et H. P. In-8°.   1604.

Cat. Leber.

Cet ouvrage se rattache évidemment à ceux qui sont indiqués sous les n°s 50 et suivants de cette Bibliographie.

1503. L'Internelle consolation ou Thomas a Kempis de l'imitation de Jésus-Christ, livres IIII. In-12, de 462 pag.   –   –   1613.

Réimprimé chez le même, en latin, en 1627, et de nouveau en français en 1652.

Les deux exemplaires en français font partie de la bibliothèque de M. A. Dinaux , et l'exemplaire en latin se trouve dans celle de M. de Guerne.

1504. Ovidii metamorphoseon lib. xv, cum argumentis et notis. In-12.   –   –   1632.

Bibliothèque de M. de Guerne.

1505. Illustrium epitaphiorum et præclarissimarum totius Europæ civitatum flores , per D. Petrum Andreum Canonherium J. U. et medicinæ doctorum. Ex præstantissimorum poëtarum monumentis excerpti. Duaci apud B. Bellerum. In-8°, de 8 feuil. prél. , 544 pag. et 4 f. de table.   –   –   –   1635.

Imprimé en caractères italiques et dédié à Léonard

Bontemps, patricien de Florence, par épître datée d'Anvers, le 1er septembre 1613. Déjà indiqué sous le n° 451.

Ce livre n'est pas imprimé par B. Bellère ; il sort véritablement des presses de *Joachim Trognœsius*, d'Anvers, à qui l'auteur en concéda le privilége en 1613. La véritable édition originale porte cette date et la souscription *d'Anvers*, avec un titre plus développé encore que celui ci-dessus. Par suite d'une fraude qui n'appartient pas, comme on le voit, à la librairie moderne, B. Bellère racheta le fonds d'Anvers en 1656, réimprima un nouveau titre, l'épître, la préface et un extrait des priviléges dont il eut soin de supprimer toute indication de date, et présenta le livre comme sortant de ses presses. De tout cela il n'y a que les huit premiers feuillets qui lui appartiennent, et réellement ils sont les moins bien imprimés de tout ce volume. (Note de M. A. Dinaux).

1506. Indulgences, grâces et privileges octroyez par les souverains Pontifes pour tous les ordres de Saint François. In-32.   1664.

1507. La divine Méthode de réciter le Saint Rosaire par articles, par le R. P. Louis de Sainte Marie. In-12.   -   -   1677.

Bibliothèque de M de Guerne.

1508. Amende honorable à J. C., pour les profanations commises depuis la révolution. In-12.   -   -   -   Sans date.

Par révolution on doit entendre ici la réforme religieuse.

Pierre BOGART.

1509. Dramatica Poemata, authore D. Guilielmo Druræo, nobili Anglo. Editio secunda ab ipso authore recognita, et multo quam prima auctior reddita. P. in-12, de 12 f. prél., et 244 pag.   –   –   –   1628.

Édition augmentée du n° 168. Elle contient de plus que celle de J. Bogard, 1620, une nouvelle tragi-comédie, intitulée : *Reparatus*, qui occupe environ 100 pages, et de plus une pièce qui porte le titre suivant : *De venerabili Eucharistia ab apibus inventa et mirabiliter servata, de qua scribit Cæsarius, lib. 9, cap. 8. Carmen elegiacum.*

Ce petit poème élégiaque remplit les cinq dernières pages du volume.

Michel MAIRESSE.

1510. La retraite de Vennes, ou la façon dont la retraite des hommes se fait dans Vennes, sous la conduite des Pères Jésuites, et les grands biens que Dieu opère par elle. Pet. in-12.   –   –   –   1681.

Marc WYON.

1511. Obras de Caio Cornelio Tacito, en Duay, en casa de Marcos Wyon. In-4°, de 6 f.

prél. , 1008 pag., et 34 f. pour la table.   1629.

Cette traduction de Tacite en espagnol, qui a été attribuée par erreur au P. Léandre de Saint-Martin, bénédictin anglais, qui n'en fut que l'éditeur, est de Charles
Coloma, celui-là même à qui cette édition est dédiée.
L'épitre dédicatoire du P. Léandre de Saint-Martin ne
laisse subsister aucun doute à cet égard. « Avant de savoir,
» dit-il, que cette traduction du prince des historiens et
» des politiques fut l'ouvrage de V. E., je l'avais lue avec
» un plaisir extrême ; et comme j'avais reconnu, en la
» comparant avec un grand nombre de versions de Tacite
» en langue étrangère, que non-seulement elle rendait
» avec autant d'exactitude que de clarté la pensée de l'au-
» teur original, mais encore qu'elle reproduisait avec un
» rare bonheur l'expression même et le style du grand
» écrivain qui savait dire tant de choses en si peu de mots,
» j'ai cru faire une chose agréable aux amis des belles
» choses en la rendant publique , et en leur faisant ainsi
» partager le plaisir qu'elle m'avait donné. »

L'ouvrage avait donc été, à ce qu'il paraît, publié à
l'insu et sans la participation de l'auteur ; mais celui-ci ne
dut s'offenser que médiocrement de la liberté qu'on avait
prise, et nous pensons qu'il pardonna sans trop de difficulté un larcin qui se justifiait d'une manière si flatteuse
pour son amour-propre. Don Charles Coloma était, en
1629, conseiller-d'état et de guerre du Roi d'Espagne,
gouverneur de Cambrai et Capitaine-général du Cambrésis, et, s'il faut en croire l'Épitre dédicatoire dont
nous venons de citer un extrait, ce seigneur espagnol
n'était pas moins renommé par son habileté dans les conseils politiques et sa valeur sur les champs de bataille,
que distingué par ses talents littéraires. Mais on sait qu'il

ne faut pas toujours prendre à la lettre ces éloges donnés en face à des hommes puissants, et nous n'entendons nullement nous rendre solidaire des compliments du P. Léandre de Saint-Martin. Nous dirons seulement que la traduction de Tacite dont ce bénédictin s'est fait l'éditeur est écrite avec élégance et facilité, et sans admettre avec lui « que Tacite ne se fut pas exprimé autrement, s'il eut » écrit en espagnol », nous nous contenterons de reconnaître que cette traduction se distingue par une fidélité qui mérite d'être signalée. *Les mœurs des Germains, la vie d'Agricola* et *le Dialogue des Orateurs*, ne sont point compris dans cette traduction des œuvres de Tacite. Le volume se termine par une table des matières très-détaillée, qui rend les recherches très-faciles.

Martin BOGART.

1512. Jardinet des délices célestes, etc., par le P. Balinghem. In-12.   –   –   1630.

La première édition de ce livre avait été imprimée chez Jean Bogart en 1626. (Voir n° 181.)

Charles-Louis DERBAIX.

1513. L'art de conserver la santé, composé par l'école de Salerne, traduit en vers par B. L. M. (Bruzen La Martinière). In-12. 1749.

Jean-François WILLERVAL.

1514. Sodalis sanctorum omnium. In-32.
1730.

1515. Arrest du Conseil – d'État du Roi, portant réglement pour les toiles dans les provinces de la Flandre. In–18.   –   1731.

1516. Obligatio Canonicorum aliorumque beneficiatorum in ordine ad chorum. In-8°.
1746.

CATALOGUE

1517. Refutatio Locorum Communium Theologorum Phil. Melanchthonis. In–8°. 1563.

L'ouvrage de Mélanchthon, contre lequel cet écrit est dirigé, a été publié sous le titre de : *Loci communes Theologici.* C'est un abrégé de la Doctrine Chrétienne, imprimé pour la première fois en 1524, à Wittemberg, in-8° ; il a été réimprimé soixante-cinq fois pendant la vie de l'auteur, et a fourni le texte de la plupart des discussions théologiques qui eurent lieu à cette époque.

On sait que Mélanchthon fut l'un des premiers et des plus habiles prédicateurs de la Réforme. Son influence fut d'autant plus puissante que la douceur de son caractère et l'aménité de ses formes adoucissaient ce que la fougue et la véhémence de Luther avaient de trop vif.

1518. Belli Livonici quod magnus Moschoviæ Dux anno 1558 contra Livones gessit, nova et memorabilis historia, lamentabilem universæ Torpatensis provinciæ vastationem et excidium complectens, bona fide conscripta; autore Tilmano Bredenbachio. In-8°. 1564.

Cet écrivain naquit à Emmeric en 1544, obtint le titre

de docteur en théologie, fut chanoine à Anvers, et mourut
à Cologne en 1567. On a de lui plusieurs autres ouvrages.

Ce volume sort probablement, de même que celui qui
précède, des presses de Jacq. Boscard, le seul imprimeur
qui exerçât alors à Douai.

1519. Prières pour assister au service divin.
In-12.   —   —   —   1567.

1520. Tractatus de ordine et forma judicio-
rum ; auct. Guil. Haneton.   —   1570.

Guillaume Haneton était né à Lille en 1506.

1521. Epistolæ et Evangelia.   —   1574.

1522. Coutumes générales du comté d'Artois.   —   —   —   1574.

1523. Les Confessions de Saint-Augustin.
1575.

1524. Herbetii orationes duæ.   -   1575.

1525. Aristoteles, de natura aut rerum
principiis.   =   —   —   1576.

1526. Traicté de paix entre les Estatz de
ces Pays-Bas en la ville de Bruxelles et le Sʳ
Prince d'Orenges (sic), Estatz de Hollande,
Zélande, etc., publié le vIIIᵉ. jour de nov.
1576. In-8°.   —   —   —   1576.

1527. Édit perpétuel sur l'accord fait entre
Jehan d'Autriche et les États généraux des
Pays-Bas, pour l'appaisement des troubles
suscitez esdits pays. In-4°.   —   —   1577.

1528. De Jure sistendi, et manuum injec-
tione, quam vulgo arrestationem vocant succincta explicatio ; auct. D. Petro Peckio.
In–8°.   –   –   –   1578.

Il existe à la Bibliothèque de Douai un exemplaire de ce
livre portant au titre : *Ultima editio, multis capitibus et
locis aucta. Antuerpiæ, apud Balth. Bellerum*, 1589,
in–8°.

1529. Traicté et accord faict et passé entre
le baron de Montigny et le Seigneur de la
Motte, du 6 avril 1579. In–4°.   –   1579.

1530. Successionis ecclesiasticæ defensio
amplior, et fugitivæ ac latentis protestantium
ecclesiæ confutatio copiosior ; contra Guillelmi Fulconis, Angli, inanes cavillationes
adversus hujus operis libri iv, capita 10 et 11,
editas libris xiii.   –   –   1580.

Le livre auquel répond celui-ci est de Guillaume Fulcke,
et porte pour titre : Responsio ad Stapletoni Cavillationes.

1531. Discours véritable touchant plusieurs
affaires d'état, pour la justification des fidèles
sujets de S. M. Catholique. In–12.   1580.

Cité par Du Verdier, édit. du Rigoley de Juvigny, tom.
3, pag. 480.

1532. Epistola ad Dom. P. a Meloduno
principem Espinoy, cur a societate Principis
Auraici necessaris catholicis fuerit disceden-
dum et ad regem suum catholicum redeundum.
In–8°.   –   –   –   –   1580.

1533. Gebeden ende ouderwysingen van dat Waerachtigh Catholisch gheloore. 1580.

1534. La vie de Calvin, par Talepied. 1580.

Très-probablement de Jean Bogard. Cette vie de Calvin a été réimprimée plusieurs fois et fait partie du volume publié chez J. Bogard, en 1616, sous le titre de : *Histoire des vies des principaux hérétiques de notre temps*. (Voir n°. 1491).

1535. A. brief Censure upon two bookes written in answere to E. Campion's offer of disputation. In-8°.   -   -   1581.

1536. A true report of the death and martyrdome of M. Campion , Jesuite and Prieste, and M. Sherwin and M. Bryan, priestes, at Tiborne, the first of December 1581. Observied and written by a Catholie Priest (Robert Parsons) which was present thereat. Wherunto is annexid certayne verses made by sundrie persons. In-8°.   -   -   -   1582.

1537. Épitaphes et autres écrits funèbres sur le décès de Mme. de Beaufort , par Mme. Wignacourt. 3 vol. in-12.   -   -   1582.

1538. Livre de la vertu du Saint Nom de Jésus. In-18.   -   -   -   1583.

Réimprimé à Douai en 1599.

1539. Regulæ societatis Jesu. In-8°. 1584.

1540. Discours sur l'érection des Montsde-Piété, avec déclaration des œuvres charitables qui en proviendront, par Silvestre Scarini ; au prince Alexandre de Parme. In-4°.   – – – – – 1585.

1541. Regula et Statuta ordinis Sanctæ Trinitatis.   – – – 1586.

1542. Oratio saturnalis, seu quodlibeta de gente Frisicâ ; auct. Boetio Epone. 1587.

1543. Paratitla Decretalium Gregorii ix Papæ ; aut. Boetio Epone. In-8°. – 1588.

1544. Exposition sur la règle de Saint-Augustin.   – – – 1589.

1545. Mémorial de la vie chrétienne, par de Granate (Louis de Grenade). In-12. 1592.

Nous avons cité une traduction anglaise de cet ouvrage, imprimé à Douai en 1612, chez John Heigham.

1546. Livre traitant de l'Etat des religieux, écrit en latin passé 740 ans, par un nommé *Idiota*, homme de grande doctrine et piété. 1592.

1547. Cornelii Jansenii Commentarii in concordiam ac totam historiam evangelicam. In-8°.   – – – – 1593.

Cet ouvrage avait été primitivement imprimé à Anvers, à Venise, à Lyon et à Cologne.

1548. De quatuor hominis novissimis, Steph

Broustin , S. T. Baccal. collectore. In-8°. 1593.

Réimprimé en 1600.

1549. La Consolation des affligez , avec la doctrine de bien mourir , par G. Loart. In-16.   –   –   –   –   1594.

1550. Litaniæ piæ ad Deum , Beatam Mariam et omnes Sanctos. In-12.   –   1595.

1551. Discours pitoyable de la mort du sei-gneur Troïle Savelle , décapité à Rome à l'âge de 18 ans.   –   –   –   1597.

1552. De quinquepartita conscientia , libri tres ; auct. Rich. de Hall. In-4°.   1598.

1553. Federici Jamotii Parodia pindarica ad Fr. Moschum.   –   –   –   1598.

1554. Examen ordinandorum , auctoribus Jos. Fero , Jo. Holthusio ac G. Wicelio , per N. Aurificem Locupletatum. In-12.   1599.

Réimprimé en 1615.

1555. Traité de l'oraison mentale , par le P. Arias. In-12.   –   –   –   1599.

1556. Institution spirituelle , par Louis de Bloys.   –   –   –   1599.

1557. L'oreiller spirituel , nécessaire à tou-tes personnes pour extirper les vices et plan-ter la vertu ; par Paul du Mont. In-12.   1599.

1558. Oratio Funebris habita in laudem Ven. Episc. Audomarensis , Jo. de Vernois , per Ad. Fabrum. In-8°. — — 1600.

1559. La probation de la Sainte Messe et Sacrifice d'icelle , contre les faussetez du Sieur Du Plessis Mornay , par N. L. M. Douvry. In-8°. — — — 1600.

1560. Toleti Summa de sacerdotum instructione, de peccatis mortalibus, etc. In-8°. 1600.

François Tolet , cardinal , l'un des plus savants théologiens de son temps , était né à Cordoue en 1532. Il fut un des principaux auteurs de la réconciliation d'Henri IV avec le Saint-Siége. Il mourut en juin 1596.

1561. Tractatus de Doctrina cordis. In-12. — — — — 1601.

1562. Lettres familières d'Estienne du Tronchet. In-18. — — 1601.

1563. Couronne spirituelle , par Nicolas de Montmorency. 5 vol. in-8°. — 1602.

1564. Franc. Ogerii Simonis filii Franciscasmata, 3 vol. in-12. — — 1602.

1565. Pacis ecclesiasticæ Perturbator , sive de schismate tractatus historicus, autore Joan. Giovanno. In-8°. — — 1603.

1566. Th. Stapletoni Orationes in funere diversorum præsulum. In-12. — 1603.

1567. Institutio ac dignitas confraternitatis Cincturatorum S. Augustini ; aut. Georg. Maigret. In–8°.   –   –   –   1604.

1568. Dialogues de St.-Grégoire. In–8°. 1604.

1569. Ænigmata et Gryphi veterum ac recentium , cum notis Seb. Castalionis. Petit in-8°.   –   –   –   –   1604.

1570. L'Aiguillon de l'Amour Divin de Saint Bonaventure , traduit par Blaise Vigenère , avec le Mépris du Monde , du même Saint , traduit par Michel d'Esne. In-12.   –   1605.

1571. Epistolæ Pauli Manutii.   -   1605.

1572. Miracles de Notre–Dame de Cambron. 1606.

1573. La Méthode de servir Dieu , avec le Miroir des personnes illustres et le Mémorial de la vie de Jésus–Christ. Traduit de l'Espagnol , par G. Chapuys. In–12.   –   –   1606.

1574. Novitiatus vitæ monasticæ ; aut. Georg. Maigret.   –   –   1609.

Cet ouvrage avait déjà été imprimé à Douai en 1602.

1575. Exercices quotidiens et Méditations en l'honneur du glorieux Saint Joseph , Espoux de la Mère de Dieu, par Nicolas de Montmorency. In-12.   –   –   1609.

Réimprimé à Douai en 1616.

1576. Rosarium mysticum animæ fidelis.
1609.

1577. Insigniorum opusculorum divi Thomæ Collectio. In–8°. 2 tom.   –   -   1609.

1578. Granatensis conciones in Adventum. In-12.   –   –   –   1609.

1579. Paraphrasis in omnes Davidis Psalmos. In–12.   –   –   –   1609.

1580. Manuale Sacerdotum.   –   1610.

1581. Oraison funèbre de Mme de Dommartin.   –   –   –   –   1610.

1582. Enchiridion Catholicon ; autore Ant. Lévêque. In–12.   –   -   1611.

1583. Joannis de S. J. Germiniano Orationes funebres , aut. Gibbono. In-12.   –   1611.

1584. Regula S. Benedicti ad triginta MSS. Codicum censum fidemque revocata, cum aliis ejusdem Sancti opusculis , vita et historia , aut. Bald. de Jonghe.   –   –   1611.

Réimprimé en 1645.

1585. Manuel contenant des dévotes méditations.   –   –   –   1612.

1586. La manière d'honorer Saint Victor , martyr. In-12.   –   –   1612.

Cet ouvrage est du P. de Balinghem.

1587. Sancti Concilii Tridentini Canones et Decreta , cum J. Sotealli et H. Lucii annotationibus. In-12.   –   –   –   1612.

1588. Soto , de Justitia et Jure, in quartum Sententiarum , Commentarii. 2 tom. en 1 vol. sans indication de format.   –   1613.

1589. Bouquet spirituel et poétique, par Rosier. Sans indication de format.   1613.

1590. A treatise of the third order of S. Francis commonly called the Order of Penance. Sans indication de format.   –   –   1613.

Réimprimé en 1617.

1591. The trial of christian truth , by the rules of the virtues , namely the principal : faith , hope , charity , religion , etc. by Edw. Weston. 3 vol. in-4°.   –   1614.

Edouard Weston naquit à Londres de parents catholiques vers 1565. Bientôt, après avoir fini ses études, il vint sur le continent; il professa la théologie à Reims et à Douai. Il mourut chanoine de Notre-Dame de Bruges en 1635. Les ouvrages de Weston montrent de l'instruction , un zèle profond pour les intérêts de l'Église , mais ils laissent à désirer principalement pour le style.

1592. Histoire notable de la conversion des Anglais , des Saincts du pays, etc. , rapportée soubs la Vie miraculeuse de Saincte Vaubourg ; par Jean L'Espagnol. Pet. in-8°.   –   1614.

1593. Adresse pour vivre selon Dieu dans le

monde , par Jaquinot. In–12.   –   1614.

Jean Jaquinot , jésuite , prédicateur distingué , né à Dijon , mourut à Châlons en 1633.

1594. Probatio, seu examen veritatis Christianæ ; aut. Odoardo Westono. In-4°.   1614,

1595. Scherlogi Commentaria in Cantica Canticorum. 2 vol. Sans indic. de form. 1615.

1596. Richardus , de Laudibus Beatæ Virginis. Sans indication de format.   1615.

1597. Relatio Incarcerationis et Martyrii P. Joannis Ogilbei natione Scoti , è Soc. Jes. presbyteri. Ex autographo ipsius Martyris in carcere exarato Glasguæ octiduo ante mortem. In–8°.   –   –   –   1615.

Relation rare et très-peu connue.

1598. Androtii opuscula spiritualia. 1615.

1599. Exercitatorium spirituale , aut. Cisnerio. In-12.   –   –   –   1615.

Nicolas Cisner était de Mosbach ; il fut professeur de philosophie à Heidelberg , où il mourut en 1585 , après avoir publié un grand nombre d'écrits.

1600. Joannis Roserii, Rosetum poeticum. In-12.   –   –   1616.

Voir plus haut le *Bouquet Spirituel*, du même auteur, n° 1589.

1601. Champney, of the vocation of Bishops, etc. Sans indication de format.   1616.

1602. Traité de l'Amour de Dieu , par Saint François de Sales. In-12.   —   1617.

1603. Annuæ litteræ Japonicæ S. J. Anni 1604 et 1605 , ad patres et fratres ejusdem societatis. 2 vol. in-8°.   —   —   1618.

Des lettres pour l'année 1605 ont été imprimées à Douai en 1618.

En 1595 on avait imprimé à Douai celles qui étaient relatives aux années 1591 et 1592.

1604. Sermons ou homélies dominicales et autres sujets , par Camus , Evêque de Belley. In-8°. 5 vol.   —   —   —   1618.

1605. Regula S. Benedicti, ed. Bald. Moreau. In-12.   —   —   —   1618.

1606. An anker to christian doctrine. 1618.

1607. Copia illustrandæ et exornandæ orationis.   —   —   —   1618.

1608. Veterum philologiæ œconomia sive Introductio ad congressiones familiares , ex Plauto et Terentio in locos communes tributa ; aut. Christ. Vladeracco. In-12.   —   1619.

1609. Gregorii Sayrii clavis regia Sacerdotum.   —   —   —   1619.

1610. Ant. Sanderi oratio de maxima S. Scripturæ reverentia apud Catholicos et ignominioso illius contemptu apud Hæreticos. In-4°.   —   —   —   1619.

1611. Oppugnatio turris Babel , seu propu-
gnatio utriusque potentiæ et legislationis humanæ , ecclesiasticæ et civilis, adversus filios
Belial , novatores exleges nostri ævi ; autore
Claud. de Carnin, In-8°.   -   -   1620.

Valère André et Swertius mentionnent cet ouvrage chacun sous un titre différent.

1612. Julii Cæsaris   omnia quæ extant.
Sans indication de format.   -   1620.

1613. Opera theologica. Aut. Sayro. 4 tom.
en 2 vol. Sans indication de format.   1620.

1614. Nucleus historicus regulæ Sancti Augustini ; aut. P. Stellartio. Sans indication de
format.   –   -   –   –   1620.

1615. Gregorii Sayri opera moralia. Sans
indication de format.   –   –   1621.

1616. Annulus æternitatis divini timoris ;
aut. Car. Musart. In-12.   –   –   1621.

1617. Methodus ad grammaticam græcam.
In-4°.   -   –   –   –   1621.

1618. Novum Enchiridion oratorium. In-
4°.   –   –   -   –   1621.

1619. Petit recueil de quelques illustres de
la Compagnie de Jésus. Sans indication de format.   –   –   -   1622.

1620. D. Augustini Confessiones. Sans indication de format.   –   –   1622.

1621. Epitome vitam complectens Alexiæ Congregationis Lotharingicæ,etc. In-18. 1622.

1622. Acheminement à la dévotion civile, par J. P. Camus , Ev. de Belley. In-12.   1623.

1623. Lettre envoyée et présentée au Roi de la part du Comte de Chateau – Villain. In-18.   –   –   –   1624.

1624. Senecæ tragediæ. Sans indication de format.   –   –   –   1624.

1625. De Moure , Medulla omnium casuum conscientiæ. In-8".   –   –   1624.

Réimprimé en 1625 à Douai.

1626. Commentarius in regulam S. Benedicti ; aut. Jo. Van Craesbeeck. In-8º.   1624.

1627. The historie , life and miracles , extasie and revelations of the blessed Virgin, sister Joane of the third order of our holy father S. Francis. By Brother Francis Bell. Pet. in-8°, de 9 feuil. prél. et 298 pag.   1625.

La Bienheureuse Jeanne , dont il est ici question , était de la famille de *Lopez de Vega de Carpio.*

1628. Le Secret pour ouvrir la porte du Paradis au mourant, par F. Arnoulx. Sans indication de format.   –   –   1625.

1629. Sermons profitables. In-12.   1626.

1630. Reginaldus , de prudentia et cæteris in confessario requisitis tractatus. In-8°. 1626.

1631. Officium Beatæ Mariæ Virginis , Defunctorum et alia , secundum usum S. Ord. Prædicatorum. In-16.   -   -   1626.

1632. Apologetica Epistola , quod S. Franciscus de Paula fuerit filius unicus ; autore Duvivier. In-12.   -   -   1626.

1633. Sept exercices ou méditations sur les sept douleurs de Notre-Dame ; par le P. de Balinghem. In-12.   -   -   1626.

1634. L'Advocat des pauvres avec quelques moyens pour les assister. In-12.   -   1626.

1635. Réplique à la réponse du docteur Usher au sujet du jugement de l'Antiquité , concernant la religion romaine , par Guill. Malone. In-4°.   -   -   1627.

Réimprimé en 1628 in-4°, en anglais.

Guillaume Malone était de Dublin. Il entra dans l'ordre des Jésuites et mourut Recteur du Collége Irlandais à Séville en 1656 ou 1659. On connaît aussi de lui un écrit intitulé : *Défi aux Jésuites.*

1636. Alagona. compendium Summæ theologicæ Sti. Thomæ. In-8°.   -   -   1627.

1637. Chapeauville , Tractatus de casibus reservatis. In-12.   -   -   1627.

1638. Formula visitationis per totam diœcesin faciendæ,aut. Paulo Boudot. In-8°. 1627.

Mentionné par M. Le Glay , dans ses *Recherches sur l'église métropolitaine* de Cambrai.

Paul Boudot , docteur en théologie , était né en Bourgogne ; il jouit pendant sa vie d'une grande renommée comme prédicateur. Il fut successivement chanoine à Cambrai , archidiacre de Brabant , prédicateur du prince Albert, évêque de Saint-Omer et ensuite d'Arras ; mort le 11 novembre 1655.

1639. G. Hispani instructio ad parochos de cura infirmorum. In-12.   - - 1627.

1640. Sexaginta quatuor notabilium sententiarum novi testamenti jentacula, aut. Thoma Cajetano. In-fol.   — - 1627.

1641. Entretien ecclésiastique , ou recueil des mystères de l'office divin , par le Heudre. In-12.   - — — 1628.

1642. Exercices spirituels , par Phil. François. In-18.   — - — 1628.

1643. Catéchisme pour le diocèse d'Arras , par Paul Boudot. Sans indicat. de form. 1628.

1644. Actus interni virtutum , ex italico Blasii Palma latine propositi; accedunt Praxes seu actus virtutum exteriores , per Carolum Musart. In-12.   — — — 1628.

1645. Les compliments de la langue françoise. Sans indication de format,   - 1628.

1646. Histoire de l'estat de la chrétienté au Japon. In-12. – – – 1628.

1647. Concilium provinciale Cameracense. In-12. – – – 1628.

1648. Commentaria de Incarnatione Verbi Domini , sacramentis et censuris. Sans indication de format. – – – 1629.

1649. Regel Van. S. Benedictus. Sans indic. de format. – – – 1629.

1650. Catéchisme du comte Albert. In-12. – – – – 1630.

1651. De Lesdema , Theologia moralis. In-4°. – – – – 1630.

1652. The Reply of the most illustrious cardinal of Perron. 2 vol. S. indic. de f. 1630.

1653. Le Secrétaire des Secrétaires. In-8°. – – – – 1630.

1654. Zodiacus christianus ; aut. Hier. Drexelio. Sans indication de format. 1630.

1655. De Continentia christiana , aut. J. Bourghesio. Sans indicat. de format. 1630.

1656. Les Soliloques du B. Alphonse d'Orosco, de l'Ordre de Saint-Augustin, par Charles Veron. In-16. – – – 1631.

1657. Les Soupirs de notre Père Augustin , par Charles Veron. In-16. – 1631.

1658. Bonacina , de morali theologia. In–
8 .   –   –   –   –   1631.

Martin Bonacina , docteur en théologie , en droit civil
et canon , mourut en Allemagne où il avait été envoyé
comme Nonce par le Pape Urbain XIII , en 1631.

1659. G. de Forti Scuto Feriæ academiæ.
In-8°.   –   –   –   –   1631.

1660. Magister novitiorum , seu tyrocinium
perfectionis. Sans indication de format. 1631.

1661. The flowers of the lives of saints of the
three Kingdoms : England , Scotland , and
Ireland. 2 vol. Sans indication de form. 1632.

1662. Boetius de Consolatione Philosophiæ.
In-32.   –   –   –   –   1632.

1663. Chronicum apparitionum S. Michaelis.
Sans indication de format.   –   1632.

1664. Oculus Abbatum , per De la Val. In–
12.   –   –   –   1633.

1665. Catechesis de sacramentorum institutione. In-12.   –   –   1633.

1666. Theologorum Lovaniensium et Dua-
censium judicium de vi obligandi conscientias
quam habent Edicta Suæ Majestatis (annor.
1618 , 1628) de re monetaria. In-4°.   1633.

1667. Thadæi Pisonis , Comment. in quatuor lib. Institutionum Justiniani. In-4°. 1633.

1668. Bourdon des âmes dévotes et ambi-
tieuses de cheminer avec repos et conscience
au) pélérinage de cette vie , par Jean d'Assignies. In-12.   −   −   −   1634.

1669. Lessius deJure et Justitia.In-8°. 1634.

Cet ouvrage a eu un grand nombre d'éditions.

1670. Petri de Aliaco opuscula spiritualia.
Sans indication de format.   −   1634.

1671. Institutiones christianæ pietatis. In-
8°.   −   −   −   −   1534.

1672. Flores elegantiarum poeticarum. Sans
indication de format.   −   −   1634.

1673. Responsio ad libellum cui titulus :
Propugnac. reform. monasticæ ordinis S. Benedicti , aut. G. Rym. In-4°.   −   1635.

1674. Oratio de D. Thomæ Aquinatis Torre ;
aut. Cl. Dausqueio. In-4°.   −   −   1635.

Sur la manière dont ce Saint se défit d'une courtisanne
envoyée pour le séduire.

1675. Transport d'une âme vers Dieu , par
Corn. Perdu.   −   −   1635.

1676. The relation of a conference tou-
ching the real presence. Sans ind. de f. 1635.

1677. Ant. Sanderi Bibliotheca scriptorum
varia. In-4°.   −   −   −   1637.

1678. Le thrésor de la doctrine chrétienne

découvert,en sorte qu'il n'est besoin d'aucune autre recherche pour l'enseigner ou l'apprendre ; recueilly et mis en lumière par Nicolas Turlot. In-4°.   —   —   1638.

Cet ouvrage avait premièrement été imprimé à Liége en 1631 , et ensuite à Tournai en 1640. Nicolas Turlot, né à Beaumont en Haynaut , fut vicaire-général de Namur , et mourut le 17 janvier 1651.

1679. Flores totius theologiæ practicæ tum sacramentalis tum moralis, ex doctorum præsertim recentiorum sententiis ; autore Eligio Bassæo. In–fol.   -   -   -   1639.

Eloi Façon , dit de la Bassée , parce qu'il était né dans cette petite ville en 1585, fut d'abord chanoine à Cysoing ; il entra ensuite chez les capucins pour mener une vie plus austère. Il mourut à Lille le 25 novembre 1670.

Ce livre a été réimprimé à Anvers , chez P. Bellère , en 1643.

Les catalogues de Mutte et de Waucquier donnent l'édition de Douai comme imprimée en 1657.

1680. Summa conciliorum, a Bart. Caranza. In-8°.   —   —   —   1639.

Barthélemi Caranza , dit *de Miranda* , qui était le lieu de sa naissance , appartenait à l'Ordre de Saint-Dominique ; il fut archevêque de Tolède. Il assista Charles-Quint à Saint-Just dans ses derniers moments. Quoique dominicain , il fut vivement persécuté par l'inquisition , qui le retint en prison pendant 10 ans , sous prétexte d'hérésie. Il fut condamné , quoique *sans preuve* , dit sa sentence , à faire abjuration. Il mourut peu de temps après l'abjuration solennelle de ses prétendues erreurs au monastère de la Minerve , le 2 mai 1376. Nous lui devons plusieurs ouvrages.

1679. Exercitium hebdomadarium , cum litaniis variis ; aut. de Mundi. In-12.   1639.

1680. Méditations de Saint Augustin. In-12.   —   —   -   —   1639.

1681. Methodus bene utendi suffragiis quæ singulis mensibus in sodalitate distribuuntur.   —   —   -   -   1640.

1682. Histoire du P. Marcel François Mastrilly. In-12.   —   -   1640.

1683. Remarques des plus belles actions militaires pendant les deux siéges d'Aire. In-12 , 2 vol.   -   —   -   —   1641.

1684. Memoriale æternitatis. In-12.   1641.

1685. Medicus animæ , sive de cura spirituali infirmorum , autore Lespagnol. Sans indication de format.   —   -   1641.

1686. Vindiciæ Trithemianæ, sive Specimen steganographiæ Joannis Trithemii, quo auctoris ingenuitas demonstratur et opus superstitione absolvitur. In-4.   -   -   1641.

1687. Harmonia Angelica sacerdotum , autore Max. Pezin. In-16.   -   —   1642.

1688. La rançon des âmes du Purgatoire ,

représentée par la pratique de la communion.
In-8°.   —   —   —   1642.

1689. Chemin royal pour arriver bientôt à
la perfection, par d'Oultreman. Sans indicat.
de format.   —   —   1642.

1690. Traité de la conduite spirituelle selon
l'esprit de Saint François de Sales. In-12. 1643.

1691. Glaive de douleur qui perça l'âme de
la Sainte Vierge. In-12.   —   —   1645.

1692. Mich. Hoyeri, Augustiniani, Historiæ tragicæ sacræ et profanæ. Decades duæ.
In-12.   —   —   —   1646.

Ces histoires, écrites avec élégance, sont entremêlées
de prose et de vers.

1693. La vérité du corps et du sang de Jésus-
Christ. In-18.   -   —   —   1646.

1694. Manuel ou Journée de l'âme religieuse.
In-12.   —   -   —   -   1647.

1695. Psalmi cum canticis ; diurnarum horarum Breviarii Romani perspicua et brevis
(pro meditatione) explanatio, auct. Jac. Hugues. In-8°.   —   —   —   1647.

1696. Epitome vitæ et virtutum D. Franc.
Vanderburch, archiep. Cameracensis, aut.
Lud. Foulon. In-4°.   —   —   1647.

1697. Dictionnaire français-latin. (Sans indication de format.)   —   -   1647.

1698. Lupi Servati, Abb. Ord. S. Bened., de libero arbitrio, de praedestinatione et gratia, et de redemptione Christi ; ejusdem epistolae tres et collectaneum ex biblioth. S. Amandi ; edidit Ant. Grimbert. In-8°.   —   —   1648.

1699. Ad lamenta afflictorum consolationes Angelorum. In-8°.   —   —   1649.

1700. Ecloga a spiritu S. Salomonis dictata ; aut. Jacobo Hugues. In-8°.   —   1649.

1701. Veritas et Æquitas censuræ pontificiæ Pii V, Gregorii XII et Urbani VIII super articulis 76 damnatis. Sans ind. de form.   1649.

1702. Catéchisme ou abrégé de la doctrine touchant la grâce divine ; antidote contre les erreurs du temps. In-16.   —   1650.

1703. Pratique céleste, par Samuel Buirette. In-8°.   —   —   —   1650.

1704. Le Triomphe des Saints Martyrs Vit et Modeste, par Jean-Jacques Courvoisier. In-4°.   —   —   —   1652.

1705. Francisci Coventriensis, Angli, Paralipomena philosophica. In-8°.   1652.

1706. B. Leopoldi, Austriæ principis, gesta sacro-politica, et Guillelmi Ducis Aquitaniæ admiranda conversio ; auct. Samuele Buirette. In-12.   —   —   —   1653.

1707. Triple nœud d'Amour, par Lefebvre. In-12.   -   -   -   1653.

1708. Thesaurus elegantioris latinitatis. In-8°.   -   -   -   -   1654.

1709. Protestancy condemned by the expresse verdict and sentence of Protestants. Sans indication de format.   -   1654.

1710. Covent's Enchiridion of faith. Sans indication de format.   ⁃   1655.

1711. Epistola prolixa de vero anno et die expugnatæ Constantinopoleos a Turcis ; autore Mich. Seneschallo. Sans ind. de format. 1657.

1712. De obligatione prædicandi et audiendi verbum Dei ; aut. G. Lespagnol. In-18. 1657.

1713. Baker's (Fr. Aug.) Sancta Sophia , or Directions for the prayer or contemplation,by R. Serenus Cressy. In-8ʼ , 2 vol.   1657.

1714. Exercices spirituels , par Wibon. In-12.   -   -   -   1658.

1715. Ordonnance , style et manière de procéder au baillage de Lens en Artois. In-4°.   -   -   -   -   1658.

1716. Ciceronis Philippicæ et varia opera. Sans indication de format.   -   1660.

1717. Vie de Sainte Marguerite d'Ecosse ,

reine d'Ecosse , par le P. Lefebvre. Sans indication de format.   1660.

1718. Delicium Virginis Deiparæ ; aut. Vermœsch. In-12.   1661.

1719. La Perle des Prêtres , ou réflexions sur la vie de Saint Philippe de Néri. Sans indication de format.   1662.

1720. Les Dévots de Saint Joseph , par le P. Hanart. In-4°.   1662.

1721. De la dévotion à la Vierge des Douleurs , par Michel Seneschal. Sans indication de format.   1663.

1722. Meditations of the English College at Lisbon. Sans indication de format.   1663.

1723. A. Denisii Æternæ Lacrimæ , sive Anima damnata sero pœnitens apud inferos. In-18   1664.

1724. Armes spirituelles pour combattre les hérétiques , ou Catéchisme des vérités catholiques. In-8°.   1670.

1725. Vie et maximes de Jésus-Christ , par Desruelles. In-12.   1671.

1726. De libertate et contritione SS. Augustini et Thomæ. In-8°   1671.

1727. Autoritas contra physicam prædetermiñationem ; aut. Josepho de Vita, Siculo. In-4°.   -   -   -   1673.

1728. Concordia Sanctorum Augustini et Thomæ. Sans indication de format.   1673.

1729 Hymnus angelicus Franc. Penon. In-8°.   -   -   -   1675.

1730. L'Etāblissement des monastères simples de l'Ordre du Saint Sauveur, dits de Sainte Brigitte, confirmé par l'avocat de Lavigne. In-4°.   -   -   -   -   1677.

1731. La Renaissance spirituelle des enfans de la Sainte-Eglise. In-8°.   -   1678.

1732. Traité pour conduire les âmes à l'é-troite union d'amour de Dieu. In-18.   1680.

1733. An Answer to Monsieur de Rodon's Funeral of the Masse. In-12.   -   1681.

1734. Déclaration de l'excellence de la Foi catholique et romaine. Sans ind. de f.   1682.

1735. Le bonheur de cette vie, Jésus au Saint Sacrement de l'Autel, par le P. Coret. In-12.   -   -   -   1684.

1736. Fondation du couvent de Sainte-Marguerite dans la ville de Saint-Omer ; par le R. P. Guillebert Delahaye. In-12.   1686.

1737. Stella mystica ; aut. Bonaldo. In-18.   -   -   -   -   1688.

François Bonald , Jésuite , né à Mende en 1572 , fut professeur, prédicateur, et recteur du collége de Billom en Auvergne. Ses ouvrages ont joui d'une certaine vogue.

1738. Theologia moralis emendata , etc.; per Mar. Steyaert. In-4°. — 1688.

1739.Constitutiones Missionis Benedictorum Congregationis Anglicanæ. S. ind. de f. 1689.

1740. Sermons du P. Simon Mars. In-4° 1691.

1741. Jansenismus omnem destruens religionem. Sans indication de format. 1693.

1742. Mémoires importans pour servir à l'histoire de la faculté de Théologie de Douai. In-4°. — — — 1695.

1743. Défense des deux brefs du Pape Innocent III aux Evêques de Flandre contre le docteur Steyeart , au sujet de deux décrets qui concernent le formulaire et la morale , par l'abbé du Manoir. Delft, (Douai). In-12. — — — 1697.

1744. Dissertation sur le siècle prochain 1700. In-12. — — 1699.

1745. G. Gobati Opera moralia omnia. 3 vol. in-fol. — — — 1700.

1746. Directorium Confessoris Monialium ; aut. Saladin. In-12. — — 1700.

1747. Lettre des Théologiens de Douai à l'Evêque d'Arras. Sans ind. de format.   1702.

1748. Texte des Coutumes générales d'Artois et de l'Edit perpétuel. In-24. 2 vol.   1703.

1749. Coutumes de Troyes , avec les commentaires de Legrand. In-fol.   –   1715.

1750. An abstract of the doctrine of J. C. Sans indication de format.   –   1718.

1751. Institutiones pastorales Josephi Languet. 2 vol. Sans indication de format.   1721.

1752. Officium de Sanctissimo Sacramento. Sans indication de format.   –   –   1722.

1753. Lettre à M. Delcourt, Prévôt de Saint-Pierre , où l'on expose les erreurs grossières avancées par ce docteur , etc. In-4°. , de 33 pages.   –   –   –   –   1723.

1754. Exposition de la règle des Frères Mineurs suivant les déclarations des Papes. In-8°.   –   –   –   1725.

1755. La vie de Jésus dans le bon Chrétien. In-12.   –   –   –   1724.

1756. Elegantiarum Aldi Manutii flores, novum in ordinem ac formam novam plane, idiomate gallico accuratiore , etc. In-12, de 445 p. et 16 f. de table.   –   –   –   1724.

1757. Bayle en petit , ou Anatomie de ses

ouvrages , par Jacques Lefebvre. In-12 , de
194 pag.   —   —   —   — 1737.

Jacques Lefebvre était de Glajon en Hainaut. Il professa la philosophie à Douai pendant sept ans , au collége
des Jésuites. Nommé par M. de Saint-Albin directeur du
séminaire archiépiscopal de Beuvrage, il se distingua dans
ces fonctions : c'était un grand antagoniste de Bayle , contre qui il a dirigé tous ses écrits. Lefebvre est mort à Valenciennes le 19 avril 1755.

1758. Pratique du Sacrement de Pénitence,
par Brunet. In-12.   —   —   1740.

1759. Lettres sur la Robe. In-8°.   1742.

1760. Proprium Sanctorum Societatis Jesu.
In-12.   —   —   —   — 1737.

1760. Tract. de censuris , irregularitate et
indulgentiis ; aut. P. Hennone, studio P. Servatii Lefebvre. In-12.   —   — 1755.

1761. An end to controversie between the
Romane Catholique and the severall of wayes,
whereby all kind of controversies etc. In-
8°.   —   —   —   1754.

1762. In Jus Canonicum ; aut. Arnoldo Cor-
vino. In-12.   —   —   —   1756.

1763. Idée d'une parfaite pensionnaire. In-
12.   —   —   —   1759.

1764. Procès contre les Jésuites , pour servir de suite aux causes célèbres. In-12.   1761.

1766. Les Adieux du duc de Bourgogne et de l'abbé de Fénélon, son précepteur, ou Dialogues sur les différentes sortes de gouvernement. In-12.   –   –   1772.

Cet ouvrage anonyme est de Thiébaut, auteur d'un *Traité sur le style* et du livre intitulé : *Mes Souvenirs de vingt ans à Berlin.* Il en existe une autre édition de Paris, 1788 , in-8°.

1767. Dissertatio Theologica de Baptizandis abortivis. In-12.   –   –   1772.

1768. Remarques et observations sur le livre intitulé : Artillerie nouvelle, pour les articles seulement relatifs à l'exécution de la fonte des canons et mortiers. In-8°.   1773.

Cet opuscule est de Jean-François Bérenger , né à Douai en 1725 , mort dans la même ville en l'an x (1802).

1769. Ordonnance pour le service des places. In-12.   –   –   1775.

1770. Arrest de la Cour de Parlement de Flandre , qui ordonne aux Jésuites de vuider les colléges et maisons de son ressort , du 19 mars 1765. In-4°.   –   –   1775.

1771. Catalogue des livres , estampes , tableaux, etc, de la bibliothèque et du cabinet de feu M. Delesaulx , avocat au Parlement. In-8° , de 58 pag.   –   –   1787.

1772. Le premier livre des Institutes de Justinien , traduit et expliqué. 2 vol.   1788.

1773. Miracles de Notre-Dame de Foy. S. date.

1774. Institutions du Droit Ecclésiastique , par M. Fleury. In-12.   Sans date.

JOURNAUX

———◆———

1. Le **Courrier de la Scarpe**, ou l'*Echo du département du Nord* , a été publié à Douai , du 13 novembre 1790 au 11 mai 1791. Cinquante-cinq numéros seulement ont été distribués. Ce journal paraissait deux fois la semaine ; son format était le grand in-4°. Il était rédigé par M. de Saint-Villiers et imprimé chez Willerval.

2. **Affiches nationales du département du Nord**. Cette feuille était rédigée par MM. Aubry et Marchant, employés au département. Le premier numéro a paru le vendredi 17 décembre 1790, et le dernier le 20 mars 1791. Format in-8°. On le publiait les jeudi et dimanche. Après le 20 mars, il fut imprimé à Lille jusqu'au 21 avril 1791. A cette époque il se réunit à l'*Abeille patriote* , rédigée par M. de Montbazin. Les feuilles ne portent pas de nom d'imprimeur.

(Bib. de M. Bigant).

3. **Précis des Nouvelles du département du Nord**. Cette feuille , de format in-8° , a paru du 15 septembre au 4 octobre 1793 ; elle était quotidienne et s'imprimait chez Marlière.

4. Le 13 novembre 1793, parut une **Feuille dé-cadaire**, publiée aux frais de la Société populaire et révolutionnaire de Douai ; elle était rédigée par les membres du comité littéraire de cette Société et s'imprimait chez Marlière. Deux numéros seulement furent publiés, chacun de 16 pages in-8°.

5. **Annonces & Affiches du département du Nord**. Ce journal, dont chaque numéro comprend huit pages d'impression, in-8°, paraissait de quatre jours l'un. Son premier numéro est du 2 germinal an IV (mardi 22 mars 1796) ; vingt numéros seulement ont été distribués jusqu'au 18 prairial an IV (lundi 6 juin 1796). Il était imprimé dans l'établissement de la Société typographique, rue des Carmes, chez M. Gautier, à l'hôtel actuel de la sous-préfeture.

6. La **Feuille de Douai** a été créée par M. Séraphin Carpentier, imprimeur. Le premier numéro fut publié le 2 vendémiaire an X (24 septembre 1801), dans le format in-8°. Elle paraissait alors *tous les jours pairs ;* depuis elle a établi sa périodicité les mardi, jeudi et samedi. A compter du 1er juillet 1819, elle fut imprimée sous le format petit in-folio, et depuis le 2 septembre 1828, elle a pris le format in-folio. La publication de cette feuille a été continuée au décès de M. Séraphin Carpentier par son fils et successeur, M. Théophile Carpentier, qui la continua jusqu'à sa mort, arrivée le 22 janvier 1840. Depuis, elle est publiée par M. Céret-Carpentier. L'imprimerie est située rue des Chapelets. La collection de la *Feuille de Douai* est rare aujourd'hui.

7. **Annales de la Cour royale de**

Douai, ou RECUEIL DES ARRÊTS , etc. Ce journal paraissait par livraisons mensuelles , avait pour directeur M. Delaflotte , avocat à la Cour royale de Douai , et pour rédacteurs divers autres avocats de ce barreau. Il s'imprimait sous le format in-8° ; la première livraison a été mise au jour dans le mois d'août 1818 , la publication a cessé en 1820. M. Wagrez- Taffin en était l'imprimeur.

8. **Journal d'Agriculture du département du Nord.** Cet ouvrage, fondé et dirigé par l'auteur de cette Bibliographie , avait pour principaux rédacteurs MM. Masclet , consul-général de France à Edimbourg , et Escallier , docteur en médecine. Il était publié par livraisons mensuelles de format in-8° , ornées de dessins et de lithographies. Quatre volumes en ont paru du 1er janvier 1823 au 1er janvier 1826. La collection est aujourd'hui rare et recherchée. Ce journal était imprimé par M. Wagrez aîné.

9. Le **Mémorial de la Scarpe** a été fondé et dirigé comme le précédent par l'auteur de cet ouvrage ; il parut le 1er juin 1826 , sous le format grand in-4° , et prit successivement les formats petit et grand in-folio. Sa publication a lieu trois fois la semaine. Il a compté parmi ses collaborateurs les principales notabilités littéraires du département du Nord, entr'autres M. Bis, Mme Desbordes-Valmore , MM. le président Lenglet , le chevalier Masclet. La collection forme maintenant 50 volumes. L'imprimeur a été jusqu'en 1835 M. Wagrez aîné, rue des Procureurs. Depuis, le *Mémorial* est imprimé par M. Adam.

10. **L'Indicateur du Nord ,** devenu le **Libéral du Nord.** Le premier numéro de ce jour-

nal a été publié en octobre 1851, aux frais d'une société d'actionnaires, et sous le format in-folio. L'imprimeur, pendant plusieurs années, fut M. Deregnaucourt; cette feuille fut ensuite imprimée chez M. Jacquart. Du 30 novembre 1853 au 1er mars suivant, elle sortit des presses du journal le *Propagateur d'Arras*. Elle fut de nouveau publiée par M. Jacquart, jusqu'en juin 1859; depuis, elle est imprimée par M. Crépeaux.

11. Recueil des Arrêts de la Cour royale de Douai, sous le patronage de plusieurs magistrats et la rédaction en chef de M. Maniez, conseiller-auditeur. Cette publication a lieu mensuellement par cahiers de format in-8°, depuis le 1er mars 1835. Ce recueil s'imprima d'abord chez M. Wagrez aîné, ensuite chez M. Adam, après chez M. Deregnaucourt, enfin il s'imprime aujourd'hui chez M. Crépeaux.

12. L'Instituteur du Nord et du Pas-de-Calais, journal de l'instruction primaire, publié par plusieurs membres de l'Académie de Douai, sous les auspices de M. le Recteur (M. Gratet-Duplessis).

Ce journal a été fondé par MM. Hennequin, inspecteur de l'Académie, aujourd'hui proviseur du collége royal du Puy; Duthillœul, membre du conseil académique; Carlier, inspecteur des écoles primaires du département du Nord; Guillet, inspecteur des écoles primaires du département du Pas-de-Calais, et Adam, imprimeur.

Il paraît tous les mois, par livraisons de deux feuilles ou 32 pages in-8°. Il est imprimé par M. Adam, qui en est aujourd'hui le directeur. Il a paru pour la première fois le 1er mars 1838, et forme aujourd'hui une collection de quatre volumes ou quatre années.

Le but principal de cette publication périodique est de porter à la connaissance de tous les instituteurs du ressort de l'Académie de Douai , non-seulement tous les actes de l'autorité supérieure et de l'autorité académique, mais encore les décisions particulières , les circulaires et les instructions qui peuvent les diriger dans l'exercice de leurs fonctions. — Il contient en outre , dans chacun de ses numéros , une revue des principaux ouvrages consacrés à l'éducation et des cours complets et réguliers sur différentes parties de l'instruction, mis à la portée de la jeunesse et qui peuvent être fort utiles aux instituteurs. De plus, le rédacteur en chef a eu depuis quelque temps l'heureuse idée de donner, sous la forme de supplément et sans changer le caractère propre au journal , quelques extraits relatifs à l'agriculture.

L'*Instituteur* a obtenu un succès assez remarquable, et, comme la modicité du prix d'abonnement le met à la portée de toutes les fortunes , il compte un assez grand nombre d'abonnés. Il a en outre reçu de l'autorité supérieure d'honorables encouragements : le Conseil-général du département du Nord en a pris un certain nombre d'exemplaires qu'il a fait distribuer , à titre de récompense , aux instituteurs les plus distingués , et M. le ministre de l'instruction publique vient de décider tout récemment que ce journal serait envoyé , pour le compte de son ministère , aux soixante-dix-sept écoles normales primaires du royaume.

L'Ouvrier, journal des chantiers et des fabriques. Ce journal , qui n'a eu que quelques mois d'existence , a paru pour la première fois le 7 juillet 1838 et a continué de paraître une fois par semaine jusqu'à la fin de cette même année. Au commencement de 1839, il cessa d'exister. Il était imprimé par M. Adam.

NOTICES BIOGRAPHIQUES

SUR

LES IMPRIMEURS QUI ONT EXERCÉ A DOUAI DEPUIS LA
DÉCOUVERTE DE L'IMPRIMERIE JUSQU'A NOS JOURS.

1. JACQUES **BOSCARD** prenait le titre d'im- 1663.
primeur de l'Université; il avait pour enseigne
l'*Escu de Bourgongne*. Sa devise représentait
un bûcheron abattant un chêne, avec cette
légende : *Ardet, non combur.* *; on lisait autour de l'écu : *Summis negatum stare diu*. Ce fut
à la suite et à l'occasion de l'établissement de
l'Université que Boscard fut appelé à Douai.
Affin de le induire à venir en cette ville, le Magistrat lui avait fait une avance de 300 carolus,
et lui avait donné à bail, moyennant une mo-
dique redevance annuelle, une maison appar-

---

* *Combur.*, abréviation de *comburit*. C'était une allusion à son nom:
Boscus ardet, comme s'il eût voulu dire : *ce bois chauffe, mais il ne
brûle pas.*

tenant à la ville , *séant et contigue les salles publiques* *.

Jacques Boscard exerçait sa profession à Louvain avant de venir à Douai,et en se transportant dans cette dernière ville , il y transporta avec lui tout le matériel de son imprimerie. Jacques Boscard jouissait de la protection toute particulière du Cardinal Granvelle. ** Les ouvrages qu'il a imprimés sont en petit nombre et d'un assez petit volume ; mais ils sont aussi remarquables par la netteté de l'exécution typographique que par leur correction.

1564. 2. LOYS DE WINDE était promoteur de l'Université, lorsqu'elle fut installée. Il prenait le titre d'imprimeur du Roi et de l'Université ; il avait obtenu un logement dans les bâtiments appartenant à cette corporation ***;aussi n'a-

* Registres aux *Consaux* de la ville de Douai , du 10 juillet 1563.

** Le cardinal Granvelle avait écrit plusieurs lettres au Magistrat en sa faveur *(voir les registres aux Consaux , même date)*.

*** Au coin de la rue des Malvaux et de celle des Écoles. *(Consaux, 16 mai 1562).*

Ce bâtiment est celui que l'on nommait dans le siècle dernier le *Public*, parce que les écoles publiques y avaient été établies; il est aujourd'hui affecté au service de l'Ecole d'artillerie.

vait-il point pris d'enseigne , quoique ce fût un usage général alors , et se contentait-il d'imprimer , en chargeant de la vente de ses livres Jean Pélu , simple libraire qui demeurait alors rue des Ecoles. La devise de Loys de Winde était une main soutenant une couronne de lauriers , avec cette légende : *Opera et numine.*

Les livres sortis des presses de Loys de Winde sont remarquables par la correction et par l'élégance des caractères d'impression.

3. JEAN BOGARD, avant de s'établir à Douai, 1574. avait été imprimeur à Louvain , car il existe un assez grand nombre de livres imprimés par lui dans cette dernière ville de 1564 à 1570. Sur quelques-uns des premiers livres sortis des presses douaisiennes auxquels il a attaché son nom , on lit au titre : *Ex officina Joannis Bogardi* , et sur le dernier feuillet : *Excudebat Loys de Winde* ; ce qui prouve qu'il n'exerça d'abord à Douai que la librairie , en attendant qu'il eût reçu l'autorisation d'établir une imprimerie. Sa devise représente une bible placée au-dessus d'un cœur aîlé et entourée d'arabesques , avec cette légende : *Cor rectum inquirit scientiam.* Son enseigne à

Louvain , ainsi qu'à Douai , était *la Bible d'or.*
Il prenait le titre d'imprimeur-juré du Roi, et
demeurait rue des Écoles, à la maison portant
aujourd'hui le nº. 22 , et au front de laquelle
on voit encore en chiffres de fer la date de
1555. Le 23 octobre 1573 , Jean Bogard avait
présenté une requête aux échevins pour *être
accommodé de demeure et résidence* ; mais sa
requête n'avait pas été admise *. Selon toute
probabilité , Bogard appartenait à la famille
du même nom qui a donné , pendant le XVᵉ
siècle , plusieurs savants professeurs à l'Université de Louvain. Cet imprimeur mourut à
Douai vers 1634 , et ses héritiers continuèrent sa profession , laissant figurer son nom
au titre des ouvrages qu'ils publiaient ; ce qui
prouve suffisamment en faveur de la réputation qu'il s'était faite. Le nombre des ouvrages sortis de ses presses est considérable **.

1588.   4. Veuve Jacques BOSCARD. Elle continua
d'exercer l'imprimerie , après la mort de son
mari , à l'enseigne de l'*Escu de Bourgongne* , et
avec la même devise.

* Reg. aux Consaux, du 23 octobre 1573.

** En 1542 , un imprimeur du nom de Jacques Bogard exerçait à Paris.
Son fils , né en 1547 , suivit la même profession.

              (Hist. de l'imprim. de Jean de Lacaille , 1689).

5. BALTHAZAR **BELLÈRE** appartenait à la 1590. famille des imprimeurs de ce nom établie à Anvers , et avant de venir fixer sa résidence à Douai , il avait exercé la profession d'imprimeur dans sa ville natale. Les Bellère ont donné des imprimeurs à la plupart des villes des Pays-Bas. En 1558 , Jean Bellère était imprimeur à Anvers à l'enseigne du Faucon. Sa devise était : *In dies arte ac fortuna* ; elle entourait une vignette représentant un navire en mer , ayant pour passagers la Fortune et Mercure. Jean Bellère , père de Balthazar , mort en 1595 , était après Plantin le premier imprimeur de son temps, et il avait sur Plantin l'avantage , selon Baillet* , de mieux savoir le latin. Il eut six fils. En 1596 , Pierre Bellère imprimait aussi à Anvers. Sa vignette était un caducée et deux cornes d'abondance soutenues par deux mains , avec cette devise : *Fructus concordiæ*. Gaspard Bellère exerçait la profession d'imprimeur à Anvers , en 1613 ; il avait pour enseigne l'Aigle d'or , avec les mêmes vignette et devise.

L'enseigne de Balthazar Bellère , à Douai, était le Compas d'or ; sa demeure était rue des

---

* Baillet , Jugem. des savants.

Ecoles. Quelquefois le compas d'or servait de vignette aux ouvrages qui sortaient de ses presses. On voyait au titre une main dirigeant un compas sur une planche à tracer avec cette devise : *Labore et perseverantia*. D'autres, fois sa devise était : *Nomen Domini laudabile* ; mais le plus généralement ses livres portent au titre une vignette représentant une licorne plongeant sa corne dans un fleuve, avec l'inscription : *Venena pello*.

Il est hors de doute pour nous que deux imprimeurs au moins du nom de Balthazar Bellère se sont succédé à Douai ; car il n'est pas possible que le même homme ait assez vécu pour exercer son état pendant plus d'un siècle.

1591. 6. Jérome BOURCIER. Nous ne connaissons d'ouvrage sorti des presses de cet imprimeur que celui que nous avons indiqué, et nous n'avons pu recueillir aucun renseignement qui pût nous éclairer sur sa vie ou sur ses travaux ; nous sommes tenté de croire en conséquence que le nom de cet imprimeur est supposé, comme l'était celui de l'auteur du livre publié chez lui.

1596. 7. Pierre AUROY. Cet imprimeur vint se

fixer à Douai en 1596. La maison qu'il occupait rue des Ecoles avait pour enseigne: *au Pélican d'or*. On remarque encore aujourd'hui, au front de cette maison , qui porte le n₀ 24 , un pélican sculpté. Pierre Auroy est mort en 1632.

8. Charles BOSCARD était fils de Jacques , 1596. dont nous avons parlé. Il établit une imprimerie vers 1592 , à l'enseigne du *Missel d'or* , rue des Ecoles , vis-à-vis *le Public*. Il avait adopté la devise de Loys de Winde : *Opera et numine*. Selon toute probabilité, son établissement n'eut point tout le succès qu'il s'était promis; car, en février 1610 , le Magistrat de Saint-Omer lui ayant fait des offres , Charles Boscard alla se fixer dans cette ville. On lui accorda cent florins par an , l'exemption de garde , de logement et celle de l'impôt sur le vin et la bière , sous la condition expresse de rester au moins trois ans dans cette résidence.

Charles Boscard mourut à Saint-Omer en 1619. Sa veuve continuait encore en 1652 l'établissement qu'il avait formé , *au Nom de Jésus*.

9. Laurent KELLAM. Cet imprimeur était 1604. originaire d'Allemagne ; il s'établit à Douai

vers 1603, et avait pris pour enseigne l'*Agneau
Paschal* ; il demeurait rue Saint-Jacques. Les
petites affiches de Valenciennes (*juin* 1835)
mentionnent un Laurent Kellam , comme
ayant exercé l'imprimerie à Valenciennes en
1602.

1604.   10. Pierre BORREMANS était du Haynaut.
Il exerça d'abord à Douai la profession de libraire, car nous avons vu sur plusieurs livres,
dont la mise en vente était annoncée chez lui,
le nom de l'imprimeur d'Anvers, André Bacx.
Son enseigne et sa marque étaient *les Apôtres
St.-Pierre et St.-Paul*. Dans le XVIIe siècle , les
Pays-Bas ont eu deux écrivains du nom de
Borremans , Jean et Antoine ; nous ignorons
s'ils appartenaient à la famille de cet imprimeur.

1609.   11. Marc WYON. Plusieurs familles portant
le nom de Wyon appartiennent à la Flandre et
au Haynaut. Douai a donné naissance en 1574
à Arnold Wyon , écrivain distingué. Nous
n'avons pu découvrir aucune trace de l'origine
de Marc Wyon , dont l'établissement à Douai
a eu beaucoup d'importance. La marque et
l'enseigne de Marc Wyon étaient un écu, avec

une M surmontée d'un W, au-dessous desquels
on voyait un Phénix avec cette inscription :
Do Flammæ esse suum, Flamma dat esse meum ,
et quelquefois cette autre : *Moriens revivisco.*

12. Gérard **PINCHON** avait pour marque 1609.
le Monogramme de la compagnie de Jésus
avec cette devise : *in hoc nomine Jesus.* Son enseigne était *à la Colongne (la Colonne).*

13. John **HEIGHAM**. Nous ne savons rien 1612.
de la vie de cet imprimeur. Il imprimait à St.-
Omer en 1624 et 1625, car nous avons trouvé
des ouvrages qui lui assignent cette résidence.

14. Veuve Laurent **KELLAM**. Elle continua 1614.
l'établissement de son mari pendant plus de
40 ans après sa mort , et le géra avec succès.
Son enseigne et sa marque furent les mêmes.

15. Noel **WARDAVOIR**. La marque et l'en- 1614.
seigne de Wardavoir étaient *la Nativité.* Son
établissement n'a jamais dû être bien suivi ,
car nous n'avons rencontré que deux ouvrages sortis de ses presses.

16. Veuve Pierre **BORREMANS**. Cette veuve 1616.
conserva la marque et l'enseigne de son mari.

17. Gérard **PATTÉ**. Il est probable que 1616.

Gérard Patté vint s'établir au lieu et place de Charles Boscard, lorsque celui-ci quitta Douai pour se rendre à St.-Omer. Il prit son enseigne: *au Missel d'or.* Sa marque était un Missel avec cette devise tirée des Machabées : *Offertur nomine meo oblatio munda.*

1617. **18.** BARTHÉLEMI **BARDOU.** Il avait pour enseigne l'*Image de St.-Ignace.*

1618. **19.** JEAN de **FAMPOUX.** L'enseigne de Jean de Fampoux était: au *Saint-Esprit*, et sa devise: *Vincitur fama virtutibus.* Nous mentionnons un assez bon nombre d'ouvrages sortis des presses de cet imprimeur.

1619. **20.** ARNOLD **WYON.** Son établissement fut peu considérable.

1622. **21.** Veuve PIERRE **TÉLU.** Elle succéda à son mari; mais nous ne connaissons aucun des ouvrages imprimés par celui-ci.

1627. **22.** Les héritiers de JEAN **BOGARD.** Ils conservèrent la marque et l'enseigne du chef de cette maison.

1630. **23.** MARTIN **BOGARD**, l'un des héritiers de Jean. Il avait pour marque le *Monogramme des Jésuites*, et l'enseigne *aux Parisiens.*

24. Veuve Marc WYON. Elle conserva la 1630.
marque et l'enseigne de son mari, dont l'établissement continua de prospérer sous sa direction.

25. Veuve Pierre AUROY. Ainsi que la 1630.
veuve de Marc Wyon, elle conserva la marque et l'enseigne de l'établissement de son mari.

26. Pierre BOGARD. Cet imprimeur avait 1632.
pour enseigne une *Bible d'or,* ainsi que Jean Bogard, dont il était le fils aîné. Sa marque était aussi le *Monogramme de la Compagnie de Jésus,* avec cette devise : *Exaltemus nomen ejus in idipsum.*

27. Jacques MAIRESSE, ayant épousé Doro- 1634.
thée Boscard, veuve de Pierre Auroy, conserva les mêmes marque et enseigne.

28. Guillaume BAULIEU. Nous ne possé- 1634.
dons aucune notion sur cet imprimeur.

29. Veuve Martin BOGARD. Elle succéda à 1636.
son mari à l'enseigne des *Parisiens.*

30. André AUROY avait cédé son privilége 1638.
à sa mère, lorsqu'elle se remaria à Jacques Mairesse; mais il en obtint bientôt après un

nouveau. Il prit l'enseigne *de la bienheureuse Vierge des Anges*, et sa marque répondait à ce signe.

1640.   31. Denis HUDSEBAUT. Il avait pour enseigne *les Parisiens*. Selon toute probabilité, il avait succédé à la veuve Martin Bogard.

1640.   32. Jean SERRURIER eut un établissement assez important. Son enseigne était *la Salamandre*. Ses impressions sont en général soignées.

1643.   33. Jean de SPIRE. Nous avons lu quelque part que Jean de Spire avait été dans les ordres, et que, quoique ecclésiastique, il n'en continua pas moins d'exercer les fonctions d'imprimeur. Nous ne pouvons ni contester ni affirmer l'authenticité de cette assertion; nous dirons seulement que Jean de Spire peut être considéré comme l'un des plus habiles imprimeurs que la ville ait possédés.

1645.   34. Pierre BELLÈRE. Cet imprimeur appartenait, sans nul doute, à la famille de Balthazar Bellère; car il avait conservé la marque de cette famille, avec la devise: *unde eo omnia*.

1654.   35. Veuve Jean SERRURIER. Elle avait pour

enseigne *La Salamandre*, ainsi que son mari. Son établissement se maintint dans l'état prospère où celui-ci l'avait mis.

36. Veuve JACQUES MAIRESSE. Elle succéda à son mari. Son enseigne était au *Pélican d'or*, ancienne indication de la maison de Pierre Auroy. 1659.

37. JEAN PATTÉ. Son enseigne était à la *Nativité*. Il est probable qu'il avait repris l'imprimerie de Wardavoir. 1661.

38. CHRISTOPHE et MARIE SERRURIER. Ils succédèrent à leur mère, et, comme elle, conservèrent l'enseigne de *La Salamandre*. 1669.

39. Veuve ANTOINE DIEULOT. L'établissement de la veuve Dieulot avait pour enseigne : *Les Parisiens*; son chiffre était le Monogramme des Jésuites. Nous ne connaissons pas d'ouvrage imprimé par le mari, qui avait sans doute repris la maison de la veuve Martin Bogard, dont l'enseigne était la même. 1673.

40. NICOLAS D'ASSIGNIES. Nous ne connaissons cet imprimeur que parce que le savant PAQUOT a mentionné un livre sorti de ses presses. 1681,

1683.   41. Michel **MAIRESSE** prenait le titre d'imprimeur du roi. Son enseigne était à *La Salamandre couronnée*. Il est probable qu'il succéda aux Serrurier. Son établissement eut beaucoup d'importance*.

1691.   42. Veuve Balthazar **BELLÈRE**. Elle avait conservé l'enseigne de son mari : *Le Compas d'or*, et habitait la même maison que lui, rue des Écoles.

1692.   43. François **SARRAZIN** avait pour enseigne *Le Rosaire*.

1713.   44. J.-J. Arthur **TAVERNE** prenait le titre d'imprimeur du Roi, et avait pour enseigne : *Le Saint-Esprit*. Il mourut en 1720. Sa demeure était rue des Écoles dans la maison depuis occupée par les Willerval et appartenant aujourd'hui au libraire Foucart jeune.

1716.   45. Imprimerie des **BELLÈRE**, *Typographia Belleriana*. Cet établissement, tenu par les derniers héritiers des Bellère de Douai, n'eut que peu d'importance et de durée.

1719.   46. Charles-Louis **DERBAIX** reprit l'im-

---

* En 1684, il y avait à Cambrai un Gaspard Mairesse, libraire ou imprimeur.

primerie de Michel Mairesse , à l'enseigne de
La Salamandre.

47. Veuve ARTHUR TAVERNE remplaça son 1721.
mari, et prit aussi le titre d'imprimeur du Roi ;
à sa mort , elle y ajouta : et de *Messieurs les
Magistrats.* Aucun ouvrage remarquable n'est
sorti des presses de la veuve Taverne.

48. JACQUES – FRANÇOIS WILLERVAL. La 1725.
famille Willerval a exercé la profession d'imprimeur à Douai pendant près d'un siècle avec
le plus grand succès. Le nombre des ouvrages
sortis de ses presses est considérable , et l'on
peut dire qu'en général ils sont d'une belle
exécution typographique. L'enseigne et la
marque des Willerval était : *Le St.-Esprit* ; ils
demeuraient rue des Écoles, au coin de cette
rue et de celle des Chapelets. Ils avaient repris
l'établissement de la veuve Taverne.

49. PHILIPPE SARRAZIN. Cet imprimeur doit 1727.
avoir exercé pendant peu de tems à Douai.

50. JEAN-FRANÇOIS ROUJOT était à la fois 1731.
imprimeur et libraire : il demeurait rue des
Écoles. Sa vignette , d'ailleurs fort grossière ,
représentait un génie distribuant des couron-

nes avec cette devise : *Honoratus qui virtutem honorat.*

1734.   51. Pierre COLOMB. Le nom de cet imprimeur se trouvant uniquement au frontispice
d'un ouvrage pseudonyme et faussement indiqué comme imprimé à Douai (De miraculis,
etc., n° 1093, page 292), nous pensons que ce
nom est supposé et qn'il n'a jamais existé à
Douai d'imprimeur du nom de Pierre Colomb.

1743.   52. Jean-François LECLERCQ. Nous n'avons
rencontré le nom de cet imprimeur sur aucun
autre ouvrage que celui que nous avons cité.

1750.   53. DERBAIX frères. Ils succédèrent à
Charles-Louis Derbaix, et donnèrent à son
établissement une grande extension Par arrêt
du conseil du 31 mars 1739, le nombre des
imprimeurs à Douai avait été réduit à 4 ; mais
cette réduction ne devant s'opérer que par
extinction, ce n'est que vers 1750 que l'arrêt
fut exécuté complètement. L'imprimerie des
Derbaix devint alors la plus importante de
Douai. Leur enseigne était au *Missel d'or.*

1762.   54. Jacques-François SWERTS. Nous ne
connaissons de cet imprimeur que l'ouvrage
cité : son établissement était rue des Écoles.

55. Veuve Jean-François LECLERCQ. Elle 1769. succéda à son mari : cet établissement ne fut pas plus considérable qu'il ne l'avait été précédemment. Il était situé rue Jean-de-Gouy. Par arrêt du Conseil du roi du 12 mars 1759, il avait été supprimé; mais sa veuve fut autorisée à le continuer pendant sa vie.

56. Ignace WILLERVAL continua avec suc- 1778. cès la maison dont nous avons parlé ; il prenait le titre d'imprimeur du Roi et de la Cour du Parlement de Flandre.

57. Jean-Pierre DERBAIX était originaire 1784. de Douai; il descendait de la famille des imprimeurs de ce nom que nous avons cités plus haut , quoiqu'il fut né à Mouzon, département des Ardennes, le 2 avril 1753. Avant de se livrer à la typographie , il avait été reçu avocat au Parlement de Flandre. L'établissement qu'il avait repris était celui de Derbaix frères, sous l'enseigne du *Missel d'or*, au coin des rues St.-Thomas et des Écoles. Ce n'est point à cause des ouvrages sortis de ses presses que nous avons à parler avec quelque détail de cet imprimeur , mais bien pour sa fin malheureuse et honorable , car il mourut victime de son humanité. Le 16 mars 1791, des individus mal famés et qui depuis long-tems cherchaient à exciter un mouvement dans la population ainsi que dans la garnison de Douai , s'élevèrent sur le marché de cette ville, à propos de la cherté des grains , contre un négociant nommé Nicollon. Ils prétendirent qu'il était un des accapareurs qui affamaient le pays ; qu'en outre, il était aristocrate..... Les porte-faix qu'on avait enivrés à dessin firent *chorus* et dirent que Nicollon leur ôtait les moyens de vivre par l'introduction de certaines machines : à l'instant, les cris *à la lanterne* partirent de ce groupe de forcenés. Les meneurs se répandirent par la ville , recrutèrent des soldats du régiment de Vintimille, qui buvaient dans les cabarets, et cette tourbe eut bientôt mis en pièce les grues et les ustensiles contre lesquels on récriminait. Le reste du jour se passa en orgies , et le soir , les perturbateurs poussés au crime par les excès se portèrent chez Nicollon. On enfonça sa porte, on l'arracha des bras de sa femme , et on le traîna dans la rue pour l'accrocher au premier réverbère. Il s'échappa cependant des mains de ses bourreaux et se réfugia à la prison de la ville. Les magistrats eurent la faiblesse de ne point in-

tervenir dans cette affaire ; les scélérats s'en-
hardirent , ils voulurent forcer la prison.
Derbaix , filleul de Nicollon , quoique tout
nouvellement marié, indigné de cette cruauté,
revêtit son habit de garde national, se fit jour
le sabre à la main jusqu'à la porte de la prison
et s'y plaça comme sentinelle ; mais la canaille
se rua sur lui et le massacra après l'avoir
abreuvé de mille humiliations. Non content de
cet acte de barbarie , on porta son corps sous
les fenêtres de sa jeune épouse et on pendit le
cadavre au réverbère qui se trouvait placé
devant la maison !..... Ce premier crime ne
sauva pas le malheureux Nicollon , qui était
parvenu à s'échapper de la prison pendant que
l'on égorgeait Derbaix. Réfugié sur le toit d'une
maison rue du Gouvernement, il y fut aperçu;
on l'y saisit, et , comme Derbaix , il fut pendu
au réverbère.... La férocité des assassins était
telle, que trois fois la corde qui devait étran-
gler Nicollon cassa et que trois fois les canni-
bales renouvelèrent les apprêts du supplice.
Les auteurs de ces crimes , quoique presque
tous connus , échappèrent à la vengeance des
lois........

58. BERNARD - AIMÉ WARNOTTE. Comme 1787.

nous n'avons trouvé nulle part aucun renseignement sur cet imprimeur, nous avons tout
lieu de croire que ce nom est supposé.

1791.   59, AMABLE **WAGREZ** naquit à Amblaing-
lez-Près, d'une famille de cultivateurs aisés.
Son père était mayeur d'Amblaing. Wagrez
adopta avec chaleur les principes de la révolution de 1789 , et fut élu à deux reprises
commandant de la garde nationale de Douai,
en 1795 et 1796. En 1791, lorsqu'il était capitaine d'une compagnie de grenadiers de la
garde nationale, il voulut s'opposer à ce que
les assassins forçassent la prison où le malheureux Nicollon s'était réfugié; mais ayant
été abandonné par l'autorité, il fut obligé de
se retirer, pour n'être pas lui-même victime
de la fureur des forcenés. Lors de la réunion
de la Belgique à la France, Wagrez avait été
appelé à Bruxelles par l'administration supérieure. Il y fonda une imprimerie qui exécuta
des labeurs considérables. Il mourut à Douai,
le 13 décembre 1803.

1791.   60. CHARLES **MARLIÈRE**, ayant épousé la
veuve de l'infortuné Derbaix, reprit son établissement. Il fut imprimeur de l'administra-

tion départementale et ensuite de la Préfecture
du Nord. Lorsque la Préfecture fut transférée
à Lille, il quitta Douai pour aller s'établir au
nouveau chef-lieu. Il a depuis long-temps re-
noncé à sa profession.

61. FRANÇOIS DESCAMPS monta une impri- 1792.
merie à Douai en 1792; mais il exerça peu de
temps cette profession; car ayant été traduit
au tribunal révolutionnaire de Paris, il y fut
condamné à mort et exécuté le 21 avril 1794.
Sa veuve lui succéda, mais son établissement
eut peu de durée.

62. IMPRIMERIE DES ASSOCIÉS, ou *Société typo-* 1792.
graphique. La fondation de cette imprimerie
est suffisamment expliquée par ce titre, mais
cette société fut promptement dissoute : l'imprimerie fut alors gérée par M. Lagarde aîné,
qui en devint propriétaire.

M. Lagarde fut depuis secrétaire du Directoire, secrétaire des Consuls, préfet de Seine-
et-Marne, baron de l'Empire.

63. PHILIPPE – JACQUES – JOSEPH GAUTIER 1798.
D'AGOTY, né à Lille, le 29 août 1770, fut d'abord
attaché au corps des ingénieurs civils; il devint
ensuite secrétaire-général de l'administration

du département du Nord, puis secrétaire-général de la Préfecture du même département. Il
exerça la profession d'imprimeur pendant
qu'il était secrétaire-général de l'administration ; rien de remarquable ne sortit de ses
presses. Gautier est mort le 23 octobre 1826.

1796.   64. Séraphin **CARPENTIER**, né à Douai, le
14 août 1754. Après avoir, pendant long-temps,
travaillé dans diverses imprimeries de Douai,
Carpentier forma rue du Pont des Amourettes
un établissement qu'il sut faire prospérer. Il
commença à imprimer en décembre 1793 ;
mais nous ne connaissons aucun ouvrage sorti
de ses presses avant 1796. Séraphin Carpentier
mourut à Douai, le 15 janvier 1823.

1803.   65. Veuve Amable **WAGREZ**. Marie-Augus-
tine-Joseph Lefrère succéda à son mari et continua à exercer sa profession jusqu'en 1815 ,
époque à laquelle elle céda l'établissement à
son fils aîné. Elle était née à Douai le 21 mai
1763, et elle y est décédée le 19 octobre 1827 ,
presque subitement.

1805.   66. Pierre-Louis-Jos. **DEREGNAUCOURT**,
le doyen des imprimeurs vivants de Douai, a
ouvert son établissement typographique en

octobre 1794. Par arrêté du 4 décembre 1795 , il fut nommé l'un des imprimeurs de l'administration du département du Nord. Il fut un des fondateurs de la société des Amateurs des Sciences et Arts de Douai, qui s'est réunie à la Société Royale et Centrale d'Agriculture.

67. THÉOPHILE-JOSEPH CARPENTIER était 1806. né à Douai, le 4 octobre 1780. En l'an 13, ou 1806, il forma à Douai un établissement typographique qui se confondit ensuite avec celui de Séraphin Carpentier son père, à qui il succéda. Il est mort en exercice à Douai le 22 janvier 1840.

68. ALEXANDRE-JOSEPH VILLETTE naquit 1807. à Douai, le 2 mai 1765. Dès son bas âge, il fut placé dans l'imprimerie de M. Willerval. Plus tard, après avoir travaillé dans diverses villes et à Paris, il se rendit aux Antilles en qualité de directeur de l'imprimerie royale de Ste-Lucie. Il exerça pendant deux ans cet emploi, et revint ensuite en France. Ayant acheté tout le matériel d'une imprimerie, il retourna en Amérique et s'établit à la Guadeloupe. Ses affaires y étaient fort prospères, lorsque les Anglais s'emparèrent de cette colonie. Il dut abandonner sa profession et prendre les armes;

on l'incorpora dans les troupes de la république, et sa conduite fut telle que peu de temps
après il fut promu au grade de chef de bataillon
commandant en chef la garde nationale séden-
taire. Lorsque les hostilités eurent cessé, on
le nomma directeur de l'imprimerie de la république au Port de la Liberté (Pointe-à-Pître),
fonctions qu'il exerça jusqu'en l'an 10. La
paix d'Amiens lui ayant facilité les moyens de
revoir sa patrie, il repassa en France, et vint
établir à Douai une imprimerie qu'il a gérée
avec beaucoup de succès jusqu'en 1819, époque à laquelle il la céda à son fils.

Il mourut à Douai, le 17 septembre 1840.

1812.　　69. ANDRÉ-JOSEPH VINOIS, né à Douai, le 15
avril 1773. Après avoir achevé ses études au
collége d'Anchin de Douai, il entra comme
apprenti chez Amable Wagrez, et travailla
successivement chez divers imprimeurs. En
1803, il monta une imprimerie rue du Pont-à-
Val, et fut breveté imprimeur du Roi le 9
février 1815. Il fut, pendant la révolution, un
des réquisitionnaires exemptés du service en
raison de leur profession.

1815.　　70. BERNARD-ALEXIS-AIMÉ-JOSEPH WAGREZ

aîné, né à Douai, le 6 août 1787, nommé sous-lieutenant de grenadiers de la garde nationale mobilisée, le 1ᵉʳ mars 1807, fut incorporé dans la légion du département de la Lys , et fit la campagne de Hollande contre les Anglais, qui s'étaient emparés de Flessingue , de Middel-bourg et menaçaient Anvers. En 1812 , il fut nommé contrôleur des contributions indirec-tes , et en cette qualité , contribua à l'organi-sation de cette administration dans plusieurs des îles de la Zélande. Ayant quitté le service en 1815 , il reprit l'imprimerie de sa mère , à laquelle il sut donner un grand développe-ment. M. Wagrez a imprimé plus de 250 mille volumes , de 1816 à 1835. M. Wagrez a cédé son imprimerie en 1836.

71. JEAN-ALEXANDRE VILLETTE-JACQUART, 1818. naquit en Amérique, au mois de juin 1797. Son père lui ayant cédé en 1818 son établissement, il exerça jusqu'à sa mort, arrivée le 5 novem-bre 1828.

72. Veuve VILLETTE-JACQUART continua 1828. l'établissement de son mari. Elle mourut en novembre 1833.

73. JOSEPH JACQUART a succédé à sa sœur, 1833.

Mme. Villette-Jacquart ; il est né au village de
Sin, près Douai, le 24 novembre 1807. Son
imprimerie a été cédée en 1839.

1836.   74. Vincent ADAM, successeur de M. Wagrez aîné, a beaucoup accru son établissement
depuis quelques années. Il est même sorti de
ses presses des ouvrages remarquables par
leur exécution. Il est né à Aubers; arrondissement de Lille, le 22 Janvier 1808, et il a été
nommé imprimeur par ordonnance royale du
9 Juillet 1836.

1830.   75. Louis CRÉPEAUX, né à La Bassée, le
16 septembre 1797, breveté en 1830, n'a commencé à exercer qu'au mois de Juin 1839.

1839.   76. Alphonse DELEBECQUE, successeur de
M. Jacquart, est né à Carvin, arrondissement
de Béthune.

1840.   77. Marie-Dieudonné-Désiré CERET-CAR-
PENTIER, est né à Marseille, en 1800. Il a
succédé à son beau-frère, M. Théophile Carpentier.

Nous avons trouvé la mention suivante :

Resolutiones selectæ juxta theologiæ mora-

lis et canonum principia definitæ ad casus
episcopales reservatos maxime pertinentes;
Aut. Josepho de Sannario.

Duaci, Simeon de Rubeis, in-fol. 1635.

— Le catalogue des livres du collége des
Écossais de Douai mentionne un ouvrage
imprimé à Douai en 1657, par un Sr. Fiévet,
et ayant pour titre:

Sancta Sophia, or direction for the prayer
or contemplation, by Ant. Baker, 2 vol. in-8°,
sans date*.

—Un imprimeur du nom de Nicolas-Fran-
çois-Joseph Lebrun a exercé à Douai dans le
cours du siècle dernier. Son imprimerie avait
été supprimée par l'arrêt du Conseil du Roi
du 12 mai 1759, mais avec la permission à
Lebrun et à sa femme d'exercer jusqu'à la fin
de leurs jours.

* En 1693, un François Fiévet était imprimeur à Lille.

TABLE ALPHABÉTIQUE

DES

NOMS DES IMPRIMEURS MENTIONNÉS DANS LA BIBLIOGRAPHIE.

TABLE ALPHABÉTIQUE

AUTEURS MENTIONNÉS DANS LA BIBLIOGRAPHIE DOUAISIENNE *.

———————◦—————————

Aendevoet (Joan.) Scutum Samuelis. 742.

Ailly (Petr. d') Opuscula. 1670.

Ainsworth. Not. sur un sceau. 1358.

Alagona. Compendium summæ theo-
log. 1636.

Alcuinus. Rhetorica. 5.

Allen (Guil.) De Sacramentis. 231.

Alvarez (Emm.) Traité de la mortification. 315. Indices verbor. 952.
Int. ad Ling. Græc. 1044. Gram.
lat. 1046.

Ange de St.-François (Fr.) Sacrarium. 793.

Androtius (F.) Opuscula. 510, 1598.

Ansman (Mlle.) La Mère de famille.
1414.

Aphthonius. Progymnasmata. 318.

Araujo (Frat. ab) Opuscula. 666.

Arias (Fr.) Traicté. 254. Exercice.
354. Oraison mentale. 1555.

Aristoteles. Organum. 9, 51 et 53.
— De morib. 37.—De cœlo. 38.
—De natura. 99.

Arlet (Th.) Voyage du Père éter-
nel. 1181.

Arnoulx. Le secret pour ouvrir la
porte du paradis. 1628.

Azpilcueta (Martinus). Enchiridion.
178.

Artois (Ambroise d'). Petit trésor.
690.

Æsopus. Fabulæ. 67.

Aubry (F. L.) Des contributions.
1190.

Aurnhaumer. Apparatus. 458.

Averoult (Antoine d'). Les Fleurs.
136. — Flores. 156. — Magnum
speculum. 419.

Avila (D. Sanchez). De regularium
visitatione. 421.

Assemani (le P.) Relation. 1092.

* Le chiffre qui suit chaque article indique , non la page, mais le no du catalogue.

28

MASCULUS. Lib. Lyricorum. 427.

MASON (N.) Certamen seraph. 448.

MASTRILLY. Hist du P. Marcel. 1682.

MAUBURNE. Rosetum. 316.

MAUBUS (Ferd. de), Vie de S. Marie Raggy. 367.

MAURICE. Conclusions. 1370.

MEYERUS (Ant.) Elegia. 23.

MICHEL (Samson). N. Syst. de répart. 1208. — Le Charlatan. 1211. — Attract. moléculaires. 1217.

MILLOT. Hist. de France. 1327.

MOLANUS (Joan.) Natales Sanctorum Belgii. 642.

MOLLERUS (F.) Carmen heroicum. 84.

MONCEAUX (du). Templum. 185.— Sacra Bucolica. 563.

MONET (Philib.) Schorus. 380.

MONT (Paul du). L'Oratoire. 40. — La grand guide. 44. — Anat. du corps politiq. 64.—Décrotoire de vanité. 66.—Trad. de Savonarole de la simplicité. 81. — Lunettes spirit. 85.—De la vérité de la foi, trad. de Savonarole. 94.

MONTMORENCY (Franç.) Poetica cant. 651-708.

MONTMORENCY (Nicolas). Manuale. 209.—Exercices dévots. 622. — Couronne spirit. 1563.—Exercices quotid. 1575.

MONTMORENCY (Jo.) Fundatio Semin. Morbec. 702.

MONYOROBERECK (Al.) Gloria virtutis. 703.

MOREAU. Regula S. Benedicti. 1605.

MORUS (Hub.) Ducis Guisiani Cædes. 6.

MOSCHUS. Cœnobiarchia. 1468.

MOSCHUS (Franç.) J. de Vitriaco. 208.

MOTHE (Jean de la). Le réveil-matin. 498.

MOUCHERON. Exposé. 1209.

MOURE (de). Medulla. 1623.

MOURONVAL (J.) Petit bouclier. 1480.

MUSART (Charles). Cor deo. 372. — Adolescens. 411.—Lilium marianum. 674.—Anima evigilans. 681. —De Jesu Christi. 700.—Manuale Past. 812.—Annulus. 1616.— Actus interni. 1644.

MUTEL. Cours de Cosmographie. 1420.—Traité d'Astron. 1431.

MUNDI (de). Exerc. Hebd. 1679.

MYSINGER (Joach.) Apotelesma. 717.

NAVÆUS (Math.) Oratio. 376.—Sponsus. 393.—Orat. tres. 394.—Catechesis. 418. — Annotationes. 441.

NAVÆUS (Mich.) Statut. diœc. Tornac. 30.—Chronicon. 402.

NEPVEU (Simon). Ill. G. Nemio, etc. 634.—Cont. examinis anatomiæ. 824.

NICOLAS A J. MARIA. Apologia vitæ. 400.

NICOLLE. Synopsis. 977.

NIGRONUS (Julius). Orationes. 152.

NORMANDIE (de). El. de Fioretti. 1325.

NUTLY (Léon.). Le Schelling. 1279. —Quentin Durward. 1436.

NYDER. Formicarium. 228.

ODRIZIUS (Rob.) Eidyllia. 88.

OGER (Franç.) Franciscasmata. 1564.

OGER (Simon). Irene et alia carmina. 93. —Lutetia. 100. — Tibullus. 104.—Epitaphia, Cantilenæ Peristera. 114. — Artasia Encomia. 115.—Cameracum et Alpes. 116. —Vervinum. 122. — Albertus et Isabella. 128.—Charisteria. 129. —Dorica castra. 132.—Symbola. 133.—Melon. 183.

OHALON. Harangue d'Edouard. 1089.

OLIBEUS (Joan.) Rel. Incarcerat. 619.

TABLE

DES OUVRAGES ANONYMES.

———◈———

Description d'Alger. 1258.
Devis général. 1444.
Dévotion aux sept anges. 466.
Dial. de St. Grégoire. 1368.
Dictionn. des commenc. 1121.
Dictionn. franç.-lat. 1699.
Discours sur les troubles. 56.
Discours de la prise de Dourlens. 110.
Discours touchant la prise d'A-miens. 540.
Disc. véritable. 1531.
Disc. sur Troïle Savelle. 1551.
Diss. sur le siècle prochain. 1748.
Dissertatio theol. 1128. 1171. 1369.
Doctrine spirit. enseig. etc. 684.
Douce amorce (la). 234.
Du salut. 1131.
Ecole du soldat. 1399.
Edit perpétuel. 1527.
Eloge de Ste. Refroy. 764.
Enchir. Grammaticæ græc. 781.
Enchiridion Juris. 953.
Enchiridion. 1582.
English Grammar. 1137.
Epicedium J. d'Isembart. 713.
Epist. a D. Meloduno. 1582.
Ep. Alex. Lothar. 1624.
Epist. et Evang. 2521.
Epist. Gen. Cong. Anglicanæ. 388.
Epist. Histor. Sacræ. 1393.
Epitome Concil. 1604.
Etrennes Douais. 1160-1371.
Etrennes spirituelles. 1250-1265.
Examen anatomiæ. 823.
Examen ordinand. 1554.
Exemplar literarum. 514.
Exercices de Rhét. 1074.
Exercice littéraire. 1129.
Exerc. de piété. 949.
Exhibitio consolatoria. 325.
Existence de Dieu. 1413.

Explication du salon; 1813 et 1814, 1221.
Exp. de la règle de S. Aug. 1544.
Exp. du Musée. 1280.
Exp. du D. et Sol. Transport de S. Severin. in-18. 639.
Ext. d'un accomodement. 972.
Evangiles et Epitres. 174.
Essai fait à Valenciennes. 1057.
Essai sur les spect. 1113.
Essai sur l'amour de la patrie. 1283.
Fabius Max. 1058.
Fablier de l'enfance. 1435.
Fasciculus Myrrhæ. 682.
Faustus annus. 752.
Ferdinando Francisco. 710.
Flores Latinæ linguæ. 729.
Flores Elegantiarum. 1672.
Formulaire de prières 1039. 1076.
Français à la grenade (les). 1133.
Funérailles de M. Delecroix. 1451.
Gayant. 1287-1479.
Gebeden. 1533.
Glaive de douleur. 1691.
Glorieux martyr de B. Girard. (le) 72.
Glorieuse mort de 9 chrestiens Japponois. 506.
Gram. Græc. 926.
Gram. L. Lat. 930.
Grand papa (le). 1345.
Governo de fameglia. 1459.
Heures du Calvaire. 1004.
Heures de N. D. 1487.
Histoire de l'estat de la chrestienté au Japon. 303. 1646.
Hist. papæ Benedicti XIII. 963.
Hist. des reliques d'Haspres. 983.
Hist. du Collége Angl. de Douay. 1053.
Hist. d'Anchin. 1086.
Hist. de l'Anc. Test. 1136.

Mém. touchant l'Eglise St.-Pierre à Douai. 993.

Mémoire du Chapitre de Cambray. 1118.

Mém. pour les religieuses du S. Sépulchre. 1157.

Mém. d'un détenu. 1168.

Mém. de la société d'Emulation de Cambrai. 1315. 1332.

Mém de la Société d'Agriculture de Douai. 1826, 1827, 1828, 1829, 1830, 1831, 1832 et 1833. — 1352, 1354, 1364, 1365, 1433, 1460.

Mém. relatif à la faculté de Douai. 1746.

Memorabilia Moscovitarum. 4.

Memoriæ æternæ. 1684.

Methodus ad Gram. Gr. 1617.

Methodus bene utendi. 1681.

Mille et un jour. 1322. — Mille et une nuit. 1326.

Miracles de N. D. de Cambron. 1572.

Miracle de N. D. de Foy. 1773.

Modus ministr. sacram. 1296.

Moiens prop. par S. M. pour l'hon. de Dieu et l'éducat. 91.

Morale en act. (la). 1146.-1388.

Moraliste français. 1398.

Motifs des résolut. sur la Pologne. 991.

Narratio pro S. Ignatii et F. Xaveri. 697.

Nouveau secrétaire. 1233.

Nouveau théâtre. 1351.

Nouv. Morale 1394.

Nouveau Robinson. 1407.

Nouvel abrégé de Gram. Gr. 1067.

Nouvel alphabet. 1269.

Nouvell. Anglaises. 1341.

Nov. Enchirid. orat. 1618.

Obligation. Canon. 1516.

Observations not. 1063.

Observ. et reg. de græc. 1. 716.

Occupation continuelle. 309.

Ode à M. l'ab. de Gricourt. 1144.

Office des morts. 1101.

Office de Rheims (l'). 1272.

Office divin. 1518.

Offic. Div. de Rome. 1378.

Officia Sanctorum. 214.

Officia propria. eccl. Malbodiensis. 352.

Officia eccl. S. Waltrudis Montensis. 359.

Officia Sti. Amati. 1002.

Officia Sanct. 1500.

Officium B. M. V. 1631.

Officium S. S. 1756.

Oraison fun. de Mad. de Dommartin. 1581.

Or. funeb. du Prince De Ligne. 681.

Oratio habita. 314.

Oratio Enc. de S. Josepho. 524.

Orationes. 1524.

Oratores Latino—Attici. 195.

Ordonn. de la Génér. d'Arras. 1497.

Ord. du Bailliage de Lens. 1715.

Ord. pour le service des Places. 1773.

Ord. du 24 juin 1750.-1027.

Otium Theologicum. 325.

Palma Triumphalis. 470.

Paraphras. Psalm. Dav. 1579.

Paroissien Rom. 1306-1384.

Paroissien d'Arras (le). 1359.

Parta de Batavis 750.

Passe-temps (le). 1348.

Pensées salutaires. 967–1098.

Pensées chrét. 1201.

Perle des Prêtres [la]. 1722.

Petit office. 1229-1303.

DERNIÈRES ADDITIONS

A LA BIBLIOGRAPHIE DOUAISIENNE.

NOTICE

sur

QUELQUES OUVRAGES DÉCOUVERTS RÉCEMMENT
OU NOUVELLEMENT IMPRIMÉS.

JEAN BOGARD. (Page 16.)

1775. Hortulus animæ, c'est-à-dire, le Jardinet de l'ame composé en faveur de tous
amateurs de vraye devotion chretienne. Petit
in-8° de 16 feuill. prél., 265 p. et 4 feuill. pour
la table. Fig. grav. sur bois.   -   1574.

Volume rare et très-bien imprimé, orné d'un grand
nombre de figures gravées sur bois, d'un dessin hardi,
correct et d'une très-belle exécution. L'extrait du privilége, daté de *Brusselle*, le 25 février 1569, fait connaître
l'auteur de cette traduction, Nicolas de Leuze, dict de
Fresne, Licencié en théologie. — Bibliothèque de M. le
baron de Guerne.

1776. Traité de la Paix, faicte, conclue et
arrestée entre les Estatz de ces pays bas,
assemblez en la ville de Bruxelles, et le Sr.

Prince d'Orenges, Estatz de Hollande et Ze-
lande, auecq leurs associez. Et publiée le
viij⁰ iour de nouembre. 1576. Auec l'agreation
et confirmation du Roy nostre Sire sur ce
ensuyuie. P. in-8°, de 25 feuill. non ch. 1579.

1777. L'Eschelle du Ciel pour monter à
Dieu, ou le Voyage de l'ame en Dieu : contenant les contemplations du poure-homme au
désert. Composé en latin par S. Bonaventure,
docteur séraphique: depuis mis en françois par
Paul Du Mont, Douysien. In-8°, de 72 pag. 1585.

1778. Directoire des Confesseurs, très
brief par lequel, tant le Confesseur que le
Pénitent, pourront se regler à bien parfaire
et accomplir ce qui est de leur devoir, au Sacrement de Pénitence, composé en latin, par
le R. P. Jean Polanc, et mis en françois par
N. D. S. Plus le Sommaire des Pechez et Cas
de conscience, recueilly des Docteurs Théologiens Canonistes ; par M. Guillaume Gazet.
In-12, de 248 pages.   –   1599.

Nous avons indiqué une édition latine de cet ouvrage
sous le n⁰ 525.

1779. Consolations très-utiles, brieves et
méthodiques, pour bien et fructueusement
consoler et ayder les Malades à l'article de la
mort ; par le R. P. Jean Polanc, premièrement
mises de Latin en François par N. D. S., et
depuis revues et corrigées par G. G. (Guillaume
Gazet). In-12, de 174 p. plus 2 f. de tab. 1599.

Balthazar BELLÈRE. (Page 69.)

1780. Le grand Palais de la Miséricorde, orné et tapissé de belles et riches pièces des sept œuvres de l'aumosne corporelle, pour esguillonner un chacun à la charité envers les nécessiteux et les malades, divisé en deux parties. Par F. Nicolas Gazet, Religieux de S. François. In-8°, fig.   –   1606.

Bibliothèque de M. Bigant. Nous avons indiqué, sous le n° 245, une édition latine de cet ouvrage qui porte la même date.

1781. Infernus Damnatorum Carcer et Rogus Æternitatis, auct. Hierem. Drexelio, e S. J. P. in-24.   –   –   1631.

1782. Considerations et Elancemens de l'ame devote sur les grandeurs incomparables de son Dieu, pour s'exciter souvent durant la journée à la conqueste et à l'accroissement des vertus. Par le P. Jean du Valon, de la C. de J. P. in-8°, de 12 f. et 85 pag.   –   1658.

Veuve Laurent KELLAM (Page 198.)

1783. Parænesis, sive Commonitorium ad errantes in fide omnes. In-4°.   –   1632.

Cité par M. Le Glay dans son *Mémoire* sur les Bibliothèques publiques du département du Nord.

Barthelemy BARDOU. (Page 207.)

1784. La Milice du Courtisan, où l'on void
le tombeau de ses étandarts. Par Pierre de
Bouglers, Sr. de Bretencourt. In-12, de 8
feuill. prél. et 176 pages.   —   1632.

Bibliothèque de M. Bigant. Petit livre rare et singulier,
moins remarquable par l'érudition surabondante que l'auteur prodigue à chaque ligne, que par la recherche ou
plutôt par l'extravagance du style dont nous ne pouvons
nous dispenser de donner un échantillon, tiré de l'*Etandart
VII*, pag. 104 :

« Au temps qui court, le cœur et la parolle se tournent
le dos : celuy-là semble indigne de porter la couronne qui
ne sçait porter masque. Il ne faut pas juger des consciences
par les actions, non plus que de la justice par les gibets :
l'un sert pour tromper le monde, l'autre pour faire peur
aux passants et pour les détourner de toute mauvaise
volonté.

» Quand Homere decrit Ulysse qui parloit du profond
de l'estomac à cœur tout ouvert, c'étoit du temps jadis
où il estoit necessaire. Le crocodil pleure bien quand il veut
devorer : ainsi donne-l'on bien la main à baiser à son ennemi. Dire tout ce que l'on pense, c'est aller hors de
cadence et grossierement donner le sens litteral pour le
mistique........ promettre beaucoup, rire à tous, les
novices y prennent esperance, les viels s'en moquent : ces
parolles rendent les trahisons aimables, et le discours
trompeur a toujours le piege tendu. »

Tout l'ouvrage est écrit dans ce style, et malgré cela il
mérite d'être lu et présente souvent des pensées très-justes
parfaitement exprimées. Les amateurs recherchent bien
des livres moins curieux que celui-ci.

JEAN SERRURIER. (Page 233.)

1785. Devotes Pensées sur la Passion de J.-C. , enrichies d'instructions spirituelles et morales. Par le R. P. Turrian Le Fevre , de la C. de J. P. in-8° , de 8 f. et 131 pag.   1653.

1786. Le Triple Nœud d'Amour ou Recueil des plus notables honneurs , respects et hommages rendus aux dernières souffrances de Jésus , au très-auguste sacrement de l'autel , et à la Sacrée Vierge , mère de Dieu. Par le R. P. Turrian Le Fevre , de la C. de J. P. in-8°.

—   —   —   —   1653.

Déjà indiqué , mais très-succinctement , sous le n° 1707.

Recueil très curieux d'anecdotes pieuses.

Veuve JACQUES MAIRESSE. (Page 245.)

1787. Les Flammes de l'amour divin , ou les Oraisons de pratique , tirées du livre des Perfections divines du R. P. Léonard Lessius , de la C. de J. , et mises en françois par le P. Turrian Le Fevre. In-8°.   —   1663.

MICHEL MAIRESSE. (Page 252.)

1788. Constitutiones collegii Pontificii Anglorum Duacensis, de mandato Clementis VIII, Pont. Max. per S. R. E. Cardinales Camill. Burghesium et Odoard. Farnesium ordinatæ ac confirmatæ ; et auctoritate apostolica per

Em. ac Rev. Dom. Philipp. Thom. Howard, Cardin. de Norfolcia, ejusdem Collegii Protectorem, recognitæ et in multis auctæ. In-12, de 40 pages.   –   –   –   1690.

A la suite de ces *Constitutions* se trouve, mais sous une pagination spéciale et distincte, un Bref du Pape Alexandre qui détermine le Serment à prêter par les Elèves du Collége Anglais établi à Douai. Ce Bref, en latin, occupe 13 pages.

1789. Emman. Alvari e S. J. Syntaxis, sive Institut. ling. lat. lib. tertius. In-12.   1708.

J.-F. WILLERVAL. (Page 271.)

1790. Reglement pour le marché au grain de la ville de Douai, en date du 13 mai 1740. P. in-8°, de 16 pag.   –   –   1740.

Se termine par la formule du serment à prêter par les *marchands de grains* et par les *bouteurs*.

1791. Transaction passée le 24 juillet 1753, entre le corps des Epiciers, Graissiers, Apothicaires, Caffetiers, Confiseurs, etc., et le Corps des Marchands Grossiers de cette ville de Douay, homologuée le 3 aout du dit an. In-8° de 15 pages.   –   S. d. (1753.)

Sans nom d'imprimeur, mais sorti probablement des presses de Willerval.

1792. Reglement du corps de Menuisiers. In-8°, de 24 pages.   –   S. d. (1759.)

Sans nom d'imprimeur, mais probablement de Willerval.

1793. Reglement pour les Bouteurs, en date du 11 août 1789. Petit in-8°, de 15 p.   1789.

Philippe SARRAZIN. (Page 291.)

1794. Très-pieuse Confrérie en l'honneur des cinq plaies de N. S. J. C. In-12.   1620.

Bibliothèque de M. Benezech, de Condé.

DERBAIX. (Page 302.)

1795. Les Falbalas à Dechy. Bouts-rimés. Dédiés à une aimable Demoiselle. In-8° de 16 pages.   —   —   —   1783.

Petit poème satirique, en quatre chants, composé à l'occasion d'un petit événement qui n'a pas grande importance historique et qui paraît pourtant avoir fait grande sensation dans son temps. Il faut si peu de chose pour occuper les oisifs! En 1783, le prince de Condé se trouvait à Douai avec le duc de Bourbon, son fils, et les deux princes devaient passer en revue les troupes de la garnison dans une plaine voisine du village de Dechy. Un grand nombre de curieux, et surtout de curieuses de très bonne compagnie, se rendirent sur les lieux pour jouir de la vue des princes et du coup-d'œil des manœuvres. Malheureusement la fête fut troublée par un orage subit qui força cette foule brillante à se retirer dans le plus grand désordre. Les malins rirent de l'aventure, et l'un d'eux se chargea d'exprimer l'impression qu'elle avait produite. Il aurait fallu, pour remplir convenablement cette mission, beaucoup d'esprit et un certain talent pour écrire en vers: l'auteur des *Bouts-rimés* n'avait ni l'un ni l'autre, et sauf l'anecdote qu'il rappelle, son poème ne présente aucune espèce d'intérêt. Cet auteur ne connaissait pas même la mesure d'un vers français.

Il existe sur le même événement une chanson , *sur l'air de Malbrough* , qui , par son expression naïve et son allure populaire , vaut beaucoup mieux que le prétendu poème ; elle est intitulée : *Chanson pour les Dames de Douai qui ont été au Marais de Dechy.* Elle se compose de 14 couplets et a été publiée par la voie de l'impression , mais sans date et sans nom d'imprimeur.

Ces deux pièces,qui sont très-rares,font partie de la collection de M. le conseiller Bigant.

1796. Lettres , Statuts et Reglements du Corps et Communauté des Maîtres et Marchands Tailleurs-Fripiers-Tapissiers de la ville de Douay , réunis par Lettres-patentes sur Arrêt en date du 9 juin 1774. In-12, de 61 pag.

—   —   —   —   1785.

Ces pièces et celles qui se trouvent indiquées sous les numéros 1790 , 91 , 92 et 93 , quoique ne formant pas ce qu'on peut appeler précisément des volumes, n'en sont pas moins dignes d'être mentionnées et recueillies par toutes les personnes qui attachent quelque intérêt à connaître avec détail et dans toutes ses parties l'histoire intérieure de la ville de Douai. C'est cette considération qui nous a engagé à leur donner place dans notre catalogue.

1797. A Messieurs les Président et Membres de l'Assemblée nationale. In-4°, de 12 pages.

—   —   —   S. d. (1789.)

Mémoire curieux, et très substantiel malgré sa brièveté, pour demander le maintien de l'Université de Douai dans son régime ancien et avec toutes les fondations qui en dépendaient.

SÉRAPHIN CARPENTIER. (Page 311.)

1798. Programme de la Fête qui aura lieu en la commune de Douai, le sextidi 26 Messidor, an second de la République (14 *juillet* 1794, *vieux style.*) In-8°, de 20 pages. 1794.

Il existe un grand nombre de programmes et de descriptions des fêtes républicaines, imprimés à Douai pendant la Révolution ; mais comme ces pièces n'étaient destinées qu'à une existence éphémère et qu'elles présentent toutes le même caractère, nous n'avons pas cru qu'il fût nécessaire de grossir cette Bibliographie d'une nomenclature considérable qui aurait occupé beaucoup de place et n'aurait offert qu'un très médiocre intérêt. Il nous a paru à propos, toutefois, de mentionner une de ces pièces, pour avoir une occasion de signaler les autres. Celle-ci commence par une courte introduction dont nous citerons un fragment propre à faire connaître les doctrines et les idées qui étaient alors à l'ordre du jour :

« La prise de la Bastille est due au courage et à la valeur » d'un peuple fier, outragé. La perfidie atroce du barbare » Delaunay fut le signal d'un cri général de vengeance. » Le Peuple de Paris y fit des prodiges de valeur, ce fut » le premier essai de sa force trop long-temps enchaînée » par la tyrannie, ce fut le réveil du lion..... Le tyran et » ses satellites en furent épouvantés : il leur présageoit » leur ruine prochaine et inévitable. L'épouvante se com- » muniqua à tous les tyrans de l'Europe ; ils en frémirent » de rage ; ils s'unirent pour arrêter l'élan d'un peuple » généreux qui vouloit recouvrer ses droits trop long-temps » méconnus ; leur or corrupteur, le poison, l'assassinat, » armes ordinaires des rois, tout fut mis en œuvre pour

» le détruire : ils voulurent l'affamer..... Le *Peuple*
» *Français* trop long-temps patient se leva , et bientôt les
» rois ne seront plus. »

Ce programme est terminé par un hymne à la Liberté.

Parmi les pièces de la même époque nous en avons rencontré une, assez singulière pour être mentionnée à la suite
de cet article , qui a certainement été imprimée à Douai ,
quoiqu'elle ne porte aucun nom d'imprimeur :

Double Réunion de l'amour conjugal de
cinquante et un an , du Citoyen Joseph Fram-
bry et de Marie-Barbe Destailleur , célébrée à
Douay , le second jour des sans-culotides ,
deuxième année républicaine. In–8° , de 4 f.
 –   –   –   –   –   (1794.)

Cette brochure se compose de quelques pièces en vers
et d'un *discours* en prose *prononcé dans le Temple de la
Raison.* Parmi les vers adressés aux deux vieux époux ,
nous avons remarqué les suivants qui méritent bien d'être
conservés :

VERS

adressés aux vieillards après la présentation du bouquet.

> La France , cher papa , fait beaucoup de miracles ;
> Tous ses décrets sont pour nous des oracles ;
> Nous espérons que cette réunion
> Nous donnera bientôt un beau petit poupon ;
> Nous l'attendons de votre amour sensible :
> Aux vrais républicains il n'est rien d'impossible.

Nous citerons aussi , pour l'édification du lecteur , la
dernière strophe d'une pièce intitulée *Quatrains :*

> Des vertus de Marat zélés imitateurs ,
> Jurons d'exterminer tout agent despotique ;
> Ainsi que ce grand homme, aimons la république ;
> Soyons , jusqu'à la mort , ses plus grands défenseurs.

Vincent ADAM. (Page 341.)

1799. Procession religieuse faite à Douai les 24 et 25 août 1652, pour la translation au Couvent des RR. PP. Minimes de cette ville, des corps des saints martyrs Guy et Quintilian, donnés par le Pape Innocent X. In-8°, de 16 pages. — — — 1840.

Notice intéressante, extraite en partie de l'ouvrage intitulé : Triomphe des Martyrs saint Guy et saint Quintilian, que nous avons indiqué sous le n° 455.

1800. Notions de Géographie, par L. Dantec. In-18. — — — 1841.

1801. Recueil de Fables en prose et en vers, avec des notes explicatives, par L. Dantec. In-18. — — — — 1841.

1802. Annuaire de la Cour Royale et de l'Académie de Douai. Année 1842. In-12. 1842.

Cet annuaire contient quelques documents historiques intéressants, et il serait à désirer qu'il fût continué sur le même plan pour les années suivantes.

1803. Calendrier Catholique Douaisien. 1842. Première année. In-16. — 1842.

Petit recueil utile et fait avec soin.

1804. Mosaïque, ou le Code du bien, du bonheur et de l'intelligence, par A. B. Grand in-8°, de 8 f. prél. et 120 pages. — 1842.

Recueil de Maximes, de Pensées, de Réflexions d'un penseur encore jeune et d'un écrivain encore un peu novice

en fait de style, mais dans lequel on reconnaît une âme
élevée, un cœur honnête et des sentimens honorables. Une
révision attentive et une étude un peu plus approfondie de
nos grands écrivains pourraient par la suite faire de ce
livre un recueil que l'on placerait sans trop de désavantage
à la suite de nos moralistes du second ordre.

1805. Notions élémentaires d'Histoire ancienne, à l'usage de la jeunesse; contenant un
résumé succinct des principaux faits de l'histoire générale, depuis la création du monde
jusqu'à l'ère chrétienne. In-18, de 124 p. 1842.

1806. Table chronologique et analytique
des Archives de la Mairie de Douai, depuis le
onzième siècle jusqu'au dix-huitième, d'après
les travaux de feu M. Guilmot, par Pilate-
Prevost, secrétaire en chef de la Mairie de
Douai, etc. In-8°, de 3/4 de feuille.   1842.

Specimen d'un travail important et précieux qui doit
paraître dans le cours de cette année. L'ouvrage formera
un volume in-8°.

Une publication de ce genre, qui répond si heureusement au goût universellement répandu pour les études historiques et pour l'exploration des sources originales de
l'histoire, ne peut manquer d'être accueillie avec faveur,
et le *specimen*, que nous avons sous les yeux, donne une
idée trop avantageuse de l'ouvrage et du soin avec lequel il
est exécuté pour que nous craignions d'affirmer dès aujour-
d'hui qu'il ne peut manquer de trouver chez les habitants
de la ville et auprès du gouvernement les honorables encouragements dont il nous paraît digne à tous égards.

Douai. ADAM d'Aubers, imprimeur. (Mai 1842).

www.ingramcontent.com/pod-product-compliance
Lightning Source LLC
Chambersburg PA
CBHW070713280326
41926CB00087B/1807